博雅撷英

史苑学步

史学与理论探研

刘家和 著

北京大学出版社

图书在版编目(CIP)数据

史苑学步：史学与理论探研/刘家和著.—北京：北京大学出版社，2019.1

（博雅撷英）

ISBN 978-7-301-30056-5

Ⅰ.①史… Ⅱ.①刘… Ⅲ.①史学—文集 Ⅳ.①K0-53

中国版本图书馆 CIP 数据核字（2018）第 257700 号

书　　　　名	史苑学步：史学与理论探研 SHIYUAN XUEBU：SHIXUE YU LILUN TANYAN
著作责任者	刘家和　著
责 任 编 辑	李学宜
标 准 书 号	ISBN 978-7-301-30056-5
出 版 发 行	北京大学出版社
地　　　　址	北京市海淀区成府路 205 号　100871
网　　　　址	http：//www.pup.cn　　新浪微博：@北京大学出版社
电 子 信 箱	pkuwsz@126.com
电　　　　话	邮购部 010-62752015　发行部 010-62750672 编辑部 010-62752025
印 刷 者	北京中科印刷有限公司
经 销 者	新华书店 880 毫米×1230 毫米　A5　15.5 印张　337 千字 2019 年 1 月第 1 版　2019 年 1 月第 1 次印刷
定　　　　价	88.00 元

未经许可，不得以任何方式复制或抄袭本书之部分或全部内容。
版权所有，侵权必究
举报电话：010-62752024　　电子邮箱：fd@pup.pku.edu.cn
图书如有印装质量问题，请与出版部联系，电话：010-62756370

目 录

序 /1

第一辑　中国古代史学与经学

史学和经学 /3

论通史 /26

论司马迁史学思想中的变与常 /44

"岂非天哉"的三重解读 /59

《史记》与汉代经学 /65

论断代史《汉书》中的通史精神 /90

论汉代春秋公羊学的大一统思想 /115

论何休《公羊解诂》的历史哲学 /137

第二辑　比较研究与史学

历史的比较研究与世界历史 /161

历史比较的逻辑思考 /173

如何理解作为世界史的古代史 /192

走出世界史研究的困境 /205

第三辑　史学的体与用

史学的求真与致用问题 /213

关于史学致用的对话 /229

关于"以史为鉴"的对话 /246

对于《关于"以史为鉴"的对话》的补充说明 /271

第四辑　历史理性与逻辑理性

论历史理性在古代中国的发生 /277

从"三代"反思看历史意识的觉醒 /306

对于中国古典史学形成过程的思考 /318

关于历史发展的连续性与统一性问题

　　——对黑格尔曲解中国历史特点的驳论 /342

传承和创新与历史和史学 /374

理性与历史

　　——中西古代思想的一点异同 /396

试说《老子》之"道"及其中含蕴的历史观 /402

关于子学研究的几点思考 /429

关于文史基础教材内在深层联系问题

　　——试举例说明 /443

附录　在挑战与回应中前进

　　——刘家和先生谈学术工作的基础 /460

序

呈现在诸位读者面前的是我的又一部文集。其中有一部分文章是比较早的时候撰写并收入从前某个文集里,又有许多是近年才陆续写出发表而未曾收入文集的。为什么会产生这样的有些奇特的现象呢?这里,我必须首先作一个简要的交代。

十多年前,有几位研究史学理论的专家朋友建议我出一本关于史学理论的文集,并且主动热情地帮我从以往文章中选集了约二十篇,让我斟酌增删,还约好了由北京大学出版社出版。

对于这些友人的好意,我自当心存感激。不过,同时又心存惶恐。因为,我自知在史学理论方面不过是一个业余爱好者,既未经过严格的史学理论方面的规范训练,更未能有自己的一套思想系统。所以,我说目前的内容明显不足,要等我逐渐补充一些新的论文。于是一拖就是十多年。不过,我的拖并非出于怠慢,而是我的研究速度快不了,许多文章在最初的口头讲演之后经过十年以上时间才正式写出发表,例如关于回应黑格尔对于中国文明的挑战的几篇(包括关于老子历史观的文章)实际上都经过了几十年的时间。可是,自己对于这样磨出来的东西事后仍然不敢满意。所以,本书拖沓时间太久,责任不在出版社方面,而在于我自己。

十年时间,"驽马十驾",终于多少有了一些新的内容,勉强可以拿出来向同行专家和读者朋友请教了。丑媳妇也得见公婆面,所以现在决定印行,再拖也对不起出版社了。

以下对于全书分为四辑的缘由略作一些说明。

首先,以下四个分辑并非关于史学理论问题的逻辑分类,而是根据个人研究历史与理论的过程中实际面对过的问题来谈的。因此,这只能反映个人研究进路的一些特色,而不具有更多的意义。

关于第一辑,"中国古代史学与经学"。这样的立题,的确受过早年读过的张之洞在《书目答问》附录中说的"由经学而史学者,其史学可信"的影响。不过,这样的说法并非张氏的独创,而是来自中国长期的史学传统。司马迁在《史记·伯夷列传》中说"夫学者载籍极博,犹考信于六艺。"近代疑古派先驱清代疑古学者崔述(号东壁,1740—1816)的诸篇《考信录》就是这样做的。当然,顾颉刚先生把崔氏这一迷信也破了。至于我个人,则因为从少年时期读古书就是经、史、子不分的,所以略知经史内容互相交叉、渗透、印证之处甚多。在《汉书·艺文志》里,《太史公书》(即《史记》)就列于六艺略春秋类之中。这是我早年对于经史关系的认知。

上了大学,学了一些西方历史与哲学知识以后,我又发现,作为古希腊头等学问的是哲学,其地位堪与中国古代之经学旗鼓相当。可是在西方,与哲学相须而行的是数学(几何学)与逻辑学,那是由抽象而概念、而判断、而推理的演绎的路数构成的,史学却与哲学关系遥远。亚里士多德在其《诗学》中把哲学列为一等学问,以为它能证明永恒的真知;诗为二等,因它能说明一般情况;历史则为三等,以其变化无常,难以确切把握。由此我又想到,史学与经学的密切关系原来是中国古代学术的一个特点。那么,这个特点有无其价值或存在的理由呢?这个问题又引起我长期的学习与思考。

我逐渐发现,历史进程本身虽然是一条"日新又新"的长江大河,时时在变,可是不断变化之流,却是永恒的。所以其变中有常,常中有变。至于经学,经有二义:其一,经,作为名词,常道也;其二,作为动词,即为经世致用之经,例如《庄子·齐物论》所谓"春秋经世,先王之志"。经作为常道又如何能够致用于不断变化中的"世"呢?这就必须把"世"放在既变又常的历史里来考察。所以,经学要致用就离不开史学。就像西方哲学要从永恒中把握真理,那就离不开几何学与逻辑学一样。

那么,历史学为何不能走西方哲学那样的把握真理的路数呢?因为历史是人类社会发展的轨迹,而人类社会是有不同的发展阶段的,后一阶段对于前一阶段,既是继承,又是取代,所以二者之间的关系是变与常的统一,而非断裂。其实中国人很早就懂得这个道理。孔子答弟子子张问"十世"是否可知的时候说:"殷因于夏礼,所损益,可知也;周因于殷礼,所损益,可知也;其或继周者,虽百世可知也。"(《论语·为政》)孔子从三代礼制嬗变中看出了因循与损益二者兼有,变中亦有其常,因此说百世可知。这就是从变与常的统一中把握真理。因为对于完全的变化无常的对象,那的确是无法从中把握真理的。

正是由于从古今之变中看到了常,中国古代史学超越了古代希腊史学局限于当代史的局面,而开创出通史的传统。

司马迁撰《史记》，记载自黄帝至汉武帝太初时期历史，是中国第一部通史。他在致友人任安书中说明自己的著书目的是要"究天人之际，通古今之变，成一家之言"。（《汉书·司马迁传》）古今之变可以通，是因为变中有常。当然，他的"通"思想还有一个来源，即《易系辞下》："易，穷则变，变则通，通则久。"通史之所以为通，就是因为变则通，而非变则断。

其实通史与断代史的本质区分并不在于所述时段之长短。《史记》无疑属于通史，可是神农以上、汉武以下，仍然不能记载。那么，通史的本质属性是什么呢？在易传，叫"穷变通久"；在董仲舒的春秋公羊学，将夏商周三代列为三统，通三统，就经过"承敝通变"的过程，把三代解释为既有变又有常的连续体。司马迁曾从董仲舒问学，从中受到了启发，所以强调"通古今之变"。东汉末，何休倡言春秋"张三世"，是把《公羊传》中的"所见世、所闻世、所传闻世"解说为所传闻世为衰乱世、所闻世为升平世、所见世则为太平世。何休从历时仅242年的《春秋》也解释出兼有常变三阶段的通史精神来了。这不能不说是中国史学思想传统的一大特色。

关于第二辑，"比较研究与史学"。这一立题也与我个人治学历程有关。我在做学生的时代还是以中国史为研读的主体的。大学毕业留校工作，系领导却分配我做世界古代中世纪史助教。对此我也欣然接受了。因为原来想研习中国史，也是打算以世界史为背景比较着做的，现在改为以中国史为背景比较着研习世界史就可以了。

从20世纪50年代初到70年代末，我在北京师范大学历史系从事世界古代史教学与研究工作。刚开始工作的两三年里,我不得不参看一些西方的世界古代史书籍,譬如美国著名埃及学家布勒斯特德(J. H. Breasted)1935年再版的《世界古代史》(*Ancient Times, A History of Early World*),可是发现其中除了加进史前文化以外,还有古代近东、希腊、罗马,根本没有古代中国与印度的内容,我怀疑,这能叫作"世界古代史"吗?这只能说是西方中心论的一种典型表现。1955年秋至1957年夏,到东北师范大学参加由苏联专家格拉德舍夫斯基和林志纯先生主持的世界古代史教师进修班学习。这时候,我们先已看过林先生译出的苏联师范学院"世界古代史"教科书部分油印本稿,随后又看到了苏联教科书的修订版原文。其基本大纲仍然是原始社会、古代东方、希腊、罗马四大编,编下共分65章,古代东方编仅占15章,不过在其古代东方编里终于列出了内容极其简略的古代印度和古代中国各一章;其实在此书东方编的总序里还给东方各国戴上了"奴隶制不发达""土地私有制不发达""东方专制主义"三顶帽子。① 一言以蔽之,东方落后而西方先进,东方野蛮而西方文明,东方专制而西方民主,自古而然,其将万劫不复?!这些教条仍然反映出西方中心主义的深深烙印。这又怎能令人满意呢?当时我写的毕业论文是关于古希腊史的,不过心里已经暗暗设想以古希腊文明、古印度文明与古代中国文明做比较研究,这样来试探思考中国人如何从自己的视角出

---

① 季雅科夫与科瓦列夫主编:《世界古代史》,1956年俄文本,第70页。

发来认识古代世界并在将来撰写富有中国特色的世界古代史。

从1957年夏回到北京开始到1979年末,我的工作岗位都是世界古代史的教学与研究,在这一时期,我又开始了对印度古史的研究,逐步践行自己进行中国、印度、希腊的比较研究的设想。可是实际上我在课堂上讲的只是外国古代史。因为根据专业分工,中国古代史已经有专门课程全面详细讲授,不必在世界史里简单重复。这个"世界史"里并无中国的内容。这样的教学效果往往是,在学生的心里,中国史与外国史是两张皮,譬如曾经有人连亚历山大与秦始皇的时代孰先孰后都弄颠倒了。

在我的心目中,世界史不可能由中国史与外国史简单相加或拼凑而成。如果说中国史作为一个有机整体,是一,那么,世界史也应该是一个有机整体,也是一。不过,包含了中国史在内的世界史是大一,而中国史则是其中一个有机成分,即小一;当然作为在世界文明史中发挥了重大作用的中国史,乃是世界史得以形成的必要条件之一。如何解决这样的问题?我总想在这方面做一些努力。

其实有此想法的岂止是我,林志纯先生原来是在世界古代史学界引领我们这些青年人学习苏联的先导,可是他对苏联教材里西方中心思想也早有疑议。他老人家努力学习马克思主义经典著作,辨明马克思所说的"亚细亚生产方式"的本质是原始公社,而非指古代东方国家的社会制度,从而批判了从黑格尔到魏特夫的"东方专制主义"说。(《世界上古史纲》第8章)他竭力了解西方考古学与史学研究的新成果,逐渐提出了古代东西方的历史的一个同一性,就是都经历了从城邦到帝国的过程,而城邦阶段并非专制主义的。他没有忘记我们这些早期的学生,从"文革"后期就找我们一同商讨撰写一部中国人自己写的世界上古史。这种努力的结果就是出版了《世界上古史纲》。①

不过,这是一部学术专著,直接作为大学教材不太适宜。所以,"文革"刚一结束,北师大和东北师大的世界上古史、中古史的教师就开始筹划合作编写这两部教材,随后也邀请了杭州大学(今浙江大学)、北京大学以及北京师院(今首都师范大学)一些教师参加;分工是上古卷由我主持,中古卷由朱寰先生主持。林先生曾参加过上古史部分的大纲讨论,并发表了指导性的建议。上古史册在1980年首次由吉林人民出版社出版,1983年出了修订版。此书沿袭了林先生的城邦-帝国说,而且在章节安排上也是分地区叙述的。不过,我在此书正文之末写了一篇余论。其中分为:(1)"上古诸文明的发展和联系",这是为了贯通诸文明之间的横向关系,并在其中也提到了中国;(2)"上古世界史上的中国",这是为了说明中国在世界上古史上的特色与重要作用。附录的"大事年表"中也以中国与其他地区的古文明同时并列,以便读者比较研究。

---

① 《世界上古史纲》,北京:人民出版社,上册,1979年,下册,1981年。当时未出主编和参编人姓名,直至2007年初天津教育出版社再版时才标明林志纯先生主编。

20世纪80年代,我从历史系调到史学研究所,工作重心转变为在中西文化比较中研究中国古史。不过,80年代和90年代的前期,我的一项很基本的工作还是编写世界上古史的教材。当时,国家教委决定由吴于廑、齐世荣二教授作为总主编编写一套6册的《世界史》。1986年秋,总主编召开了分册主编的研讨会。此书第1、2册为古代史,即第1册为上古史,第2册为中古史。上古史册由我和王敦书教授任主编。第1次开会时,王先生正在国外访问讲学,所以由我提交了一份上古史册的编写大纲草稿,此稿得到了吴先生的首肯,并在会上原则上通过。以后就是延聘专家分头撰稿,中经讨论修改,到1993年11月定稿。1994年出版。

吴先生作为第一总主编,有一个主要的指导思想,即要写出由分散走向一体的世界史,重视诸文明之间的横向交往以及横向发展与社会的纵向发展之间的关系,并强调世界史不同于外国史,世界史中不可无中国史。我为上古史分册拟定的编写大纲,就是按吴先生的意见做的。如何具体贯彻吴先生的主张呢?我的办法是,将上古史大体分为几个发展阶段来叙述,每个阶段并列叙述诸文明之历史,而每一阶段之末,都撰写一节中外历史的比较论述,既为供读者思考,也希望有助于说明中国在世界历史中的地位与特点。比较研究始终是我心中的一件大事。

我在实践的基础上,继续思考,到1996年,发表了《历史的比较研究与世界历史》一文,开始涉及一些关于比较研究的理论问题。在2004年6月参加在上海召开的一次史学理论研讨会上,我结合对于库恩(T. Kuhn)的"范式"之间有不可公度性的见解的批判性发言中,谈到了历史比较的逻辑基础的问题。随后在此基础上,和一位朋友合作写成《历史比较初论:比较的一般逻辑》(注:为了简化标题,在此辑中改作《历史比较的逻辑思考》),次年发表。这篇文章开始涉及比较研究所必须思考的逻辑问题。当时,我意识到,这是把比较研究从史学实践向理论探讨推进了一步。可是当自己再向前走的时候,就逐步发现有许多短板需要补齐,直到现在仍有知识结构上的待补之处。我真的认识到自己从一个具体的史学工作者涉及理论之不易,我还是理论研究的一个学步者。不过,我并未放弃努力,希望今后能有一些进展,再向史学理论专家请教。

关于第三辑,"史学的体与用"。这一立题,同样与个人治史历程有关。少时读"四书",见到孔子对子张说"虽百世可知也"(《论语》,上文已引),初步感到了历史值得学习。读《孟子》,见其中讲历史的内容更多了,如孟子在回答弟子万章问时所讲尧舜及三代故事(《孟子·万章上》)。他又曾就三代兴亡做出总结说:"三代之得天下也以仁,其失天下也以不仁。"并引诗经云:"殷鉴不远,在夏后之世。"(《孟子·离娄上》,引诗见《大雅·荡》)这些都让我初步意识到历史的变迁是有规则的,也是可以为鉴的,所以是有用的。

孟子又说:"王者之迹息而诗亡,诗亡然后春秋作。晋之《乘》,楚之《梼杌》,鲁之《春秋》,一也。其事则齐桓晋文,其文则史。孔子曰:'其义则丘窃取之矣。'"(《孟子·离娄下》)那么,什么是孔子所取的"义"呢? 孟子曾有许多说明,此处恕不备引,"寓褒贬,别善恶"(《三字经》中语)就是最简要的说明。中国史学传统就是讲究求真与致用并重的。我考大学时选定学习历史,就与这一点认识有关。以后在从事历史教学与研究过程中,对于孟子的这一段话有些进一步的理解。其实,孟子这一段话告示我们,《春秋》里包含了三个组成部分:其事、其文与其义。这里试举一例以为说明。《春秋》宣公二年经云:"秋,九月乙丑,晋赵盾弑其君夷皋。"《左传》则叙事甚详,大意是:晋灵公(夷皋)为君无道,赵盾屡谏不从,反而几度谋害赵盾,赵盾逃亡而未出境。赵盾族弟赵穿在桃园攻杀了夷皋。赵盾回朝。太史就记录为"赵盾弑其君",公布于朝。赵盾申辩说杀国君的不是他。太史说:"子为正卿,亡不越境,反不讨贼,非子而谁?"赵盾不再争辩。孔子曰:"董狐,古之良史也,书法不隐。赵宣子(盾),古之良大夫也,为法受恶。惜也,越境乃免。"①在这一项历史叙述中,所谓的"其事",就是赵穿杀死了晋灵公夷皋;即客观的历史过程,正如德文里的 Geschichte,(来自动词 geschehen,意思是"发生")主要指已发生的历史过程。所谓的"其文",就是太史董狐所作的文字记载("赵盾弑其君夷皋")。为什么记载与事实之间会有差异呢? 因为太史记事应该根据"书法",大概亡不越境,反不讨贼,就有幕后操纵弑君之罪责。孔子所谓他取的"其义",则在于他既承认赵盾为良大夫(因为事实上他本人

---

① 引文及大意见《十三经注疏》影印本,中华书局,下册,第 1866—1867 页。

并非杀人凶手,而能尊重书法),又承认董狐为良史(因为他能不避风险,而坚持书法)。承认前者,意在求历史过程之真实;承认后者,则意在恪守书法的褒贬以致用。这样就形成了二者之间的张力,似乎也可以说,这就是史学与经学之间的张力。在这一辑里,有两篇文章谈到这个问题,看来只能说对此有了初步探讨,尚未能够深入展开,抛砖引玉而已。

至于史学可以致用,这本是中国《尚书》《诗经》以来深信不疑的传统,可是黑格尔在其《历史哲学讲演录》中,却否认历史对人的垂训的作用。很多年前我就意识到这是对于中国文化的一种挑战,经过数十年的学习和思考,写出了《关于"以史为鉴"的对话》,随后又写了一篇补充说明。为什么这样困难呢?因为黑格尔的论述自有其一套理论上的逻辑系统,不深入其中,是很难与他对话的;我们传统的办法摆事实讲道理,对此作用不大。所以我必须先学习他,而学习亦非易事,花几十年时间,不能算多。如今我写了《对话》,觉得自己尽了一份努力。不过,我的见解、方法和论述是否得当?收入此辑,也算是抛砖引玉,希望得到学界同仁批评指正。

关于第四辑,"历史理性与逻辑理性"。这样的立题,也与我个人的求学与治史的过程有关。在上大学以前,尤其在抗战时期的沦陷区,我为了不忘中华文化,提高古文的阅读与写作能力,多年都是经、史、子书并读的。对于先秦诸子虽然未能读全,而且也未能深入,可是我对中国传统的思想文化已经有了浓厚的兴趣。又因为在沦陷区里的正式中学里都必须学日文,而我对此十分厌恶,所以大多数时间多在私办的补习馆里学中国古文、数学和英文三门课。学英文时读过《伊索寓言》《泰西五十轶事》，发现西方人所关注的知识内容与我们中国文化颇有不同，觉得有新鲜感。关于数学，我对数字缺乏敏感，学算术时计算常出错；学代数，开始有了一些感觉，觉得有兴趣；到学平面几何时，精神上颇有触电之感，原来还有一种与我所学的中国传统之学大异其趣的学术路数。因此，到上大学的时候，我选修过微积分、逻辑、哲学概论。由此我对逻辑学、西方哲学形成了历久不衰兴趣，对黑格尔的兴趣也是从这时开始的。可惜的是，迄今我只能是一个史学工作者，对于逻辑和哲学始终只能是一个业余爱好者。

逻辑理性或纯粹理性，是自柏拉图、亚里士多德以来西方传统哲学中最为关键的研讨内容，也是不可或缺的思维工具。形而上学（Meta-physics）与逻辑学的关系密不可分。而在中国传统学术中，虽然随处可见逻辑思维的应用，却不曾有自己的严密而系统的逻辑学说。不过，如果转换一个视角来看，古代西方的逻辑理性却没有促成历史理性的发生。相反地，正如柯林伍德（R. G. Collingwood）所说，希腊人的思想有一种"反历史倾向"，希腊罗马史学的史学具有一种"实质主义"的特点。[①] 中国古代史学既具有相同之点，即人文主义，又具有相异之点，即历史主义。在此辑中，我的多数文章皆为个人对中国古代历史理性的探索之作。

---

① 请参考柯氏的《历史的观念》第一编。

到了近代西方,首先对于历史作认真理性思考的人应当是意大利的维科(G. Vico,1668—1744),其代表作是《新科学》。其后达到高峰的是康德(I. Kant,1724—1804)和黑格尔(G. W. F. Hegel,1770—1831)。前者的主要代表作是《世界公民观点之下的普遍历史观念》,后者的主要代表作是《历史哲学》。这三位西方先哲都为从逻辑理性向历史理性推进做出了重大贡献,不过这种历史理性仍然是建立在唯心主义的目的论基础之上的。

我从20世纪50年代末开始读黑格尔的《历史哲学》,最初读的是王造时先生的中译本,觉得有收获,也有疑问。但在60—70年代被迫中断。80年代又找到王氏据以汉译的约翰·西布利(J. Sibree)的英文译本来对读,理解深了一些,可是同时又感到了黑格尔对于中国历史文化的无知与曲解。对于他的无知,可以理解且不论;对于他的曲解,那是一种严重的西方中心论的挑战,是不能不予以回应的。于是,再找西布利所据以英译的德文原本,当时在国内未找到,最后从国家图书馆找到了格奥尔格·拉松(G. Lasson)编辑出版的黑格尔全集原文本,其中第8卷(1920,莱比锡)题为《世界史哲学》,包括拉松所作的编者引言《作为历史哲学家的黑格尔》以及据黑格尔遗留手稿整理成的《历史中的理性》(世界史哲学引论);第9卷(1923,莱比锡),也题为《世界史哲学》,包括(1)东方世界,(2)希腊罗马世界,(3)日耳曼世界。这样就涵括了西布利所据以英译的原文本的基本内容。在所有感到有疑义的地方,我都做了英译与原文的对照。最后写出的就是收在此辑中的《关于历史发展的连续性与统一性问题——对黑格尔曲解中国历史特点的驳论》。对于黑格尔的挑战,我只能说自己已经尽了一份努力,是否准当,且待批评指教。这里只想补充一点说明,即《历史哲学》的汉译书名,似乎作《世界史哲学》更好。① 因为黑格尔不是泛泛地讲历史中的理性,而是在讲理性或"世界精神"从最东方的中国开始经过印度、波斯,而西行到希腊、罗马,到日耳曼世界而终结。中国被永远地钉死在他为中国文明特制的最原始、落后的十字架上,而他们的日耳曼世界则注定永恒地高据全世界的最辉煌的巅峰。他说中国的历史虽然历时最久,却是没有任何发展的"非历史的历史",中国的统一只是抽象的统一。这分明是在削中国历史之足以适黑格尔"世界精神"之履。因此,我们可以说,黑格尔的历史理性恰好是非历史的"理性",或者说,他是在不惜肢解活生生的历史,任意取来作为他的"世界精神"的注脚而已。

---

① 商务印书馆于 2014 年出版的《黑格尔全集》汉译本,第 27 卷第 1 分册已经这样改了。

第一辑

中国古代史学与经学

史学和经学

史学是一门涉及面很广的学科,同很多学科都有着这样或那样的关系。在中国学术史上还有一门与史学关系甚密的学科,这就是经学。怎样把握史学和经学的关系?这就是本文准备探讨的问题。

一

中国史学和经学的关系是在历史上形成的,经学对于当前史学研究的意义也是历史文化遗产性质的。因此,在具体探讨这种意义以前,有必要对史学和经学的关系做一个简要的历史的回顾。

中国是世界文明古国之一,文化发展很早。到春秋时期,反映各种文化知识的文献已经有了一定的积累,不过在这些文化知识之间还没有严格的学科区分,当然也没有经史之分。从春秋后期起,儒家典籍逐渐形成,史学也随着《春秋》《左传》的出现而开始出现,不过当时仍然无所谓经史之分。

西汉时开始把儒家典籍尊奉为经,并把儒家经典的产生和孔子联系起来。司马迁说:"孔子之时,周室微而礼乐废,《诗》

《书》缺。追迹三代之礼，序《书传》，上纪唐虞之际，下至秦缪，编次其事。曰：'夏礼吾能言之，杞不足征也。殷礼吾能言之，宋不足征也。足，则吾能征之矣。'观殷夏所损益，曰：'后虽百世可知也，以一文一质。周监二代，郁郁乎文哉。吾从周。'故《书传》《礼记》（按非指传世的小戴《礼记》）自孔氏。孔子语鲁大师：'乐其可知也。始作翕如，纵之纯如，皦如，绎如也，以成。''吾自卫反鲁，然后乐正，《雅》《颂》各得其所。'古者《诗》三千余篇，及至孔子，去其重，取可施于礼义，上采契、后稷，中述殷、周之盛，至幽厉之缺，始于衽席，故曰：'《关雎》之乱以为《风》始，《鹿鸣》为《小雅》始，《文王》为《大雅》始，《清庙》为《颂》始。'三百五篇孔子皆弦歌之，以求合《韶》《武》《雅》《颂》之音。礼乐自此可得而述，以备王道，成六艺。孔子晚而喜《易》，序《彖》《系》《象》《说卦》《文言》。读《易》，韦编三绝。曰：'假我数年，若是，我于《易》则彬彬矣。'……子曰：'弗乎，弗乎，君子病没世而名不称焉。吾道不行矣，吾何以自见于后世哉?'乃因史记作《春秋》，上至隐公，下迄哀公十四年，十二公。据鲁，亲周，故殷，运之三代。约其文辞而指博。故吴、楚之君自称王，而《春秋》贬之曰'子'；践土之会实召周天子，而《春秋》讳之曰'天王狩于河阳'；推此类以绳当世。贬损之义，后有王者举而开之。《春秋》之义行，则天下乱臣贼子惧焉。孔子在位听讼，文辞有可与人共者，弗独有也。至于为《春秋》，笔则笔，削则削，子夏之徒不能赞一辞。弟子受《春秋》，孔子曰：'后世知丘者以《春秋》，而罪丘者亦以《春秋》。'"（《史记·孔子世家》）

这就是说，六经皆出孔子手订，经过孔子不同程度的加工和整理。这些并非司马迁个人的看法，在很大程度上受了当时正在兴起的经今文学的影响。① 至西汉末叶和王莽时期，古文经学逐渐兴起。汉哀帝时，刘歆"欲建立《左氏春秋》及《毛诗》《逸礼》《古文尚书》皆立于学官"。(《汉书·楚元王传》)《周礼》(即《周官经》)"王莽时刘歆置博士"。(《汉书·艺文志六艺略》原注)古文学家把经的起源史往前推，如《周礼》，刘歆竟"知其周公致太平之迹"(贾公彦：《序周礼废兴》)，郑玄也说"周公居摄，而作六典之职，谓之周礼"(《周礼·天官冢宰》首注句)。如《春秋》，晋杜预竟说"盖周公之志，仲尼从而明之"(《春秋序》)。尽管今、古文学说法不同，其中(尤其古文家说)不实或待考之处又不少，但有一点可以肯定，儒家经典从一开始就不是抽象的理论或说教。孔子自言修《春秋》的目的时说："我欲载之空言，不如见之于行事之深切著明也。"(《太史公自序》引)《春秋》即事言理，经史不分。这一点对中国后来学术的发展产生了相当深远的影响。

汉代人在认识上经史不分，而学术的客观发展过程却表明：经学是在汉代正式产生的，史学也随着《史记》《汉书》等巨著的出现而开始崭露头角，正是在汉代开始了经史分离的过程。《汉书·艺文志》(据刘向、歆父子)将《战国策》《太史公书》(即《史记》)等史书都列在"六艺略·春秋家"中，这是人们认识落后于实际的反映。

---

① 太史公曰："先人(《正义》：司马谈也)有言：'自周公卒五百岁而有孔子。孔子卒后至于今五百岁，有能绍明世，正《易传》，继《春秋》，本《诗》《书》《礼》《乐》之际？'"意在斯乎，意在斯乎，小子何敢让焉。太史公曰："余闻董生(仲舒)曰：'周道衰废，孔子为司寇，诸侯害之，大夫壅之。孔子知言之不用，道之不行也，是非二百四十二年之中，以为天下仪表，贬天子，退诸侯，讨大夫，以达王事而已矣。'"(俱见《太史公自序》)

自魏晋至于宋初,在经学上是各说"不相统摄,及其弊也杂"(《四库提要·经部总序》)的时期,而史学却有了长足的发展。曹魏时荀勖《中经簿》分书为甲、乙、丙、丁四部,经在甲部,史在丙部①;《隋书·经籍志》分书为经、史、子集四部,史部又分十三目,"凡史之所记,八百一十七部,一万三千二百六十四卷,通计亡书,合八百七十四部,一万六千五百五十八卷"。唐代又出现了刘知几的《史通》和杜佑的《通典》,这都是史学发展中的具有创造性的成就。史学从经学的分离在目录学上也反映出来了(《春秋》三传之属仍在经部),但是经学的思想或原则却作为指导思想渗透到史学之中。如果说汉代的经学和史学是在统一中分离着(思想统一,学科分离),那么这时它们却在分离中统一着(学科分离,思想统一)。杰出史学家刘知几尽管曾在《疑古》《惑经》诸篇中对儒家经典有所致疑,但是他又曾说:"夫史之有例,犹国之有法。国无法则上下靡定,史无例则是非莫准。昔夫子修经,始发凡例,左氏立传,显其区域。科条一辨,彪炳可观。"(《史通·序例》)"孔子曰:'唯名不可以假人。'又曰:'名不正则言不顺,必也正名乎。'是知名之折中,君子所急。况复列之篇籍,传之不朽者邪。昔夫子修《春秋》,吴楚称王而仍旧曰子。此则褒贬之大体,为前修之楷式也。"(《史通·称谓》)刘知几强调例和名的重要性,就是坚持在史书中贯彻儒家经典的指导思想。当然,这对于封建时代史学家刘知几来说是不足为奇的,而且以后的封建史家几乎莫不如此。

---

① 荀勖书已佚,其分部见阮孝绪《七录序》(载《广弘明集》卷三)、《隋书·经籍志·总序》。

宋代的经学和史学都有新的发展。就经学而言，宋儒一方面坚守经典的基本思想，把三纲五常强调到了前所未有的程度；一方面又"不信注疏，驯至疑经。疑经不已，遂至改经，删经，移易经文以就己说"。(皮锡瑞：《经学历史·经学变古时代》)宋儒作风的这种变化，有深刻的历史原因。① 如果只从学术角度来说，那么一方面它是前一阶段经学自身"杂"的自然结果，另一方面又是史学考证有所发展的反映。就史学而言，宋人一方面坚持《春秋》义例，一方面则注意史实的考证。情况可以分为两类。一类如欧阳修撰《新五代史》，"大致褒贬祖《春秋》，故义例谨严；叙述祖《史记》，故文章高简；而事实不甚经意"。(《四库提要》语)于是吴缜作《五代史纂误》，这是考证工作由别人做了。另一类如司马光主持编《资治通鉴》，义例根据《春秋》，虽然记事不直接从获麟以后开始，表示"经不可续"的谦逊态度(刘恕：《通鉴外纪·序》)，但是如胡三省所说"通鉴之作，实接《春秋左氏》后也"。(《通鉴注序》)同时司马光注意史料的辨别取舍，撰成《通鉴考异》三十卷(胡注本已将考异散附本书各条下)，这是考证工作由自己做的。当然宋人在学术上有武断和空疏的方面，这种缺点后来在清代得到克服。

有清一代，经学和史学都很发达。自清初起，顾炎武、黄宗羲博治经史，在两方面都卓有成就；王夫之主要治经，但也有《读通鉴论》《宋论》这样博通而精辟的史学论著。雍乾以后，以考据为特征的古文经学大兴，其中以惠栋(继祖周惕、父士奇之学)为首的吴派(王鸣盛、钱大昕等皆此派健者)博通典籍，学贯

---

① 如王安石作《三经新义》，显然与其变法主张有关。

经史;以江永、戴震为首的皖派(段玉裁、王念孙、引之父子皆传戴学,其后俞樾、孙诒让亦为此派健者)精小学,善训诂。从表面上看,江、戴、段、王之学似乎距离史学稍远,而从内容看,他们的成果对于史学研究来说有很多是非常重要的。嘉道以后,今文经学兴起,龚自珍、魏源等今文学家同时也是史学家。经学和史学密切结合,在清代的学术史上有其成功之处。这也是清人对于前代学术传统的继承和发展的结果。

五四运动以后,长期为封建社会服务的经学走到了它自身的历史尽头,中国史学终于摆脱了经学的思想和义例的束缚,并且在马克思主义唯物史观的指导下发展为科学。这是中国史学发展中的伟大的革命性的变革。当然这种变革并不要求割断历史,相反,我们应当分析中国史学与经学关系密切的传统,批判地从前人遗产中汲取有益的东西。

二

现在我们研究历史(特别是中国古代史),经学是否仍有必要或有何具体的必要性,这的确是值得讨论的问题。金景芳教授在《经学与史学》①一文中就中国古代历史若干问题说明"不可不研究经学"。又说:"从历史实际出发,就要求占有大量的史料。不论是地上的、地下的,正统的、非正统的,都不应轻易放过。基于上述观点,研究中国古代史就不能不对经学予以足够的重视。"我认为这种意见是正确的,以下再略陈个人的管见。

---

① 《历史研究》,1984 年第一期。

经学对于史学研究的价值,基本上是史料性质的。具体地说,它对史学有三种意义。

第一,提供资料。

前人有即经即史的说法。如王守仁说:"以事言曰史,以道言曰经,事即道,道即事。《春秋》亦经,五经亦史。《易》是庖牺之史,《书》是尧舜以下史,《礼》《乐》即三代史,五经亦即史。"(《传习录》卷一)章学诚说:"六经皆史也。古人不著书,古人未尝离事而言理,六经皆先王政典也。"(《文史通义·易教上》)这里所说的"史",如果释为历史著作,那么除了《春秋》(再勉强一点还可加上《尚书》)以外实在是说不通的;可是如果释为历史资料,那就毫无问题了。对于这一点,前辈学者如金毓黻先生早已论辩清楚①。

儒家经典基本内容属于先秦时期,因此它们作为历史资料的直接有效性也以先秦历史为限。当然,我们也要注意到,儒家经典对于研究秦汉下的历史往往也是一种背景资料。

儒家经典作为历史资料对于先秦史的重要性,可以说是大家都看得到的,不过具体的认识或估价未必全同。我认为,儒家经典作为先秦史料的重要价值表现在以下三方面:

一则,在传世的文献中,儒家经典保存了比其成书时间更古的历史文献。以前古文学家动辄把经典的著作权归于文王(如《易》之卦辞、爻辞)、周公(如《仪礼》《周礼》),今文学家则认为五经皆经孔子手订。这些说法,早已有人怀疑,儒家各经的具体编成时间有待分别具体论定。无可怀疑的是,儒家经典里保存

---

① 金毓黻:《中国史学史》,上海:上海古籍出版社,第233页。

了很多比较古老的文献资料。《尚书》保存了迄今所知的最古的政治文献(如《盘庚》及《周书》各篇),《诗经》也保存了迄今所知的最古的诗篇。被康有为说成刘歆伪造的《左传》(具体作者虽仍在讨论中,但基本内容成于战国时代无大疑问),其中也保存了很多古老文献,即使除去追述三代的内容不说,其中所记春秋时代政治、外交、军事等方面的文献(当然不排除经过作者的加工)应该也属于我国古老文献之列。其他先秦诸子虽然也不乏援引《诗》《书》和前代志传之处,但其完整和丰富的程度与儒家经典是不可同日而语的。

二则,儒家经典包括多种类型的文献,从较多的方面反映着历史的事实。儒家经典原本是六艺,后来又附进了《春秋》三传、《礼记》《周礼》等书。司马迁说:"孔子以诗书礼乐教,弟子盖三千焉,身通六史者七十有二人。"(《史记·孔子世家》)看来孔子是以六艺作教材教学生的。《诗》是文学教材,其中《风》(包括二《南》和十三国《风》)反映了很多地方的风俗民情,《雅》和《颂》反映了士大夫以上阶层的生活和感慨,还反映了许多远古传说和当时的历史事件。《书》是政治教材,在这些前代的政治文献里反映了很多重要的历史事实和古人的政治思想。《礼》(《仪礼》)是伦理教材,其中反映了社会结构和礼仪制度。《周礼》原名《周官》,古文学家以为周公所作,今文学家以为伪书。此书约成于战国时代(何休说,见贾公彦《周礼废兴》),叙职官兼及社会制度。它基本反映一种理想,但也不是全无事实根据。《礼记》为汉儒所撰集,其中也有先秦礼制的反映。《乐》是音乐教材,其乐谱已不可考,其歌词,古文学家认为秦火以后遗失,今文学家认为即在《诗经》之中。从《武》乐六章皆在《周颂》之中①看来,今文说在这里是可信的。《易经》是占卜资料,《十翼》中反映了古代的哲学思想。孔子是否传授过《易》,尚难定论。《春秋》是史学教材,其中包括《左传》反映了很多前代的和大量当时的历史事实。任何其他先秦子书都没有从这么广的方面留下这么多的资料。

三则,儒家经典为先秦历史提供了比较有连续性的资料。《诗》《书》《春秋》《左传》为西周以上的政治史提供了虽不完全连续但十分重要的资料,为春秋以下的政治史则提供了比较系统的连续记载。这种情况也是先秦其他典籍所不能比拟的。现在学者治古代史,当然要重视甲骨文和金文的资料。唯这些资料或短或长都是单篇,在年代上不具有连续性(如《史墙盘铭》自文王历述至穆王是不多见的)。要确定这些资料所属历史时代,传统的文献作为参考资料是十分必要的,其中儒家典籍尤其具有重要的作用。

儒家经典可以为先秦历史提供直接的资料,还可以为我们把握秦汉以下的历史提供背景性的资料。这一点我们在平常往往注意不到,但是当我们考察一些制度或人物思想的渊源的时候,这种背景材料对于人们理解后世历史的意义就会十分明显地表现出来。造成这种情况的原因是,长期作为官方圣经的儒家经典在多方面有其深远的影响,人们往往从儒家经典中寻求自己行为的理论根据。例如《周礼》尽管从总体结构来说并非依据史实,既被认为圣经,想用它作为自己的改制依据者颇不乏

---

① 参见王国维:《周大武乐章考》,载《观堂集林》卷二。

人:王莽、刘歆、宇文泰、苏绰、卢辩、王安石等都用过它(当然各人用的具体目的和意义并不相同)。这样此书就具有作为了解以上诸人行为的思想认识背景的作用。诸如此类事例很多,这里不多列举。

第二,提供对古代文献的解释。

中国经学有一个传统,就是把解经当作经学的一个十分重要的内容。对于经解的重视甚至达到了这样的程度:《公羊传》《谷梁传》作为经解而被列入经书;《左传》或说不传《春秋》(汉今文学家说)或说传《春秋》(汉古文学家说),但将其列入经书时是以为它是传《春秋》的;《礼记》本是汉人编集的解释《礼》的文献(如《冠义》《昏义》《乡饮酒义》《射义》《燕义》《聘义》显然是《仪礼》中有关六篇的传注),后也被列为经;《尔雅》本是汉人编的经书传注类编,也被列为经书(在《汉书·艺文志》里《尔雅》[时为三卷]已被列在《六艺略·孝经家》中)。其他小学书籍,虽然不算经书,但从《汉书·艺文志》(列于《六艺略》中)、《隋书·经籍志》,直到张之洞的《书目答问》,都一直被列在经部中。

从前的人这样认识、这样分类是有其道理的。如果只有经书而无经解,那么随着时世迁移和语言变化,经书也就越来越读不通,当然经学最终就会失去其存在理由。

如果没有注释,古书就有很多难解之处,这是大家都了解的。为什么难解呢?试读《尔雅》十九篇,就可以知其大概。《尔雅》第一篇是《释诂》,内容是举古言释以今语,解决古语与今语不同的问题。例如,"豫、射(即斁),厌也"。表示前两个字都是厌(满足)的意思。第二篇是《释言》,以常用字解释非常用字,解决难认字的问题。例如:"靡、罔,无也。"(按郝懿行《尔雅义疏》云:"罔古读如莽,无古读如模,靡、罔、无俱一声之转。")用"无"这个常用字来解释前两个字。第三篇是《释训》,主要解释复合词的含义。例如,"明明、斤斤,察也"。在这里"斤斤"一词不能拆开以"斤"字寻求其词义,而要注意到复合词产生的新义。现在还有"斤斤计较"的成语,就是计较得一清二楚的意思。第四篇是《释亲》,解释亲属关系。例如,"婿之父为姻,妇之父为婚。"原来古代的"婚姻"指的是儿女亲家的关系。第五篇是《释宫》,解释有关建筑物的各种名称。第六篇是《释器》,解释种种用具,衣、食物品名称。这两篇对了解衣食住行方面的问题十分重要。第七篇是《释乐》,解释五音、种种乐器和演奏的名称。第八篇是《释天》,解释有关天文、气象、岁时、祭祀等方面的词语。第九篇《释地》、第十篇《释丘》、第十一篇《释山》、第十二篇《释水》解释各种地理现象和山、水、地名,为读史所不可少。第十三篇《释草》、第十四篇《释木》,解释各种植物。第十五篇《释虫》、第十六篇《释鱼》、第十七篇《释鸟》、第十八篇《释兽》、第十九篇《释畜》,解释各种动物。《尔雅》十九篇大体告诉了我们古书需要解释的方面之多。不过《尔雅》只是辞书,解释以辞语为限,至于各种典章制度等还不在其内。历代经典注疏在这些方面还别有解释。这是从横的方面看解释面的广度。

当然,对于研究史学最重要的还是传注保存了古义,使我们可以少犯许多按今义解古言,从而把古史现代化的错误。例如,现在的"同志"一词,有确定的含义,这是大家都了解的。古代也有"同志"之说,但是绝对不能以现代的意思去理解。古人认为,"同姓则同德,同德则同心,同心则同志"。(《国语·晋语四》)所以同德、同心、同志所指都是血缘上的同姓或同族的关系。又如朋友之"友",现在的意思也很明确,而古义与今义很不相同。《说文》云:"友,同志为友。"从古人对"同志"的理解,我们可以知道"友"在古代是指今天所说的亲属关系①,而不是今天所说的朋友关系。又如,今人一见到君王这样名词,就会解释为专制君主。其实这一类名词最初并不表示这种意思。《尔雅·释诂》云:"林、烝、天、帝、皇、王、后、辟、公、侯,君也。"古代的"君"是何意思? 郝懿行说:"《逸周书·谥法篇》云:'赏庆刑威曰君,从之成群。'《白虎通》云:'君,群也,群下之所归心也。'然则君之言群,凡群众所归,皆谓之君矣。林、烝者,众也,又训君君者,众之所归斯谓之君,与君群义同也。……王者,《说文》云:'天下所归往也。'《风俗通》引《书大传》同。《谥法篇》云:'仁义所在曰王。'仁义所在是即民所归往也。"(《尔雅义疏》)战国秦汉的人怎会这样解释君呢? 而且今、古文学没有意见分歧。这种解释绝对不反映秦汉时的现实,而是保留了原始社会晚期军事领袖的称号的古义。古希腊的"巴赛勒斯"(basileia)、古罗马的"勒克斯"(rex),后来都释为"王",近代学者又往往把他们释为专制君主。摩尔根、马克思、恩格斯都指出他们原是军事民主制时期的军事首领。② 中国古代的君王称号最初与古希腊、罗马的"巴赛勒斯""勒克斯"同属一类。所以,对君的传统解释对于我们了解君的起源是很有助益的。这是从纵的方面看古注对于

---

① 参阅拙作《书·梓材人历、人宥试释》,载《中国史研究》,1981 年第四期。
② 参见《马克思恩格斯选集》,第四卷,北京:人民出版社,第 101—102 页。

今人的意义。

第三,提供整理古代文献的方法。

中国经学还有一个传统,就是一贯重视对古代文献的整理工作。汉人经学、宋人经学、清人经学莫不如此,当然各时期发展的程度和特点有所不同。

重视注释,从汉儒以下一贯如此,不再缕述。对于目录、版本、校勘之学,刘向、刘歆父子已开其端。从现存的刘向《别录》少数篇章(如校《战国策》书录等),可以看到他校书和做提要的情况,《汉书·艺文志》也反映了他们父子工作的成果。辨伪的思想开始更早,孟子说:"尽信《书》,则不如无《书》。吾于《武成》取二三策而已矣。"(《孟子·尽心下》)汉人对于书之真伪也很注意。例如,相传汉武帝认为《周官》(《周礼》)是"末世渎乱不验之书",何休认为它是"六国阴谋之书"等(《序周礼废兴》)。不过汉代还没有辨伪书的论著。汉代在经学上的主要成就是,一方面十三经已基本编定,另一方面各经都开始有了注解。在治经方法上,除了辑佚以外,汉儒都已做了开端。

宋代经学在思想上的特点是在佛学影响下形成理学,在治经方法上则一方面大胆疑经,一方面开始注意考信。宋人疑经之说颇多,对史学最有影响的是对于《诗》《书》的怀疑。吴棫开始怀疑《尚书》伪孔传,朱熹又进而怀疑伪《古文尚书》。郑樵、朱熹先后怀疑《诗序》。这些怀疑都是很有见地的。既对《毛诗》的序和传有疑,于是开始了已失传的今文三家(齐、鲁、韩)诗传的追溯。王应麟撰《三家诗考》,虽才得一卷,但是开了辑佚书的先声。随着印刷术的发展,宋人刻经在版本和校勘方面也很有成绩。

到清代,学者以考据的方法治经,尤其因为精于小学,成绩远远超过前人。皮锡瑞说清代经学家的成就和贡献主要有三方面。一是辑佚书,二是精校勘,三是通小学。(《经学历史·经学复盛时代》)这实在没有夸大的地方。清人充分应用了第一种方法,把大量散失的古书遗文从其他书中辑出来,使人们看到了原来已经看不到的书;充分应用第二种方法,把书中的各种讹错通过校勘加以指明校正,使人们能够看懂原来由于讹错而无法卒读的书;充分应用第三种方法,对大量典籍加以解释,使人们对原来误解或不解的书也能懂得其意思。应该说清人还在一个方面很有成绩和贡献,这就是辨伪。例如,宋人开始疑伪《古文尚书》,明代梅鷟继续有所驳难,到清初阎若璩作《古文尚书疏证》,以大量证据说明《古文尚书》是伪书,了结了中国历史文献上的一大公案(惠栋作《古文尚书考》,又把伪《古文尚书》抄袭他书的出处疏列出来,也是辨伪工作中的一种彻底揭露方法)。

清人治经学的方法,实际就是整理历史文献的方法,因此可以用来治史,更不用说他们所治的经学中实际已经涉及了大量史学问题。张之洞曾说:"由小学入经学者,其经学可信。由经学入史学者,其史学可信。"(《书目答问·姓名略序》)如果且不论其观点,那么他倒是说出了清代史家成绩取得的途径或方法。作为整理历史文献的方法,前人特别是清代学者的经验是值得我们批判地汲取的。

三

我们重视经学对于史学研究的意义,同时又不能不看到这种意义的限度。首先不能不看到经学本身中留下了很多问题。《四库全书总目·经部总序》有这样一段话颇值一读:"自汉京以后,垂二千年,儒者沿波,学凡六变。其初专门授受,递禀师承,非惟诂训相传,莫敢同异,即篇章字句,亦恪守所闻。其学笃实谨严,及其弊也拘。王弼、王肃,稍持异议,流风所扇,或信或疑。越孔、贾、啖、赵以及北宋孙复、刘敞等,各自论说,不相统摄,及其弊也杂。洛闽继起,道学大昌,摆落汉唐,独研义理,凡经师旧说,俱排斥以为不足信,其学务别是非,及其弊也悍。学脉旁分,攀援日众,驱除异己,务定一尊,自宋末以逮明初,其学见异不迁,及其弊也党。主持太过,势有所偏,材辨聪明,激而横决,自明正德、嘉靖以后,其学各抒心得,及其弊也肆。空谈臆断,考证必疏,于是博雅之儒引古义以抵其隙,国初诸家,其学征实不诬,及其弊也琐。"这些话对经学史上的得失评价比较客观,所指出的拘、杂、悍、党、肆、琐等缺点也无一不是实际的存在。清人都能看出经学发展中的种种问题,这的确不能不促使我们在估计和应用经学成果的时候保持一种积极的清醒态度。

第一,我们估计儒家经书和经学著作作为历史资料的价值,应该有一个适当的限度。以上曾经肯定儒家经书(1)保存了古代原始文献;(2)反映历史的方面较多;(3)比较系统地记载了古史。不过,这些都是有限度的。在儒家经典以外,先秦还有其他子书、史书,其中多记各种历史资料,虽不系统,但足资参考或印证,不然就会留下缺陷。例如,《史记·十二诸侯年表》始自共和元年(鲁真公十五年,公元前841年),《春秋》始自周平王四十九年(鲁隐公元年,公元前722年),鲁隐公元年以前的一百二十年就要依靠《春秋历谱牒》。司马迁在《序》中说:"儒者断其义,驰说者骋其辞,不务综其终始;历人取其年月,数家隆于神运,谱谍独记世谥,其辞略,欲一观诸要难。于是谱十二诸侯,自共和讫孔子,表见《春秋》《国语》学者所讥盛衰大指著于篇,为成学治古文者要删焉。"可见,事关中国连续历史纪年起点的这个《年表》,司马迁就不是只凭儒家经典作出来的。儒家经典以外,现又有大量甲骨文、金文的文献资料。从数量来说,甲骨文、金文资料将随考古发现而日益增多,从内容来说,有儒家经典所未记者,有可与相互印证者。由于儒家经典传世久,讹误多(王国维曾说这是《尚书》难懂的原因之一),甲骨文、金文资料具有更权威的第一手性质。如《毛公鼎铭文》《大盂鼎铭文》等,我们称之为真"古文尚书"看来也不为过。考古发现的遗址和文物,作为历史资料,有许多尤其不是经学资料所能代替的。这些资料需要有经学的资料作为参考和印证,经学中许多不易凭文字考释得到解答的问题更要靠这类资料来解决。

如果说儒家经典的局限之一在于数量还不足,那么历代经学著作的一个严重问题就是烦冗。《十三经注疏》、宋元人注《四书五经》《皇清经解》《皇清经解续编》等等,卷帙之多,可谓汗牛充栋。这样多的经解,作为中国学术史的资料,尤其作为经学史的资料,在不同性质和程度上都是有用的;而其中实际有益于证史的却只占很小的比重。因为经学研究有一个致命弱点,就是从文字到文字,严重脱离实际(当时无考古学、民族学等知识),许多儒者在这种情况下逞其"博学",结果不能不出现大量无用的东西。经学大病之一是烦琐,而烦琐所指的正是这样一种矛盾统一现象:无用的成分多,有用的成分少。我们在接触经学著作时不能只看到其多的现象,而应尤其注意其实质的不足。

第二,儒家经典和经学著作不仅有数量和范围的局限,而且还有许多各种各样没有解决或没有解决好的问题。譬如,书有真讹,文有正讹,说有是非(有观点性的,有学术性的),尽管经过清人做了大量工作,分歧、矛盾没有解决者仍然是很可观的。因此,我们在运用经学成果证史时,对于那些成果本身仍需加以分析和研究。

现在试就两个例子略论这种分析和研究的必要。这两个例子都是金景芳教授在《经学与史学》一文中已经举过的。

《礼记·礼运》记孔子曰:"大道之行也,与三代之英,丘未之逮也,而有志焉。大道之行也,天下为公,选贤与能,讲信修睦。故人不独亲其亲,不独子其子,使老有所终,壮有所用,幼有所长,矜、寡、孤、独、废、疾者有所养,男有分,女有归。货恶其弃于地也,不必藏于己;力恶其不出于身也,不必为己。是故谋闭而不兴,盗窃乱贼而不作,故外户而不闭。是谓大同。"

"大同"一章,基本有两种理解:一种认为说的是孔子的理想,一种认为有实际根据(其中又分两说,一说认为就是反映历史真实情况,如金先生所说;一说认为基本反映实际,有理想化或夸大的成分,如郭沫若先生所说。我同意郭老说法,不过这两说分歧不是基本的)。应该说,这两种理解在经学史上都是有根据的,前者宋人主之,后者汉人主之,关键问题在于谁是谁非。

分歧的产生的确如金先生所言,在"丘未之逮也,而有志焉"的"志"字上。元人陈澔(其父大猷乃朱熹再传弟子饶鲁的弟子)释此句云:"我(指孔丘)今虽未得及见此世之盛,而有志于三代英贤之所为也。此亦梦见周公之意。"(《礼记集说》)这就分明把"志"释为"理想"(只说有志于"三代英贤",又漏了"大道之行"这一半)。这样释"志",看起来在训诂上并非无据。"吾十有五而志于学"(《论语·为政》),"志于道,据于德"(《论语·述而》)中的"志"就都是理想、志愿的意思。而且这样解释看起来也文从字顺。前辈学者多读陈氏《集说》,很自然地就接受了"大同"出于理想的说法。可是,正是在这里显出了宋人的"悍"的毛病,他们没有认真考虑和吸收前代的合理故训。郑玄注云:"志谓识古文",一语破的。金先生赞成郑说,并且引用了马克思主义经典著作做了论证。这里再补充一点理由或根据。《吕氏春秋·孟春记·贵公》:"昔先圣王之治天下也,必先公。公则天下平矣。平得于公。尝试观于上志(高诱注云:'上志,古记也。'),有得天下者众矣,其得之以公,其失之必以偏。"这段话说明两个问题:一是"志"确是"识"或"记"的古文(其实是同音假借),秦汉人近古,都熟知这一点,二是到秦时仍然存在"上志",记载着上古以公治天下的事。《吕氏春秋》作者既看过这种记载,孔子看过也就不足为奇了。原始社会没有文字,怎么会有记呢?一是可以经过传说再记载下来,二是西周、春秋时还有许多部落夹在诸夏的空隙里,有文字的诸夏看见就会记下来。孔子知道"先进之于礼乐,野人也;后进之于礼乐,君子也",知道"礼失而求诸野",当然也能从各部落当时的情况推想出诸夏早先的情况。古人根据前世传说和当时部落情况,知道上古有公有制,这不足为奇,而且在许多国家都是有的。

《礼记》之《丧服小记》及《大传》皆有"别子为祖,继别为宗,继祢者为小宗"之说,也就是宗法之说。关于别子,郑玄在《礼记》注中凡有三说:(1)"大祖,别子始爵者。《大传》曰:别子为祖。谓此虽非别子,始爵者亦然"(《王制》注);(2)"诸侯之庶子别为后世始祖也,谓之别子者,公子不得祢先君"(《丧服小记注》);(3)"别子谓公子若始来在此国者,后世为祖也"(《大传》注)。《大传》云:"君有合族之道,族人不得以其戚戚君位也。"郑注云:"君恩可以下施,而族人皆臣也,不得以父兄子弟之亲自戚于君位,谓齿列也。所以尊君别嫌也。"孔颖达疏云:"此一经明人君既尊,族人不以戚戚君,明君有绝宗之道也。"由此而出现君统与宗统分离的说法。过去许多经学家(如毛奇龄、程瑶田等)取此说,金景芳教授亦取此说。

还有不少学者认为,"天子是天下之大宗","诸侯是一国之大宗"。金先生以为这"显然是不研究经学之过"。我看恐怕不能这样说,因为这一说在经学史上也是有根据的。《诗·大雅·公刘》云:"君之宗之。"直接说明在公刘身上君统与宗统是统一的。毛传云:"为之君,为之大宗也。"也是没有任何附加的直解。(郑玄笺则云:"宗,尊也。")《大雅·板》云:"大宗维翰""宗子维城",毛传云:"王者天下之大宗。"(郑笺则云:"大宗王之同姓之嫡子也",又云:"宗子谓王之嫡子。")《诗》和毛传对大宗的认识与《礼记》不同,王国维在《殷周制度论》中已经指出,前人也早有指出者。郑玄把"君之宗之"的"宗"释为"尊",严格地说是训诂上的一种错误。"宗"固然可以经过抽象引申为"尊",(按《说文》:"宗,尊也[此"也"字依段注加],祖庙也","宗"的本义是"祖庙",经抽象引申为"尊"),"君"也同样可以经过抽象而引申为"尊"(按《说文》:"君,尊也,从尹发号故从口",君原是发号令者,经抽象引申为"尊"),因此,君、宗二字如依同样方法训释就都成为"尊",那么此句诗就成了"尊之尊之",还成话吗?我认为,以郑玄这样淹贯群经、精于小学的人不会不注意到这个问题,他之所以这样背传作笺一定另有考虑。这种考虑从孙毓的话里可以看到一点线索。孙说:"国君不统宗,故有大宗小宗,安得为之君复为之大宗乎?笺说为长。"孙毓之所以疑传取笺,根据在"国君不统君宗"这一前提,好像这是自明而不可疑的。为什么呢?我看是因为这种情况至少在汉代已实行了近四百年,以前国君收族的事这时都由宗正办理,堂堂汉代皇帝是不屑于做统宗的事了。人们看惯汉代的制度,就自觉或不自觉地把它套到古代去了。① 毛传保守传统,郑笺顾及现实,分歧大概由此而来。

无论如何,关于宗法中的君统和宗统的问题,自汉代以来就有两说,以后经学家持两说者都有,所以分歧是经学不同理解的问题,而不是研究或不研究经学的问题。

对于这种分歧,如果按传统的以考据和训诂为主的经学方法讨论下去,大概大家都还有很多话可说,问题也可以有所进展。不过,我觉得,如果同时注意一下金文资料,那么我们的选择可以做得比较迅速而准确一些。例如,《何尊铭文》:"王靠(诰)宗小子于京室。"这说明,王承认臣下为同宗。又如,《驹形盉尊铭文》:"(盉)拜稽首曰:王弗望(忘)毕(厥)旧宗小子,盉皇盉身。盉曰:王倗下不其则万年保我万宗。"这说明,王仍承认同宗的人,而且王永远是万宗的保护者。这里的王就是大宗,万宗就是小宗,其间永远有着对下倗(《说文》:"倗,辅也。")和保的关系。又《盉尊铭文》:"盉曰:天子不叚不其保我万邦。"此器铭的"万邦"就是前引器铭的"万宗",就又可见天子与诸侯邦

---

① 赵光贤先生对此曾有论述,见《周代社会辨析》,第104页。

国间也有大宗、小宗的关系。当然,宗法中君统宗统问题的解决,不能如此简单了事,不过,从这里可以看到金文资料对于解决经学史上的问题具有十分重要的意义。

四

中国的史学为什么会在长时期中与经学关系十分密切呢?其中当然有封建统治阶级的作用,他们力图在史书中贯彻儒家经典的思想,以为其阶级利益服务。不过,看来还有学术上的原因,就是中国经学与史学在传统上有相近以至相合之处。

第一,中国经学有一个特点,就是重视传统。当然,重传统并不意味没有变化和发展,清代经学很重传统,而清代经学成就远胜前代,这就是明证。重传统有其保守的一面,但是也有维护中国文化连续性的一面。中国史学也重传统。如果说经学重的是多识前言往行以蓄其德,那么史学重的就是多观前车之鉴以益其智。由于中国经学和史学之重传统,几千年来,这两方面的著作前后相承,连续不断,为世界任何其他国家所未有。汤姆森说希腊和中国同样具有文化的连续性①,高善必亦云印度文化有长期的连续性。② 究其实际,恐怕只有中国的经学和史学的连续性才真正体现了文化链条上的环节完整性。中国经学和史学在发展中既是平行的,又是相互影响的,这对中国文化的连续

---

① G. Thomson, *The First Philosophers*, 1977, p. 61.

② D. D. Kosambi, *The Culture and Civilization of Ancient India in Historical Outline*, 1977, p. 9.

性关系至大。

第二,中国经学不是宗教教义,不是纯抽象的哲学,而是兼含多种学术内容(印度吠陀经学亦有多种内容,而独缺于史),有论有史,与史接近。中国史学亦兼容多科内容,自《史记》分撰"八书",以下正史大多都有书、志,更不必说《通典》《通志》(尤其二十略)、《通考》这样的书了。这样,中国的经学和史学实际在许多领域里就重合起来。在前人研究《诗》《书》《礼》(三礼)、《春秋》的著作中有着大量的史的内容,而且有不少实际也就是考史之作。实例极多,不胜枚举。

第三,中国的经学和史学既有相通之处,还有共同倾向,就是都注意经世致用。当然,前人经学和史学中的烦琐哲学和烦琐考证确实不少。但只要把中国的经学和外国的宗教教义一比较,就可明显地看出,中国的经学不是出世的,而是入世的,和史学一样,其基本倾向是注意经世致用。前代优秀的经学家和史学家无不十分致力于此。

既然中国的经学和史学在历史上的关系并非偶然的,现在我们就不能敝屣视之,一丢了事。我们应该科学地利用经学成果以为治史之资(如何科学地利用也是一个值得研究的课题),而且也应该从这种关系中得到启发。我认为,至少有三个方面是值得注意的。一则,充分研究中国文化传统、史学传统,在马克思主义理论指导下发展有中国特色的史学。白寿彝先生在这方面有许多论著,很值得读。二则,应该发扬中国史学(经学亦同)注意多科联系的传统。当然,过去所注意到的有关方面和关系深度都远远不够,现在要了解国外史学方面的新发展,建立有中国特点的多学科史学。三则,史学研究仍须注意经世致用,这绝不是说要引古喻今,搞什么影射,那是不科学的。现在有些同志主张将史学分为理论史学和应用史学二科,这很值得重视。我们应该充分考虑如何以史学为祖国四个现代化和两个文明建设服务的问题,并力求在这方面做出成绩。

中国经学有其复杂的思想体系,这种思想体系对于史学的影响是应该充分注意和研究的。这篇小文不可能涉及那样广泛而复杂的问题,所以只就经学和史学的关系以及经学在资料和方法上对史学的作用说了一些不成熟的意见。

(原载《北京师范大学学报》1985 年第 3 期)

论通史

一、问题的提出

"通史"一词,大家都很熟悉。例如在书店里常常看到以"中国通史""世界通史""欧洲通史"等等为题的历史书籍,大家见了都觉得能知道它们的内容大概都说什么,而不会有疑问。又例如,在大学里,通常开有"中国通史""世界通史"等课程,大家一看也都很明白,知道那不是某朝某代或者某一时期的断代史,也不是某一专门史。所以,看起来其中并没有什么问题。

可是,当我们把一些译名为"通史"的外文原书拿来一对照,就会发现事情有些蹊跷。例如,海思(Hayes)等人所编的 World History 就曾经被译称《世界通史》,其实只是《世界史》(后来的译本已经改作《世界史》)。鲁滨逊(Robinson)等人所编的 A General History of Europe 在过去曾被许多学校用作教材,通常被人们称为《欧洲通史》,其实也只是《欧洲(全)史》。斯塔夫里阿诺斯(Stavrianos)所编的 A Global History 现被译为《全球通史》,其实只是《全球史》。过去苏联科学院编的多卷本 ВСЕМИРНАЯ ИСТОРИЯ 被译称《世界通史》,其实也只是《全世界史》。如此之类的例子很多,原来中译本书名上的"通"

字都是我们中国译者自己酌情加上去的。加了,肯定符合我们中国人的口味,便于我们了解它们不是断代史或专门史。但是,不加"通"字更符合原书特点。还有从另一个角度来看的例子,如白寿彝教授主编的《中国通史纲要》,英文本就译为 *An Outline History of China*,变成了"中国史纲"。当年此书英译本稿子出来时,曾经拿来让我看看对译文有没有什么献疑。我看了书名,也觉得这样翻译很自然,无可非议。可是,事实上是丢了一个"通"字。白先生很重视这个"通"字,可是我竟然没有能力让英译本把这个"通"字加上去。此事过去已20年,至今我还是不知道怎样加这个"通"字。为什么呢?因为,在西方甚至俄罗斯的历史书名里,一个国家的历史就直接以国家名冠于"史"字之前(当然也有因语法习惯而置国名于后者,不过意思一样),虽然那本历史书在时间上贯彻古今,仍然如此;其为断代史者,则往往于书名题下注明起讫年代,即何时至何时的某国历史。总之,非断代的某国历史,也只称为某国史,并无某国"通史"之说。英文书里既然无此习惯,我们的中文书译为英文当然就不好生造某一个英文的"通"字加上去了。这件事在我的头脑里形成了一个问题,为什么中西之间会有这样的区别呢?这一篇小文就来谈谈这个问题。

二、一些可能与"通史"有关的西方词语和中文里的"通史"之异同

首先让我们逐一地考察一下有关的西方词语。为方便计,以英文为主,偶尔附以其他西文。

1. General history：这个词最容易在中文里译为"通史"。其实，general 来源于拉丁文的 *genus*，原意是种、类（kind、class），凡同种、同类之集合即可以此词表达之，所以有"全体的""普通的""总的""一般的""概括的"等等意思。在一般的英文书目里，凡是在 general 项下的都是一般性的、概括性的书籍，以别于专门性的、原典性的书籍等。历史书而冠以此词者，即指内容为一般性、综括性的，如前述的 *A General History of Europe*，就是所述非指欧洲某一国或政治、经济、外交某一方面而言的综合概括的欧洲历史；其他某一地区、某一群岛或某一族属之人的历史也有冠以此词者。此类书中的确也是包括了从古到今的内容，不过这一点不是这个词的重点意义所在。

2. Universal history，即俄文之 ОБЩАЯ ИСТОРИЯ、德文之 allegemeine Geschichte：这个词也是最容易译作"通史"的，不过它很少用在历史书名上，却常用于关于历史学的讨论中。例如，康德在《世界公民观点之下的普遍历史观念》的"命题九"里就说到了"普遍的世界历史"。① 何兆武教授在此词下作了这样一条译注："'普遍的世界历史'一词原文为 allegemeine Weltgeschichte，相当于英文的 universal history，或法文的 histoire universelle，字面上通常可译作'通史'；但作者使用此词并不是指通常意义的通史或世界通史，而是企图把全人类的历史当作一个整体来进行哲学的考察，故此处作'普遍的世界历史'以与具体的或特殊的历史相区别。"在这里，何兆武教授一方面说明这

---

① 康德：《历史理性批判文集》，何兆武译，北京：商务印书馆1991年版，第18页。

个词"字面上通常可译作'通史'"①,另一方面,他又准确地把"普遍史"(或译"普世史")与我们常用的"通史"作了区分。我觉得他的这一番解说很好。因为,一方面,既然是"普遍的历史",那么就应该包括时间上的普遍性。例如,克罗齐就曾经说:"普遍史确乎想画出一幅人类所发生过的全部事情的图景,从它在地球上的起源直到此时此刻为止。事实上,它要从事物的起源或创世写起,直到世界末日为止,否则就不成其为真正的普遍了。"从这一段话看,他是把普世史当作包括一切时间在内的历史了。不过,他明确地认为,这样的普世史是不可能有的。而当他随后给普世史举例的时候,所举的就是波里比阿所著的《历史》(*The Histories*)、奥古斯丁所著的《神国》(*Civitas Dei*,或译《上帝之城》)和黑格尔的《历史哲学》。② 其中,波里比阿《历史》所述主要是第一、第二两次布匿战争间事,历时不过70余年,加上其绪论所涉也不过百余年,所以照中国传统看来,那只是断代史;但是此书涉及罗马所征服的地中海世界,所以仍然被视为普世史。奥古斯丁书实际是以基督教为主轴的世界史。黑格尔的《历史哲学》也是世界史,他本人在此书的开头一句话就

---

① 例如:在柯林武德:《历史的观念》,何兆武、张文杰译:北京:中国社会科学出版社1986年版,第1页第6行提到"通史或世界史",第209页第3行提到"普遍历史",第4行又提到"通史"。这里的"通史"在 柯林武德[R. G. Collingwood]原本 *The Idea of History*, Oxford, 1956, p.1; p.264里,都和"世界史""普遍历史"同样是 universal history。

② B. Croce, *History: Its Theory and Practice*, trans. into English by D. Ainslie, Oxford, 1946, p.56 & 57. 傅任敢译:《历史学的理论与实际》,北京:商务印书馆1982年版,第39、40页。

是说自己的讲演题目是 philosophische Weltgeschichte,即哲学的世界史。所以,严格地说,普世史的关键在普世或空间方面。何兆武教授的论述的确是很有启发性的。按 universal 来源于拉丁文之 universus(unus + versus),unus 的意思是"一""同一",versus(由 verto 变来)的意思是"转动",一同转动的当然只能是一个整体,所以它的意思是"全体的""普遍的""共同的"等,因此这种史重在空间之同一,与我们说的"通史"之重在时间之连续,实有不同。

3. Global history:这个词的意思很明确,即全球史。按 global 来自名词 globe(意思为球),而这个英文词来自拉丁文里的 globus,意思就是球或球形物。这个词在这里只能指全球的历史,重在空间范畴里的同一性。如果说这也是"通",那么这种"通"就是空间上的横通,也异于我们所说的"通史"之"通"。

4. Ecumenical history:英国哲学家兼历史学家柯林武德在其《历史的观念》一书里提到了"普世历史"(ecumenical history)即"世界历史"(world history)在古典时期并不存在,而是到了希腊化时期才出现。① 这里的"普世历史"就是世界史。按柯林武德已经指出,这个词来自希腊文的 οικουμενη,(而此词又来自 οικεω,意思就是"居住"),ηοικουμενη 就是 the whole habitable globe,就是人之所能居住之地,就是"维民所止"(《诗·商颂》语)。这种世界史,也与我们所说的通史不同,至少不完全相同。

5. Total history:法国思想家福柯(Foucault)在其《知识考古

---

① *The Idea of History*, Oxford, 1946, pp. 31-33. 柯林武德:《历史的观念》,第 35—37 页。

学》中以"整体历史"(total history)与"综合历史"(general history)相对立,认为"整体历史的设计是,寻求重建一个文明的总体形态、一个社会的物质或精神的原则、一个时代的一切现象所共有的意义、它们凝聚的法则,即可以隐喻地称为一个时代'面貌'的东西"。"一项整体的叙述,围绕着一个单一的中心——一个原则、一种意义、一个精神、一种世界观、一个笼罩一切的形式,来描画一切现象;恰好相反,综合历史则使一种分散的空间疏离开来。"① 福柯所反对的"整体历史"实际上就是把一个时代的"多"整合为"一"的历史,并非我们所说的"通史";而他所主张的"综合历史"也不是第一项里所说的 general history,所以更与"通史"无缘。按 total history 一词中的 total 来自拉丁文的 *totus*,它的意思是"全部"或"整体"。所以,从字源来看它也是各部分之合为整体,并无我们所说的"通"的意思。

以上对西方可能与"通史"有关的一些词作了一番讨论,现在再看一看中国人所说的"通史"中"通"字的含义为何。中国之有通史,自司马迁作《史记》始。其书始自黄帝迄于汉武帝太初之年,概括当时所知各代之史。不过,司马迁不自以通史为其书名。唐代史家刘知几在《史通·六家》中专列史记一家,以为梁武帝命群臣(吴均为主)撰《通史》,"大体其体皆如《史记》",这就是说以《史记》为通史家之开山。② 刘知几以后,唐代杜佑

---

① *The Archaeology of Knowledge*, trans. into English by S. Smith, New York, 1972, pp.9-10. 参阅刘北成:《福柯思想肖像》,北京:北京师范大学出版社 1995 年版,第 166—167 页。

② 浦起龙:《史通通释》,上海:世界书局 1935 年版,卷 1,第 9 页。

作《通典》，为典制体通史；宋代司马光作《资治通鉴》，为编年体通史，郑樵作《通志》，为纪传体通史；宋元之际马端临作《文献通考》，为文献专史体通史。总之，通史之所以为"通"，与其体裁之为纪传体、编年体或为何种专门史体毫无关系，关键全在时间上的朝代的打通。有了时间上的通，就叫作"通"史。

按"通"字，《说文解字》："达也。"①在经传中，通与达互训的例子很多，一般都是通（达）到的意思。"通"的反义词是"穷"，《易·系辞上》："往来不穷谓之通。"②不穷，就是无穷无尽、无止无终，也就是通。"通"字本来是指空间意义上的由此及彼，而空间上的往来不穷又是在时间里进行的，因而也就变成了时间上的连续不断。"通"字用之于在时间中运行的历史，于是"通史"之"通"，主要即指时间上的连续而言。

这样我们就看到了中国与西方史学传统中的一个有趣的区别：同是通古今的史书，在中国就都称为通史，在西方则必须是带有普世性或区域群体性的才称作 global history，general history，universal history，单一国家的历史虽通古今也不冠以一个表示"通"（中国人心目中的通）的字眼。可见中西之间有着重通史与重普世史的特点之不同。西方所重的是普世史的特色，而中国所重的是通史的特色。普世史固然必须以时间为经，但其重点却在共时性的普世的空间之纬；通史固然必须以空间为纬，但其重点却在历时性的时间之经。我想这也应该是中西历史学的传统上的一种不同吧。

---

① 段玉裁：《说文解字注》，上海：上海古籍出版社1981年版，第71页。
② 《周易正义》卷7，见《十三经注疏》，北京：中华书局1980年版，第82页。

三、"普世史"与"通史"两种史学传统试析

以上谈到西方的普世史传统与中国的通史传统,现在自然有必要说明这样两种不同传统在古代的产生,及其所以产生的原因。这里的说明将分三部分来进行:第一,略述西方的普世史传统的产生;第二,略述中国通史传统的产生;第三,试对两种传统做一些比较的分析。

第一,西方史学源于希腊。希腊古典时代史学开山大师希罗多德(Herodotus)所著《历史》和修昔底德(Thucydides)所著《伯罗奔尼撒战争史》对古代希腊、罗马,甚至以后的西方史学都留下了深刻的影响,也可以说他们是开创西方史学传统的人。希罗多德的书所述内容是希腊—波斯战争的历史(其中有关于古代一些东方国家历史传说,但并非基本内容),是与史家本人同时代的历史;修昔底德的书所述内容是伯罗奔尼撒战争的历史,也是与史家本人同时代的历史。他们所写的内容有些是从直接经历其事的人那里了解来的,有些甚至就是史家自己亲身的经历。黑格尔把这种历史称之为"原始的历史",说:"这样的原始历史家把他们熟知的各种行动、事情和情况,改变为一种观念的作品。所以这种历史的内容不能有十分广大的范围。……在他所描绘的一幕一幕的剧情中,他本人曾经亲自参加做一名演员,至少也是一个休戚相关的看客。他所绘画的只是短促的时期,人物和事变的个别的形态,单独的、无反省的各种

特点。"①这样的"原始史"就是当代史,用我们的说法也可以成为当代的"断代史",总之,那不是通史。希腊古典时代是城邦时代,没有普世的观念,也没有普世史。正如上文已引柯林武德所说,从希腊化时代开始,包括罗马时代,随着城邦制的没落,普世史开始出现。在这一时期最具代表性的普世史当推波里比阿的《历史》和李维(Livy)的《罗马史(建城以来)》(Ab Urbe Condita)。

波里比阿的书,是断代性的罗马世界帝国形成史,当然是普世史,已如上述。而李维的书叙述自公元前8世纪罗马建城之年(B.C.742)至公元初奥古斯都时代(A.D.9),从编撰体例来说应当是编年体的通史(今本已多有残缺)。美国历史学家巴恩斯曾说:"李维是最伟大的古今一切故事叙说者之一,他的书是罗马国史巨著。它是关于罗马世界国家成长的一部宏富的散文史诗。"②这就是说,李维的《罗马史》虽时历古今,但其重点在罗马国史,而这个罗马国家又是一个世界帝国,所以,在西方史学传统里,它仍然被列为普世史。

黑格尔把这种普世史列为他所说的"反省的历史"的第一种。③ 他在分析普世史的特点时说:"在这里,最主要的一点,就是历史资料的整理。进行工作的人用了他自己的精神来从事这种整理工作;他这一种精神和材料内容的精神不同。"黑格尔还

---

① G. W. F. Hegel:*The Philosophy of History*, trans. into English by J. Sibree, New York, 1956. p. 2. 黑格尔:《历史哲学》,王造时译,北京:三联书店1956年版,第40页。

② H. E. Barnes:*A History of Historical Writing*, New York,1963. p.37.

③ 按黑格尔把历史分为:原始的历史、反省的历史和哲学的历史,而反省的历史中又分为四类,即普世的历史、实验的历史、批评的历史和专门的历史。

以李维为例,说他以自己的精神写往古历史,让古代的历史人物说起话来就像他那个时代的人一样。那么,怎么办呢? 黑格尔又说:"一部历史如果要想涉历久长的时期,或者包罗整个的世界,那么,著史的人必须真正地放弃对于事实的个别描写,他必须用抽象的观念来缩短他的叙述;这不但要删除多数事变和行为,而且还要由'思想'来概括一切,以收言简意赅的效果。"① 这就是说,李维的《罗马史》虽然时贯古今,其精神却都是李维时代的,也就是说无变化的。在黑格尔看来,普世史只能是抽象概括的,如果要写出发展,那只有他的哲学的历史才能完成任务。李维的书时贯古今而无古今之变,这样,与中国强调"通古今之变"的通史就又显然有所不同了。从维柯(G. B. Vico, 1668—1744,意大利哲学家)开始,历史发展的思想在西方史学中日益发展,黑格尔的《历史哲学》可以作为其中一部出色的代表作。不过,黑格尔的《历史哲学》在讲历史的发展时,坚持以世界史或普世史(即东方、希腊、罗马和日耳曼世界所谓四个帝国)为其框架,所以整个世界史成了有发展的通史,而构成其世界史的各个国家或地区却没有了自己的通史,例如,在他的《历史哲学》里,中国就只有头而无尾(中国有了一个开头以后就只能派一个原地踏步不动的角色),而日耳曼世界在本质上又只有尾而无头(在他那里日耳曼世界所注定要扮演的只是世界精神发展最高阶段的化身)。因此,黑格尔的"世界历史"虽然有其通的内容,本身仍然是一部普世史。可见普世史的传统在西方还是影响深远的。

---

① *Philosophy of History*, p. 4&5.《历史哲学》,第42、43页。

第二,中国史学源于先秦时期,其最初的萌芽是《尚书》。《尚书》里的《周书》诸篇,皆当时政治文献,如果作为历史,那就应该属于"原始的历史"。例如,周公在许多篇文告中所述,作为当时之人以当时之精神论当时之事,当然是黑格尔所说的"原始的历史"。不过,他有一个特点,就是在论当代事情的时候不断反省历史,总是爱把古今的事联系起来,考察它们之间的变中之常和常中之变。在他向殷遗民发表文告时,面对的问题是:殷商原来是"大邦""天邑",是诸侯的共主(天子),周原来是"小邦",从属于殷商,可是这时周却以武力取代了殷商的地位,怎样才能使殷遗民心服?针对这个问题,他解释说,殷商原来的确是受"天命"的"天邑",因为"自成汤至于帝乙,罔不明德恤祀",可是到了纣的时候,情况变了,纣严重失德。因此,周才代殷而受"天命"。而且,"惟尔知,惟殷先人有册有典,殷革夏命"。你们先人的史册上明明记载着,当夏代君主从有德变为无德的时候,你们的先祖成汤不是也曾革过夏的命吗?① 周公的这些话并非只是说给殷遗民听的,在《无逸》篇中对成王、在《康诰》《酒诰》中对康叔也用同样的历史材料说明了同样的思想。所以,他所说的历史是大体属实的。而他所说的道理则是,夏商周三代的嬗迭是历史之变,而其间兴亡之理又是历史之常;其变是常中之变,其常是变中之常。从这样的角度来看,《尚书·周书》就既是原始的历史,又是反省的历史;而且在反省中不仅看到了常,同时还看到了变。我想,这就是中国史学里通史

---

① 《尚书·多士》,《十三经注疏》,第219—221页。类似思想还见于《多方》等篇。

传统的源头。

到战国初、中期,随着历史的巨变,在《左传》《国语》里屡屡反映出历史之变,而且通过不同人的口说出这种变也属于常理。例如,《左传》(昭公三十二年)记史墨对赵简子论鲁国季氏出其君的事,不仅说明具体的事因,而且说:"社稷无常奉,君臣无常位,自古以然。故《诗》曰:'高岸为谷,深谷为陵,三后之姓,于今为庶。'王(据阮元校勘记,'王'字当为'主')所知也。"①

经过秦的统一到西汉帝国建立,先秦时期的历史局面已经根本改观。司马迁于汉兴70余年后撰写《史记》,就正式把"通古今之变"②作为自己的著作目标之一。《史记》写了君位由禅让而世袭之变、制度由封建而郡县之变、风俗由忠而敬而文之变等等,同时也写了变中之不变,而此不变之常即在变化之中。拙作《论司马迁史学思想中的变与常》③对此有较详的说明,此处恕不备论。我们可以这样说,到了司马迁《史记》的出现,中国史学的通史传统,已经不仅在时历古今的体例层面而且在通古今之变的思想层面上基本确立了。

第三,现在再来对中西两种史学传统的产生的哲学思想背景做一些比较的分析。柯林武德在《历史的观念》中指出希腊罗马史学的两个特点是:人文主义(Humanism)和实质主义(Substantialism)。④ 史学要从神话中走出来,变成人的历史,人

---

① 孔颖达:《春秋左传正义》,见《十三经注疏》,第2128、2130页。
② 《报任少卿书》,载班固:《汉书·司马迁传》,北京:中华书局1962年版,册9,第2735页。
③ 载《北京师范大学学报》(人文社会科学版)2000年第2期。
④ *The Idea of History*, pp. 40-45.《历史的观念》,第46—51页。

文主义自然是必不可少的。在古代希腊罗马,从"荷马史诗"到希罗多德的《历史》,情况如此;在古代中国,从甲骨卜辞到以人心向背解释天命的《尚书·周书》,同样也如此。这是古代中西史学传统相同之点。因为这一点是人所共知的,这里就不再做具体的论述。中西古代史学传统的不同,在我看来,是在柯林武德所说的第二个方面,即古代西方的重实质主义,与中国古代殊为径庭。

柯林武德说希腊罗马史学是实质主义的,这在其《历史的观念》第一编第三节"希腊思想的反历史倾向"里有相当详细的说明。[①] 他说:"历史学是关于人类活动的一门科学;历史学家摆在自己面前的是人类在过去所做过的事,而这些都属于一个变化着的世界,——在这个世界之中事物不断地出现和消灭。这类事情,按照通行的希腊形而上学观点,应该是不可能的。""他们(指希腊人)完全肯定,能够成为真正的知识的对象的任何事物都必须是永恒的;因为它必须具有它自己某些确切的特征,因此它本身之内就不能包含有使它自己消灭的种子。如果它是可以认识的,它就必须是确定的;而如果它是确定的,它就必须如此之完全而截然地是它自己,以至于没有任何内部的变化或外部的势力能够使得它变成另外的某种东西。"他举出柏拉图对于"知识"(episteme)与"意见"(daxa)的区分作为自己的论据,所谓的"知识"就是对于不变的实质(实质不变)的真知实见,而"意见"则是对应于变动不居的现象的感性的认识而已。所以,实质主义就是反历史主义的。柯林武德还在《历史的观

---

① *The Idea of History*, pp. 21-22.《历史的观念》,第 22—24 页。

念》第一编第五节里指出了"希腊历史方法及其局限性"。① 这就是,希腊人的历史有待于历史事件目击者的作证,这种方法有助于第一手材料的运用和记载的真实,但是也使史家的眼光无法伸到更古的时代和更远的地方,结果只能写当代、当地的历史。这也就是黑格尔所说的原始的历史了。在柯林武德看来,古希腊人在史学方法上的局限性实与其实质主义思想有关;不过,到了希腊化时代和罗马时代,这种方法上的局限性因世界帝国的出现而有所突破,但是,其实质主义的思想传统则在希腊化和罗马时代的史学领域里继续流传下来。②

与西方古代史学思想传统形成对比的是,古代中国思想家认为,对于当前的历史事件,当然要有、最好要有事件目击者作证,不过,对于事件本身的认识却不是只凭事件本身就能真正认识到位的。例如,周人伐纣而代殷为天子,这一事件是当时周人和殷人同时共知的,可以信而无疑。但是,怎样才能认识这件事情的本质呢?周公不是去追究某种永恒不变的实质来加以解释,相反,他是从成汤伐桀代夏的历史事件中获得周伐纣代殷的理由或根据的。他是从变化的现象里寻取其背后的本质的。这种本质是变中之常(也是常中有变),不同于希腊人的永恒不变的实质。正如柯林武德所指出的,希腊人看到了世界万事在变,于是就追求其背后的不变的实质,经过抽象而获得的这种实质

---

① *The Idea of History*, pp. 25-28.《历史的观念》,第28—31页。
② 克罗齐也谈到了古希腊罗马人的"反历史的哲学",不过他是以他们的未能接触到精神概念的"自然主义"来做解释的。*History: Its Theory and Practice*, p. 191-192.《历史学的理论和实际》,第151页。

本身就是抽象的"一",就是在其内部不能有对立方面的"一"。这种形而上学的"一",当然是反历史的。古代中国思想家并非不求现象背后的本质(essence, that which makes a thing what it is. 或者 das Wesen.),不过他们寻求到的不是抽象的、无差别的"一"或永恒不变的实质,而恰恰相反,是变中之常。中国古代思想家认为,真理不能在永恒不变中去寻求,而只能从变化不居中去把握。《易·系辞上》:"一阴一阳之谓道,继之者善也,成之者性也。"①对于这一段话,历来解释甚多,愚以为《周易折中》对"一阴一阳"句的按语甚好,按云:"一阴一阳,兼对立与迭运二义。对立者,天地日月之类是也,即前章所谓刚柔也;迭运者,寒来暑往之类也,即前章所谓变化也。"②万物并无抽象不变的实质,也非抽象的无差别的"一",而是"一阴一阳"组成的道或本质。这种道或本质包含着对立,所以与西方的实质相反。惟其"一阴一阳",这样的道或本质就不能不变,也就是不能不迭运。不直接说"本质"而说"道"者,因为"道"兼体用。自其体而观之,道是对立的统一;自其用而观之,道又是迭运和不断的运动的途径。"继之者善":迭运不穷自然为善;"成之者性":"道"(大一)运成物(小一或具体的一),即成为此物之性,个性犹有道之一体。因此,古代中国人所选择的是与希腊人相反的思想路径,即反实质主义或历史主义。

古代希腊罗马人的史学思想是人文主义加实质主义(反历

---

① 孔颖达:《周易正义》,见《十三经注疏》,第78页。
② 李光地等奉清圣祖(康熙)之命编撰:《周易折中》,见台北影印《文渊阁四库全书》册38,第381页。

史主义),而古代中国人的史学思想是人文主义加历史主义(反实质主义)。这一点也就是西方普世史传统与中国的通史传统的区别的渊源所在。

四、通史体例与通史精神

我们讨论和研究通史,实际上是在两个既有联系又有区别的层面(通史体例和通史精神)上进行的。从体例层面上说,通史似乎是最容易理解的。一本历史书、一门历史课,只要是时贯古今的,那就是通史。可是,什么是"通"呢?前引《易·系辞》云:"往来不穷谓之通。"真正的通,是往来不穷的,因此在时间上是无限的。那么,真有贯通一切时间的通史吗?克罗齐早已说明包罗一切时间的普世史(即我们所说的通史)是不可能存在的。① 人们根本无法写包括过去一切时间的历史,更不要说写未来的事了。因此,包括一切时间的"通",在实际上是没有的。我们所看到的一切中外古今的通史,如果按"通"的严格意义来说,那就都成了断代史,例如以通史著称的《史记》,假如只从时间上来看,那也只是自黄帝至汉武帝这一段时间的断代史,它和《伯罗奔尼撒战争史》的区别那也就只在于断代的时间段长短不同而已。所以,如果只是从撰写体例来看一本书是否通史,深究起来,那还是有难以说清的问题的。换一个角度来说,李维的《罗马史》,如果只从时间的长度看,那也是足够称为通史的。可是人们都把它当作普世史。因此,一部史书所述时间

---

① 克罗齐说已见前引。

长且经历不止一朝一代,严格地说,这只是作为通史的必要条件,还不具备作为通史的充分条件。怎样才能算是真正的通史呢?那就还要涉及问题的另一个层面,即必须具备通史精神。

那么,什么是通史精神呢?施丁教授曾说:"不通古今之变,则不足以言通史。"①我觉得,他的话说得很好,"通古今之变"就是通史的精神。当然,通史精神必须寓于具有反省可能与必要的、覆盖较长时间的史书中,古典希腊史家所擅长撰写的以当时之人用当时之精神写当时之事件的"原始的历史"(如《伯罗奔尼撒战争史》)是无论如何不能成为通史的。这就是说,只有通史精神而无通史的题材,那也是写不出通史来的。不过,有了一项在时间上有足够长度的历史题材,也有了史家的反省(die Reflexion,或译作反思),那仍是以今人思想去反思古代历史,因此写出的还只能是黑格尔所说的"反省的历史",如李维的《罗马史》。"反省的历史"(包括黑格尔所说的四种)都是后人(今人)用自己的精神对于前人(古人)历史进行反思的结果,因此它失去了直接性而成为间接的,思维的概括性出现了(黑格尔本人也认为写过去长时期的反省的历史要用概括的方法,已见前引),而历史的生动活泼的直接性消失了。为了形成通史,那还需要对反思再反思,用黑格尔的话说,那就是要有"后思"(das Nachdenken)。② 经过"后思",黑格尔写出了他的《历史哲学》,一部通古今之变的、以他的"世界精神"为主体的

---

① 见《说通》,载《史学史研究》1989年第2期,第10页。

② 参考黑格尔:《小逻辑》,贺麟译,北京:商务印书馆1995年版。这个词,汉文或译"后思"[第39页],或译"反复思索"[第42页],或者就译为"反思"[第74页]。

普世史。司马迁不是经过对某种预设的精神的后思写一部"哲学的历史",而是经过对于古今历史的反复思索,写出了一部纪传体通史——《史记》。在《史记》里,三代时期和春秋战国时期的历史人物,没有由于经过作者的反思而变得抽象、干瘪、与汉代人一模一样,而是经过反复思索,写出三代时人不同于春秋战国时人,春秋战国时人不同于汉代的人,可是相互间又是可以沟通理解的。这就是古今有变而又相通,使得古代历史具备了直接性与间接性的统一。那么,《史记》就只有古今历时性纵向之通,而没有空间里的共时性的横向之通?从而完全没有任何的普世性?不是的。《史记》写先秦历史,讲天子与诸侯、诸侯与卿大夫、华夏与夷狄,写秦汉历史,讲天子与诸侯、中央与地方、华夏与夷狄、中国与外国。古今纵向历时性之变,正是这些内外横向共时性之变的结果;而一切时代的横向的共时性的结构,又正是纵向的历时性发展的产物。纵向的历时性的发展与横向的共时性的变化是一而二、二而一的。通史作为传统,既是中国史学体例的一种表现,也是史学精神的一种展现;如果推展而言,这也是中国文明发展的连续性与统一性相互作用的一种在精神上的反映。

(原载《史学史研究》2002 年第 4 期)

论司马迁史学思想中的变与常

司马迁曾经自己说明,他作《史记》的一个目的,就是要"究天人之际,通古今之变,成一家之言"①,这一篇文章只想讨论其中的"通古今之变"的问题。在此以前,已有不少学者讨论过这一问题,不过一般都是着重分析司马迁的论历史之变,说明他能从变中把握了历史的发展,成为中国古代杰出的历史学家。这些论述无疑都是有意义的。

这一篇文章的目的是想说明,司马迁既注意到了历史上的"变",又注意到了历史上的"常",而且正是在贯通"变"与"常"这一点上,他显示出了自己出色的史学思想。

一、司马迁对于历史上的变的论述

《史记》是一部叙述从黄帝到当时(汉武帝时)的通史,自然记载了古今种种不同的变化。值得注意的是,司马迁很重视以下两个方面的变化:

(1)政治制度方面的变化。关于这一方面的变化,司马迁

---

① 班固:《汉书·司马迁传》,北京:中华书局1962年版。

着重叙述了两种,即从君位禅让制到世袭制的变化和从封建制到郡县制的变化。

第一,他叙述了君位从禅让到世袭的变化。《五帝本纪》叙述了尧、舜、禹之间禅让的情况如下:

> 尧立七十年得舜,二十年而老,令舜摄行天子之政,荐之于天。尧辟位凡二十八年而崩。……尧知子丹朱之不肖,不足授天下,于是乃权授舜。授舜,则天下得其利而丹朱病;授丹朱,则天下病而丹朱得其利。尧曰:"终不以天下之病而利一人。"而卒授舜以天下。尧崩,三年之丧毕,舜让辟丹朱于南河之南。诸侯朝觐者不之丹朱而之舜,狱讼者不之丹朱而之舜,讴歌者不讴歌丹朱而讴歌舜。舜曰:"天也。"夫而后之中国践天子位焉,是为帝舜。①

> 舜子商均亦不肖,舜乃预荐禹于天。十七年而崩。三年丧毕,禹亦乃让舜子,如舜让尧子。诸侯归之,然后禹践天子位。尧子丹朱、舜子商均,皆有疆土,以奉先祀。服其服,礼乐如之。以客见天子,天子弗臣,示不敢专也。②

到了禹以下,情况发生了变化,《夏本纪》记:

> 帝禹立而举皋陶荐之,且授政焉,而皋陶卒。封皋陶之后于英、六,或在许。而后举益,任之政。十年,帝禹东巡狩,至于会稽而崩。以天下授益。三年之丧毕,益让帝禹之子启,而辟居箕山之阳。禹子启贤,天下属意焉。及禹崩,虽

---

① 司马迁:《史记》,北京:中华书局1959年版,第30页。
② 同上书,第44页。

授益,益之佐禹日浅,天下未洽。故诸侯皆去益而朝启,曰:"吾君帝禹之子也。"于是启遂即天子之位,是为夏后帝启。①从夏后启以下,中国的君主都实行了父传子及兄传弟的家内世袭制。

第二,司马迁叙述了从封建制到郡县制的转变。据《史记》的记载,从五帝的时候起,在全国之上就有一个天子,在天子之下又有许多诸侯。尽管这许许多多的诸侯小邦原先都是从不同的部落发展而来的,但是在名义上都经过了天子的册封。这就是所谓的封建制。《周本纪》还记载了周武王克商以后分封诸侯的一些具体情况:

> 封商纣子禄父殷之余民。……武王追思先圣王,乃褒封神农之后于焦,黄帝之后于祝,帝尧之后于蓟,帝舜之后于陈,大禹之后于杞。于是封功臣谋士,而师尚父为首封。封尚父于营丘,曰齐。封弟周公旦于曲阜,曰鲁。封召公奭于燕。封弟叔鲜于管,弟叔度于蔡。余各以次受封。②

周初建立的封建邦国系统,到春秋战国时期已经在大国兼并的战争中逐渐消灭殆尽,郡县制逐渐发生。《史记·秦始皇本纪》记,秦始皇统一六国以后,又有大臣提议分封皇子,"廷尉李斯议曰:'周文武所封子弟同姓甚众,然后属疏远,相攻击如仇雠,诸侯更相诛伐,周天子弗能禁止。今海内赖陛下神灵一统,皆为郡县,诸子功臣以公赋税重赏赐之,甚足易制。天下无

---

① 郝懿行:《尔雅义疏》,《清经解》第七册,上海:上海书店1988年版,第83页。
② 司马迁:《史记》,北京:中华书局1959年版,第126—127页。

异意,则安宁之术也。置诸侯不便。'始皇曰:'天下共苦战斗不休,以有侯王。赖宗庙,天下初定,又复立国,是树兵也,而求其宁息,岂不难哉!廷尉议是。'分天下为三十六郡,郡置守、尉、监。"①这样,各级地方官吏直属皇帝的郡县制就代替了由诸侯、大夫等分层统治的封建制。

秦亡以后,汉初曾经在实行郡县制的同时,分封了一些诸侯王;结果是异姓诸侯王先反,随后是同姓诸侯再反。为此汉朝皇帝不断采取措施以消灭或削弱势力强大的诸侯王,到了司马迁生活的汉武帝时期,这种残存的封建制已经无足轻重了。这些过程,在《史记》的《汉兴以来诸侯王年表》《高祖功臣侯者年表》等表中皆有详细记载,这里不烦细说了。总之,《史记》鲜明地表述了这种从封建制到郡县制的变化。

(2)决定政权得失的直接因素的变化。在这方面,司马迁叙述了前后变化的三个阶段:

第一阶段,在尧、舜、禹禅让时期,决定一个人政权得失的直接因素是德。如上所述,尧子丹朱、舜子商均都因无德而不能获得政权,而舜和禹却因有德而登上帝位。所以,在当时,帝位不能因血亲关系而世袭,只能由诸侯和人民所信任的有德者来继承。

第二阶段,在夏、商、周三代,帝位既已世袭,政权的转移就不再经过禅让,而是经过所谓的征诛了。据《夏本纪》记,夏代后期,"帝孔甲立,好方鬼神,事淫乱。夏后氏德衰,诸侯畔之"。② 到末代君主桀的时候,"桀不务德而武伤百姓,百姓弗

---

① 司马迁:《史记》,北京:中华书局1959年版,第238—239页。
② 同上书,第86页。

堪。乃召汤而囚之夏台,已而释之。汤修德,诸侯皆归汤,汤遂率兵以伐夏桀。桀走鸣条,遂放而死。桀谓人曰:'吾悔不遂杀汤于夏台,使至此。'汤乃践天子位,代夏朝天下"。①据《殷本纪》记,商朝末代君主纣奢侈淫乱,"百姓怨望而诸侯有畔者,于是纣乃重刑辟,有炮格之法"。西伯(后来的周文王)也曾受过纣的监禁,经贿赂才被赦免。"西伯归,乃阴修德行善,诸侯多叛纣而往归西伯。西伯滋大,纣由是稍失权重。"到西伯之子周武王时,"纣愈淫乱不止"。"周武王于是遂率诸侯伐纣。纣亦发兵距之牧野。甲子日,纣兵败。纣走,入登鹿台,衣其宝玉衣,赴火而死。……于是周武王为天子"。② 这就是说,商汤之代夏及周武王之代商,虽然也有德的因素在起作用,不过直接的因素则是战争的胜利。

第三阶段,到战国和秦统一时期,战争暴力完全取代了一切道德和信义。《史记·六国年表序》记:"及田常杀简公而相齐国,诸侯晏然弗讨,海内争于战功矣。三国(指魏、赵、韩)之卒分晋,田和亦灭齐而有之,六国之盛自此始。务在强兵并敌,谋诈用而从衡短长之说起。矫称蜂出,誓盟不信,虽置质剖符犹不能约束也。"③秦之强盛是从商鞅改革开始的,秦之所以能灭六国而成一统也是坚持了商鞅制定的方针的结果。商鞅是怎样做的呢?《史记·商君列传》记,商鞅劝说秦孝公伐魏,以打开秦东进的门户,"孝公以为然,使卫鞅(即商鞅)将而伐魏。魏使公

---

① 郝懿行:《尔雅义疏》,《清经解》第七册,上海:上海书店1988年版,第88页。
② 司马迁:《史记》,北京:中华书局1959年版,第105—108页。
③ 同上书,第685页。

子印将而击之。军既相距,卫鞅遗魏将公子印书曰:'吾始与公子欢,今俱为两国将,不忍相攻,可与公子面相见,盟,乐饮而罢兵,以安秦魏。'魏公子印以为然。会盟已,饮,而卫鞅伏甲士而袭虏魏公子印,因攻其军,尽破之以归秦"。①结果是魏国被迫向秦割地求和,而卫鞅在秦受封于商,成了商君,称商鞅。总之,《史记》鲜明地表述了中国古代历史上影响政权得失的直接因素的前后变化。

现在我们还要来看一看司马迁是以什么态度对待他所记载的这些变化的。对于从封建制到郡县制的变化,《高祖功臣侯者年表序》分析了汉初的封建诸侯与三代时的封建之异同,说明汉代的诸侯已难以像上古那样持久,然后说:"居今之世,志古之道,所以自镜也,未必尽同。帝王者各殊礼而异务,要以成功为统纪,岂可绲乎?"②对于帝王取天下的手段,他在《六国年表序》中说:"秦取天下多暴,然世异变,成功大。传曰:'法后王',何也? 以其近己而俗变相类,议卑而易行也。学者牵于所闻,见秦在帝位日浅,不察其终始,因举而笑之,不敢道,此与以耳食无异。悲夫!"③由此可见,对于历史上的变化,只要是取得成功的,司马迁基本上是取肯定的态度的。

司马迁在《史记》中几乎处处都在写历史之变,因为历史本身就是在不断变化之中的;司马迁不仅这样写了,而且对变取了肯定的态度。这一点正是许多研究者所以赞扬他的地方。不

---

① 司马迁:《史记》,北京:中华书局 1959 年版,第 2232—2233 页。
② 同上书,第 878 页。
③ 同上书,第 686 页。

过,司马迁也并未否认历史上有常,更没有看轻常在历史上的作用。

在这里有必要对本文中所用的"常"的概念作一个简要的说明。《尔雅·释诂》:"典、彝、法、则、刑(即型)、范、矩、庸、恒、律、戛、职、秩,常也。"①以上十三个解释"常"的字包含了两重意思:其中绝大多数表示法则、范型、常规的意思,而"恒"字的意思则是固定和长久。② 从这两重意思来看,"常"与"变"是不同的;因为法则、范型及常规都是衡量变化的标尺,其自身必然要有其固定性和长久性。但是,这个"常"又非绝对的"不变"。因为,这里的法则、范型及常规都是变化本身的、具有长久稳定性的属性。所以,《周易·系辞上》:"动静有常,刚柔断矣。"③动与静就是变化,但它们是有常规的。所以,《荀子·天论》:"天行有常,不为尧存,不为桀亡。"④荀子这里所说的"天行"包括了天体的运行与季节的变化,所以,天行之常就是天行的变化规律。对"常"做了这样的解说以后,我们就可以来看司马迁是怎样论述历史上的"常"的了。

司马迁对于历史上的常的论述主要表现在以下两个方面:

(1)在司马迁笔下,发展经济与致富是人们的恒常行动目标,而且这也总是社会和谐与国家强盛的基础。

---

① 郝懿行:《尔雅义疏》,《清经解》第七册,上海:上海书店1988年版,第253页。
② 《周易·系辞下》:"恒,德之固也。"《周易·杂卦》:"恒,久也。"《周易正义》见《十三经注疏》,北京:中华书局影印本1980年版,第89、96页。
③ 《十三经注疏》,北京:中华书局1980年版,第76页。
④ 王先谦:《荀子集解》,《诸子集成》第2册,北京:中华书局1986年版,第205页。

《货殖列传》记:"太史公曰:夫神农以前,吾不知已。至若《诗》《书》所述虞、夏以来,耳目欲极声色之好,口欲穷刍豢之味,身安逸乐,而心夸矜势能之荣。使俗之渐民久矣,虽户说以眇论,终不能化。故善者因之,其次利道之,其次教诲之,其次整齐之,最下者与之争。夫山西饶材、竹、谷、垆、旄、玉石;山东多鱼、盐、漆、丝、声色;江南出楠、梓、姜、桂、金、锡、连、丹沙、犀、玳瑁、珠玑、齿革;龙门、碣石北多马、牛、羊、旃裘、筋角;铜、铁则千里往往山出棋置;此其大较也。皆中国人民所喜好,谣俗被服饮食奉生送死之具也。故待农而食之,虞而出之,工而成之,商而通之。此宁有政教发征期会哉?人各任其能,竭其力,以得所欲。故物贱之征贵,贵之征贱,各劝其业,乐其事,若水之趋下,日夜无休时,不召而自来,不求而民出之。岂非道之所符,而自然之验邪?"①

接着,他写了这样一些内容:不同地区有不同物产和风俗民情,而求富的努力则是一致的;各种行业有合法与非法的区分,而其经营的目的则均为求富;人们在社中会的地位各有不同,而财富对此总起了重要的作用;社会有礼义盛衰之分,国家有实力强弱之别,而财富却总是其基础。

然后他说:"富者,人之性情,所不学而俱欲者也。"②所以,在司马迁看来,不论历史如何变化,人们对于财富的追求却总是其天然的恒常基础。

(2)在司马迁的笔下,财富是维持社会生存的恒常的必要

---

① 司马迁:《史记》,北京:中华书局1959年版,第3253—3254页。
② 同上书,第3271页。

条件,已如上述;但他并未以此为其充分的条件。他知道,财富的产生与分配总是在一定社会秩序中进行的,所以社会秩序同样是历史赖以延续的恒常条件。怎么样才能保持一个社会的良好秩序呢?在司马迁看来,这就是礼义。礼义作为社会伦理体系,是不能天天变的;所以中国古来就把这种伦理体系叫作伦常。

司马迁在《管晏列传》中说:"管仲既任政相齐,以区区之齐在海滨,通货积财,富国强兵,与俗同好恶。故其称曰:'仓廪实而知礼节,衣食足而知荣辱,上服度则六亲固。四维(礼、义、廉、耻)不张,国乃灭亡。下令如流水之原,令顺民心。'故论卑而易行。俗之所欲,因而予之;俗之所否,因而去之。其为政也,善因祸而为福,转败而为功。"[1]从他的这一段议论中,我们正好看到了司马迁对于求富与礼义这一对矛盾的两方面间关系的见解。满足人们求富的恒常欲望,这是礼义的起点,也是目标;而实现礼义就是要使人们的求富处于一种正常的状态中,不致因有任何过度的行为(所以他重视"上服度")而造成社会的动荡与国家的灭亡,从而最终还是危害了求富。

那么恒常的礼义从哪里去寻求呢?司马迁在《太史公自序》里记他回答壶遂问孔子何为而作《春秋》时说:"余闻董生(仲舒)曰:'周道衰废,孔子为鲁司寇,诸侯害之,大夫壅之。孔子知言之不用,道之不行也,是非二百四十二年之中,以为天下仪表,贬天子,退诸侯,讨大夫,以达王事而已矣。'子曰:'我欲载之空言,不如见之于行事之深切著明也。'夫《春秋》,上明三

---

[1] 司马迁:《史记》,北京:中华书局1959年版,第2132—2133页。

王之道,下辨人事之纪,别嫌疑,明是非,定犹豫,善善恶恶,贤贤贱不肖,存亡国,继绝世,补敝起废,王道之大者也。……故有国者不可以不知《春秋》,前有谗而弗见,后有贼而不知。为人臣者不可以不知《春秋》,守经事而不知其宜,遭变事而不知其权。为人君父而不通于《春秋》之义者,必蒙首恶之名。为人臣子而不通于《春秋》之义者,必陷篡弑之诛,死罪之名。其实皆以为善,为之不知其义,被之空言而不敢辞。夫不通礼义之旨,至于君不君,臣不臣,父不父,子不子。夫君不君则犯,臣不臣则诛,父不父则无道,子不子则不孝。此四行者,天下之大过也。以天下之大过予之,则受而弗敢辞。故《春秋》者,礼义之大宗也。"① 司马迁所说的孔子的这一思想,也记载在《论语·颜渊》篇中:"齐景公问政于孔子,孔子对曰:'君君、臣臣、父父、子子。'公曰:'善哉,信如君不君,臣不臣,父不父,子不子,虽有粟,吾得而食诸。'"② 人类社会必有父子,在孔子、司马迁等古人看来,也必有君臣;因此他们把这些看作社会的最基本的秩序。他们认为,使人们在这种社会的基本秩序中各按自己的适当地位而适当地行动,这就是实现了礼义,这就能使社会保持正常的运转。在司马迁的史学思想中,人类求富之常情与人类礼义之常理是维持社会平衡的两根支柱,也是保证历史运行的两个车轮。所以,他十分重视这两种历史的恒常因素。

---

① 司马迁:《史记》,北京:中华书局1959年版,第3297—3298页。
② 刘宝楠:《论语正义》,《诸子集成》第2册,北京:中华书局1954年版,第271页。

二、司马迁的"通古今之变"

首先应该说明"通"在司马迁的笔下实际具有两重含义:其一,是通晓的意思,这里的"通古今之变"就是通晓古今变化的意思。这是从历史学家的主观对于历史客观的了解的角度说的,它的意思比较直接,所以不需要任何更多的解释。"通"还有另外一重意思,在司马迁对于历史的客观发展过程的说明中表现出来。他在《太史公自序》中说:"礼乐损益,律历改易,兵权山川鬼神,天人之际,承敝通变,作八书。"①这里的"承敝通变"是指"礼乐损益、律历改易"这些历史过程的变化而言的,所以这里的"通"是指历史过程的由变而通。按司马迁的变通思想是从《周易》接受过来的。《周易·系辞下》中曾说到包牺氏、神农氏、黄帝、尧、舜在历史上所做的变革,说这是"通其变,使民不倦"。又说:"易,穷则变,变则通,通则久。"②司马迁在《史记》中曾多次说到"承敝易变"或"承敝通变",从而"使民不倦",其思想来源皆在于此。这一层意义上的"通"是指:客观历史过程中发生了问题,发展不下去了,就是要穷或者走到尽头了,这时来了一次变化,于是历史又继续发展下去,从穷而通,由于通了所以也就能持久了。这样历史的过程似乎就达到了一种悖论(paradox),恒常或持久的过程竟然是由变来达到的。然而,事情的实质正如"悖论"这个词的含义一样,竟然是似非而

---

① 司马迁:《史记》,北京:中华书局1959年版,第3319页。
② 《十三经注疏》,北京:中华书局1980年版,第86页。

是(seemingly absurd though perhaps really well-founded statement)。

以上分析"通古今之变"的"通"的两重意义,对于我们说明司马迁的"通古今之变"有什么意义呢? 应该说,其意义也在于两个方面:首先是要有客观历史过程的通,其次是历史学家对于这一通的过程如实的认知和理解,也就是说历史学家对于这一通的历史过程的通的了解。司马迁所企求的"成一家之言",实际就是希望能对于客观的通的历史过程有一个通识或通史的著述。能对于客观的历史之通有一个通晓,这就是司马迁所要求的"通古今之变",通晓了这样的古今之通变,自然地就成了一家之言。

下面就让我们从两个方面来看一看司马迁是怎样从历史之变中说明历史之通的。

其一,在司马迁看来,礼义是有常的,已如上述。那么,礼义又如何由变而通呢? 以上我们曾经引用《高祖功臣侯者年表》中所说"帝王者各殊礼而异务,要在以成功为统纪",那么这种"殊礼"与"异务"中又有什么常可言呢? 在说明司马迁对于这个问题的回答以前,有必要谈一下孔子对于这个问题的见解;因为司马迁的见解实际是从孔子那里引申而来的。《论语·为政》记:"子张问:'十世可知也?'子曰:'殷因于夏礼,所损益可知也;周因于殷礼,所损益可知也;其或继周者,虽百世可知也。"[①]这里的"损益"就是变化,知道了礼的从夏到殷的变化和

---

① 刘宝楠:《论语正义》,《诸子集成》第 2 册,北京:中华书局 1954 年版,第 39 页。

从殷到周的变化,为什么就能知道以后百世的变化呢?这就必须有一个条件,即这种变化本身是有其一定之规的;否则,孔子的百世可知的推论就在逻辑上成为不可能的。由此可以说明,至少从孔子起就认为礼的变动(礼远)是有一定的常规的。不过,孔子在这里并没有说明,其中的变化常规究竟是什么。

司马迁从同时前辈学者董仲舒的《春秋》公羊说得到了启发,接受了董氏的夏、商、周三统说。① 他在《高祖本纪赞》中说:"夏之政忠。忠之敝,小人以野,故殷人承之以敬。敬之敝,小人以鬼,故周人承之以文。文之敝,小人以僿,故救僿莫若以忠。三王之道若循环,终而复始。周秦之间,可谓文敝矣。秦政不改,反酷刑法,岂不缪乎?故汉兴,承敝易变,使人不倦,得天统矣。"② 由于有了这样的忠、敬、文三者的循环,礼的变化常规或法则就有了一个明确的表述。当然,这样的变化常规或法则的表述,是有其明显的缺陷的。不过,只要看一看《高祖功臣侯者年表序》中对于三代的封建与汉初的封建之间的异同所做的分析,我们就不会相信司马迁是真正的历史循环论者了;因此,如果不把上述忠、敬、文的常规解释为封闭的圆圈而解释为螺旋线,那也许会更为准确一些。

其二,上文中曾经说到,司马迁对于从尧、舜的禅让到汤、武的征诛,再到战国及秦的凭借暴力夺取成功,是作为历史之变来说明的。那么,在这样的变里还有没有常呢?现在就让我们来

---

① 董仲舒:《春秋繁露》,苏舆:《春秋繁露义证》,北京:中华书局1992年版,第183—213页。

② 司马迁:《史记》,北京:中华书局1959年版,第393—394页。

看一看司马迁是怎样处理这个问题的。他在《五帝本纪》中讲尧、舜、禹之间的禅让，那是直接以人心的向背来说明君主的政权的得失的。这一点非常清楚，不须赘述。司马迁写商汤和周武王的战胜并取代桀、纣，直接手段当然是战争。可是如果细读《殷本纪》和《周本纪》就会发现，夏桀与殷纣的势力都曾经远比商、周强大，商汤及周文王（西伯）曾经分别被桀、纣关进监狱。商汤与周文、武的由弱变强是靠行善积德，从而得到人民的拥护与诸侯支持的结果。① 在《秦楚之际月表序》里，司马迁更明确地说："昔虞、夏之兴，积善累功数十年，德洽百姓，摄行政事，考之于天，然后在位。汤、武之王，乃由契、后稷修仁行义十余世，不期而会孟津八百诸侯，犹以为未可，其后乃放弑。"②这就是说，汤、武都是首先依赖修行仁义取得民心，然后才用武力夺取王位的。秦的情况又如何？司马迁已经说过"秦取天下多暴"，那么，其中也有人心向背在起作用吗？据《商君列传》记，商鞅变法之初，秦民多有以为不便者，可是太子犯了法，其师傅也受了刑罚，所以法令被遵守了。"行之十年，秦民大悦，道不拾遗，山无盗贼，家给人足。"③原来商鞅变法也有其得人心的一方面。《秦始皇本纪》又引贾谊的话说："秦并海内，兼诸侯，南面称帝以养四海，天下之士斐然乡风，若是者何也？曰：近古之无王者久矣。周室卑微，五霸既殁，令不行于天下，是以诸侯力政，强侵弱，众暴寡，兵革不休，士民罢敝。今秦南面而王天下，是上有天

---

① 司马迁：《史记》，北京：中华书局1959年版，第93—95、116—117页。
② 同上书，第759页。
③ 同上书，第2231页。

子也。既元元之民冀得安其性命,莫不虚心而仰上,当此之时,守功定威,安危之本在于此矣。……秦离战国而王天下,其道不易,其政不改,是其所以取之守之者(无)异也。孤独而有之,故其亡可立而待。"①这说明,在战国时期,各国君主都在争城夺地,不惜残民以逞;秦虽多暴,但还有其法治与公平的一面,比较能得民心。秦得天下后本来是有可能长治久安的,可是秦始皇与二世仍旧实行暴政,这样就丧失了民心,从而招致速亡。归根到底,还是人心的向背在秦的兴亡中起了关键性的作用。这样,人心向背就作为一个政权兴亡的恒常因素,在从尧、舜到商、周以至于秦之统一的长期变化过程中一直都起了作用。所以,在这种变里是有常的,而且常正是以不断变化的形式起了作用。

司马迁发现并说明了历史上的由变而通而常,这就是他做到了通古今之变,因而也就是成了一家之言。

(原载《北京师范大学学报》[社会科学版]2000 年第 2 期)

---

① 司马迁:《史记》,北京:中华书局 1959 年版,第 283 页。

"岂非天哉"的三重解读

汉高帝刘邦出身布衣,毫无凭借,在秦末大起义中,竟然三年亡秦,五年灭楚,而得天下。《史记·秦楚之际月表·序》评论他说:"故愤发其所为天下雄,安在无土不王。此乃传之所谓大圣乎?岂非天哉,岂非天哉!非大圣孰能当此受命而帝者乎?"①早年读到这一段话,不觉得有何难解之处。"岂非天哉,岂非天哉!"就是司马迁歌颂汉高帝的话,是他把刘邦称为"大圣"的自然结果。刘邦既然是"大圣",当然就必受天命;两个"岂非天哉",自然是歌颂之辞。这样的理解,可以说是见到了《史记》文章所展现的第一个层面,也就是其直接的层面。

稍后,在读《史记》的《高祖本纪》《项羽本纪》等篇时联想到了这一段话,心里就产生了问题。这里主要列举《高祖本纪》(个别地方据《项羽本纪》)中对刘邦的一些记载,看看他到底是怎样一个"大圣"。

> (刘邦)不事家人生产作业。及壮,试为吏,为泗水亭长,廷中吏无所不狎侮。好酒及色。②

---

① 司马迁:《史记》第3册,北京:中华书局1973年版,第760页。
② 司马迁:《史记》第2册,北京:中华书局1973年版,第342—343页。

>高祖常繇咸阳,纵观,观秦皇帝,喟然太息曰:"嗟乎,大丈夫当如此也!"单父人吕公善沛令,避仇从之客,因家沛焉。沛中豪杰吏闻令有重客,皆往贺。萧何为主吏,主进,令诸大夫曰:"进不满千钱,坐之堂下。"高祖为亭长,素易诸吏,乃绐为谒曰:"贺钱万。"实不持一钱。谒入……萧何曰:"刘季固多大言,少成事"。高祖因狎侮诸客,遂坐上坐,无所诎。①

在起兵以前,刘邦就是这样一种派头,如此贪婪,如此无赖,能算大圣的风度吗?迨反秦兵起,"(沛)父老乃率子弟共杀沛令,开城门迎刘季,欲以为沛令。……萧(何)、曹(参)等皆文吏,自爱,恐事不就,后秦种族其家,尽让刘季。诸父老皆曰:'平生所闻刘季诸珍怪,当贵,且卜筮之,莫如刘季最吉。'于是刘季数让。众莫敢为,乃立季为沛公。"②他虽无赖,却也有胆。

在楚汉相争时期,刘邦之父太公曾落入项羽之手,项羽曾"为高俎,置太公其上,告汉王:'今不急下,吾烹太公。'汉王曰:'吾与项羽俱北面受命怀王,曰:(约如兄弟),吾翁即若翁,必欲烹若翁,则幸分我一杯羹。'"③为争权位,虽父子之亲也无动于衷,不在话下。

在打败项羽而当上皇帝以后,及"未央宫成。高祖大朝诸侯群臣,置酒未央前殿。高祖奉玉卮,起为太上皇寿,曰:'始大人常以臣无赖,不能治产业,不如仲力。今某之业所就孰与仲

---

① 司马迁:《史记》第2册,北京:中华书局1973年版,第344页。
② 同上书,第350页。
③ 同上书,第327—328页。

多?'殿上群臣皆呼万岁,大笑为乐。"①以无赖而能得天下为私产,他哪能不踌躇满志、得意忘形? 如果说这样的情况也能算是大圣,那么岂不成了沐猴而冠的"大圣"?

司马迁所记下的汉高帝的大圣的形象就是如此,那么,"岂非天哉"就很难与大圣人受大命挂得上钩了。这样,"岂非天哉,岂非天哉"就可以理解为司马迁对汉高帝的挖苦讽刺,说他当上皇帝完全不是凭借其道德才能,而是碰上了好运气的结果。司马迁还叙述汉高帝病重时的一段对话:"医入见,高祖问医。医曰:'病可治。'于是高祖谩骂之曰:'吾以布衣提三尺剑取天下,此非天命乎? 命乃在天,虽扁鹊何益!'遂不使治病,赐金五十斤罢之。"②这就又借汉高帝自己的嘴道出,他得天下不是凭借人力,不是凭借自己的道德才能,而是靠了运气(天命)。

当我理解到这个程度的时候,我感到司马迁真是一个骂人不带脏字的文学高手。这样的理解,大概可以说是见到了《史记》所展现的第二个层面,也就是问题的背面。

又经过一段相当长的时间,我反复阅读《史记》之余,觉得司马迁用"天命"解释历史时并非为了讽刺挖苦某个历史人物。例如,《魏世家赞》:"说者皆曰魏以不用信陵君故,国削弱至于亡,余以为不然。天方令秦平海内,其业未成,魏虽得阿衡之佐,曷益乎?"③唐代历史学家刘知几在《史通·杂说上》中批评司马迁此说时说:"夫论成败者,固当以人事为主,必推命而言,则其

---

① 司马迁:《史记》第2册,北京:中华书局1973年版,第386—387页。
② 同上书,第391页。
③ 司马迁:《史记》第6册,北京:中华书局1973年版,第1864页。

理悖矣。"①刘知几的话说得对,不过他没有看出司马迁更深一层的意思。按《史记·六国年表序》也曾说:"秦始小国僻远,诸夏宾之,比于戎翟,至献公之后常雄诸侯。论秦之德义不如鲁卫之暴戾者,量秦之兵不如三晋之强也,然卒并天下,非必险固便形势利也,盖若天所助焉。"②为什么说秦"盖若天所助"呢?只要细看《六国年表》就可以知道,六国为了各自的利益,相互之间战斗不休,而结果不是实现了六国的利益,而是在客观上为秦灭六国扫清了道路。正如孟子(《孟子·万章上》)所云:"莫之为而为者,天也;莫之致而至者,命也。"③六国互斗,本来是为各自的利益,没有人是为了秦的统一才这样做的,而结果却招致秦灭六国。这就是莫之为而为、莫之致而至的天命。

秦灭六国以后,不再封建诸侯,本来是为了巩固帝国的统治,而客观后果是为后来者扫清了道路。正如司马迁所云:"秦既称帝,患兵革不休,以有诸侯也,于是无尺土之封,堕坏名城,销锋镝,锄豪杰,维万世之安。然王迹之兴,起于闾巷,合从讨伐,轶于三代,乡秦之禁,适足以资贤者为驱除难耳。"④秦废封建,本来是为了自己统治的利益,而结果在客观上却为汉的兴起扫清了道路。这也是莫之为而为、莫之致而至的天命。"岂非天哉,岂非天哉"也正是接着上面所引的这一段话而来,所以这里的天命就是指不以人的主观意志为转移的客观发展趋势。

---

① 浦起龙:《史通通释》卷16,上海:世界书局1935年版,第7页。
② 司马迁:《史记》第2册,北京:中华书局1973年版,第685页。
③ 焦循:《孟子正义》第1册,《诸子集成》本,北京:中华书局1986年版,第382页。
④ 司马迁:《史记》第3册,北京:中华书局1973年版,第760页。

原来司马迁所讲的"岂非天哉",本来的意思是要说明,历史发展的客观趋势,有时并非人的主观所能决定或意料。刘知几的认识未能及此,所以就批评他要离开人事而谈天命。殊不知司马迁讲的都是人事,只不过这种人事的后果是人的主观所始料不及的;而这种始料不及的现象正好像是莫之为而为、莫之致而至的,所以也就可以称之为"天命"或"天"了。

上文说到"岂非天哉"可以作为刘邦得天下靠运气来解释,那么这一份好运为什么偏偏落到了刘邦的头上呢？对于这一点,司马迁未作解说,大概也不便解说。这里只能谈谈个人的理解了。刘邦之所以能交上这一份好运,还得从时代特点与他个人特点的关系的角度来考虑。综观中国古史,战国秦汉之际正值历史巨变时期,先秦的旧贵族在这个时代大潮中先后纷纷落马,他们的旧贵族习气适应不了新时代;在刘邦身上简直看不出任何旧贵族习气的影子,也许可以说他的流氓习气就是他能制胜的条件——别人做不出来的事他都能做得出来,他毫无顾虑。如果从这个角度看,司马迁所讲的那些像是讽刺挖苦刘邦的话,那不就是说明他最没有贵族习气吗？我们不妨把司马迁的那些话当作是对刘邦的讽刺挖苦,同时也不妨把那些话看作正是对刘邦之所以为"大圣"受"天命"的解释,只要我们不抱着腐儒之见理解"大圣",而从时代精神来看问题,似乎这也不是不可以的。清代学者赵翼在其《廿二史札记》里写了"汉初布衣将相之局"一条,很有意思。① 他也是以"岂非天哉"来作为其文章的结

---

① 王树民:《廿二史札记校证》,北京:中华书局1984年版,第36—37页。

语的。我的管见也可以说是受了赵翼的启发的。①

　　这样的理解就是我对司马迁所用"岂非天哉"认识的第三个阶段。也许可以说是见到了《史记》所展现的第三个层面,也就是司马迁成其为"一家之言"的层面。这样的认识是否有当,尚祈大家指教。

(原载《史学集刊》2003 年第 2 期)

---

①　刘家和:《古代中国与世界》,武汉:武汉出版社 1995 年版,第 456—459 页。

《史记》与汉代经学

司马迁的《史记》作于汉武帝时代,正值经学在中国历史上开始崛起的时期。作为一部既能在相当程度上反映时代学术水平又能从一定角度反映时代精神面貌的杰作,《史记》自然会与当时的经学有颇为密切的关系。至于这种关系的性质以及具体情况如何,则自班彪、固父子以下,学者的见解实多分歧。如果想详细地、逐点地讨论前人争论过的具体问题,那在一篇文章中是做不到的。因此,以下可分为几个主要问题来做一些讨论。

一、关于司马迁对于经学的基本态度问题

《史记》对于经学所持的态度,是贬抑?还是重视?这是涉及二者之间关系的性质的问题。

东汉初期,班氏父子在论述司马迁时,是把他视为离经叛道者的。班固说他,"又其是非颇缪于圣人。论大道,则先黄老而后六经;序游侠,则退处士而进奸雄;述货殖,则崇势利而羞贱贫。此其所蔽也。"(《汉书·司马迁传》)班固的说法源出于其父,不过班彪的话说得更重,竟说司马迁"此其大敝伤道,所以遇极刑之咎也"。(范晔:《后汉书·班彪列传》)当然,有类似看法的也

不止班氏父子。班彪同时代人博士范升曾向光武帝"谨奏《左氏》之失凡十四事。时难者以太史公多引《左氏》,升又上太史公违戾五经、谬孔子言及《左氏春秋》不可录三十一事"。范升所说具体内容已不可知,而其对手陈元上书光武帝说:"臣元窃见博士范升等所议奏《左氏春秋》不可立及太史公违戾,凡四十五事。按升等所言前后相违,皆断截小文,媒黩微辞。以年数小差,掇为巨谬;遗脱纤微,指为大尤。抉瑕摘衅,掩其弘美。所谓'小辩破言,小言破道者也。'"(《后汉书·郑范陈贾张列传》)不论范陈二人争论的是非如何,有一点可以肯定:在东汉初年,司马迁《史记》是否离经叛道,这已是学者争论的问题了。

对于班氏父子的说法,宋代的沈括、晁公武皆有辩难;而清人梁玉绳的辩驳尤为针锋相对。梁氏说:"夫史公考信必于六艺,造次必衷仲尼,是以孔子侪之《世家》,老子置之《列传》。尊孔子曰至圣,评老子曰隐君子,《六家要旨》之论归重黄老,乃司马谈所作,非子长之言;不然,胡以次李耳在管晏下,而穷其弊于申韩乎?固非先黄老而后六经矣。《游侠传》首云'以武犯禁',又云'行不轨于正义',而称季次、原宪为独行君子。盖见汉初公卿以武力致贵,儒术未重,举世任侠干禁,叹时政之缺失,使若辈无所取材也。岂退处士而进奸雄者哉?《货殖》与《平准》相表里,叙海内土俗物产,孟坚《地理志》所本。且掘冢、博戏、卖浆、胃脯,并列其中,鄙薄之甚。三代贫富不甚相远,自井田废而稼穑轻,贫富悬绝,汉不能挽移,故以讽焉。其感慨处乃有激言之,识者读其书因悲其遇,安得斥为崇势利而羞贫贱耶?况孟坚于史公旧文未尝有所增易,不退处士,不羞贱贫,何以不立逸民传?又何以仍传《游侠》《货殖》?"(《史记志疑》,卷三十六)梁氏词锋之利,可以使班氏语塞。不过,梁氏所说三条本身仍有待于分析。

第一,"考信必于《六艺》"(语出《伯夷列传》),"造次必衷于仲尼"(语出《孔子世家赞》),这都是司马迁自己的话。司马迁作《史记》,基本上也实践了自己的话。考信于《六艺》,这是他在选择与解释历史材料时的一个标准;折中于仲尼,这是他在说明历史进程时的一个标准。当然,他在考信于《六艺》时,对《六艺》本身即有自己的理解;他在折中于仲尼时,对孔子本人也是有他自己的理解的。关于这一层意思,以下将有两节做专门的讨论。这里只想说明,班氏简单地说司马迁不推崇孔子、不重视经学,是不对的;同样,梁氏简单地驳斥班氏,也难以使认识深入一步。因此有进一步具体分析的必要。

第二,司马迁作《游侠列传》,对于能救人之急而不自矜的游侠与设财役贫、侵凌孤弱的豪强作了区别,对游侠颇有称赞与同情。(《自序》说,游侠,"仁者有采","义者有取焉")在他的眼中,游侠比"以术取宰相卿大夫"的儒生还要高尚一些。司马迁反对公孙弘之类的儒生,这是无疑问的。但这也并不证明他就完全反对儒学本身。

第三,司马迁在《货殖列传》中对"贤人所以富者"是取肯定态度的,而且说过"富者人之情性,所不学而俱欲者也"这样的话。梁氏为他的辩护是无力的。不过,班氏父子把这也说成司马迁是非谬于圣人的罪行之一,那也是不对的。孔子本人曾说:"富而可求也,虽执鞭之士,吾亦为之;如不可求,从吾所好。"(《论语·述而》)又"子适卫,冉有仆? 子曰:庶矣哉。冉有曰:既庶矣,又何加焉? 曰:富之。曰:既富矣,又何加焉? 曰:教之。"

(《论语·子路》)可见,儒者对自己的标准是:可以发财、求富,但不能取不义之财;对于一般人民的标准是:先富之,再教之,富先于教。孟子见梁惠王,听到的第一句问话就是:"亦将有利于吾国乎?"于是他对梁惠王说,"主亦曰仁义而已矣,何必曰利?"理由是,恐怕王带头言利,弄得"上下交征利,而国危矣"。(《孟子·梁惠王上》)可是也正是孟子,多次谈到"制民之产"的问题,认为只有使人民富足起来,然后才可能兴礼乐教化。他遵循的仍是孔子的思想。司马迁的《货殖列传》表彰了编户之民经营农牧工商而致富者,赞成"仓廪实而知礼节,衣食足而知荣辱"的说法,这是他的主张的一面;还有另一面见于《平准书》中,在那里他表彰慷慨疏财的卜式而贬斥专门与民争利的桑弘羊之流,此篇之末说到元封元年小旱,武帝下令官兵求雨,"卜式言曰:'县官当食租衣税而已,今弘羊令吏坐市列肆,贩物求利。烹弘羊,天乃雨。'"所以司马迁主张的也是:在上者不应与民争利以至损民以自利,而人民则必富而后始可言礼义。这基本上与孔孟的主张是一致的,说不上是离经叛道。

从以上三点分析来看,司马迁与其父谈在学术见解上的确有所变异,即从尊黄老之说转而尊儒。现在再就太史公父子见解转变的背景与条件做一个简要的说明如下:

汉高帝居马上得天下,一向轻儒。不过他很想从秦之速亡吸取经验教训,所以陆贾向他陈述儒家仁义之理的重要性以后,他对孔子和儒生表示了一定的尊重。(《史记·陆贾列传》)但是要汉高帝真懂得什么是儒学那是很困难的,他看了叔孙通为了尊显皇帝威严而创立的朝仪,心里很舒服地说:"吾能为此。"(《史记·叔孙通列传》)这也就是他据自己的文化水平所能体会到的儒者的用处。当然还有一个原因,即汉初经大乱之后,经济凋敝,百废待兴,统治者一时也无暇顾及儒家的六艺之学。

汉高帝以后直到文景时期,汉统治者采用了黄老之道。黄老之道主清静无为,这既适应于当时经济状况和与民休息的需要,又简易而便于为统治者(如惠帝、吕后、文帝、周勃、灌婴、窦太后、景帝、周亚夫等)所奉行。

到汉武帝时,情况发生了很大的变化。从经济情况来看,汉初"自天子不能具钧驷,而将相或乘牛车,齐民无盖藏","至今上(武帝)即位数岁,汉兴七十余年之间,国家无事,非遇水旱之灾,民则人给家足;都鄙廪庾皆满,而府库余货财。京师之钱累巨万,贯朽而不校;太仓之粟,陈陈相因,充溢露积于外,至腐败不可食。"(《史记·平准书》)清静无为的黄老之道使汉初社会与国家由贫而富,但同时有另一方面的后果,即"当此之时,网疏而民富,役财骄溢,或至兼并;豪党之徒,以武断于乡曲。宗室有土公卿大夫以下,争于奢侈,室庐舆服,僭于上,无限度"。(《平准书》)于是在黄老之道的推行过程中就准备了否定它自身的条件。

其实,在黄老与法术之间,本来就有着某种内在联系。司马迁在《老子韩非列传》中以老、庄、申、韩并列,最后又指出:"申子卑卑,施之于名实;韩子引绳墨,切事情,明是非,其极惨礉少恩,皆原于道德之意。"这正道出了二者之间的思想上的联系。试看《韩非子·主道》篇,不难发现,人君的"虚静""无事"完全是一种"执其契""操其符"的南面君人之术;人君的无为原来就是建立在臣下有为的基础之上。因此,毫不足奇的是,汉景帝在奉行黄老之道的同时,不仅曾经重用"学申、商刑名""为人陗直刻深"的晁错(《史记·袁盎晁错列传》),而且也用郅都这样的酷吏来对付豪强、贵族。《史记·酷吏列传》就是从晁错、郅都开始写起的。到汉武帝时期,酷吏就更多了。司马迁对于酷吏中具体的人的邪正污廉,给予了不同的具体评价;但是他更担心的是酷吏将带来吏治的败坏以致造成政治危机。他说:"法令者,治之具,而非制治清浊之源也。昔天下之网尝密矣,然奸伪萌起,其极也,上下相遁,至于不振。"这是讲的秦代的历史教训,贾谊早已作过透彻的分析了。司马迁对贾谊的《过秦论》是铭记在心的,他自己又亲眼看到:"自温舒等以恶为治,而郡守、都尉、诸侯二千石欲为治者,其治大抵尽放温舒,而吏民益轻犯法,盗贼滋起。……于是作'沈命法',曰:'群盗起,不发觉,发觉而弗捕满品者,二千石以下至小吏,主者皆死'。其后小吏畏诛,虽有盗弗敢发,恐不能得,坐课累府。府亦使不言。故盗贼浸多,上下相为匿,以避文法焉。"(《酷吏列传》)这当然是一种使他忧虑的危险朕兆。

司马谈主要生活于文景时期,所见的主要也是黄老之道的积极的一方面,因而推崇黄老,这是很自然的。司马迁则生活于武帝时期,看到了黄老之道所生的反面效果,因而改变了父亲的主张,这也是很自然的。

司马迁转而崇儒,也与思想受了董仲舒的影响有关。至于他与董仲舒这样的经师的不同,以下将有所论述。

二、《史记》引经主要为今文或古文问题

司马迁是一位伟大的史学家,他的崇儒首先表现在他的史

学实践上。这就是上文所说的"考信于六艺"与"折中于仲尼"。因为汉代经学有今古文学之分，司马迁的考信与折中所依据的是今文说还是古文说，就成为学者们长期讨论的一个问题。这一节先讨论司马迁在考信于六艺方面的经学倾向问题。

这一问题的提出，始于汉代的班固，而争论最盛则在经学甚盛的有清一代。这里先简略地介绍一下前人的争论，然后再谈个人的见解。

《尚书》是司马迁编撰《史记》时所依据的最重要的材料之一，而他所用的《尚书》是今文还是古文的问题，学者争论也最多。班固说："孔氏有古文《尚书》，孔安国以今文读之，因以起其家。……而司马迁亦从孔安国问故。迁书载《尧典》《禹贡》《洪范》《微子》《金縢》诸篇，多古文说。"（《汉书·儒林传》）

对于班固的说法，清代学者的见解不一。臧琳认为："《史记》载《尚书》今文为多，间存古文义。其诂训多用《尔雅》，马融注及伪孔《传》往往本之。"他以《尧典》为例，一条条地证明《史记》所引《尚书》的文字为今文而非古文。（《经义杂记·五帝本纪书说》条，载《皇清经解》卷202）段玉裁进一步对《尚书》（不包括伪古文）通篇地作了今古文字的辨析。他也认为："马班之书皆用欧阳、夏侯字句，马氏偶有古文说而已。"并称"玉裁此书，详于字而略于说。"（《古文尚书撰异》，引文见此书序。载《皇清经解》卷567）班氏以为《史记》引《尚书》"多古文说"，而臧、段二氏只认为"间存"或"偶有"古文说，所以见解显然不同。孙星衍作《尚书今古文注疏》，不满于段氏"仅分别今古文字"（按段氏实际不仅分别今古文字，也有辨今古文说处，不过详字略说而已），而着意分别《尚书》今古文说。他以为："司马氏迁从孔氏安国问故,是古文说。"(《尚书今古文注疏》序及凡例,载《皇清经解》卷725)陈寿祺、乔枞父子致力于经今古文说之辨,于今文经说用功尤勤。陈寿祺一方面很赞赏段玉裁的《史记》引《尚书》文字依今文之说,另一方面又指出,《史记》引《尚书》"实有兼用古文者"。不仅于此,他还指出,"今文《尚书》中有古文"。为什么会这样呢?他解释说:"司马子长时,《书》唯有欧阳,大小夏侯未立学官。然则《史记》所据《尚书》,乃欧阳本也。"至于今文《尚书》中有古文,他以为伏生所传今文书中宜即兼有古文文字。(《左海经辨》中《今文尚书中有古文》《史记用今文尚书》《史记采尚书兼古文》等条。载《皇清经解》卷1251)其子乔枞以为:"按迁尝从孔安国问。《尚书》孔氏家世传业,安国、延年皆以治《尚书》为武帝博士。安国得壁中书后,始治古文,先实通今文《尚书》。则迁之兼习古今文,从可知矣。"(《今文尚书经说考·今文尚书叙录》,载《皇清经解续编》卷1079)总之,臧琳、段玉裁以为《史记》用今文而间存古文说,陈寿祺、乔枞父子基本同意此说,又指出《史记》亦间有引古文文字处。他们立论皆有证据,是可信的。唯孙星衍据司马迁问故于孔安国而断言《史记》为古文说,失之武断,不能成立。

《诗经》是《史记》的另一重要文献依据。那么,《史记》所引《诗经》是今文还是古文呢?陈寿祺说:"两汉毛诗未列于学。凡马、班、范三史所载,及汉百家著述所引,皆鲁、齐、韩诗。"(《三百诗遗说考自序》)这就是说,司马迁所引为今文《诗》。陈乔枞继承父业,完成《三家诗遗说考》。他认为,"孔安国从申公受《诗》为博士,至临淮太守。见《史记·儒林传》。太史公尝从孔安国问业,所习当为鲁诗"。(《三家诗遗说考·鲁诗遗说考自序》。上引陈氏父子文均载《皇清经解续编》卷1118)这就又把《史记》所引定为今文家之鲁诗。皮锡瑞说:"今文三家诗、公羊春秋,圣人皆无父感天而生,为一义。古文毛诗、左氏,圣人皆有父不感天而生,为一义。……当时(西汉)毛诗未出,所谓诗言即三家诗所谓传记,即《五帝德》《帝系姓》之类,太史公据之作《三代世表》,自云'不离古文者近是'。是以稷、契有父,父皆黄帝子,乃古文说。故与毛诗、左氏合,与三家诗、公羊春秋不合。太史公作殷、周本纪,用三家今文说,以为简狄吞玄鸟卵,姜嫄践巨人迹,而兼用古文说云:殷契母曰简狄,有娀氏之女,为帝喾次妃,后稷母有邰氏女,曰姜嫄,为帝喾元妃。是亦合今古文义而两言之。"(《经学通论·诗经·论诗齐、鲁、韩说,圣人皆无父,感天而生;太史公、褚先生、郑君以为有父,又感天,乃调停之说》条)这就又是说《史记》杂采古今了。

至于《春秋》以及与之有关的三传,自然也是《史记》所引据的重要文献。不过,司马迁所引是今文或古文的问题,前人未作具体讨论。如有讨论,那么肯定也会有分歧意见,而且也会有认为他杂采今古的说法的。

现在开始谈谈个人的看法。我认为,《史记》引用经书的文字和所取的解说为今文或古文的问题,其本身是很复杂的。为了解决这种复杂的问题,前人设立了一些划分今古文的标准。这些标准是有价值的,但是又不能被绝对化。例如,前人根据司马迁曾从孔安国问故这一事实,便设立了《史记》引《书》为古文说(如班固、孙星衍)或兼今古文说(如陈乔枞)的标准,设立了引《诗》为今文鲁诗的标准(如陈乔枞)。这种标准的价值在于,它提出了一种可能的条件。可是,只有这一条件显然是不够的。

实际上前人在应用这一标准时还有一个在他们看来是不言而喻的条件,即汉儒守师说、重家法。而这一点也恰恰需要具体分析。汉初伏生传《尚书》,有弟子欧阳生、张生,张生又传夏侯氏。武帝时,欧阳尚书立博士。至宣帝时,大夏侯(胜)、小夏侯(建)尚书又立博士。夏侯胜受业于族父夏侯始昌,又问于欧阳氏;夏侯建受业于族父夏侯胜,又从师于欧阳氏。结果大小夏侯又分为二家。(《汉书·儒林传》又《汉书·眭两夏侯京翼李传》)如果汉儒真的严守师说,怎么会有这许多分分合合?学术流派的分合,本是学术发展过程中的正常现象。试看《汉书·儒林传》,因"改师法"而未能补博士缺的,亦仅孟喜一人而已。可是孟喜的弟子以后还当上了博士。可见孟喜未被重用实际与其个人人品不佳有关。那么汉儒为什么高谈师法呢?看来不过是为了标榜自己是"真正老王麻子",以便猎取官禄罢了。司马迁时代的经师都没有真正(如他们自我标榜的那样)严守师法,司马迁并非经师,也无意补博士缺,当然更无严守一家师法之必要。所以,他从师问学,自然会受到影响,我们所能确定的仅仅是这种可能性,而得不出他严守师法的结论。又例如,从司马迁时《书》唯有欧阳立于学官这一事实出发,陈寿祺便得出他引《尚书》为欧阳本的标准。但是这个标准也不能绝对化。司马迁时,诸经立于学官者皆为今文。因此,他考信于六艺时候,自然有采用今文的较大的可能性。不过,也不能说,除今文经与经说以外,当时就没有先秦古文典籍与传说的存在。所以,连陈寿祺本人也认为《史记》采《尚书》兼今古文。他说:"迁非经生,而好钓奇,故杂胪古今,不肯专守一家。《鲁周公世家》载《金滕》,其前'周公奔楚'事乃古文家说,其后'成王改葬周公'事乃今文

说,此其明证矣。"(《左海经辨·史记采尚书兼古文文》)

其实,只要对《史记》的引经略作具体分析,我们就不难发现,司马迁既未墨守于当时已立于学官的经和经说,又未严守任何师法。例略如下:

(1)《五帝本纪》引《尚书·尧典》,基本为今文经。但是司马迁既不满于"尚书独载尧以来",又不满于"百家言黄帝,其言不雅驯";于是他引用了"儒者或不传"的"孔子所传宰予问《五帝德》及《帝系姓》",并说"总之不离古文者近是"。如果株守今文尚书,那就不可能写《五帝本纪》。《五帝德》《帝系姓》(此二篇先秦古文资料在司马迁死后又被收入《大戴礼记》中)保存了黄帝以下的世系传说。此篇还引了《左传》,亦属于古文。

(2)《夏本纪》引《尚书》之《禹贡》《皋陶谟》《甘誓》,基本皆为今文经。但是也引用了《帝系姓》《五帝德》的文字。

(3)《殷本纪》引《尚书》之《汤誓》《高宗肜日》《西伯戡黎》,基本皆为今文经并用《尚书大传》说,但又引《逸周书·克殷解》;引《诗·商颂·玄鸟》,承认"天命玄鸟"之说,但又取契有父(帝喾)说。

(4)《周本纪》引《尚书》之《牧誓》《吕刑》,《泰誓》皆为今文经并取《尚书大传》说,但是又博采《逸周书》之《克殷解》《度邑解》以及《国语》《左传》;引《诗·大雅·生民》,承认弃母履大人迹说,又言弃有父。

(5)《三代世表》主要据《五帝德》《帝系姓》,兼取《尚书》。在当时流传的一部分古文资料中,"黄帝以来皆有年数,稽其历谱牒终始五德之传,古文咸不同乖异"。他对不可信的古文并不迷信。

(6)《十二诸侯年表》主要据《春秋历谱牒》和《左氏春秋》《国语》。他在此篇序中首次承认《左传》为解《春秋》之书。

(7)《鲁周公世家》引《尚书》之《金縢》,兼取今古文说,引《费誓》基本为今文,但又大量引据《左传》《国语》。

(8)《宋微子世家》引《尚书》之《微子》《洪范》,基本皆为今文经,以为正考父作《商颂》以美宋襄公亦为今文韩诗说;但此篇亦大量引据《左传》。他说,"襄公既败于泓,而君子或以为多,伤中国缺礼义,褒之也。宋襄之有礼义也"。所用既是今文韩诗说,又是今文《公羊传》说。可是他记宋襄公泓之战的历史,完全依据《左传》,笔下至少毫无褒意。

通过上述例证,我们还可以看出,司马迁兼采今古文并非出于简单的钓奇的爱好。因为,一则,司马迁引经并非从主观上愿意或不愿意引某书出发,而是首先要看能说明某一时代历史的究竟是些什么文献。黄帝以下至尧以前,他不得不用古文的《五帝德》《帝系姓》,春秋时期,他又不得不主要据《左传》《国语》。这就是说,他引书有无法选择的一面。二则,当今古文资料并存时,他又非从钓奇或师法出发。他对于"近是"的古文,取之,甚至作《仲尼弟子列传》时也采用了孔氏古文的弟子籍;而对于"乖异"的古文则不取。他的确重视今文《尚书》,但是《殷本纪》中竟然未引《盘庚》,《周本纪》中竟然未引周初诸诰。他为什么不引用这些极为宝贵而重要的材料?看来因为这些篇《尚书》太难懂,当时今文经师未能解释通,甚至解释有"乖异"(段玉裁即曾指出汉代《尚书》今文说有"乖异"处,见《古文尚书探异》)处。总之,在有选择余地时,不论古文或今文,凡其说乖异者,他皆不选。三则,他既兼引今古文,在一定条件下,也就不得不兼容并包,信以传信,疑以传疑。例如,他既从今文韩诗说,以为契、稷皆感天而生,又从古文《帝系姓》说,以为此二人皆有父。这看来是留下了矛盾,实际是并存了古代的两种传说。古代有生于图腾说或感天神而生说,同时古人又有重血缘而明谱系的传统。尽管两种说法都很不可靠,但两种说法反映的古代传统本身则是真实的。试看《新约圣经》,第一章《马太福音》一开头就开列着耶稣的家谱,从亚伯拉罕直到耶稣母亲的丈夫约瑟,共四十二代;同时又说明耶稣之母马利亚是童贞女,从上帝圣灵而孕育了耶稣。兼存古代传说,并非《史记》或其他中国古史所特有。

如果用司马迁自己的话来概括他引书兼容并包的方法,那就是:"厥协六经异传,整齐百家杂语"(《太史公自序》)。这是否说明司马迁引书是杂家式的?不是。他引六经时协其异传,整齐百家杂语时"考信于六艺"。这就说明也是"折中于仲尼"的。但是他又有自己的特色:一则,与当时株守一经及一家之说而拒斥他说的陋儒不同,司马迁对儒家诸经之间的态度是开放的;二则,与董仲舒的罢黜百家、独尊儒术的态度不同,司马迁主张兼容百家,只不过以儒家的六经为最高标准来整齐百家,所以对百家的态度也是开放的。

三、司马迁与董仲舒今文经学在思想上的异同

以上谈了《史记》在引据和解释典籍的层次上与当时经学的关系。现在再就学术观点的层次谈谈《史记》与当时经学的关系。那么,当时经学主要研讨的是什么问题呢?汉武帝在策

问董仲舒时说:"盖闻善言天者,必有征于人;善言古者,必有验于今。故朕垂问乎天人之应,上嘉唐虞,下悼桀纣,浸微、浸灭、浸明、浸昌之道。"(《汉书·董仲舒传》)汉武帝提出的问题,出于汉统治者从理论上总结历史经验以巩固其统治的需要;而他所提出的,也正是当时在理论上尚未解决的问题,即天人之际与古今之变两个问题。现在分别讨论如下。

第一,关于古今之变的问题,也就是人类历史如何演变的问题。

在汉代经学兴起以前,这个问题就已经提出好久了。孔子说:"殷因于夏礼,所损益可知也;周因于殷礼,所损益可知也。其或继周者,虽百世可知也。"(《论语·为政》)这就是说,当前一朝的治变为乱的时候,下一朝就要加以损益或变革以求治;当下一朝的治再转为乱的时候,更下一朝又要加以损益以求治。如此在因循与损益过程中一治一乱地走下去,这大概就是孔子自以为百世可知的历史演变方式了。孟子说:"天下之生久矣,一治一乱。"(《孟子·滕文公下》)看来这是他对孔子说法的概括,也是他自己对历史演变方式的看法。不过,孟子又加了一条:"五百年必有王者兴。"(《孟子·公孙丑下》)这样就多了一个五百年一回转的具有神秘色彩的圈子。孟子以后,邹(驺)衍"称引天地剖判以来,五德转移,治各有宜,而符应若兹。"(《史记·孟子荀卿列传》)邹衍书已不传,其说略见于《吕氏春秋·有始览·应同》。这就是,"黄帝之时,天先见大螾大蝼。黄帝曰:土气胜。土气胜,故其色尚黄,其事则土。及禹之时,天先见草木秋冬不杀。禹曰:木气胜。木气胜,故其色尚青,其事则木。及汤之时,天先见金刃生于水。汤曰:金气胜。金气胜,故其色尚白,其事则金。及文王之时,天先见火,赤鸟衔丹书集于周社。文王曰:火气胜。火气胜,故其色尚赤,其事则火。代火者必将水,天且先见水气胜。水气胜,故其色尚黑,其事则水。水气至而不知,数备将徙于土"。这种说法比孟子的"一治一乱"和"五百年必有王者兴"更系统化、更神秘化了。邹衍五德终始说中有着一种战国时期的以力取胜与除旧布新的精神,所以采用了以木克土、金克木、火克金、水克火、土克水的相代嬗的演变方式,但总的体系仍是一个圈子。五行相胜说在秦汉时期曾经盛行。秦始皇正式宣布秦为水德以代周。(《史记·秦始皇本纪》)汉文帝时即有人提议至武帝时(太初元年)正式宣布汉为土德以代秦。(《史记·封禅书》)

以董仲舒为代表的今文经学家对于历史演变的解释,虽然受到五行相胜说的某种影响,但实际上是与之不同的。董氏在回答汉武帝册问道是否有变化时说:"道者,万世亡弊。弊者,道之失也。先王之道必有偏而不起之处,故政有眊而不行。举其偏者以补其弊而已矣。三王之道所祖不同,非其相反,将以救溢扶衰,所遭之变然也。故孔子曰:'无为而治者其舜乎。'改正朔,易服色,以顺天命而已,其余尽循尧道,何更为哉?故王者有改制之名,无变道之实。然夏上忠、殷上敬、周上文者,所继之救当用此也。孔子曰:'殷因于夏礼,所损益可知也;周因于殷礼,所损益可知也。其或继周者,虽百世可知也。'此言百王之用,以此三者矣。夏因于虞,而独不言所损益者,其道如一,而所上同也。道之大原出于天,天不变,道亦不变。是以禹继舜,舜继尧,三圣相受,而守一道,无救弊之政也。故不言所损益也。由是观之,继治世者其道同,继乱世者其道变。今汉继大乱之后,若宜少损周之文致,用夏之忠者"。(《汉书·董仲舒传》)这一段话有三层意思:一则,天不变,道不变,故历史实无变;所谓变,只是举偏补弊,把偏离于道之弊纠正并返回于道上来。二则,既是救弊,便没有五行相胜说的前后相反。三则,把孔子三代因循损益之说神化为教条,认为一切历史的变都不会超出三代的圈子;于是五行的圈子为三代的圈子所代替。

为了神化其事,董仲舒又把他的三代圈子展开为三统说或三正说。他说:"三正以黑统初,正日月朔于营室,斗建寅。天统气始通化物,物见萌达,其色黑。""正白统者,历正日月朔于虚,斗建丑。天统气始蜕化物,物始芽,其色白。""正赤统者,历正日月朔于牵牛,斗建子。天统气始施化物,物始动,其色赤。"他认为,夏为黑统,以正月(建寅)为岁首;殷为白统,以十二月(建丑)为岁首;周为赤统,以十一月(建子)为岁首。十一月(冬至所在月)阳气在地下开始萌动,植物的根株是红色的;十二月,植物在地下萌芽,其色白;正月,植物芽始出地面,其色黑。这样他就给夏殷周三代的三正、三统、三色找出了似为科学而实为神学的理论根据。① 他还构造出一个大的推衍体系。例如,周以本代及前二代夏殷为三代,以三代前自黄帝至舜的五朝为五帝,以黄帝以前的神农氏为九皇。那么,代周者,将以自身及前二代殷、周为三代,黜夏为五帝之一,再上黜黄帝为九皇。如此等等。(《春秋繁露·三代改制质文》)由此又可看出,董氏三统说

---

① 夏、殷、周岁首推移的次序与三代相传次序相反,《白虎通·三正》解释说:"天道左旋,改正者右行,何也? 改正者,非改天道也,但改日月年。日月右行,故改正亦右行也。"

与邹氏五行说还有两个重要差别:第一,董氏三统、三正之变,只是同一个道在不同阶段的展现形式之不同(具体化为同一植物根芽在不同阶段的颜色不同),不是一物为另一物所代替。第二,董氏三统说中,没有以十月(建亥)为岁首的一统;这样他就把以十月为岁首的秦代排除在正统之外。以后刘歆作《世经》,就正式把秦当作闰统。儒家经学的正统说容纳不了反儒的秦王朝,这与五行说承认秦占一德,汉继秦为土德不同。以后到歆《世经》中又以周为木德,木能生火,汉继周为火德。(《汉书·律历志下》)这就是继承了董仲舒不予秦为正统的方法。

司马迁在解释历史演变时,既没有引用五行相胜说,又没有引用三统、三正说;大概因为它们都神秘化而远于人事。但是也引用了董仲舒的说法。例如,"太史公曰:夏之政忠,忠之敝,小人以野。故殷人承之以敬,敬之敝,小人以鬼。故周人承之以文,文之敝,小人以僿。故救僿莫若以忠。三王之道若循环,终而复始。周秦之间,可谓文敝矣。秦政不改,反酷刑法,岂不缪乎?故汉兴,承敝易变,使人不倦,得天统矣。"(《史记·高帝本纪赞》)这里既承认夏、殷、周三代忠、敬、文三种政教的承敝易变的关系,又把秦置于三王之道以外加以批评,显然受了董仲舒经学的影响。但是,司马迁说:"秦取天下多暴,然世异变,成功大。传曰:法后王。何也? 以其近己,而俗变相类,议卑而易行也。学者牵于所闻,见秦在帝位日浅,不察其终始,因举而笑之,不敢道。此与以耳食无异,悲夫。"(《史记·六国年表序》)秦取天下多暴,是事实;其成功大,也是事实。汉基本上继承了秦制,这就是法后王。这仍然是事实。怎能抛开这些事实对秦采取"举而笑之不敢道"的态度呢? 司马迁把这种对秦的态度嘲笑为"与耳食无异",应该说这就是对于不予秦为正统的学者(当然首先是董仲舒)的不指名的批评。这是司马迁不同于董仲舒者之一。又如,司马迁在比较三代诸侯与高祖功臣侯者异同时指出,同是诸侯,三代诸侯那么多,历时又那么长久,而汉初受封的功臣侯者百余人,仅经百年,至武帝太初时仅剩下五个,"余皆坐法陨命亡国,眊矣"。于是他深有感慨地说:"居今之世,志古之道,所以自镜也。未必尽同。帝王者,各殊礼而异务。要以成功为统纪,岂可绲乎?"(《史记·高祖功臣侯者年表序》)这就是说,由于时移世异,古今情况已有很大不同;所以用古作为镜子照照还是有益的,要求今就像古一样那就是不可能的。因此,司马迁说汉代用夏之忠,那只是说以之为借鉴,而决非汉代又回到了夏的情况。在这里,司马迁是司马迁、董仲舒是董仲舒,"岂可绲乎?"这是司马迁不同于董仲舒者之二。总之,司马迁看历史的演变,从事实而不是从经学或五行说公式出发,同意历史的演变有某种循环的特征,而并不认为客观的历史真的就是在封闭的圆圈中循环的。

第二,关于天人之际的问题。在古代,不少思想家都用天人关系来解释人世间的盛衰与祸福,有时候还用这种关系来解释历史演变的原因。

在儒家典籍中,是有以天人关系解释历史演变的传统的。在《尚书》中,王朝的更替往往被说成为"皇天上帝,改厥元子"。(《尚书·召诰》)天为什么会改换"元子"(即天子)呢? 这是为了把这个天子的地位从无德者的手中夺回来,转交给有德者的手中。夏代先王曾经有德,所以得了天命即王位;夏代末王失去了德,天就命令有德者商汤革了夏代的命。商汤以有德得天命,至其末王又失去了德,于是天又命令周文王、武王革了商代的命。《尚书·周书》中有许多篇都反复讲这个道理。周统治者意识到天命是会转移的,因而也是不易把握的。怎样才能知道天命的动向呢?"天棐忱辞,其考我民。"(《尚书·大诰》)看看民心就知道天命的动向了。《孟子·万章上》引真古文《尚书·泰誓》说:"天视自我民视,天听自我民听。"说的也就是这个意思。所以,在《尚书·周书》中,把天看作能赏善罚恶的主宰者或上帝,这个认识的水平并不算太高;可是,把天命看作民心的反映,这种认识中就已经具有水平甚高的理性因素了。

孟子对《尚书》中的上述思想做了进一步的发挥。万章问孟子说,尧把天下传给了舜,有此事吗?孟子回答说,天子不能拿天下给别人,舜得天下是天给的。怎见得是天给的呢?尧在位时用舜做副手,这就是荐舜于天。舜祭祀,神接受,舜办事,"百姓安之"。这就是"天与之,人与之"。尧死以后,人民拥护舜而不拥护尧的儿子。这样就是天把天下给予舜了。万章又问,有人说,禹的德行就不行了,天下不传贤而传子,对吗?孟子回答说,不对。"天与贤则予贤,天与子则与子。"因为禹也曾荐益于天,可是禹死后,人民不拥护益,而拥护禹的儿子启。所以启得天下也是天给予的。益为什么不能得到人民拥护呢?孟子说,舜做过尧的副手二十八年,禹做过舜的副手十七年,"施泽于民久",而尧、舜的儿子又都不肖,所以舜、禹能得人民拥护;而益只做过禹的副手七年,"施泽于民未久",禹的儿子启又贤能,所以益得不到人民的拥护。先前的国君的儿子贤或不肖,被荐者做副手的时间长短,这都不是人力所能决定的。"莫之为而为者,天也;莫之致而至者,命也。"所以传贤或传子都决定于天、命。(《孟子·万章上》)这样,孟子就又给天加上了一种偶然性的解释。不过,就连这些偶然性,最终也要由人民的拥护这一决定因素来实现。所以,在孟子看来,天命和民心是一致的;他以天命解释历史的演变,实际即是以人心向背来解释历史的演变。

邹衍的阴阳五行说,讲的也是天人关系问题。他的五行相胜说,是以木克土、金克木、火克金、水克火、土克水的形式表示一种不依人的意志为转移而人只能适应它的天命。他的五行相生说,是讲"机祥度制"(《孟子荀卿列传》)。因而"大祥而众忌讳,使人拘而多所畏"(《太史公自序》)的,其说大体可见于《吕氏春秋·十二纪》或《礼记·月令》中。这种思想产生的背景大概是,战国社会剧变而争战酷烈,旧体制的破坏势成命定,不以人的意志为转移了。秦始皇正式宣布秦得水德,"刚毅戾深,事皆决于法,刻削毋仁恩和义,然后合五德之数"。(《史记·秦始皇本纪》)看来他是在自觉地适应以水克火的天命,而不再顾忌人心了。实际上他也是认为人心不足畏的。

汉代秦以后,儒家讲天人关系,大体分为两支:今文《尚书》家讲《洪范》主要以五行说灾祥;而陆贾、贾谊等则又注意以人心解释天命,因为他们在总结秦亡的经验时重新认识到了人心的重要性。到了董仲舒的手里,二者又合而为一。他的春秋公羊说,既以人心解释天命,又以五行相生、相胜说来讲灾祥。他对汉武帝说:"臣谨按《春秋》之中,视前世已行之事,以观天人相与之际,甚可畏也。国家将有失道之败,而天乃先出灾害以谴告之。不知自省,又出怪异以警惧之。尚不知变,而伤败乃至。以此见天心之仁爱人君,而欲止其乱也。自非大亡道之世者,天尽欲扶持而全安之,事在强勉而已矣。""故治乱废兴在于己,非天降命不可得反,其所操持悖谬,失其统也。臣闻天之所大奉使之王者,必有非人力所能致而自至者,此受命之符也。天下之人同心归之,若归父母,故天瑞应诚而至。""诗云:'宜民宜人,受禄于天。'为政而宜于民者,固当受禄于天。"(《汉书·董仲舒传》)董仲舒把天说成人格化的上帝,上帝是爱护人君的,会对人君给以警告以至奖惩,而最后奖惩的标准还在于人君是否能得民心。这实际是把孟子的说法作了宗教神学化的加工,本质上还是儒家以人心的解释天命的思想。董氏以天人感应之说讲灾祥,备见《春秋繁露》书中,成为以后史书中五行志的滥觞,这里不多说了。

司马迁对于天人之际的解释,与董仲舒有同也有异。一方面,司马迁相信灾祥,与董仲舒有相似处。《史记·天官书》前面的绝大部分都是古代天官理论或占星学理论,大概是司马谈从唐都那里学来又传给司马迁的。"太史公曰:自初生民以来,世主曷尝不历日月星辰?及至五家三代,绍而明之。内冠带,外夷狄,分中国为十有二州。仰则观象于天,俯则法类于地。天则有日月,地则有阴阳;天有五星,地有五行;天则有列宿,地则有州域。三光者,阴阳之精。气本在地,而圣人统理之。"这是司马迁对上文所引天官理论的总结和提要,说明天官理论的核心在于天地亦即天上人间之间的对应与相通。司马迁承认天地或天人之际的对应与相通,就与董仲舒有了一个基本的共同点。但是,司马迁不赞成以天官理论胡乱解释历史。他在《自序》中说:"星气之书,多杂禨祥,不经。推其文,考其应,不殊,比集论其行事,验于轨度以次,作《天官书》第五。"所以,《天官书》中,自从"太史公曰"以下,都是他以史书记载与天官理论相核验的推文考应之作。他对春秋时期,只举了很少的例证,而对于秦灭六国、项羽破秦、汉之兴、平城之围、诸吕作乱、吴楚之乱等等,都列举了星象的先兆,并说"此其荦荦大者,若至委曲小变,不可胜道。由是观之,未有不先形见而应随之者也"。为什么要有这种天人之际的理论呢?司马迁说:"日变修德,月变省刑,星变结和。凡天变,过度乃占。国君强大,有德者昌,弱小,饰诈者亡。太上修德,其次修政,其次修救,其次修禳,正下无之。"所以,这种理论旨在利用天变警戒人君,使之改过、修德。其目的与董仲舒也是一致的。不过,尽管如此,司马迁与董仲舒仍然有很大的不同。司马迁的态度是:对于天官灾祥理论,必须以历史事实去检验之,能核实者(尽管这也是偶合)才承认之。他的方法是归纳的、实证的。董仲舒则是尽力作天人之际的比附(事见《春秋繁露》书中,恕不举例),其方法是演绎的、玄想的。所以,如果说董仲舒为汉代今文经学的神学化奠定了基石,那么司马迁则在一定程度上做了以后兴起的古文经学的先导。尽管司马迁在相信灾祥说的内容上颇有与今文经学一致的地方。

另一方面,司马迁讲天人之际,还有与董仲舒颇为异趣的地方。董仲舒对于皇天上帝的赏善罚恶的性质是充分肯定的,而司马迁对此却将信将疑,甚至疑多于信。他说:"或曰:'天道无亲,常与善人。'若伯夷、叔齐,可谓善人者非邪?积仁洁行如此而饿死。且七十子之徒,仲尼独荐颜渊为好学,然回也屡空,糟糠不厌,而卒早夭。天之报施善人,其何如哉?盗跖日杀不辜,肝人之肉,暴戾恣睢,聚党数千人,横行天下,竟以寿终。是遵何德哉?此其尤大彰明较著者也。若至近世,操行不轨,专犯忌讳,而终身逸乐富厚,累世不绝。或择地而蹈之,时然后出言,行不由径,非公正不发愤,而遇祸灾者,不可胜数也。余甚惑焉。倘所谓天道是邪?非邪?"(《史记·伯夷列传》)由于对赏善罚恶的天人之际的怀疑,司马迁对天及天人之际提出了一种新的理解。

司马迁在论秦的兴起时说:"秦始小国,僻远。诸夏宾之,比于戎翟。至献公之后,常雄诸侯。论秦之德义,不如鲁卫之暴戾者;量秦之兵,不如三晋之强也。然卒并天下,非必险固便形势利也。盖若天所助焉。"(《史记·六国年表序》)又说:"说者皆曰魏以不用信陵君故,国削弱,至于亡。余以为不然。天方令秦平海内,其业未成,魏虽得阿衡之佐,曷益乎?"(《史记·魏世家赞》)秦暴戾而终于因天助而得胜,就像《伯夷列传》中所说坏人得好报一样,那么,这个天又是什么样的天呢?其实,司马迁对助秦的"天"已经做了分析和回答。他说:"是(春秋中期)后,陪臣执政,大夫世禄,六卿擅晋权,征伐会盟,威重于诸侯。及田常杀简公而相齐国,诸侯晏然弗讨,海内争于战功矣。三国终之卒分晋,田和亦灭齐而有之。六国之盛自此始。务在强兵并敌,谋诈用而从横短长之说起,矫称蜂出,誓盟不信,虽置质剖符,犹不能约束也。"(《六国年表序》)山东各国内部及各国之间的争权夺利,本来都为了营其私利,而结果在斗争中削弱了自己的力量并破坏了彼此间的团结,终于为秦的征服与兼并扫清了道路。为秦兼并扫清道路的本是山东六国之人的行为,怎能说是天呢?因为他们的本来目的不是为秦扫清道路,扫清道路是莫之为而为、莫之致而至的违反他们本来目的的客观后果,所以这就是天是命了。司马迁在分析秦楚之际形势变化之快并比较先秦统一之难与汉高帝统一之易的时候说:"秦既称帝,患兵革不休,以有诸侯也。于是无尺土之封,堕坏名城,销锋镝,钮豪杰,维万世之安。然王迹之兴,起于闾巷,合从讨伐,轶于三代。乡秦之禁,适足以资贤者为驱除难耳。故愤发其所为天下雄,安在无土不王。此乃传之所谓大圣乎。岂非天哉,岂非天哉!"(《史记·秦楚之际月表序》)秦本为维护自己的统治而不立诸侯,结果却为汉高帝的统一扫清了道路。这也是莫之为而为、莫之致而至的事,所以岂非天哉。司马迁所说的这种天,如果换用黑格尔的话来说,就叫作"理性"或"普遍的东西"。黑格尔说:"热情的特殊利益,和一个普通原则的活泼发展,所以是不可分离的:因为'普遍的东西'是从那特殊的、决定的东西和它的否定所生的结果。特殊的东西同特殊的东西相互斗争,终于大家都有些损失。那个普遍的观念并不卷入对峙和斗争当中……它驱使热情去为它自己工作,热情从这种推动里发展了它的存在,因而热情受了损失,遭了祸殃——这可以叫做'理性的狡计'(The Cunning of Renson)。"①每一个个体或特殊者都在为自己的利益而热情地斗争着,而站在背后的普遍者、理性或天却假手于个体间的热情的斗争去实现天自己的计划,个体的自觉的努力却使其自身转变为天的不自觉的工具。司马迁在二千余年以前对天人之际的认识,就已经接近于黑格尔的理解,实在是难能可贵的。用这样的天人之际来解释历史的发展,其深度远远超出汉代经学水平之上了。

不过,司马迁的这种天人之际的思想却有其经学的来源。

---

① 黑格尔:《历史哲学》,王造时译,北京:三联书店1956年版,第72页。

在《尚书》里,天假手于商汤以伐桀、假手于周武王以伐纣,是假手善人以伐恶;人是天的自觉工具,有天人之间的同一而无对立。在《左传》中,又有了这样的记载:蔡侯般是一个弑父而篡位的人(襄公三十年),十二年后,楚灵王把他召到申,杀了他又派兵围蔡。晋国的韩宣子问叔向楚是否能胜利,叔向说楚能胜利,因为"蔡侯获罪于其君,而不能其民,天将假手于楚以毙之"。而楚灵王也不是好人,所以叔向又说:"天之假助不善,非祚之也,厚其凶恶而降之罚也。"(昭公十一年)楚灵王灭蔡,只是为了自己兼并的目的,天却假手于他,一则惩罚蔡侯般,二则为他自己的灭亡准备条件。楚灵王做了天要他做的事,在这一点上天人一致;可是他个人的目的与天的目的又是不同的,这一点上天人又相对立。但是,最终天还是利用楚灵王而实现了天的目的,楚灵王只不过是天的一个热情的而又不自觉的工具。以上曾经说到司马迁多引《左传》,现在又可以看出,他的这一杰出的天人之际的见解,显然也是受了古文经的影响的。当然,司马迁的见解比《左传》又进了一步。《左传》只说到天假手罪人以罚恶人,而《史记》则已经看到天假手怀有自私目的的人去推动历史的发展了。

(原载《史学史研究》1991年第2期)

论断代史《汉书》中的通史精神

作为"廿四史"中第一部的《史记》，其体例是通史，即从黄帝开始直到司马迁所在的汉武帝时期。紧接《史记》的班固《汉书》，则一变其体例为断代史，即仅叙述西汉一代的历史。唐代史家刘知几很赞赏《汉书》的体例，说是"自尔及今，无改斯道"。① 实际直至《明史》所用都是沿着《汉书》而来的断代纪传体。《清史稿》亦复如此。宋代史家郑樵则与刘知几的看法相反。他认为："司马氏世司典籍，工于制作，故能上稽仲尼之意，会《诗》《书》《左传》《国语》《世本》《战国策》《楚汉春秋》之言，通黄帝、尧、舜，至于秦汉之世……自《春秋》之后，惟《史记》擅制作之规模。不幸班固非其人，遂失会通之旨。司马氏之门户自此衰矣。……孔子曰：'殷因于夏礼，所损益可知也；周因于殷礼，所损益可知也。'此言相因也。自班固以断代为史，无复相因之义。虽有仲尼之圣，亦莫知其损益。会通之道，自此失矣。"②刘、郑二家之同，在于都认《汉书》为断代史；其异，则在于

---

① 《史通·六家》，见浦起龙：《史通通释》，上海：世界书局1935年版，卷一，第11页。

② 郑樵：《通志总序》，见《通志略》，上海：上海古籍出版社1990年版，第1—2页。

刘氏不知断代史可以具有通史精神,而郑氏又未能从《汉书》中看出通史精神。这篇文章的目的,就恰恰是要指出作为断代史的《汉书》是充满通史精神的。①

这样就出现了一个不能不回答的问题。在"廿四史"中,除了《史记》以外,23 部都是断代史(如按郑樵之说,连"会通之道"都失去了),那么,作为中国传统史学一大特色的通史精神如何能在这些断代史中得到体现？也就是说,人们公认的中国历史发展的长期连续性在历史学上又如何得以体现？

本文试图以《汉书》为例来做一些分析探讨。如果《汉书》的问题能够有所解决,那么《汉书》以下各正史,尽管著述水平参差不齐,但大体精神是一脉相承的,所以对以上问题也许就可以导出解答的途径。

一、班固撰《汉书》的自我期许与断代史体例之间的矛盾

根据什么判断《汉书》体例属于断代史呢？因为它首先列出十二帝纪,从汉高帝到汉平帝,一朝十二帝的编年大事一览无余。在纪传体史书中,帝纪或本纪以编年形式表述以帝王为中心的国家大事。它是按照时间的经度来表述一代国家大事之经的。从这一角度来看,《汉书》无可怀疑百分之百地是断代史书。

---

① 在与吴怀祺教授交谈中,他也曾说,班固作《汉书》是有通识的;近读乔治忠教授的《中国史学史》(北京:中国人民大学出版社 2011 年版),其中第 86 页也有大致相同的说法。

不过，如果由此就说它是纯粹的断代史体例的书，那也是有问题的。

刘知几在《史通·断限》中说："子曰：'不在其位，不谋其政。'若《汉书》之立表志，其殆侵官离局者乎。考其滥觞所出，起于司马氏。按马记以史制名，班书持汉标目。《史记》者，载数千年之事，无所不容。《汉书》者，纪十二帝之时，有限斯极。固既分迁之记，判其去取，纪传所存，惟留汉日，表志所录，乃尽牺年。举一反三，岂宜若是？胶柱调瑟，不亦谬欤？"①刘氏熟读《史记》《汉书》，看出了《汉书》只在纪传方面与《史记》划清了界限，断代分明，可是一到"表"和"志"方面就又沿袭《史记》的贯通古今体例。在刘氏看来，这是班固的思考未能举一反三，因此纪传改为断代，表志却走了《史记》通史体例的老路，犯了体例不纯的弊病。

那么，刘知几的说法对吗？应该说，刘知几的说法在现象层面上是对的。可是，他没有能够细致了解班固撰《汉书》的深层思考。

他以为班固是因为不细心而犯了体例不纯的错误。其实，正是刘知几因为不细心而犯了不能了解班固著书本意的错误。

班固《汉书》这样的体例"不纯"，不是粗心大意造成的，而是精心设计而成的。请看证据。

班固《汉书》的末卷末篇是《叙传》，如《太史公自序》之于《史记》，乃自述家世并表明著述体例及总体布局与各篇要旨的导论。如欲了解班固《汉书》宗旨及大要，那么必须把握此篇文字。而此

---

① 《史通通释》，卷四，第8页。

篇之末又系全书画龙点睛之笔,内容尤为重要。其文云:

> 凡《汉书》,叙帝皇(张晏曰:《十二纪》也),列官司,建侯王(张晏曰:《百官表》及《诸侯王表》也)。准天地,统阴阳(张晏曰:准天地,《天文志》也。统,合也。阴阳,《五行志》也),阐元极,步三光(张晏曰:阐,大也。元,始也。极,至也。三光,日月星也。大推上极元始以来,及星辰度数,谓《律历志》)。分州域,物土疆(张晏曰:《地理》及《沟洫志》也)。穷人理,该万方(张晏曰:人理,《古今人表》。万方,谓《郊祀志》有日月星辰天下山川人鬼之神)。纬六经,缀道纲(张晏曰:《艺文志》也),总百氏,赞篇章(师古曰:赞,明也)。函雅故,通古今(张晏曰:包含雅训之故,及古今之语),正文字,惟学林(师古曰:信惟文学之林薮也。凡此总说帝纪、表、志、列传,备有天地鬼神人事,政治道德,术艺文章。泛而言之,尽在《汉书》耳,亦不皆如张氏所说也)。①

这一段话表明了班固编撰《汉书》的宗旨与自我期许。就其气势而言,殊不下于司马迁之"究天人之际,通古今之变,成一家之言"②。概括地说,《汉书》除帝纪论述西汉一代政治史之外,其余表、志皆横则包罗多科学术(天文、历法、地理、水利、食货、刑制、兵制、学术等等),纵则贯通古今(不仅表、志如此,其《货殖列传》亦超越汉代而始自春秋)。《后汉书》作者范晔认为《汉书》之志值得推究,"博赡不可及之"③,其原因就在于此。

---

① 《汉书》,北京:中华书局1962年版,第12册,第4271页。
② 《汉书·司马迁传》,第9册,第2735页。
③ 沈约:《宋书·范晔列传》,北京:中华书局1974年版,第6册,第1830页。

班固自诩之"函雅故,通古今",实际是罗万象、贯古今,正如颜师古所说,并非若张晏仅限之于雅训之故、古今之语而已。

二、《汉书》八表中的通史精神的展现

《汉书》八表(班固始作,其妹班昭续成)之框架大体皆损益《史记》十表而来。所损者三,即《三代世表》《十二诸侯年表》《六国年表》,因其时间不在《汉书》断限之内。所益者一,即《古今人表》,其断限又超乎《汉书》之外。其中颇有可以思考之处。《汉书》八表均以人物为中心,而八表之分类则又大体分为三类:

第一,以封爵为标准,以下又按爵位高低、封爵原因及时间先后作为细则,故有《异姓诸侯王表》《诸侯王表》《王子侯表》《高、惠、高后、文功臣表》《景、武、昭、宣、元、成功臣表》,《外戚恩泽侯表》等六表。此六表在时间上都是严格按照以汉王元年为断限的。从这一点来说,《汉书》是严格遵行了断代史体例的。可是其中的第一表(即《异姓诸侯王表》)中的18王(甚至连刘邦作为汉王)都是在项羽主持下分封的,只说汉代历史无法说明此事。而且,汉初为什么会有异姓诸侯王并存局面,这也不是只说汉代历史就能说清楚的。所以班氏在《异姓诸侯王表序》里基本上采用了《史记·秦楚之际月表序》的论述,其主要论点是:虞夏商周之际,诸侯林立,一个王朝的兴起,往往需要经过千百年长期的经营与努力,而秦以暴力起家也经历了百年的奋斗,可是汉高帝以布衣出身,竟然在短短数年之间一跃而登帝位,这绝不是偶然的。司马迁在《史记·六国年表序》中说明,是六国的相互斗争与削弱为秦的统一铺平了道路,在《秦楚之

际月表序》中又说,是秦因怕诸侯割据再起而废封建、从而孤立无援,为汉的迅速统一扫清了道路。司马迁对于这种大势所趋的解说是"岂非天哉,岂非天哉!"[1]班氏的说法则是"其势然也。故据汉受命,谱十八王,月而列之,天下一统,乃以年数。讫于孝文,异姓尽矣"[2]。汉初的异姓王的兴衰有一个不依人的意志为转移的过程,而要说明这个过程,则纯粹的断代史是无能为力的。

其实,中国历史上从封建到郡县的转变也是有其曲折漫长的过程的。秦统一后想快刀斩乱麻式地解决,结果失败了。汉代则在惩秦之弊的基础上利用封建,其结果如何?异姓诸侯王不可靠,汉乃大封同姓诸侯王,以为可以收周代分封长期保持王权之效。班氏在《汉书·诸侯王表序》中既说明这些同姓诸侯王在初期的维护汉室之功,也说明他们在文、景以下之坐大,从而有文、景、武三朝之削藩,诸侯王之名存实亡。班氏的这些论述与司马迁《史记·汉兴以来诸侯王年表序》大体相同。其不同处在于班氏认为同姓诸侯王之削弱实际上为王莽篡汉造成了便利的条件[3]。在异姓王、同姓王以下是异姓与同姓的侯,其表有《王子侯表》《高、惠、高后、文功臣表》《景、武、昭、宣、元、成功臣表》《外戚恩泽侯表》等,这些表叙述了西汉一代诸侯的兴衰,也分析了这些诸侯与周代诸侯的不同。班氏论事,严格地按照断代的标准,而其论理(封建制[与郡县制对应意义上的]盛衰之理)则是以通史的眼光出发的。正是在后一点上,他与司马

---

[1] 《史记·秦楚之际月表序》,北京:中华书局1959年版,第3册,第760页。
[2] 《汉书》,第2册,第364页。
[3] 同上书,第391—396页。

迁是一致的。其实,试看《王子侯表》以下五表之事实,再结合《汉书》废"世家"以为"传"来看,班固所要说明的无非封建诸侯之无可奈何花落去的总趋势,所以说《异姓诸侯王表》之序亦即六表之总序,实亦无不可。

第二,八表中的第二类,即《百官公卿表(上、下)》。百官公卿与王侯不同,王侯无职司而受封邑,可世袭;百官公卿则有一定职守,位阶与秩禄随职守变化而转移。《汉书》将百官公卿与王侯分别开来单独列表,这是有道理的。

此表专门论述西汉一代百官公卿,从其内容来说自然是断代性的。不过,此表实际上又分为上下两篇:上篇的形式是文字的论述,其中包括此表之序,以及有关职官之缘起、变更、职司、员数、秩禄等的叙述,可以比拟于其他史书中的《百官志》或《职官志》;下篇则为表本身,严格按编年体例列出在有关时期充任有关官职之人。相对而言,与下篇的严格的断代特色不同,上篇里具有明显的通史精神。

请看上篇作为序的部分的文字:

《易》叙宓羲、神农、(皇)[黄]帝作教化民(师古曰:"见《易·下系》"),而《传》述其官(师古曰:"《春秋左氏传》载郯子所说也。"按载在《左传》昭公十七年),以为宓羲龙师名官,神农火师火名,黄帝云师云名,少昊鸟师鸟名。自颛顼以来,为民师而命以民事,有重黎、句芒、祝融、后土、蓐收、玄冥之官,然已上矣。《书》载唐虞之际,命羲和四子顺天文,授民时;咨四岳,以举贤材,扬侧陋;十有二牧,柔远能迩;禹作司空,平水土;弃作后稷,播百谷;禼(契)作司徒,敷五教;咎繇作士,正五刑;垂作共工,利器用;益作朕虞,育草木鸟兽;伯夷作秩宗,典三礼;夔典乐,和神人;龙作纳言,出入帝命(师古曰:"自此以上皆《尧典》之文。"按自"《书》载唐虞之际"以下)。夏、殷亡闻焉,周官则备矣。天官冢宰,地官司徒,春官宗伯,夏官司马,秋官司寇,冬官司空,是为六卿,各有徒属职分,用于百事。太师、太傅、太保,是为三公,盖参天子,坐而议政,无不总统,故不以一职为官名。又立三少为之副,少师、少傅、少保,是为孤卿,与六卿为九焉。记曰三公无官,言有其人然后充之,舜之于尧,伊尹于汤,周公、召公于周,是也。或说司马主天,司徒主人,司空主土,是为三公。四岳谓四方诸侯。自周衰,官失而百职乱,战国并争,各变异。秦兼天下,建皇帝之号,立百官之职。汉因循而不革,明简易,随时宜也。其后颇有所改。王莽篡位,慕从古官,而吏民弗安,亦多虐政,遂以乱亡。故略表举大分,以通古今,备温故知新之义云。①

以上一段,乃是《史记》所未曾有的自伏羲至西汉末的一篇官制通史要略。三代以上根据《周易·系辞》《左传》。尧舜时期引据《尚书·尧典》。夏商两代资料缺乏。周代则据《周官》(即《周礼》)之经古文说,又存或说即经今文说②以备考。此段没有叙说秦代官制,因为汉基本承秦代官制,其内容基本已经列述于下文中。不过,汉代官制后来也有所变更,其渊源则在于古代官

---

① 《汉书》,第3册,第721—724页。按引用时标点略有改易。
② 请参阅王先谦《汉书补注》,北京:中华书局影印本1983年版,上册,第295页,下栏。

制。《百官公卿表》上篇的下半部分即论述官制的部分中,大多数官职皆注明为"秦官",一部分官职则注明为"古官"。所以班氏说明写作以上一大段文字的目的是"故略表举大分,以通古今,备温故知新之义云"。在班氏的思想中有一点是很明确的,即不放在通史的背景下,要说明西汉一代的官制是不可能的。

第三,八表中的第三类,即《古今人表》。此表之序云:"自书契之作,先民可得而闻者,经传所称,唐虞以上,帝王有号谥,辅佐不可得而称矣,而诸子颇言之,虽不考乎孔氏,然犹著在篇籍,归乎显善昭恶,劝戒后人,故博采焉。(以下言人物分等之原则,略)……因兹以列九等之序,究极经传,继世相次,总备古今之略要云。"①

将载籍所记历代人物按善恶、智愚分为三阶九等表出,以作为今人之鉴戒,这是班氏作表之本意。然而在此《古今人表》竟然只有古人而无今人。此表所列之第一人为太昊帝宓羲氏,而最后以项羽、陈胜、吴广终结。西汉一代竟不出一人。这样怎么能够称作"古今人表"呢?难怪刘知几说:"异哉,班氏之《人表》也。区别九品,网罗千载,论世则异时,语姓则他族。自可方以类聚,物以群分,使善恶相从,先后为次,何籍而为表乎?且其书上自庖羲,下穷嬴氏,不言汉事而编入《汉书》。鸠居鹊巢,茑施松上,附生疣赘,不知剪截,何断而为限乎?"②单纯从史书体例来说,刘知几的话无可疑义。为什么?《汉书》是西汉一代之断代史,理应不记汉以前事。如果从通史精神来说,那就应该通贯

---

① 《汉书》,第3册,第861页。
② 浦起龙:《史通通释》,卷三,第1页。

古今,既记古代,又记汉代;可是《汉书》的这一篇"古今人表"竟然只有古而无今,简直成了汉以前的断代史。这样就与《汉书》之断代大相径庭了。

难道班氏真是这样的低能吗?于是历来学者做出了种种分析和推测。唐代颜师古注云:"但次古人而不表今人者,其书未毕故也。"①这只能是为班固做一种消极的辩护,而不能解决问题本身。因为即使班固未能完成此表,其妹班昭何以不继乃兄之志而续之?王先谦《汉书补注》引清人诸说可资参考。何焯曰:"今人则褒贬具于书中。虽云总备古今之略,要实欲人因古以知今也。颜说非。"钱大昕曰:"今人不可表,表古人以为今人之鉴,俾知贵贱止乎一时,贤否著乎万世。失德者,虽贵必黜,修善者,虽贱犹荣。后有作者继此而表之,虽百世可知也。班序但云究极经传,不云褒贬当代,则知此表首尾完具。颜盖未喻班旨。"梁玉绳曰:"若表今人,则高祖诸帝悉在优劣之中,非班所敢出也。"②按此三人之说,皆有道理,而以钱大昕说最为精粹。所以,我们可以说,班氏的《古今人表》不是粗心大意而犯了违反断代史书体例的错误,而是别有精心措意以为之。他们宁可在体例的形式上有所背谬(如刘知几所指出),但是为了完成一部真正有价值的断代《汉书》,他们引而不发,他们所不能褒贬的汉代君臣,却可以通过他们所设立的评判标准由后人来评判。宁可犯体例上的违规,也不放弃通史精神在理解断代史上的重要作用,班固兄妹在这一点上实在是很出色的。

---

① 《汉书》,第3册,第861页。
② 以上三人之说,皆引自《汉书补注》,上册,第336页。

三、《汉书》十志中的通史精神的展现

《汉书》十志之框架大体亦自损益《史记》八书而来,不过分篇区划更为规整,内容也更为繁富;不仅与《史记》相似具有通史精神,而且其苦心孤诣甚至有过于《史记》者。本为断代史书,而竟有如此之通史精神,实在值得深入研究。不过,《汉书》十志,所述大抵皆专家之学,限于主客观条件,本文不能具体展开讨论。请先录陈《太史公自序》中之八书序及《汉书·叙传》中之十志序,作一番大体的探讨,然后再就《汉书》十志为何以《律历志》居首以及其中的通史精神做进一步的探讨与说明。

《史记·太史公自序》	《汉书·叙传》
维三代之礼,所损益各殊务,要以近性情,通王道,故礼因人质为之节文,略协古今之变。作《礼书》第一。乐者,所以移风易俗也。自《雅》《颂》声兴,则已好《郑》《卫》之音,《郑》《卫》之音所从来久矣。人情之所感,远俗则怀。比《乐书》以述来古,作《乐书》第二。非兵不强,非德不昌,黄帝、汤、武以兴,桀、纣、二世以崩,可不慎欤?《司马法》所从来尚矣,太公、孙、吴、王子能绍而明	元元本本,数始于一,产气黄钟,造计秒忽。八音七始,五声六律,度量权衡,历算悠出。官失学微,六家分乖,壹彼壹此,庶研其几。述《律历志》第一。上天下泽,春雷奋作,先王观象,爰制礼乐。厥后崩坏,郑卫荒淫,风流民化,湎湎纷纷。略存大纲,以统旧文。述《礼乐志》第二。雷电皆至,天威震耀,五刑之作,是则是效,威实辅德,刑亦助教。季世不详,背本争末,吴、孙狙诈,申、商酷烈。汉章九法,太宗改作,轻重之差,世有定籍。述《刑法志》第三。厥初生民,食货惟先。割制庐井,定尔土田,什一供贡,下富上尊。商以足用,茂迁有无,货自龟贝,至此五铢。扬搉古今,监世盈虚,述《食货志》第四。昔在上圣,昭事百神,类帝禋宗,望秩山川,明德惟馨,永世丰年。季末淫祀,营信巫史,大夫胪岱,

(续　表)

《史记·太史公自序》	《汉书·叙传》
之,切近世,极人变。作《律书》第三。律居阴而治阳,历居阳而治阴,律历更相治,间不容飘忽。五家之文怫异,维太初之元论。作《历书》第四。星气之书,多杂礼祥,不经;推其文,考其应,不殊。比集论其行事,验于轨度以次,作《天官书》第五。受命而王,封禅之符罕用,用则万灵罔不禋祀。追本诸神名山大川礼,作《封禅书》第六。维禹浚川,九州攸宁;爰及宣防,决渎通沟。作《河渠书》第七。维币之行,以通农商;其极则玩巧,并兼兹殖,争于机利,去本趋末。作《平准书》以观事变,第八。①	侯伯僣矣,放诞之徒,缘间而起。瞻前顾后,正其终始。述《郊祀志》第五。炫炫上天,县象著明,日月周辉,星辰垂精。百官立法,宫室混成,降应王政,景以烛形。三季之后,厥事放纷,举其占应,览故考新。述《天文志》第六。《河图》命庖,《洛书》赐禹,八卦成列,九畴悠叙。世代实宝,光演文武,《春秋》之占,咎征是举。告往知来,王事之表。述《五行志》第七。《坤》作地势,高下九则,自昔黄、唐,经略万国,燮定东西,疆理南北。三代损益,降及秦、汉,革划五等,制立郡县。略表山川,彰其剖判。述《地理志》第八。夏乘四载,百川是导。唯河为艰,灾及后代。商竭周移,秦决南涯,自兹距汉,北亡八支。文堙枣野,武作《瓠歌》,成有平年,后遂滂沱。爰及沟渠,利我国家。述《沟洫志》第九。虙羲画卦,书契后作,虞夏商周,孔纂其业,纂《书》删《诗》,缀《礼》正《乐》,彖系大《易》,因史立法。六学既登,遭世罔弘,群言纷乱,诸子相腾。秦人是灭,汉修其缺,刘向司籍,九流以别。爰著目录,略序洪烈。述《艺文志》第十。②

以上列之各序对读各该篇之文,可知序与文之要旨一致。因此,我们不妨就此来对《史记》之书与《汉书》之志作一番概略的比较。

---

① 《史记》,第 10 册,第 3304—3306 页。
② 《汉书》,第 12 册,第 4241—4244 页。

第一，以上《史记》八书与《汉书》十志各篇之序，皆有贯通古今之通史精神，凡上文有下划线处皆为具体之表现。《史记》志在通史，因此不足为异；而《汉书》属断代史，如此畅叙，通史精神自是不凡。

第二，前贤早已注意到《汉书》十志与《史记》八书间的因袭关系，如赵翼云："八书乃史迁所创，以纪朝章国典。《汉书》因之作十志，《律历志》则本于《律书》《历书》也，《礼乐志》则本于《礼书》《乐书》也，《食货志》则本于《平准书》也，《郊祀志》则本于《封禅书》也，《天文志》则本于《天官书》也，《沟洫志》则本于《河渠书》也。此外又增《刑法》《五行》《地理》《艺文》四志。其后《律历》《礼乐》《天文》《地理》《刑法》，历代史皆不能无。"①赵翼之说，确有所见。不过，如果稍作仔细分析，便可看出，《汉书》并非简单地增加了《刑法》《五行》《地理》《艺文》四志，其实还包括对《史记》有关各书很重要的调整或重组。例如，《平准书》仅论及工商业与货币、财政等，而《食货志》则兼田制、租税与农民、农业而论之。《汉书》此志为中国古代史书中的社会经济通史奠定了初基，至唐代杜佑修《通典》，《食货典》乃居诸典之首。《刑法志》并非完全是《汉书》所新加，其实《史记·律书》中已于兵、刑略有涉及，一带而过。但是，《汉书·刑法志》也确实为中国古代兵制史与刑法史的通史化开了先河。《史记》无《地理书》，然《夏本纪》引《禹贡》，《货殖列传》备言各地区之地理、物产、世风、民俗，皆宝贵的历史地理资料。《汉书》

---

① 赵翼：《廿二史札记》，王树民校证本，北京：中华书局1984年版，上册，第5页。

立《地理志》,历引《尚书·禹贡》《周礼·夏官·职方氏》之文,综述三代地理历史,然后述东周以下秦汉之统一,备列以汉平帝时为准之各郡国、县邑、道、侯国之分布与数目,国土大致面积、可垦与不可垦田地面积以及民人户数、口数。最后又按十二次分野,分别论述其历史沿革,物产民风等。故此志既为自古至汉的内容丰富之历史地理通史,也为中国通史之作奠定了统一的地理学的基础。《汉书·艺文志》乃据西汉晚期刘向、歆父子在校雠宫廷藏书基础上所作之《七略》而修成,按六艺、诸子、诗赋、兵书、术数、方技分类,备述各家著述之书名、篇卷之数,或亦简注作者。每类著述之后,又简述各类学术之历史源流,立诸子出于王官之说。所以《汉书·艺文志》实际是当时的一部学术通史,又为后世治学术史、目录学、校雠学之滥觞。所以,如果说《汉书》十志沿袭了《史记》八书,那么所沿袭的是《史记》的通史精神;如果说它还有所创新,那么其所创新也在其通史精神。

第三,尤其值得注意的是,《史记》八书,以《礼》《乐》《律》《历》居首,盖因礼、乐为立国之本,而律、历次之。《汉书》则合《律》《历》为一志以居首,而合《礼》《乐》为一志以次之。这样就出现了两个必须解答的问题:一则,《律》与《历》二志为何可以合而为一?也就是其立论根据是怎样形成的?再则,《律历》为何竟可以先于《礼乐》?也就是其在历史观上的价值是什么?

关于问题一。如果就今人所知而言,律与历并无内在之关系。因为律所涉及的是律管长短与音阶高低关系的音乐方面的问题,而历所涉及的是地与日月星辰关系的天文方面的问题。二者本身并不相干。不过,在先秦(至少是东周)时期,随着阴阳五行以及《易》数等思潮的兴起,逐渐产生了一切现象之间皆有内在相关性的学说。《国语·周语下》记周景王于二十三年（前522）"将铸无射，问律于伶州鸠"事，伶州鸠以六律（黄钟、大蔟、姑洗、蕤宾、夷则、无射）、六间（即六吕：大吕、夹钟、仲吕、林钟、南吕、应钟）为对①。按六律为阳，依次与十一月、正月、三月、五月、七月、九月相应，六吕为阴，依次与十二月、二月、四月、六月、八月、十月相应。《大戴礼记·曾子天圆篇》云："圣人慎守日月之数，以察星辰之行，以序四时之顺逆，谓之历，截十二管，以宗八音之上下清浊，谓之律也。律居阴而治阳，历居阳而治阴，律历迭相治也，其间不容发。"②《吕氏春秋》"十二纪"、《礼记·月令》以及《淮南子·时则训》叙每月篇首之文，皆以十二律（吕）与十二月相对应。这样就得出律（12）与历月（12）在数字上的相对应的关系，不过还没有进一步与历法的资料挂上钩。

据《汉书·律历志》记，汉武帝太初七年，公孙卿、壶遂、司马迁等建言改历，得到批准，已经做出初步成果时又出现了"不能为算"③的问题。于是，又选邓平、唐都、落下闳等多人造历，"都分天部，而闳运算转历。其法以律起历，曰：'律容一龠，积八十一寸，则一日之分也（孟康曰：'黄钟律长九寸，围九分，以围乘长，得积八十一寸也'）。……律，法也，莫不取法焉。'与邓

---

① 徐元诰：《国语集解》，王树民、沈长云校点本，北京：中华书局2002年版，第113—122页。

② 王聘珍：《大戴礼记解诂》，北京：中华书局1983年版，第100—101页。按此篇多阴阳家言，未必确为曾子之语。

③ 关于这个谜，张培瑜、陈美东、薄树人、胡铁珠的《中国古代历法》（北京：中国科学技术出版社2008年版）第255—257页已有很好的解答。

平所治同。于是皆观新星度、日月行,更以算推,如闳、平法。法,一月之日二十九日八十一分日之四十三。"①这就被认为是太初历的所谓八十一分历的律的根据。②律与历终于在资料上挂上了钩。在此基础上,"至孝成世,刘向总六历,列是非,作《五纪论》。向子歆究其微眇,作《三统历》及《谱》以说《春秋》,推法密要,故述焉。"③这也就成了《汉书·律历志》能够合篇的所谓内在的根据。当然,这一套见解中充满了神秘的色彩,不过它反映了刘向、刘歆企图在理论上追求一个作为起点的大"壹"的努力,正如他们在历法上追求一个"太极上元"一样。一切的发展皆始于壹,因此壹的发展自然也就是统一的发展。具体说来,班固于此志之序中首先说:"《虞书》曰'乃同律度量衡',所以齐远近立民信也。"④这说明班固相当深刻地认识到,从春秋战国的分裂到秦的统一,"乃同律度量衡"确实是一件大事,当然也是汉皇朝大一统的头等大事。按律本为声律,此志则由律引申至数,由数而引申至声、至度、至量、至衡。其间又参以《易》数阴阳,附会殊多,神秘色彩甚浓。不过,其目的在于"修明旧典,同律,审度,嘉量,平衡,钧权,正准,直绳,立于五则,备数和声,以利兆民,贞天下于一,同海内之归。"⑤这说明班固把

---

① 《汉书》,第 4 册,第 975—977 页。
② 按汉初承用颛顼历,即古四分历之一。其法 1 回归年含 365 + 1/4 日,1 朔望月含 29 + 499/940 日。太初历 1 朔望月含 29 + 43/81 日,则 1 回归年含 365 + 385/1539 日。应该说其间数据差别不大。
③ 《汉书》,第 4 册,第 979 页。
④ 同上书,第 955 页。
⑤ 同上书,第 972 页。

律的统一设定为度量衡统一的依据,其大一统意识比司马迁更为鲜明。

关于问题二,亦即律历为何竟可以先于礼乐?也就是其在历史观上的价值是什么?现略陈于下。《史记》以《礼书》《乐书》居八书之首,道理很简明:按中国文明之传统,礼乐为经国之要道大用,故应居首。那么《汉书》为什么首出《律历志》呢?在刘歆看来,历法涉及天时与农功之间的至为重要的关系,或者扩大地说,涉及天道与人事之间的至为重要的关系。这就是司马迁所主张的"究天人之际"的修订新版。再则,历法的推阐本身固然已经可以为古今之流提供一个时间坐标,加之刘歆又以三统历与"三统""五德"之说相参伍,从而演绎出《世经》,于是就又提供了一套完整的通史体系。这就又是司马迁所主张的"通古今之变"的修订新版。由此可见,《律历志》必须放在其他九志之前,因为它是《汉书》十志的定音鼓、奠基石,它的具体内容虽然是律历,但是在原则上它实际又是为十志总体产生着总导论的作用的。因此,如果说《律历志》的内容在很大程度上是继承刘歆的,那么,以此志为十志之首或总领则是班固在史学上的创新。

以下再就此作一些具体的历史说明。如果说律度量衡的统一是国家统一的必要条件,那么历的统一就是作为统一国家的汉代的历史合法性的必要条件,或者说确定汉朝在连续的中国传统之流中的重要地位的问题。班固在此志历的部分的序里,首先引据《尚书》略言五帝、三王皆有历法,"三代既没,五伯之末史官丧纪,畴人子弟分散,或在夷狄,故其所记,有《黄帝》《颛顼》《夏》《殷》《周》及《鲁历》。战国扰攘,秦兼天下,未皇暇也,亦颇推五胜,而自以为获水德,乃以十月为正,色上黑。"①按照中国古代传统,一个统一的政权必有其统一的正朔,而每一次王朝更迭又必有改正朔、易服色(所谓以应天命)之举,由此以表明本朝在整个历史传承系统中的合法地位,也就是所谓正统的地位。班固十分重视汉代之大一统与正统的历史地位,所以也十分重视历的问题。在这一点上,他与司马迁是相同的。不过,其间也有不同之处。

司马迁在《史记·高祖本纪赞》中说:"夏之政忠。忠之敝,小人以野,故殷人承之以敬。敬之敝,小人以鬼,故周人承之以文。文之敝,小人以僿,故救僿莫若以忠。三王之道若循环,终而复始。周秦之间,可谓文敝矣。秦政不改,反酷刑法,岂不缪乎?故汉兴,承敝易变,使人不倦,得天统矣。"②他所采用的是夏(忠)、商(敬)、周(文)三统说。其渊源出自董仲舒的三统说。按董氏之说,夏历岁首之月斗建寅(立春所在月),为黑统;商历岁首之月斗建丑(夏历十二月),为白统;周历岁首之月斗建子(夏历十一月,冬至所在月),为赤统。③ 此一以黑、白、赤为标志之三统说,无法与五行之五色相匹配。试读《史记》,在《五帝本纪》中,除黄帝"有土德之瑞,故号黄帝"外,其余四帝皆并未与五行(五德)之五色相对应。④《夏本纪》亦不记夏以何德王、尚何色的问题,便与董仲舒说有所不合。《殷本纪》言,"汤

---

① 《汉书》,第4册,第973页。
② 《史记》,第2册,第393—394页。
③ 苏舆:《春秋繁露义证》,钟哲校点本,北京:中华书局1992年版,第191—195页。此为节要,其具体论述,恕不赘叙。
④ 《史记》,第1册,第6页。

乃改正朔,易服色,上白,朝会以昼。"①与董生说合。《周本纪》记,武王东观兵至于盟津,"武王渡河,中流,白鱼跃入王舟中,武王俯取以祭。(《集解》引马融曰:'白者,殷家之正色,言殷之兵众与周之象也。')既渡,有火自上复于下,至于王屋,流为乌,其色赤,其声魄。(《集解》引郑玄曰:'赤者,周之正色也。')"②这样也就含蓄地说明周以火德王,色上赤。此说与秦始皇因代周而以水德王合,又与董生合。总而言之,司马迁在《史记》中并未明确地给出一个三统与五行(五德、五色)相对应的完整系统。而在这一点上,班固在其《汉书》中却解决了。

《汉书·律历志》所依据的是刘歆的三统历。刘歆在《太初历》的基础上造《三统历》,仍以八十一为出发点。"统母:日法八十一。③ 元始黄钟初九自乘,一龠之数,得日法。闰法十九,因为章岁。……统法千五百三十九。以闰法乘日法得统法。元法四千六百一十七。参统法,得元法。"④此乃三统历的最基本也首列于前的四个数据。日法成立之理由已见前述。闰法 19 来自 19 年 7 闰之周期,19 也就成了 1 章的年数(章岁)。以章岁(闰法)乘日法(19 乘以 81),得 1539 为统法,亦即一个统的年数(每经过 1539 年,冬至与合朔再次相会在同一日的夜半)。以统法(统岁)1539 乘以 3,即得 4617,这就是一元之年数(每经过 4617 年,冬至与合朔再次相会在甲子日的夜半)。或者说一

---

① 《史记》,第 1 册,第 98 页。
② 同上书,第 120 页。
③ 孟康曰:"分一日为八十一分,为三统之本母也。"
④ 《汉书》,第 4 册,第 991 页。

元包括三统,一统包括81章,一章包括19年。这就是历数上的三统历的最基本的几个数据。由此再结合五星会合周期并夹入《易》数,从而推出一整套历法数据。

刘歆再以此与汉代春秋学的三统相联系。"《经》曰:'春王正月。'《传》曰:'周正月。'(按此出自隐公元年经传)'火出,于夏为三月,商为四月,周为五月。夏数得天。'(按此出自《左传》昭公十七年)得四时之正也。三代各据一统,明三统常合,而迭为首,登降三统之首,周还五行之道也。故三五相包而生。天统之正,始施于子半,日萌色赤。地统受之于丑初,日肇化而黄,至丑半,日牙化而白。人统受之于寅初,日孽成而黑,至寅半,日生成而青。天施复于子(按即冬至所在之十一月),地化自丑毕于辰(如淳曰:'地以十二月生万物,三月乃毕。'[按即自建丑之月或十二月至建辰之月或三月]),人生自寅成于申(如淳曰:'人功自正月至七月乃毕。'[按即自建寅之月或一月至建申之月或七月,此皆以天时农功为说。])。故历数三统,天以甲子(李奇曰:'夏正月朔日。'),地以甲辰(韦昭曰:'殷正月朔日。'),人以甲申(李奇曰:'周正月朔日。'王先谦《汉书补注》引钱大昕曰:'李、韦说皆非也。三统术:天统首日甲子,地统首甲辰,人统首甲申,合于天施、地化、人生之数,故云。'①按钱说是,当从),孟、仲、季迭用事为统首。三微之统既著,而五行自青始,其序亦如之。五行与三统相错。"②再结合五星会合周期并附会《易》数,不断扩大公倍数,最后达到"太极上元"(23639040年,

---

① 见《汉书补注》,第410页,下栏。
② 《汉书》,第4册,第984—988页。

为五星、冬至、合朔再次重合于甲子日夜半)①。

这样,我们就可以看到董生三统说与刘歆三统说在三统与五行(五色)关系上的异同:

董生三统说:周历岁首建子,为赤统;商历岁首建丑,为白统;夏历岁首建寅,为黑统。

刘歆三统说:在承认《春秋》学中的以三代历法岁首建子(周)、建丑(商)、建寅(夏)的三统的同时,否定了标志此三统的三色;而代之以历数三统,即天统(始于子半,色赤)、地统(始于丑初经丑半而丑终,色由黄而白)、人统(始于寅初,经寅半至寅终,色由黑而青)。这样,三统就与五色赤(火)、黄(土)、白(金)、黑(水)、青(木)成龙配套,另成一个与三统相联系的五行相生系统,当然其中有着与董生三统相似的神秘性质。可是其《世经》就是在这样的基础上建立起来的。

在《世经》序中,刘歆引据《左传》昭公十七年郯子朝鲁自言其祖少昊时所说,推出"少昊受黄帝,黄帝受炎帝,炎帝受共工,共工受太昊"。又"稽之于《易》,炮牺(即庖牺、伏羲)、神农、黄帝相继之世可知"。② 于是就列出了这样与五行相生次序一致的历史系谱:太昊帝(炮牺氏)首出,以木德王(东方甲乙木,为五行相生之首);木生火,炎帝③继之以火德王(共工虽在太昊帝与炎帝之间,然因其以水德王,失去了正统的规范,故仅为闰统,

---

① 关于此一太极上元是否有实际意义,张培瑜等先生在《中国古代历法》中表达了明确的质疑,而认为实际有用的上元年数是 143127,见此书第 294—297 页。
② 《汉书》,第 4 册,第 1011 页。
③ 刘歆以《左传》之说与《易系辞》之说相应合,以为炎帝即神农氏,此与《史记》之说不合。前人已有辨析,于此不赘。

无历史的合理性);火生土,黄帝继之以土德王;土生金,少昊帝继之以金德王;金生水,颛顼帝继之以水德王;水生木,帝喾继之以木德王;木生火,唐帝(即尧)继之以火德王;火生土,虞帝继之以土德王;土生金,伯禹(夏)继之以金德王;金生水,成汤(商)继之以水德王;水生木,武王继之以木德王;木生火,汉高祖继之以火德王(秦虽在周、汉之间,但因其以水德王,故与共工同为闰统,亦无历史合理性)。① 刘歆以秦为闰统,也有其历法上之根据。按三统历仅承认夏商周三代之历法合理性,即周以十一月(建子,一般为冬至所在月)为岁首,商以十二月(建丑)为岁首,夏以正月(建寅,一般为立春所在之月)为岁首,因为冬至点实为一个天文年之起点,而立春则为一个农事年之起点。秦以十月(建亥)为岁首,于理难通。当然,由刘向、歆父子所创始而由班氏《汉书》所发挥的秦为闰统说,其要点更在于用重新排列历史连续之合理的系列的方法来进一步论证汉代政权的正统性。过去以周为火德王,从五行相克说,水克火,秦代周而为水德王。汉初在此问题上犹豫不定,武帝太初元年"夏五月,正历,以正月为岁首。色上黄,数用五,定官名,协音律"②。所以在定太初历的时候,武帝正式确定的还是以汉之土德代秦之水德(以土克水)。而《汉书·律历志》则改从五行相生说,在重新安排的历史序列中,将汉定为以火德王,从而与上古的唐尧的火德相一致,以印证汉为尧后之说。《汉书·高帝纪赞》引《左传》(文公二十三年)所记蔡墨之言为据,从而为布衣出身的

---

① 《汉书》,第4册,第1011—1023页。
② 《汉书》,第1册,第199页。

刘邦找出了高贵的家世脉络,"由是推之,汉承尧运,德祚已盛,断蛇著符,旗帜上赤,协于火德,自然之应,得天统矣"。① 当然,刘歆构造这一套五行相生体系看来似乎为了说明汉朝乃应运而生,其实他也是在为王莽篡位做着意识形态之准备。王莽自称为虞舜之后,唐尧禅让与虞舜,汉亦自应禅让与王莽。《汉书·王莽传》记,莽篡位后即宣布以土德王,"服色配德上黄"②,即为实据。班固之立场则与刘歆迥异。固父班彪(叔皮)年二十时逢王莽失败、光武帝新即位尚未完成统一大业之前,即作《王命论》以谴责割据势力而拥护光武之复兴。③ 班固之所以取刘歆之说,正在于论证东汉中兴之合理性。

班固之所以将《律历志》列于《汉书》十志之首,是为了给其他志提供理论前提,从而使十志形成一个文化通史的有机整体。

四、结语

以上,对于作为断代史的《汉书》的通史精神,作了历史事实的梳理与讨论,最后,再从理论层面来做一些思考。

第一,《汉书》是一部断代史,这是无疑的。那么,作为断代史是否必须具有通史精神呢?顾名思义,断代史本身既为断代而非通史,那么通史精神就并非其题中必有之义。的确,我们见到过许多并不具有通史精神的断代史,如古代希腊著名的希罗

---

① 《汉书》,第1册,第81—82页。
② 《汉书》,第12册,第4095页。
③ 同上书,第4207—4212页。

多德的《历史》(核心部分为希腊波斯战争)、修昔底德的《伯罗奔尼撒战争史》等,这些都是断代史中的经典作品。这一类的史书,就其积极方面而言,是以当时人的精神表述当时之史,因此能使读者阅读时体验到当时之人、之事的活生生的场景。这也就是德国哲学家黑格尔所谓的"原始的历史"。[①] 就其消极方面而言,正如英国史学家柯林武德在其《历史的观念》一书中所言,具有三种局限性[②],而且具有实质主义的特点。[③] 按实质主义在性质上是与历史主义相反的。

第二,通史精神对于断代史而言,既非必要条件,那么它对断代史而言是否有可能呢?上文已经就作为断代史的《汉书》之富有通史精神做了历史事实的证明,此处不需重复。现在有待说明的是,由于什么条件,作为断代史才具备了通史精神的可能。关于这个问题,首先要考虑的是,《汉书》是在何种意义上被定义为断代史的?必须说明,《汉书》之作为断代史是从政治史的角度定义的。从这个角度看,《汉书》规规矩矩,只记西汉一代王朝之事。可是,《汉书》其实是作为中国古代文明史的一段,即西汉一段而呈现的;而且它是把西汉一朝的政治史当作文明史的一个有机部分来呈现的。一个王朝,有头有尾,而作为其存在载体的文明,则是绵延不断的。《汉书》与《历史》《伯罗奔尼撒战争史》之以两场战争为聚焦点不同,它要呈现的是西汉

---

① 黑格尔:《历史哲学》,王造时译,北京:三联书店1956年版,第39—42页。
② 〔英〕柯林武德:《历史的观念》,何兆武、张文杰译,北京:中国社会科学出版社1986年版,第29—31页。
③ 同上书,第43—51页。

时期文明的有机构成,政治史只是其划段标志而已。

第三,《汉书》既然具有通史精神,那么,它是否也反映那个时代的精神呢？关于这个问题,答案显然是肯定的。许多史学专家已经在这方面有了若干有价值的论著,如陈其泰教授所撰之《"过秦"和"宣汉"》①,因此这里可以不赘。上文中提到《汉书·叙传》末段文字那种纵贯古今、旁罗万象的精神,以及《汉书》诸表、志中的纵贯古今、旁罗万象的论述,就恰好是汉代那个时代精神的反映。

《庄子·天运》中有一段关于老子对子贡施教的寓言,说到从黄帝到禹的政治民风的变化(在道家看来当然是退化),指出其原因就是"人自为种,而天下耳"。郭象对这段话作了一条注,其中有云"承百代之流而会乎当今之变"。②"承百代之流而会乎当今之变",这就是通史精神与时代精神相契合的生动解说,《汉书》可谓有之。正是凭借时代精神与通史精神的有机结合,《汉书》为中国历史与史学的连续性传统的形成做出了其历史性的贡献。

(原载《北京师范大学学报》2012 年第 3 期)

---

① 载《史学史研究》,1990 年第 2 期。
② 郭庆藩:《庄子集释》,见《诸子集成》第 3 册,北京:中华书局 2004 年版,第 232—233 页。

论汉代春秋公羊学的大一统思想

早在先秦时期,中国就有了"天下一家"思想的悠久传统。这种思想到战国尤其是汉朝时期,更进一步发展为系统的大一统思想。《春秋公羊传》是表述这种思想的一部著作。此书在战国时期就以口授的方式在学者间师生相传,至汉景帝时始著于竹帛。汉武帝时的春秋公羊学大师董仲舒作《春秋繁露》,对公羊学的大一统思想作了系统的阐述。至东汉末,何休作《春秋公羊经传解诂》,把公羊学的大一统思想发展成一套具有历史哲学的特点的理论体系。本文所要论述的范围就是这三部书的大一统思想的内容以及其间的发展。

一、《公羊传》中的"大一统"思想

《春秋》开篇云:"隐公元年,春,王正月。"《左传》云:"元年,春,王周正月。"只是说明,所谓"王正月"就是周王朝所采用的历法的正月,即周正。所以只是说明一下事实。《谷梁传》云:"虽无事,必举正月,谨始也。"这就连经文中"正月"前面的"王"字都未作解释。唯独《公羊传》作了细致的解释,云:"元年者何?君之始年也。春者何?岁之始也。王者孰谓?谓文王也。曷为先言王而后言正月？王正月也。何言乎王正月？大一统也。"对于这一段《公羊传》，董、何二家皆有解说；不过，他们的解说包含了他们各自的天人学说。这可以说是他们对于传文的解释，也可以说其中已经包括了他们的发展。所以，关于他们的解释，以下论及他们的思想时再说，这里直接谈我个人对于传文的理解。为了尽可能减少个人先见（Prejudice 或 Vorurteil）中不应有的主观成分，这里将尽量采用汉代人的训诂成说。首先，关于"大一统"的"大"，在这里不是形容词，而是动词。按《公羊传》文例，凡言"大"什么者，都是以什么为重大的意思。如隐公七年传中两次言"大之也"，都是"以此为大事"的意思。又例如《荀子·性恶》"大齐信焉而轻财货"，杨注云："大，重也。"这里的"大"作为动词既与"轻"相对举，解为"重"自然是毫无疑问的。所以，这里传文"大一统也"，意思是说，所以书为"王正月"，是因为以"一统"为重为大的缘故。至于"一统"，看来已经非常明白而无须解说；不过，我以为如果了解一下汉人的解诂，那么就可以把其真意弄得更确切、更清楚一些。汉儒许慎作《说文解字》，其中对"统"的解释是："统，纪也。"段玉裁注云："《淮南·泰族训》曰：茧之性为丝。然非得女工煮以热汤，而抽其统纪，则不能成丝。按此其本义也。引申为凡纲纪之称。……《公羊传》大一统也。何注：统，始也。"《说文》云："纪，别丝也。"段注云："别丝，各本作丝别。《棫朴》正义引：纪，别丝也。又云：纪者，别理丝缕。今依以正。别丝者，一丝必有其首，别之是为纪；众丝皆得其首，是为统。统与纪，义互相足也，故许不析言之。"这就是说，纪是一根丝的头，找到丝头，这根丝就能理好；统是许多根丝的头，把这许多根丝的头抓到一起，这一团丝也就能理出头绪来了。所以，如果就其为"头"的词义来说，"统"和"纪"可以无别；但是析而言之，只有"统"才有一的问题，而纪则不存在这个问题，因为它本身就是一。所以，这个"一统"不是化多（多不复存在）为一，而是合多（多仍旧在）为一；它可作为动词（相当于英文之 to unite），也可作为名词（相当于英文之 Unity），就此而言，词义的重心在"一"。但此"一"又非简单地合多为一，而是要从"头"、从始或从根就合多为一。只有看出这后一点意思，才确切地把握了《公羊传》的"一统"的本义。而这样的"一统"，要从西文里找出与之完全相对应的词，看来就很困难了。（按西文中的"一统"，如 Unity, die Einheit 等等，其词根皆源于"一"，而与"统"略无关系。）中国人的"一统"观念，自有其历史的特色，是非常值得我们研究的。

《公羊传》为什么把"王正月"和"大一统"联系在一起呢？因为，在春秋时期，各诸侯国的历法实际并不一致；例如《左传》记晋国事，常用夏历（以现在农历的正月为岁首，故今农历亦称夏历），说明晋在当时采用夏历，与周历（以今农历十一月，即冬至所在月为岁首）不同。当时有夏、商（以今农历十二月为岁首）、周三正说，可见所用非皆周历。可是，诸侯既以周为天子，自然在理论上该用周历。《春秋》原本为鲁史，鲁用周历，故《春秋》也用周正，称"王正月。"《公羊传》据此发挥《春秋》大义，以为书"王正月"就是奉周王之"统"或"正朔"；各国都奉周之统，于是"统"就为"一"。所以，书"王正月"就是要强调"一统"的重要性。

《公羊传》从"王正月"这一尚无具体历史内容的计时方法上就看出了《春秋》的大一统思想。当然，这一思想在其论述具体历史事件中也是必然有所表现的。兹举例论述如下：

例如，在《公羊传》所论及的春秋时期，周王朝已经日趋衰落，诸侯势力日增；因而诸侯各行其是，天子已经无力过问。这正是不一统的现象。《公羊传》既然要"大一统"，它就不能不对诸侯独断专行的现象加以批评。桓公元年《春秋》记："三月，公会郑伯于垂，郑伯以"璧假许田"。《公羊传》（以下引此传解经文皆简作《传》）云："其言以璧假之何？为恭也。曷为为恭？有天子存，则诸侯不得专地也。许田者何？鲁朝宿之邑也。诸侯时朝乎天子，天子之郊，诸侯皆有朝宿之邑焉。此鲁朝宿之邑也，则曷为谓之许田？讳取周田也。讳取周田，则曷为谓之许田？系之许也。曷为系之许？近许也。此邑也，其称田何？田多邑少称田，邑多田少称邑。"按这里对经文的事实说明与《左传》有所出入，但在一个基本点上是无可怀疑的，即鲁国把由周天子授予并在朝周时居住的近许之土地擅自转让给了郑国。上面还有周天子在，诸侯竟自交易土地，这当然是有损大一统的行为。因此，《公羊传》不与"诸侯专地"。

又例如，僖公元年《春秋》记："齐师、宋师、曹师次于聂北，救邢。夏六月，邢迁于夷仪，齐师、宋师、曹师城邢。"《传》云："救邢，救不言次，此其言次何？不及事也。不及事者何？邢已亡矣，孰亡之？盖狄灭之。曷为不言狄灭之？为（齐）桓公讳也。曷为为桓公讳？上无天子，下无方伯，天下诸侯有相灭亡者，桓公不能救，则桓公耻之。曷为先言次而后言救？君也。君则其称师何？不与诸侯专封也。曷为不与？实与而文不与。文曷为不与？诸侯之义不得专封也。诸侯之义不得专封，则其曰实与之何？上无天子，下无方伯，天下诸侯有相灭亡者，力能救之,则救之可也。"狄人灭邢,齐桓公率齐、宋、曹三国之师救之不及,但是把溃败的邢人迁于夷仪,帮他们筑城复国。按筑城立国就是"封",而封诸侯本是天子的权力,齐桓公作为诸侯是无权"专封"的。所以,尽管他作了救邢的好事,《传》对他仍然是只"实与"而"文不与"。为什么呢?因为齐桓公存亡国固然有功,但是他终究还是违背了诸侯不得专封的原则;要"大一统",在文辞上就不能不批评他。《公羊传》中不与诸侯专封的事例不少,如僖公二年、僖公十四年、襄公元年、昭公四年、昭公十三年皆有类似文例。

又例如,《春秋》宣公十一年记:"冬十月,楚人杀陈夏征舒。"《传》云:"此楚子也,其称人何?贬。曷为贬?不与外讨也。不与外讨者,因其讨乎外而不与也。虽内讨,亦不与也。曷为不与?实与而文不与。文曷为不与?诸侯之义,不得专讨也。诸侯之义不得专讨,则其曰实与之何?上无天子,下无方伯,天下诸侯有为无道者,臣弑君,子弑父,力能讨之,则讨之可也。"陈国的夏征舒杀了其君陈灵公,楚庄王出兵伐陈,杀夏征舒。这本是讨杀君的罪人,按《春秋》之义是正当行为。可是,楚庄王不是陈国人,就算是"外讨";诸侯越境外讨,这就是做了天子才能做的事。因此不能允许。那么本国人就可以任意讨杀罪人了?如果不报告天子就动手,那就算是"专讨",仍然是不能允许的。

以上所说不与诸侯"专地""专封""专讨",都是《公羊传》特有之义,为《左传》及《谷梁传》所无。(《谷梁传》桓公元年虽有"礼,天子在上,诸侯不得以地相与也"之文,但不像《公羊》明标为例。所以,那只是个别地方接受了《公羊传》的见解。)《左传》与《谷梁传》对于隐公元年"春王正月"未有"大一统"的解说,独《公羊传》有之。这与其不与诸侯专地、专封、专讨是精神一致的。为什么这样说呢？齐桓、楚庄等人或救亡存灭,或讨杀杀君之人,这本来是合乎《春秋》之"义"的,但是仍然只能实与而文不与。为什么呢？因为还有一条更重、更大的"义",就是诸侯不得独断专行("专"),不得有违"一统"之"义"。唯其"一统"之"义"重于、大于其他诸义,所以这才叫作"大""一统",也就是以"一统"为大。

关于《公羊传》的"大一统"的思想,以上已经作了解析和讨论。那么,《公羊传》的"大一统"思想是否就是《春秋》经本有之义呢？当然,有人是把公羊家的"大一统"之说看作骗人的鬼话的。不过,我以为,如果说《公羊传》的全部"大一统"说都直接来自《春秋》,那未免失之于凿;但是,不能说《公羊传》的大一统思想与《春秋》没有渊源关系。正如司马迁在《史记·孔子世家》中所指出,"吴、楚之君自称王,而《春秋》贬之曰子;践土之会实召周天子,而《春秋》讳之曰天王狩于河阳"。这就是《春秋》尊王的大一统思想的表现。至于《春秋》的这种思想与孔子是否有关,这也不能作断然否定的答案。相反,《论语·季氏》记孔子曰:"天下有道,则礼乐征伐自天子出;天下无道,则礼乐征伐子诸侯出。"应该说这正是《公羊传》不与诸侯"专地""专封""专讨"的思想源所自出。所以,可以说《公羊传》的大一统思想虽然未必就等于《春秋》的同类思想,但它总是《春秋》中一统思想的发展。

二、董仲舒天人合一体系中的大一统思想

如上所述,《公羊传》是从"王正月"说到"大一统"的。董仲舒也由此说到一统,但内容有所拓展。《春秋繁露(以下简作繁露)·三代改制质文》云:"《春秋》曰:'王正月',《传》曰:'王者孰谓?谓文王也。曷为先言王而后言正月?王正月也。'何以谓之王正月?曰:王者必受命而后王。王者必改正朔,易服色,制礼乐,一统于天下。所以明易姓,非继人,通以己受之于天也。王者受命而王,制此月以应变,故作科以奉天地,故谓之王正月也。"《公羊传》从"王正月"直接就到了"大一统,其间未涉及天命";而董生则以为,"王正月"是王者受天命必改正朔以应变、以奉天地的结果。所以改正朔"一统于天下"者,不仅是天子与臣民的关系,而且首先是天子与天的(受天命)的关系。这样,董生就把公羊家的一统说纳入了他的天人合一的思想体系。

董生既然要把一统说置于天人合一体系之中,他就不可能止步于其上述的对于"王正月"的解说上。于是,他又追溯到"王正月"以上的"元年"的"元",通过对此字的解说来进一步阐发其天人合一说及在此体系中的大一统思想。为什么第一年不叫一年而叫元年呢?《繁露·玉英》曰:"谓一元者,大始也。"为什么改称一为称元就算是以"始"为大了呢?他在《繁露·重政》中说:"惟圣人能属万物于一,而系之元也;终不及本所从来而承之,不能遂其功。是以《春秋》变一谓之元,元犹原也,其义以随天地终始也。故人惟有终始也,而生不必应四时之变,故元

者为万物之本,而人之元在焉。安在乎?乃在于天地之前。故人虽生天气及奉天气者,不得与天元本、天元命而共违其所为也。"对于这一段文字,前人理解颇有分歧。或如俞樾在其《诸子平议》中所主张,以为人之元"乃在乎天地之前"意不可解,其中实有衍文;他以为不当有"乃在乎"三字,而应以"安在乎天地之前"为句。俞氏以为人之"元"不可能在于天地之前。或如苏舆在其《春秋繁露义证·玉英》篇注①,恕不备引。不过,这一段话对于理解董生天人合一的一统说极为重要,因此不能不从这一方面稍作说明。

按董生此说乃专为解《春秋》经文首字"元"而发。在他看来,孔子作《春秋》,字字皆无虚置。所以,既然以"元"字开篇,其中就必有深意。意在何处呢?这个"元"既是纪年之始,又是经文之始,还是万物之始。他认为,圣人变一为元,乃是为了追本溯源至最初的源头。为什么呢?因为万物虽属分殊,但溯至初源乃归于一。当然,这个一不是具体的一,而是抽象的一或大一,为了区别于具体的一,乃改称为元。他曾对汉武帝说:"一者万物之始也,元者辞之所谓大也。"(《汉书·董仲舒传》对策一)所以这个"元",既近似于老子的道,又近似于古希腊毕达戈拉斯派的"一元"(monados)。此"一"既是在时间中作为序数的一(第一),又是在空间中作为基数的一(单一或独一);也可以说这就是"一"与"统"的先天的结合,或者说就是"一统"的形而

---

① 苏氏取钱塘之说以为此段文字当属《玉英》中所主张,以为原文无误,"元"自应在天地之前。我以为苏说为长。苏说具见于其注(见中华书局钟哲校点本第68—70页)。

上学的根源。因此,它作为初本(近于古希腊的 archi,即"始基")之"元",既是天地之原,也是人之原。看来这个"元"似乎非常虚玄而不切于实用,可是它在董生的天人合一体系中却是必不可少的大前提。《繁露》一书多处谈天人合一,天与人为什么又怎能够合一呢?关键就在于天人同"元"。此书中又一再说到人能与天地"参",人为什么又怎能够与天地参呢?其关键仍在于天人同"元"。作为天人共同之"元",当然它既在人之前,又在天地之前。唯其如此,"故人虽生天气及奉天气者,不得与天元本、天元命而共违其所为(即共同的'元')也"。不过,董生的天人合一体系理论又有不同层次之分。相对于最高层次的"元"来说,天与人属于同一层次。如果下降到天人关系的这个层次,董生又以为"人之(为?)人本于天",(《繁露·为人者天》)"天地者万物之祖"。(《繁露·顺命》)所以天人之间并不平等,而是人从于天。如果再从天人关系层次降到人与人的关系层次,董生则以为"君者民之心也,民者君之体也"。(《繁露·为人者天》)所以君处于支配地位,民处于被支配地位。他在"深察君号之大意"时甚至说:"君者元也,……是故君意不比于元,则动而失本。"(《繁露·深察名号》)当然,这里所说"君者元也"只是说君之意相对于民来说可以"比于元",而非说君就等于元。所以君与民虽同样是人,但地位仍不平等。所以他说:"《春秋》之法,以人随君,以君随天。"(《繁露·玉杯》)董仲舒的这种等级系统开始于"元",而其终极目的则在于化大行、天下一。《繁露·二端》云:"是故《春秋》之道,以元之深正天之端,以天之端正王之政,以王之政正诸侯之即位,以诸侯之即位正境内之治。五者具正,而化大行。"化大行则天下之统一矣。这就是董生要把他的天人合一体系中的一统说溯源于"元"的理论缘由。当然，这种说法只不过是他的一种理论上的虚构。早在孔子以前的青铜器铭文上就有了把第一年称为元年的先例，可见元字本身并没有那么多深文大意。在这里我们只是就董生之文而论其思想，并无信其说为历史之真的意思。

董生把他的一统说上溯到"元"，那只是为了在理论上求得一种彻底性。他说："故春正月者，承天地之所为也，继天之所为而终之也。其道相与共功持业，安容言乃天地之元？天地之元奚为于此、恶施于人？大其贯承意之理矣。"(《繁露·重政》)所以，谈"元"只是"大其贯承意之理"，而人间的正月仍然是直接按"天之所为"(即地球绕日而引起的一年四季现象)来确定的，并不直接与天之"元"有关。因此，要说天人合一的一统，直接地仍然要从"春正月"说起。为什么这样说呢？因为一年有四季，以春季为首。春季又有三个月，以正月为春季之首。可是，以这三个月中的哪一个月为春正月呢？在中国古代曾有三正之说。那就是，周以建子之月(冬至所在月、今农历十一月)为正月，商以建丑之月(今农历十二月)为正月，夏以建寅之月(立春所在之月、今农历一月)为正月。古人看到冬至之日最短，以为这应当是一年之末；此日之后天渐变长，便以为新岁之春已经开始。这种看法并非没有天文上的根据，可是就是与实际气候条件不合。冬至过后，不仅没有转暖，而且更加严寒。这就使得古人不得不把岁首逐渐往后推延。以冬至所在月为岁首，是周正；往后推一个月，就是商正；再往后推一个月，就是夏正。推到夏正，正好符合天时气候，所以就不能再往后推了。因此，三正就有了子、丑、寅三个月。"天之所为"既然可以有三正，那么又怎么能成一统呢？于是董仲舒又推衍出一套通三统为一统的说法。

董生的"三统"说源出于古代的"三代"观念。当周王朝取代商王朝以后，周人在多篇文告中都曾表示，周之代商犹之乎过去商之代夏；从而正式地承认在周以前有过夏、商两个王朝。这些皆见于《尚书·周书》，亦见于《诗经》的不少篇章，在此无须细说。到了春秋时期，就有了以夏、商、周为"三代"的说法，这也见于孔子的言论中，如"斯民也，三代之所以直道而行也"。（《论语·卫灵公》）三代是在历史的进程中递嬗的，董生的三统也是在历史中流变的。在《繁露·三代改制质文》中，他结合历法、天象、物候推衍出一整套三统论。他以夏为"黑统"，以商为"白统"，以周为"赤统"。其说为："三正以黑统初。正日月朔于营室，斗建寅。天统气始通化物，物见萌达，其色黑。故朝正服黑，首服藻黑，……亲赤统，故曰分平明，平明朝正。正白统奈何？曰：正白统者，历正日月朔于虚，斗建丑。天统气始蜕化物，物始芽，其色白。故朝正服白，首服藻白，……亲黑统，故曰分鸣晨，鸣晨朝正。正赤统奈何？曰：正赤统者，历正日月朔于牵牛，斗建子。天统气始施化物，物始动，其色赤。故朝正服赤，首服藻赤……亲白统，故日分夜半，夜半朝正。"继赤统者又为黑统，三统重新循环下去。三统是循环的，在三统体系中运行的王朝系列却不是循环的，而是不断代谢的。周为赤统，代周者为黑统，这是循环的；但是，前面的黑统代表者夏王朝不仅没有循环回来，而且要在历史流程中被绌下去。董生于同篇文章中说："《春秋》上绌夏，下存周，以《春秋》当新王。《春秋》当新王者奈何？曰：王者之法，必正号。绌王谓之帝，封其后以小国，使奉祀之。下存二王之后以大国,使服其服,行其礼乐,称客而朝。故同时称帝者五,称王者三,(请注意,这里的"称"只是说有其称号,而不是真正地同时为帝、为王。)所以昭五端、通三统也。是故周人之王,尚推神农为九皇,而改号轩辕谓之黄帝,因存帝颛顼、帝喾、帝尧之帝号,绌虞而号舜曰帝舜,录五帝以小国。下存禹之后于杞,存汤之后于宋,以方百里,爵号公;皆使服其服,行其礼乐,称先王客而朝。《春秋》作新王之事,变周之制,当正黑统。而殷、周为王者之后,绌夏改号禹谓之帝,录其后以小国,故曰绌夏,存周,以《春秋》当新王。不以杞侯,弗同王者之后也。"那么这种三统说与一统又是什么样的关系呢?这里有两点值得注意:第一,三正虽然在历史上曾经同时并存,但三统则一个接替一个;虽同时有"三王"之称,但其中必有两者是先王,而真正的王同时期中则只有一个。因此,经过三统说的规范,在任何一个时期里三正中只有一正是一统之正,三王中只有一王是正统之王。例如,在周代,尽管三正并存,但只有周之正月为王正月,虽有三王之说,而夏、商之后皆为先王客,真正之王只有周王。因而虽有三统,而实成一统。第二,同一时期只有一个王正月,只有一个天子,这本来只有空间中的一体性;可是,经过了三统说的规范,这种空间中的一体性又具有了时间中的连续性。当董生把一统说从"王正月"追溯到"元"的时候,他已经注意到了"一统"在时间与空间中的统一性;三统说兼容了"一统"在时间中的连续性与在空间中的一体性,所以正是他的"元"一统说的继续和发展。值得我们深深注意的是,这种冶空间中的一体性与时间中的连续性于一炉的大一统思想,也正是中国思想传统中的一大特点,为其他国家和地区的历史中所罕见。这样的有经有纬的大一统思想对于中国历史发展的影响也是至关重大的。而董仲舒的看来颇具神秘色彩的天人合一体系中的三统说,却曲折地把这种大一统的观念表述出来了。

以上着重论述董生一统说的思想体系,所以说得比较抽象。但是,这不等于说他没有比较具体的主张一统的言论。他对《公羊传》中不与诸侯专地、专封、专讨之义也是有所阐述的,因与上节所述多有雷同,此处故不赘述。同时,他的大一统说是维护君主专制制度的,他的此类言论甚多,人们不难从《繁露》书中或其"天人三策"中看出,这里也不用多说。当然,他的一统思想既有拥护王权的一面,又有主张行德政的一面。在某种程度上,他也认为德是维系一统的重要条件。他主张,爱必远推,"远而愈贤、近而愈不肖者,爱也。故王者爱及四夷,霸者爱及诸侯,安者爱及封内,危者爱及旁侧,亡者爱及独身。独身者,虽立天子诸侯之位,一夫之人耳,无臣民之用矣。"(《繁露·仁义法》)所以,必有德能爱及四夷,方能成为胜任一统的王者;君之德不足以至无德,其处境必每下愈况,以至于灭亡。董生的这种思想,所依循的仍然是儒家(如孟子)一统思想的传统。

三、何休的"三科九旨"与"大一统"

何休在解释"元年"的"元"字上与董仲舒不同。董生解之为"始"与"大",即既为时间上的第一又为空间中的独一的抽象的大一。何休则以为,"变一为元,元者气也。无形以起,有形以分,造起天地,天地之始也。故上无所系,而使春系之也"。所以,董生所见的"元"是作为序数的一与作为基数的一的逻辑的统一,而何休所见的"元"则是先于天地的元气及其"造起天地"的运作;前者的思维方法具有思辨的特色,而后者的思维方法则具有历史的特色。何休解释《传》文"大一统"说:"统者始也,总系之辞。夫王者始受命,改制布政,施教于天下,自公侯至于庶人,自山川至于草木昆虫,莫不一一系于正月,故云政教之始。"他的"大一统"说的基础,同《公羊传》本身一样,仍然建立在王正月的统一上。所以,他的"一统"说的理论起点,比起董仲舒的从"元"开始来说,是后退了一步。何休的"一统"说的卓越之处在于,他把此说与他的"三科九旨"体系紧密地联系起来。

《公羊传》徐彦疏引何休《文谥例》云:'三科九旨者:新周、故宋、以《春秋》当新王',此一科三旨也。又云,"'所见异辞,所闻异辞,所传闻异辞',二科六旨也"。又"'内其国而外诸夏,内诸夏而外夷狄',是三科九旨也。"我以为,何休的"大一统"说即寓于此"三科九旨"之中,应该加以充分说明。可是,清末今文经学家皮锡瑞于其《经学通论·春秋》之部的"论存三统明见于董子书,并不始于何休"条说:"三科之义,已见董子之书。"因此,如果不先辨明何、董在这方面的异同,那么何休的贡献是无法说明的。兹请先论何、董之异同。

皮氏引《繁露·楚庄王》篇云:"《春秋》分十二世以为三等,有见,有闻,有传闻。有见三世,有闻四世,有传闻五世。故哀、定、昭,君子之所见也。襄、成、文、宣,君子之所闻也。僖、闵、庄、桓、隐,君子之所传闻也。所见六十一年,所闻八十五年,所传闻九十六年。"皮氏论断云,"此张三世之义。"按以上引文乃董生对于隐公元年《传》"所见异辞,所闻异辞,所传闻异辞"的解说,皮氏所引以下还有:"于所见微其辞,于所闻痛其祸,于传闻杀其恩,与情俱也。"这是说孔子在作《春秋》时,因自己对于不同的三世有感情深浅的不同,所以在"书法"上也有所不同。何休对于此段《传》文以及桓公二年同样《传》文也有类似于董文的解说。同据《传》文本义作解说,其说法相似是很自然的,无所谓何源于董。更重要的是,董的解说在此与一统说毫无关系,而何另有说,为董说所未有,请待以下再作详论。皮氏又引《繁露·王道》篇云:"内其国而外诸夏,内诸夏而外夷狄,言自近者始也。"并论断云,"此异内外之义"。按董生此处所说实为成公十五年《传》文之节引。此年《传》云:"曷为殊会吴?外吴也。曷为外也?《春秋》内其国而外诸夏,内诸夏而外夷狄。王者欲一乎天下,曷为以外内之辞言之?① 言自近者始也。"董生引其文重在自近始,而未直接言及一统;而何休于此处之注则重在"大一统",与董有别。

又皮氏引《繁露·三代改制质文》篇云:"《春秋》应天作新王之事,时正黑统。王鲁,尚黑,绌夏,新周,故宋。……"并论断说,"此存三统之义"。按"存三统"之说在《公羊传》中并无直接的根据,故与"张三世""异内外"不同。宣公十六年《春秋》记:"夏,成周宣谢灾。"《传》云:"外灾不书,此何以书?新周也。"董、何皆由此而引申出"王鲁、新周、故宋"的"存三统"说,实为增字解经,根据不足。在这一点上,何休显然是受了董生的影响的。不过,董生是由其"三统"说而发挥出一大套如上所述的一统理论的,而何休的一统理论主要并非来自董生的

---

① 何休注云:据大一统。

"三统"说，却是发挥自董生所未充分论述的"张三世"与"异内外"以及二者的内在关系上。

这里我们可以考察一下何休的有关论述。在隐公元年《传》"所见异辞，所闻异辞，所传闻异辞"之下，何休注包括了两个部分。其前一部分，与董生之说基本相同，上文也说到了；其后一部分则为何休的独到之见，其文云："于所传闻之世，见治起于衰乱之中，用心尚粗觕；故内其国而外诸夏，先详内而后治外，录大略小，内小恶书，外小恶不书，大国有大夫，小国略称人，内离会书，外离会不书是也。于所闻之世，见治升平，内诸夏而外夷狄，书外离会，小国有大夫；……至所见之世，著治太平，夷狄进至于爵，天下远近大小若一，用心尤深而详。"这样，他就把"张三世"的三阶段和"异内外"的三阶段重合起来了。由于这一重合，何休的大一统说有了新的巨大发展。不过，在阐述他的大一统说以前，我们还必须考察一下它在事实上及在理论上是否有所根据。

人们通常都把《春秋》看作史书，《公羊传》解《春秋》自然也应在史书之列。可是，如果单从历史学的角度来看，那么何休对"张三世""异内外"的重合的确"其中多非常异义可怪之论"（何休《春秋公羊经传解诂序》中语）。何休把"所传闻世"看作衰乱世，把"所闻世"看作"升平世"，把"所见世"看作"太平世"，这就和春秋时期的历史情况不能相符。春秋时期的不少国家中都曾有过政权下逮的现象。由西周而东周，礼乐征伐由自天子出而下逮为自诸侯出，随后在若干国家中又下逮为自大夫出，在鲁还出现过陪臣执国命的趋势。孔子曾为此而发浩叹。与政权下逮相应的是各种矛盾的激化与战争的频繁。所以，到底是由衰乱而升平而太平呢？还是相反地越来越乱呢？到底是由西周而来的"封建"的一统日益瓦解呢？还是相反，由分裂逐步走向大一统呢？如果直接地观察历史，人们是会认为何休说于此的确是与历史事实背道而驰的。当然，何休本人也不是不知道这一点。他认为，他注《公羊传》并非为了叙史，而是为了解《传》并由解《传》以明经。在公羊家看来，《春秋》并不是史，而是经，是孔子借史以发挥其微言大义的经典之作。所以，《传》解《春秋》，有"名不与而实与"之类的名实背离之例；何休循着这一逻辑，就推导出了"《春秋》定、哀之间文致太平"的说法。（见定公六年"讥二名"注）这就真成了刘逢禄所说那样："鲁愈微而《春秋》之化益广"，"世愈乱而《春秋》之文益治"。（见《春秋公羊经何氏释例·张三世例》释）所以，在史学中实在非常异义可怪者，在经学中就不成其为问题了。历史上的公羊学家们从来也都是以分别经史来为自己的说法辩护的。

我们不是公羊学家，没有必要为公羊学辩护。不过，我们也不能把何休的思想当作发高热中的胡言乱语，简单地一嗤了之。我们需要的是，首先理清他的思路，然后再循其思路以析论其一统说的得失。

按何休的衰乱、升平、太平三世之说是从"所见异辞，所闻异辞，所传闻异辞"的《传》文引申而来的。这三句《传》文见于隐公元年、桓公二年以及哀公十四年，凡三次。第一次是解释公子益师卒为何不记日期，理由是"远也"。因为在所传闻世，时远恩浅，所以不记日期。第二次是解释鲁桓公与齐、陈、郑三国之君集会"以成宋乱"，鲁君协助成宋乱，这当然是大恶；按书法"内大恶讳"，本是不该记的，却记了。为什么呢？还是"远也"。

因为时远恩浅,所以不讳。第三次总述《春秋》笔法,不详论。这三句《传》文本是说鲁国内部的事的,与"异内外"的问题无关。可是,如果不消除内外之异,那么就不可能由分裂而走向一统,由衰乱而渐进于太平。所以何休又把"张三世"与"异内外"联系起来。为什么能这样联系呢?他从不同时期书法"异辞"这一点着眼,看出《经》《传》之文对不同时期的"内外"也是有"异辞"的。例如,隐公二年《春秋》记:"公会戎于潜。"何注云:"所传闻之世,外离会不书,书内离会者,《春秋》王鲁,明当先自详正,躬自厚而薄责于人,故略外也。"公羊家以为两国间的私会为离会,应该贬斥;但批评要从自己开始。所以在所传闻世只批评本国的内离会而不批评外国间的离会。那么,是否有例外呢?例如,桓公五年《春秋》记:"齐侯、郑伯如纪。"《传》曰:"外相如不书,此何以书?离,不言会。"何注云:"《春秋》始录内小恶,书内离会;略外小恶,不书外离会。至所闻世,著治升平,内诸夏而详录之,乃书外离会。嫌外离会常(陈立以为,字当作"当",可取)书,故变文见意,以别嫌明疑。"齐、郑之君离会于纪,在所传闻世,本不当书;这里书了,可是不书为会而书为"如",就是为避嫌疑。这样,他就从本国与诸夏的内外中看到了不同时期的"异辞"。又如,成公十五年《春秋》:"冬,十一月,叔孙侨如会晋士燮、齐高无咎、宋华元、卫孙林父、郑公子䲭、邾娄人,会吴于钟离。"《传》云:"曷为殊会吴?外吴也。曷为外也?《春秋》内其国而外诸夏,内诸夏而外夷狄。"何注云:"吴似夷狄差醇,而适见于可殊之世,故独殊吴。"如果吴在《春秋》的所传闻世出现,那时还外诸夏,就谈不到殊吴。吴恰好出现于传闻世,正是外夷狄的时候,所以就要殊了。这样,他就又从诸夏与夷狄的内外中看到了不同时期的"异辞"。不管他所说是否有牵强之处,但是他从经传文字中看出了时间中的先后阶段与空间中的内外层次之间的函数关系。这不能不说是一种特识,因为他把空间中的一统理解为时间中历史发展的趋势或结果。如果说董仲舒的通三统为一统的一统说中已经有了时间与空间中的两重因素的结合,那么其结合还是思辨的。何休却是把这种结合引进了历史的思考之中。

也许历史学家们会以为我陷入了何休的玄想圈套,而忘记了自己所学的历史。其实,在我看来,在何休的似乎极其违背历史的说法中,也很难说就没有任何一点历史的真实性。从表面上看,由西周而春秋,中国是在由统一走向分裂;而其实,春秋的分裂中正准备着更高一级统一的必要条件。这一点似乎是没有多大争议的。在春秋时期,由小邦而渐成为大国,甚至开始出现了郡县制最初萌芽。原来被视为夷狄的楚、吴等邦,这时也逐渐实现了华夏化;而原先自以为华夏的诸邦,在此过程中也大量地汲取了所谓夷狄的文化,在一定程度上也是夷狄化。至春秋时期之末,楚、吴诸邦与中原诸夏无复分别。这就是"夷狄进至于爵",以当时人对"天下"的眼界来说,说"天下远近大小若一",虽然夸大到了不合事实的程度,但也总不能说连一点影子都没有吧。所以,在何休的似乎荒唐的一统说中,实际是蕴含着孤明卓识的。

如果我们再作进一步的分析,那么就可以发现,何休的以"张三世"与"异内外"结合的大一统说,还有其深刻的儒家伦理、政治思想的内涵在。三世之别与内外之别,都在其所爱程度之别。儒家之仁爱自近而及远,推己以及人;三世与内外之差别,不过在一为时间之远近、一为空间之远近而已。所以,自儒家之仁学原则观之,二者自然是可以重合的。空间中的大一统如何才能在时间的进程中实现?不能靠武力或其他东西,而只能靠仁心与仁政之不断地外推。这是从伦理的角度说。从政治的角度说,儒家以为必正己方能正人。成公十五年《传》云:"王者欲一乎天下,曷为以外内言之?言自近者始也。"何注云:"明当先正京师,乃正诸夏;诸夏正,乃正夷狄。以渐治之。叶公问政于孔子,孔子曰:近者悦,远者来。季康子问政于孔子,孔子曰:政者,正也;子帅以正,孰敢不正。是也。"所以,何休的大一统说也就是儒家正己以正人的主张的不断外推。如此而已。

按照何休以上的一统说,能实现大一统的王者必须是能推己以及人、正己而正人的仁者。不如此,也就不能成为这种王者。因此,一统在历史中是不断发展的,而王者却不是万世一系的。甚至于尽管一统的起点通常是本国,然后由本国而诸夏,由诸夏而夷狄;但是,这一次序也不是绝对的。一个国家是夷还是夏,在《公羊传》及何休注中并非以血统来分辨的,而是要看它的实际行为。例如,昭公四年《春秋》记:"夏,楚子、蔡侯、陈侯、郑伯、许男、徐子、滕子、顿子、胡子、沈子、小邾娄子、宋世子佐、淮夷会于申。"何注云:"不殊淮夷者,楚子主会行义,故君子不殊其类。所以顺楚而病中国。"因为这一次会是为了合力讨齐逆臣庆封;诸夏不能讨而楚讨之,故顺楚而病中国。又例如,昭公十二年《春秋》记:"晋伐鲜虞。"何注云:"谓之晋者,中国以无义故,为夷狄所强。今楚行诈来陈、蔡,诸夏惧然去而与晋会于屈银。不因以大绥诸侯,先之以博爱,而先伐同姓,从亲亲起,欲以立威行霸。故狄之。"在一般情况下,楚为夷狄,晋为诸夏。

可是,当楚能行诸夏所不能行之义时,公羊家就顺楚而病中国;当晋不能绥诸夏而反伐同姓时,他们就以晋为夷狄了。总之,中国与夷狄并无截然的界限,其标准就是要看其行为合乎义与否。因此,何休的一统说并不以种族原则为依据,而是以儒家之义为取舍。这正是孟子所说的"不嗜杀人者能一之"思想的发挥。

因为能承担一统之责的不必是某国、某王,所以在统一发展的进程中可以有中心的转移,也可以有王朝的更替;中心变而一统之趋势不变。这其实也就是"三统"说所以必需的缘由。董仲舒对"通三统"说得很有创见,但是他未能将它与"张三世""异内外"结合起来。以上已经说到,何休把"张三世"和"异内外"结合起来从而将其大一统说发展到了一个比董仲舒更高的阶段。可是,现在我们又可以看到,何休实际上也将"通三统"和"张三世"及"异内外"结合起来了。

《公羊传》徐彦疏说何休"三科九旨"之意云:"何氏之意以为,三科九旨正是一物。若总言之,谓之三科;科者,段也。若析而言之,谓之九旨;旨者,意也。言三个科段之内,有此九种之意。"初读这一段话常不能解。因为能直接看到的是何休将"张三世"与"异内外"结合起来,而"通三统"则似乎与前二者无关。经过以上的论析,我们可以证实徐疏的这一段话是很有见识的。何休的大一统说之特点,正是将"三科九旨"结合为一来加以论述的;唯其如此,他的一统说比董仲舒又发展到了一个更高的阶段。

《春秋》公羊学是汉代经学中的重要一支,它在大一统学说的发展上的成绩是其他经学流派所不能比拟的。它把一统在空间中的拓展与在时间中的延续结合为一,并把一统的基本原因或前提理解为儒家的仁学的实行以及由之而来的不同族群的文化的趋同。这种思想对于中国历史上一统事业的发展是有其深度影响的。

(原载《史学理论研究》1993年第2期)

论何休《公羊解诂》的历史哲学*

历史哲学(philosophy of history)原是一个西方术语,按照目前学术界通行的用法,既可指关于过去发生的历史的哲学思考,也可指对历史研究的哲学思考,西方学者一般把前者叫作"思辨的历史哲学"(speculative philosophy of history),后者叫作"分析的或批判的历史哲学"(analytical or critical philosophy of history)[①];国内学术界一般倾向于称前者为历史理论,后者为史学理论。[②]本文大体在前一种意义上使用这个概念。不过,在这个意义上,学术界仍有两种不同的理解。一种是广义的,即关于历史发展的一般陈述或哲学思考;另一种是狭义的,即认为:历史哲学是指关于"历史遵循某种理性模式,为实现某种计划或受

---

* 本文合作者:蒋重跃、李景明。

① 参见 Paul Edwards, ed., *The Encyclopedia of Philosophy*, Volume 6 , Philosophy of History 条,作者德雷(W. H. Dray), Macmillan Publishing Co., Inc. and Free Press, New York, Collier Macmillan Publishers, London, 1972, p.247。又见〔英〕沃尔什:《历史哲学导论》,何兆武、张文杰译,南宁:广西师范大学出版社2001年版,第一章,第6—20页。

② 何兆武:《历史理论与史学理论——近现代西方史学著作选》编者序言,北京:商务印书馆1999年版,第1页。

某种普遍和必然规律所支配而发展"的整体观点,这种观念认为"人类历史朝着一个目标发展,这目标只能在历史之中并通过历史来实现","历史并非一系列的循环,而是朝着一个终极目标向前发展的过程"。① 本文是在后一种意义上使用这个概念。之所以这样做,是因为它可以比较鲜明地标示出研究对象的认识水平和特点。

就西方学术传统而言,古希腊具有实质主义倾向的思想家否认历史规律的存在②;中世纪的奥古斯丁(St. Augustine, 354—430)虽然承认历史规律,但却受非历史的目的论所支配③;维柯(Giambattista Vico, 1668—1744)认为历史是人类创造的、有规律、分阶段的社会进步过程,这种思想合乎狭义历史哲学概念的基本内涵,所以学术界一般认为,西方历史哲学始于维柯。④

何休在古代中国历史思想的发展历程中占有重要的地位,我们之所以要选用狭义的历史哲学概念,目的正是为了借重这个概念的内在构成,准确把握何休历史思想的理论特点和历史地位。

---

① Frederick Copleston, S. J., *A History of Philosophy*, Image Books, A Division of Doubleday & Company, INC. Garden City, New York, 1960, pp. 150-151.

② 〔英〕柯林武德:《历史的观念》,何兆武、张文杰译,北京:商务印书馆1997年版,第80页。

③ *The Encyclopedia of Philosophy*, Volume 6, Philosophy of History 条,第250—251页。

④ 柯林武德:《历史的观念》,第108—118页,译序17页。

一、"三世"说

何休(129—182),字邵公,东汉时城樊(今山东省济宁市东)人,为人质朴口讷,却雅有心思,精研六经,显名当世,应太傅陈蕃征辟,参与政事,后遭党锢之祸,闭门覃思十七年,完成《春秋公羊传解诂》(以下简称《公羊解诂》或《解诂》)。①《公羊解诂》是何休的代表作,也是集公羊学之大成的著作。书中何休通过注解《公羊传》,特别是通过对春秋242年的阶段分析,阐述了对历史的看法。

何休的思想直接表现为"三世"说,该说系将"三科九旨"运用于历史领域的理论成果。据徐彦《公羊注疏》引何休《春秋文谥例》云:

> 三科九旨者,新周、故宋、以《春秋》当新王,此一科三旨也。又云所见异辞,所闻异辞,所传闻异辞,二科六旨也。又内其国而外诸夏,内诸夏而外夷狄,是三科九旨也。②

公羊家以为",三科"是孔子作《春秋》遵循的"存三统""张三世""异内外"的三个原则;所谓"九旨",是指三个原则所包含的九个方面的要旨。其中"二科六旨""三科九旨"出自《公羊传》,"一科三旨"则是何休根据董仲舒"通三统"说提炼出来的。"三科九旨"是何休思想体系的基本框架,也是其历史理论的核

---

① 《后汉书·儒林列传》,北京:中华书局1965年版,第2582—2583页。
② 《春秋公羊传注疏》卷一,《十三经注疏》,北京:中华书局1980年版,下册,第195页。以下《十三经注疏》皆据此本,只记页数。

心内容。在"三科九旨"中"张三世"又居于核心地位,何休几乎把《春秋》的所有"书法"原则全部纳入三世说的框架之中加以说明。三世说最集中地体现了何休的历史理论。

1."三世"说

三世说系对《公羊传》二科六旨"所见异辞,所闻异辞,所传闻异辞"的阐发。

《公羊传》三次提到这句话。隐公元年:"公子益师卒。"《公羊传》解释说:"何以不日?远也。所见异辞,所闻异辞,所传闻异辞。"①桓公二年:"三月,公会齐侯、陈侯、郑伯于稷,以成宋乱。"《公羊传》说:"内大恶讳。此其目言之何?远也。所见异辞,所闻异辞,所传闻异辞。"②《公羊传》哀公十四年:"《春秋》何以始乎隐?祖之遗闻也。所见异辞,所闻异辞,所传闻异辞。"③认为,孔子作《春秋》,所记242年的历史可分为"所见"(指孔子亲自见到)、"所闻"(指孔子听说)和"所传闻"(指孔子听前人传述)三个时段,各个时段的史事记载有所谓"异辞"(措辞不同,或曰"书法"不同)。

西汉公羊学大师董仲舒发展了这个说法,把春秋十二公分置于三个时段,并统计了每一时段的具体时间,指出三个时段之所以"异辞"是根据时间远近、恩情薄厚决定的。④不过,他没有明确提出"三世"的概念,更没有说明三个时段在春秋历史上的

---

① 《春秋公羊传注疏》卷一,《十三经注疏》,第2200页。
② 《春秋公羊传注疏》卷四,《十三经注疏》,第2213页。
③ 《春秋公羊传注疏》卷二八,《十三经注疏》,第2353页。
④ 苏舆:《春秋繁露义证》卷一,钟哲点校,北京:中华书局1992年版,第9—10页。

地位,他所关心的还只是"异辞",并未涉及历史发展阶段问题。尽管如此,这些为何休三世说的提出,奠定了学术基础。

何休《公羊解诂》有多处论及三世说(见《公羊解诂》隐公元年、宣公十一年、昭公六年、昭公三十年、哀公十四年等),最有代表性的要数对隐公元年"所见异辞,所闻异辞,所传闻异辞"的阐释,现将全文迻录于下:

> 所见者,谓昭、定、哀,己与父时事也。所闻者,谓文、宣、成、襄,王父时事也。所传闻者,谓隐、桓、庄、闵、僖,高祖、曾祖时事也。异辞者,见恩有厚薄,义有深浅,时恩衰义缺,将以理人伦,序人类,因制治乱之法。故于所见之世,恩己与父之臣尤深,大夫卒,有罪无罪皆日录之,"丙申,季孙隐如卒"是也。于所闻之世,王父之臣恩少杀,大夫卒,无罪者日录,有罪者不日,略之,"叔孙得臣卒"是也。于所传闻之世,高祖、曾祖之臣恩浅,大夫卒,有罪无罪皆不日,略之也,"公子益师、无骇卒"是也。于所传闻之世,见治起于衰乱之中,用心尚粗觕,故内其国而外诸夏,先详内而后治外,录大略小,内小恶书,外小恶不书。大国有大夫,小国略称人;内离会书,外离会不书是也。于所闻之世,见治升平,内诸夏而外夷狄,书外离会,小国有大夫。宣十一年秋"晋侯会狄于攒函",襄二十三年"邾娄劓我来奔"是也。至所见之世,著治太平,夷狄进至于爵,天下远近小大若一,用心尤深而详,故崇仁义,讥二名。晋魏曼多,仲孙何忌是也。所以三世者,礼,为父母三年,为祖父母期,为曾祖父母齐衰三月。立爱自亲始,故《春秋》据哀录隐,上治祖祢,所以二

百四十二年者,取法十二公,天数备足,著治法式,又因周道始坏,绝于惠、隐之际。主所以卒大夫者,明君当隐痛之也。君敬臣则臣自重,君爱臣则臣自尽。公子者氏也,益师者名也,诸侯之子称公子,公子之子称公孙。①

由以上这番话可以看出何休的三世说对公羊学做出了重大贡献,特别是在历史思想上取得重要突破,具体可以归纳为以下几点:

第一,在董仲舒的基础上,把作为《春秋》书法的异辞问题,发展为纯粹的历史思考,将春秋242年的历史划分为"所传闻世""所闻世""所见世"三个阶段,并正式命名为"三世",并用"衰乱""升平""太平"来概括三世治乱的特点。

第二,详细说明了"三世"在统一局面、文明程度、国家以及"天下"治理等方面的不同。"衰乱"世尚处在"内其国而外诸夏"阶段,未能达到统一局面;升平世推进到"内诸夏而外夷狄"阶段,中原地区得到统一;到太平世则达到空前的"天下"统一(即"王者无外")的理想境界。特别需要指出的是:对于统一局面的推进,学者多从政治角度来谈,强调其所包含的"天下"统一于"天子"、种族关系平等和睦诸含义,其实它还有在"中国"文化、文明这种先进文化、文明方面达成统一的含义。公羊学划分"夷狄"与"诸夏"的标准是文明程度而不是种族或血缘关系亲疏,"外夷狄"是因为"夷狄"未能在礼乐文化与文明方面华夏化,"夷狄进至于爵"是因为"夷狄"已经在礼乐文化与文明

---

① (汉)何休注,(唐)徐彦疏,黄侃经文句读:《春秋公羊传注疏》,上海:上海古籍出版社1990年版,第18页。

方面华夏化,所谓"天下远近小大若一",是因为随着时代进步、文明程度提高,在先进的礼乐文化文明方面不论"诸夏"还是"夷狄"都没有区别了,达成了统一。由于"夷狄"在先进的华夏礼乐文化文明方面得到提升而达到平等的程度,"夷狄"与"诸夏"的差别消除,自然不必再"外夷狄"。

第三,通过对"三世"的描述,生动地表明"衰乱"世、"升平"世、"太平"世各自在历史中的地位,表明"三世"是三个不同而又前后递进的历史发展阶段,一世比一世治,一世比一世王化更普及,一世比一世道德境界更高,一世比一世统一趋势加强、民族融合程度更发展,从而使春秋242年的历史呈现为一种阶段性发展的进步过程。

第四,《公羊传》的"所见""所闻""所传闻"是从后向前不断外推的三个阶段,尚属于《春秋》书法范畴,体现了儒家仁爱的伦理层次。上述引文中前一段关于"异辞"的解说即属于这个范畴。而接下来三世说所描述的春秋242年历史,在时间上则是从前向后,即从"所传闻之世"开始,经"所闻之世"至"所见之世",是发展的、进步的;在空间上是由内向外,即从"内其国而外诸夏",经"内诸夏而外夷狄"直至"夷狄进至于爵,天下远近小大若一",时空合一,体现了向理想目标发展进步的趋势。

仔细分析,可以发现,何休三世说虽然以春秋史事作立论的凭依,可又不限于春秋时期,实际上是为人类历史提供了一个缩小了的模型。何休三世说的内容具有可放大性。比如,何休所谓的"天下远近小大若一"不但在春秋时期无法实现,就是在他本人生活的汉朝,也是达不到的,因为不要说汉朝内部尚未达到"远近若一",即使达到了,汉朝也还远算不上是"天下"。由此可见,何休在《春秋》中发现的这个历史模型是可以随着时间的变迁和空间眼界的扩大而不断展开的。

2. 理论上的悖论

何休把春秋242年看作由"衰乱"而"升平"而"太平"的过程,这与人们根据传统直观所见的历史事实不相符合,特别是断昭、定、哀三公时期为太平之世更令人不解。《论语·季氏》记载:"孔子曰:'天下有道,则礼乐征伐自天子出;天下无道,则礼乐征伐自诸侯出。自诸侯出,盖十世希不失矣;自大夫出,五世希不失矣。陪臣执国命,三世希不失矣。天下有道,则政不在大夫。天下有道,则庶人不议。'"又记载孔子评论鲁国说:"禄之去公室,五世矣。政逮于大夫,四世矣。故夫三桓之子孙微矣。"①孔子所描述的鲁国及他国的礼乐征伐自诸侯出、大夫出的现象是客观事实。依照孔子的说法,春秋不是越来越太平,而是越来越乱。因此刘逢禄《春秋公羊经何氏释例·张三世例》把这种现象概括为"世愈乱而《春秋》之文益治""鲁愈微而《春秋》之化益广"。② 何休自己也说:"《春秋》定、哀之间文致大平。"(《公羊解诂·定公六年》)③这样就给人一种《春秋》直接与历史相违戾的印象。因此公羊学的此类言论被认为背离历史,成了"非常异义可怪之论",也就是被认为是缺乏真实历史基础的奇谈怪论。我们认为,对于问题的观察不应该停留在这一点

---

① 刘宝楠:《论语正义》,《诸子集成》,上海:上海书店出版社1986年版,第354—356页。

② 刘逢禄:《春秋公羊经何氏释例》,《清经解》第7册,上海:上海书店1988年版,第371页。

③ 《春秋公羊传注疏》卷二五,《十三经注疏》,第2334页。

上,而应该对历史客观过程作进一步的分析,从而考察其中是否有在深层次上与何休三世说相应之处。

首先,孔子所说的政权由天子而诸侯而大夫逐级下移是事实,不过,是否足以说明春秋历史发展的总趋势是越来越乱、每况愈下了呢?看来问题不能简单地肯定或者否定。孔子是从"礼乐征伐"是否由"天子出"的角度提出问题的,自然会得出那样的结论。因为从夏商到西周,"天子"一直是"天下"一统与有序的象征,政权由天子而逐级下移自然意味着一统与有序被破坏,秩序越来越乱。孔子之说是有理由的。问题在于:单纯由此考察春秋历史,让人觉得历史到春秋时期就完全绝望了,可是历史显然并非如此。

从经济上看,春秋是大发展时期。考古发现表明,春秋时期不但青铜冶炼技术得到发展,而且发明了冶铁技术。由于铁器的使用,促进了经济的发展。正是与经济发展相应,不少诸侯国得以兴起。考古界对各诸侯国城市遗址所作勘探发掘的结果,就可以证明。①

从政治上看,春秋时期既是一种统一、秩序的解体,又是高一个层次的统一、秩序的开始。从周王室日趋衰微、周天子政令不行的现象来看,春秋确是在走向分裂。可是从由诸侯国林立逐渐走向战国七雄来看,从一些诸侯国开始实行郡县制度来看,政权又是从分散而走向集中。顾栋高《春秋大事表·春秋列国爵姓及存灭表序》已经看出,周王朝的衰落既是一种统一的解

---

① 参阅中国社会科学院考古研究所:《新中国的考古发现和研究》,北京:文物出版社1984年版,第334—339、270—278页。

体,同时又是为另一种更高层次的统一作准备,甚至是新的更高层次的一种统一的开始。将西周(实行分封制)在诸侯国林立基础上的统一与秦汉以来各王朝(实行郡县制)在中央集权制基础上的统一相比,不难看出前者的统一具有很大的表面性,在层次上低一级。

从族群交往、文化融合上看,春秋时期是一个有空前进展的阶段。楚国、吴国等已不再是"夷狄"。近年在楚国故地出土了许多器物和文献,说明春秋时期(特别是后期)的楚在掌握华夏文化、儒家文化方面达到较高水平。吴国的季札不但很熟悉中原各国的历史(《左传·襄公十四年》),而且从他对鲁国所奏乐歌的准确而深透的评论(《左传·襄公二十九年》)、结交叔向等一流的博雅君子来看,其礼乐文化修养不比华夏人物差。由此可见,何休三世说虽有夸大处("天下远近小大若一",今天的世界也达不到),却并非是完全没有历史事实依据的无稽之谈,而是有其相当的历史基础的。如果在孔子那时还看不清楚,那么汉代公羊学家回顾从春秋到秦汉的一统历史时,就不难看出春秋时代历史变化的真正意义了。这样看来,何休的一些"非常异义可怪之论"中原来包含着孤明卓识。

其次,何休历史理论中确实还有一些悖论即所谓似非而是的说法。例如:"实与而文不与";承认历史进步又表彰"善复古",反对变古易常等。《公羊解诂》中关于何休赞同与主张"复古",反对变古易常的例证有不少。《春秋》僖公二十年记载:"春新作南门。"《公羊传》解释说:"讥。何讥尔?门有古常也。"

《解诂》注释说:"恶奢泰,不奉古制常法。"①《春秋·宣公十五年》记载:"秋,初税亩。冬,蝝生。"《公羊传》解释说:"初者何?始也。税亩者何?履亩而税也。初税亩何以书?讥。何讥尔?讥始履亩而税也。何讥乎始履亩而税?古者,什一而藉。古者曷为什一而藉?什一者,天下之中正也。多乎什一,大桀小桀;寡乎什一,大貉小貉。什一者,天下之中正也,什一行而颂声作矣。……蝝生不书,此何以书?幸之也。幸之者何?犹曰受之云尔。受之云尔者何?上变古易常,应是而有天灾。"何休《公羊解诂》注释说:"应是变古易常而有天灾。"②《春秋》昭公五年记载:"春,王正月,舍中军。"《公羊传》解释说:"舍中军者何?复古也。"《解诂》注释说:"善复古也。"③其他还有反对鲁国"作丘甲"(《解诂》成公元年)、反对鲁国"作三军"(《解诂》襄公十一年)等事例。

怎样看待这些问题呢?首先何休的理想是大平世,对未来有信心,不像道家那样主张人类社会回到原初状态去,只是赞成、倡导在一些具体制度、规范上"复古",并不赞成在整个历史走向上的倒退。其次,中外古今打着复古旗帜而行变革之实的事例是相当多的,欧洲"文艺复兴"就是一个很典型的例子。因此,问题的关键在于所反对的到底是什么样的"变",而要"复"的又是什么样的"古"。例如对"初税亩"的态度,尽管公羊学家对"初税亩"的历史情况未必清楚(今天学者们对此问题也难有

---

① 《春秋公羊传注疏》卷一一,《十三经注疏》,第2256页。
② 《春秋公羊传注疏》卷一六,《十三经注疏》,第2286—2287页。
③ 《春秋公羊传注疏》卷二二,《十三经注疏》,第2317页。

一致的定论),但是有一点很清楚,就是他们认为"税亩"制度与原有的"什一之制"相比,会加重人民的赋税负担,因而加以反对。由于春秋时期的许多变化(包括战国时期的变化)都具有加重人民负担与痛苦的一面,所以儒家学者的反对变古往往与此有关。我们如此说,并非要否认何休与儒家有保守的一面,而是说对何休的复古之说不能不加具体分析就一概笼统地斥为反对历史的进步。历史发展进步本身的情况是复杂的,充满着内在矛盾。一方面是前进,一方面又是倒退;一方面是一统和秩序的破坏,一方面又是一种一统和秩序的建立;一方面是社会历史的进步,一方面又是传统道德、甚至传统美德的丧失。值得注意的则是在古代"恶"往往是成为推动历史进步的动力。而且,春秋战国正是社会大变革时期,破与立、是与非、善与恶、前进与后退复杂地交织在一起。这一点老子早就看到了,而且有很深刻很精彩的论述。① 对此,现代学者或称之为"吊诡",或称之为"历史的悖论"。正是"历史的悖论"造成了何休的"史学的悖论"。换言之,何休历史思想中的悖论有其历史的悖论基础,不应简单地斥之为倒退论者。②

3. "历史循环论"的突破

在三世说出现之前,"五德终始说"和"三统说"甚为流行,这就是所谓的"历史循环论"。

---

① 参见蒋重跃:《试论道法两家历史观的异同》,载《文史哲》2004 年第 4 期。
② 参见刘家和:《史学的悖论与历史的悖论——试对汉代〈春秋〉公羊学中的矛盾作一种解释》,原载《庆祝杨向奎先生教研六十周年文集》,收入刘家和《史学、经学与思想》,北京:北京师范大学出版社 2005 年版。

战国后期,邹衍用五行相胜来解释朝代更替,把历史的发展说成是"五德转移"的结果,这就是所谓"五德终始说",其大意见于《吕氏春秋·应同》。① 西汉中后期又出现用"五行相生"原则解释朝代更替的新的五德终始说。② "三统说"又称"三正说",产生于西汉。《尚书大传·略说》就有记载。董仲舒更在《春秋繁露·三代改制质文》中结合历法、天象、物候推衍出一整套"三统论"。他认为,夏为"黑统",商为"白统",周为"赤统",继赤统者又为黑统,三统循环下去。三统说的基本含义是把朝代更替归之于黑统、白统、赤统三个统的循环变易。在"三统"循环过程中,社会风尚也要发生"一质一文"的循环变化。如,夏代为黑统,尚文;殷代为白统,尚质;周代为赤统,尚文;汉朝继周而起,复归黑统,应当尚质。③

事实上,"五德终始说"和"三统说"是利用自然现象比附现实政治,具有一定的神秘性,其主要目的是为王朝更替和统治提供合法根据,至多主张在施政措施的某些方面对从前某个王朝有所效仿,它们不能也无意于决定全部历史的循环,历史上五德和三统的运转并未表现出整个历史或历史主体部分的循环。比如,按五德终始说,黄帝土德,后世以土德王的不会再是黄帝了,不仅如此,事实上也不可能重演黄帝时代的全部历史或历史的主体部分了。三统说也是这样。夏朝当黑统,尚文,后一个当黑统的也不会再是夏朝了,而且连是否尚文也不能肯定,更何谈重

---

① 《吕氏春秋》,《诸子集成》第6册,上海:上海书店1986年版,第126—127页。
② 《汉书·律历志》下,北京:中华书局1975年版,第1011—1023页。
③ 参见苏舆:《春秋繁露义证·三代改制质文》,第183—213页。

复夏朝的全部历史或历史的主体内容呢？可见，三统说的封闭性在董仲舒自己那里就已经被突破了。

不过，五德终始说和三统说用于说明历史，主张政治和文化的某个（如德运或三正）或某些（施政原则和措施）因素在历史上依次重复，这毕竟会给循环论留下一个缺口。何休的三世说认为人类社会由衰乱而升平，由升平而大平，呈阶段性进步的态势，在此基础上，历史成为向着一个确定的理想目标（或曰境界）直线进步的过程，相对于五德终始说和三统说，毫无疑问表现了理论的彻底性，自然是一次意义深远的突破。当然，对于三统说，何休也是有所继承的。[①] 不过，他的三统说主张"新周、故宋、以《春秋》当新王"（前引《春秋文谥例》的一科三旨），就是说，三统是随着历史的进步而向前移动的，到了春秋时期，孔子要以《春秋》当新王，所以要"黜夏"。[②] 在何氏看来，三统循环，但历史是不能循环的。当然，三统说是当时儒家的学术传统，作为经学家，他没有办法彻底摆脱。

二、"一统"论

何休《公羊解诂》的"一统"说是在《公羊传》"大一统"说的基础上引申发挥而成的。

《春秋》开篇云："隐公元年，春，王正月。"三传中，唯独《公

---

① 参见蒋庆：《公羊学引论》，沈阳：辽宁教育出版社1995年版，第五章，公羊学的基本思想（下）；"《春秋》经传何注中的通三统思想"，第298—302页。

② 庄公二十七年、宣公十六年等何注皆有"黜杞"。

羊传》做了细致的解释,云:"元年者何?君之始年也。春者何?岁之始也。王者孰谓?谓文王也。曷为先言王而后言正月?王正月也。何言乎王正月?大一统也。"①首先",大一统"的"大",在这里不是形容词,而是动词。按《公羊传》文例,凡言"大"什么者,都是以什么为重大的意思。所以,这里传文"大一统也",意思是说,所以书为"王正月",是因为以"一统"为重为大的缘故。其次,关于"统"。《说文解字》:"统,纪也。""纪,别丝也。"根据段玉裁注:纪是一根丝的头,找到丝头,这根丝就能理好;统是许多根丝的头,把这许多根丝的头抓到一起,这一团丝也就能理出头绪来了。所以,如果就其为"头"的词义来说,"统"和"纪"可以无别;但是析而言之,只有"统"才有一的问题,而纪则不存在这个问题,因为它本身就是一。所以,这个"一统"不是化多(多不复存在)为一,而是合多(多仍旧在)为一;它可作为动词(相当于英文之 to unite),也可作为名词(相当于英文之 unity),就此而言,词义的重心在"一"。但此"一"又非简单地合多为一,而是要从"头"、从始或从根就合多为一。只有看出这后一点意思,才确切地把握了《公羊传》的"一统"的本义。②

董仲舒把"大一统"与"通三统"结合而有"通三统为一统"说,何休则致力于董仲舒未充分发挥的"张三世"与"异内外"以及二者内在关系的阐发,也即与"三科九旨"体系紧密地联系起来,因而更具有哲学意味。

---

① 《春秋公羊传注疏》卷一,隐公元年,《十三经注疏》,第 2196 页。
② 参见刘家和:《论汉代春秋公羊学的大一统思想》,《史学理论研究》1995 年第 2 期。

上文说过,何休的三世说是从《公羊传》"所见异辞,所闻异辞,所传闻异辞"引申而来的。《公羊传》这段传文出现三次,都是谈鲁国内部的事情,与"异内外"无关。可是,如果不消除"内外"之异,"天下"就不会由分裂而统一、由衰乱而渐进至大平。因此,何休主张把"张三世"与"异内外"结合起来。在他看来,经、传对不同时期的"内外"也有"异辞"。例如,《春秋》隐公二年记载:"公会戎于潜。"《公羊解诂》注释说:"所传闻之世,外离会不书,书内离会者,《春秋》王鲁,明当先自详正,躬自厚而薄责于人,故略外也。"①公羊家以为两国间的私会为离会,应该贬斥,但批评要从自己开始。所以在所传闻世只批评本国的内离会而不批评他国的外离会。那么,是否有例外呢?《春秋》桓公五年记载:"齐侯、郑伯如纪。"《公羊传》说:"外相如不书,此何以书?离,不言会。"《公羊解诂》注释说:"《春秋》始录内小恶,书内离会;略外小恶,不书外离会。至所闻世,著治升平,内诸夏而详录之,乃书外离会。嫌外离会常(陈立以为,字当作'当',可取)书,故变文见意,以别嫌明疑。"②齐、郑之君离会于纪,在所传闻世,本不当书;这里书了,可是不书为会而书为"如",就是为避嫌疑。这样,他就从本国与诸夏的内外中看到了不同时期的"异辞"。《春秋》成公十五年记载:"冬,十一月,叔孙侨如会晋士燮、齐高无咎、宋华元、卫孙林父、郑公子鳅、邾娄人,会吴于钟离。"《公羊传》说:"为外也?《春秋》内其国而外诸夏,内诸夏而外夷狄。"《公羊解诂》注释说:"吴似夷狄差醇,而适见于

---

① 《春秋公羊传注疏》卷二,《十三经注疏》,第2202页。
② 《春秋公羊传注疏》卷四,《十三经注疏》,第2215页。

可殊之世,故独殊吴。"①如果吴在《春秋》的所传闻世出现,那时还外诸夏,就谈不到殊吴了。吴恰好出现于传闻世,正是外夷狄的时候,所以就要殊了。这样,他就又从诸夏与夷狄的内外中看到了不同时期的"异辞"。何休从经、传的文字中看出了时间中的先后阶段与空间中的内外层次之间的函数关系。这不能不说是一种特识,因为他把空间中的一统理解为时间中历史发展的趋势或结果。如果说董仲舒的"通三统为一统"的"一统"论中间已经有了时间与空间中的两重因素的结合,那么其结合还是思辨的,何休却是把这种结合引进了历史的思考。

如果再作进一步分析,可以看出,何休的以"张三世"与"异内外"相结合的大一统说,还有其深刻的蕴义。三世之别与内外之别,都在其所爱程度之别。儒家之仁爱自近而及远,推己及人;三世与内外之差别,不过在一为时间之远近、一为空间之远近而已。所以,自儒家之仁学原则观之,二者自然是可以重合的。空间中的大一统如何才能在时间的进程中实现?不能靠武力或其他东西,而只能靠仁心与仁政之不断地外推。

按照何休以上的"一统"论,能实现"一统"的王者必须是能推己以及人、正己而正人的仁者,否则不能成就一统的事业。"一统"在历史中是不断发展的,而王者却不是万世一系的。甚至于"一统"的起点尽管通常是"中国",然后由"中国"而"诸夏",由"诸夏"而"夷狄";但是,这一次序也不是绝对的。一个国家是"夷"还是"夏",在《公羊传》及何休《公羊解诂》中并非以种族或者血缘来分辨,而是要看它的实际行为。例如,《春

---

① 《春秋公羊传注疏》卷一八,《十三经注疏》,第 2297 页。

秋》昭公四年记载":夏,楚子、蔡侯、陈侯、郑伯、许男、徐子、滕子、顿子、胡子、沈子、小邾娄子、宋世子佐、淮夷会于申。"《公羊解诂》注释说:"不殊淮夷者,楚子主会行义,故君子不殊其类。所以顺楚而病中国。"①因为这一次大会是为了合力讨齐逆臣庆封;诸夏不能讨而楚讨之,故顺楚而病中国。又如,《春秋》昭公十二年记载:"晋伐鲜虞。"《公羊解诂》注释说:"谓之晋者,中国以无义故,为夷狄所强。今楚行诈灭陈、蔡,诸夏惧然去而与晋会于屈银。不因以大绥诸侯,先之以博爱,而先伐同姓,从亲亲起,欲以立威行霸。故狄之。"②在一般情况下,楚为"夷狄",晋为"诸夏"。可是当楚能行"诸夏"所不能行之义时,公羊学家就"顺楚而病中国";当晋不能绥"诸夏"而反伐同姓时,公羊学家就以晋为"夷狄"了。总之,中国与夷狄并无截然的界限,其标准就是要看其行为是否合乎"义"。因此,何休的"一统"论并不以种族、血缘原则为依据,而是以儒家之"义"为取舍。这正是孟子所说的"不嗜杀人者能一之"③思想的发挥。因为能承担"一统"之责的不必是某国、某王,所以在"一统"发展的进程中可以有中心的转移,也可以有王朝的更替;中心转移、王朝更替,而一统之趋势不变。这样一来,何休又把"通三统"与"张三世""异内外"结合起来。由于何休"大一统"说把"三科九旨"结合为一加以论述,所以比起董仲舒"通三统为一统"来,"大一统"

---

① 《春秋公羊传注疏》卷二二,《十三经注疏》,第2317页。
② 同上书,第2320页。
③ 《孟子·梁惠王上》,《孟子注疏》卷一下,《十三经注疏》,第2670页。

说发展到了一个更高的阶段。①

何休的"一统"论，不仅对"一统"在空间中的拓展、在时间上的延续进行了探索，对"一统"在空间中的统一性和普遍性，在时间上的连续性和统一性进行了阐发，而且还注意到空间的一统与时间的一统的内在关系，把"一统"在空间中的拓展与在时间中的延续结合为一，把"一统"的基本原因或前提理解为儒家的仁学原则的实行以及由之而来的不同族群的华夏化。这样，使"一统"的时间上的纵通与空间上的横通相结合，形成了"一统"的连续性与统一性的高度统一，何休历史思想因此而达到了相当的理论高度。

三、余论：理性特点

根据以上所论，可以看出，何休的历史模型中没有神秘的决定力量，他对历史的看法是一种活泼的理性思考。进一步分析，又会发现，何休历史思想的理性精神系三个重要因素融合而成，标志着古代中国人对历史进行反省的新的阶段。

其一，历史理性。② 何休历史思想，从总体上说是历史理性的，其三世说和一统论对历史发展阶段、历史朝着一个理想目标进步的过程、历史在空间上延展和时间上延续相统一的探索，对

---

① 参见刘家和:《论汉代春秋公羊学的大一统思想》，《史学理论研究》1995年第2期。

② 这里的历史理性，简单说来，是指探究历史过程的所以然或道理。关于历史理性的定义，可参见刘家和:《论历史理性在古代中国的发生》，《史学理论研究》2003年第2期。

历史进步的内容和实质以及历史前进的内在根据的探索,都表现了探究历史过程的所以然或道理的意义。这个历史理性的成果,在古代中国历史理性发生的过程中,占有重要地位。我们知道,殷周之际中国古代历史理性发轫。周公发现,作为历史发展的重要表现形式的王朝更替,原因在于天命的变革,而天命变革的根据则在于统治者是否有德,有德无德,要看民心的向背;说到底,历史发展最终取决于人心向背。在这种闪烁着人文主义精神曙光的道理中,显示出历史理性(历史进步)与道德理性(民心向背)的最初统一。春秋战国时期儒家仍然秉持周公的这一理念。道法两家则不断地排除历史理性中的道德因素。阴阳五行家则为历史变化寻找自然的征验和根据,于是历史理性又趋向与自然理性相结合。以秦始皇为代表的政治势力在道、法、阴阳家的历史思想中找到了加强集权、促进统一的思想资源。汉代取得天下,又对历史理性进行了新的探究,以历史理性与道德理性相结合的传统为主干,同时借用自然理性的成果,并努力使三者结合起来。在这个过程中,不论是历史理性、道德理性和自然理性,还是三者的结合方式,都得到了进一步发展。董仲舒的"三统说"就是一个典型。它的主要内容是:以"三统"取代"五德",以"忠、敬、文"取代"土、木、金、火、水";三统相续是生长过程的延续,不是后者战胜或者消灭前者,后起王朝,不是为了克服或者制胜前者,而是为了"救弊"。"三统说"的道德理性和自然理性基本上是某种外在附加的东西。两汉之际,以"五行相生"为原则的"五德终始"也是如此。[①] 历史理性、道德理性和自

[①] 参见刘家和:《论历史理性在古代中国的发生》,《史学理论研究》2003年第2期。

然理性三者还是简单地相加,尚处在相互外在的状态下,远未能融合为一体。只有到了何休,这个情况才得以根本改观。

其二,道德理性。在何休《公羊解诂》中,历史理性的展开同时就是道德理性的展开。首先,历史发展、王道实现同时也是道德境界的臻至。在何休眼里,所谓"衰乱""升平""大平",既是就国家的治乱兴衰而言的,又是就社会的道德水准而言的,所谓"大平"是历史发展的最为美好的境界,它意味着"拨乱功成",是"人事浹,王道备"。所谓"王道",在儒家看来,还可以析分为二,一是"天下"统一于"王"(天子),二是仁政德化。两者的内在关系是,王道必须建立在仁义和德政基础上,王道社会的实现过程也就是仁义和德政不断推展的过程。帝王自然是推展主导,但推展却不仅仅是帝王的事情。何休说过:"有帝王之君,宜有帝王之臣;有帝王之臣,宜有帝王之民。"[①]理想社会的达成是整个社会的事业。其次,何休关于"三世异辞"的思想同样表现了道德理性的展开。他说:"所以三世者,礼,为父母三年,为祖父母期,为曾祖父母齐衰三月,立爱自亲始。"[②]这里所根据的是儒家的"礼",而"礼"与"仁"是相表里的。[③] "仁"是人之所以为人的最根本的爱,即把人当作人来爱的人类之爱,它须通过礼而由内而外,推己及人。何休认为"三世"的递进是建立在仁和礼的基础上的,使历史理性与道德理性融合起来,成为一体。

---

① 《公羊解诂·僖公二十二年》,《春秋公羊传注疏》卷一二,《十三经注疏》,第2255页。

② 《春秋公羊传注疏》卷一,《十三经注疏》下册,第2200页。

③ 参见刘家和:《先秦儒家仁礼学说新探》,载《古代中国与世界》,武汉:武汉出版社1995年版。

其三，自然理性。何休还使其历史理性与道德理性的结合具有合乎自然理性的性质。三世进步以仁义和德政的发展为内容。何休在论证三世说和一统论时，反复强调所谓三世和一统都是将仁爱推己及人，即从内到外、由近而远不断推展的过程。这种仁爱，是出自人的本性（nature）。或者说，人伦的道德理性并非凭空产生，它是以人的性情为根据的，而人性也是一种自然（nature），不过，相对于日月草木土石这类外在自然物体来说，人性就是一种"内在自然"。何休所谓"异辞"、所谓"异内外"，甚至所谓"三世""一统"，都以这种内在的自然为基础。何休历史思想对邹衍、董仲舒辈假外物为比附的自然理性，的确有重大突破，但这种突破不是简单地斩断历史理性与自然理性的联系——历史不能脱离自然条件而存在，而是突出内在自然的重要性，让历史理性和道德理性的融合建立在同一的内在自然的基础之上。这样，人类历史的进步既以人类的道德发展为基本内容，又以人的自然性情为根基，历史理性、道德理性和自然理性才会融合为一。我们说何休《公羊解诂》的历史学说是一种合情合理的历史思想，根据即在于此。

总之，何休在《公羊解诂》中，对历史发展的目标、历史进步的阶段性、连续性与统一性，对历史发展的基本内容、动力和基础等重大问题，都阐述了自己的见解，形成了完整的思想系统，合乎历史哲学概念的基本内涵，在历史哲学发展的历程中，占有重要地位。在这个体系中，历史理性与道德理性相统一，以自然理性为根基，三者融为一体，表现了鲜明的中国特色。

（原载《江海学刊》2005 年第 3 期）

第二辑

比较研究与史学

历史的比较研究与世界历史

历史的比较研究,不论在国外还是国内,现在都是一个比较热门的研究取向。世界历史(world history)或者全球史(global history),现在也是一个日益为人们重视的研究领域。其实,比较研究作为一种方法,几乎和历史学一样地古老;而世界历史的写作,也在很早的时期就是历史学家的一种高尚的理想了。希罗多德(Herodotus)所写的《历史》虽然以希腊波斯战争为主题,但是它也涉及了当时他所知世界的历史。司马迁所写的《史记》虽然以当时的中国通史为基本,但是也涉及了当时他所知的世界;而且,以后的中国历代的"正史",大多数都继承了《史记》的作法。当然,这些都不是世界史,而只是一种史家注意周围世界的倾向;真正叙述全世界历史的书的出现,在时代上则要晚得多。因为在世界范围的联系出现以前,要求写真正的世界史,实际是不可能的。而且,如果按严格的要求来说,即使晚近某些以"世界史"为题的书也未必真能算得上是世界史。这一篇小文的目的,就是要谈谈历史的比较研究和严格意义上的世界历史的关系。

比较研究(comparative study)就是对于不同对象进行的互为参照的研究,在一般情况下多用来说明对同时并列的诸对象的研究。"比较"一词，英文作 comparison，法文作 comparaison，德文作 komparation，皆来自拉丁文 comparo，这个字由 com 和 paro 组成，前者意为"共同"，后者意为"并立""平列"等，原有不同事物之间的"联结""结合"的意思，引申而为"比较""对照"的意思。在中国文字里，情况也很相似。"比"字在甲骨文和金文里与"从"字不分，都是两个"人"字并列，所以"比"字原意本是"并列"；《说文解字》把"比"字和"从"字分开（只是两个"人"的方向与"从"字相反），解释说"比，相次比也"，这也就是并列的意思。而"较"字却是"对照"的意思，例如，《老子》第二章："长短相形"，王弼本作"长短相较"。"形"与"较"（与"校"相通）在这里都是对照、参校的意思。所以，在中国语言里，"比较"也是由并列而引出对照、比较的意思来的。

"比较"这个词虽然产生于同时并列的事物之间，但是它一旦作为一种方法用于历史的研究上，就在原有的同时比较之外，又加上了历时性比较的方面。比较研究的基本功能不外乎明同异。横向的共时性（synchronic）的比较说明不同的国家、民族、社会集团等等之间在同一历史时期中的同异，纵向的历时性（diachronic）的比较说明同一个国家、民族、社会集团等等在不同历史时期中的同异。前者说明历史的时代特点，后者说明历史的发展趋势。历史的比较研究，从总体来说，就包括这两种取向。

以上说到历史比较的功能在于明同异，其实，同异也是历史的比较研究赖以实现的前提。历史时期相同，不同的国家、民族、社会集团等等之间的比较才是有意义的，而同一个国家、民族、社会集团与其自身没有比较的价值。这就是说，无异之同不具有比较研究的条件。历史时期不同,同一个国家、民族、社会集团的前后比较是有意义的,而不同的国家、民族、社会集团之间就没有比较的价值。这就是说,无同之异也不具备比较研究的条件。总之,有相同,才能比其异同;有相异,才能比其同异。所以,不同时期的不同国家之间,一般说来虽然不具有可比性,但是,只要从一个相同的角度去看,其间仍然是可以比较的。例如,西周时期的中国与中古时期的欧洲,主体非一,时代不同,本来不具有可比的条件;可是,只要我们注意到二者皆有分封制度,那么其间的异同就颇有可研究的了。又例如,近代美洲的易洛魁人与古代希腊人、罗马人本来并无相同之处可以构成比较的条件,但是,当人们注意到它们都有氏族、部落制度,那么其间的异同也就大有可研究的了。这就是说,以上所举的两个例证虽然主体不同,时代也不同,但是其可比性在于其间可能有在历史发展阶段上的相同。这种相同不是绝对意义上的时间相同,而是相对意义上的时间相同。这也是一种横向的比较,一种相对共时性的异体比较,而其作用却有助于我们理解历史的纵向的发展趋势。应该说明的是,这样的比较研究,能够给予我们的启发性与危险性都比较大,所以运用时必须十分谨慎。

现在我们再来考察历史的比较研究与世界历史的关系。

第一,"世界历史"首先是由多而一的历史。世界历史,顾名思义,它就不是地区、国别史;不过,它又不能没有地区、国别史的内容作为基础。因为,自从有史以来,这个世界就是由各个地区和国家构成的,所以没有各个地区和国家的历史,也就不会有世界的历史。那么,是否把一切地区、国家的历史加在一起,就成了世界历史呢?不是,那样加起来的只能是地区、国别史的总集或汇纂。若干个"一"用算术的方法加在一起,那所得到的只能是某一个多数,而不可能是"一"。可是,世界历史作为全世界的历史,它必须是一个整体,必须是"一"。我们可以把各个地区、国家的"一"名之为"小一",而把世界的"一"名之为"大一"。"大一"由诸"小一"集合而来,从这一角度来看,它是"小一"的继续;但是诸"小一"集合的直接结果只能是多,只能是一种量变。要使诸"小一"的集合成为"大一",那必须是一种质变,必须经过否定(negation)或扬弃(aufhebung, sublation)的过程。那么,我们应该怎样来说明这个过程呢?我以为,这可以从两个方面来分析。

一则,这个过程说起来似乎显得抽象,其实作为历史考察的实践来说,只不过是要求我们把看问题的角度变换一下:当我们研究地区、国别史的时候,我们眼中的认识单位是一个个的地区、国家,它们是作为"一"出现的;而当我们研究世界历史的时候,我们眼中的认识单位就是整个的世界,它才是作为"一"出现的。每一位具有历史研究的经验的学者都会知道,由于看问题的角度的这一变化,地区、国别史的研究将会与世界历史的研究有多大区别。在此不须赘述。

二则,由诸"小一"经否定而达到"大一"的过程,在逻辑上就是抽象(abstract)的过程。而所谓抽象,就是从许多对象中舍弃了它们的特殊性(speciality)而抽取其一般性(generality),从而在舍、取并行的过程(即否定或扬弃的过程)中达到了由特殊而一般的境地,同时也就达到了由"多"而"一"的境地。按诸事物各自的特殊性即是其相互之间的异,而诸事物的一般性亦即其相互之间的同。所以,不辨异同,就无从进行抽象;而如无比较的研究,也就无从明辨异同。在这里,比较研究的"明异同",恰好在方法上构成了世界历史所需的"辨一多"的必要条件。这样,我们就作了历史的比较研究与世界历史的关系的第一个方面的论证。

第二,"世界历史"同时又是一中涵多的历史。在我们认识到世界历史必须首先视为一个整体以后,进一步就必须了解这个整体是怎么样构成的。如果我们满足于由抽象达到的"一",那么这个世界历史的"一"也就成为抽象的无差别的"一"或者纯粹的"一"。这个"一"必然像黑格尔的逻辑的起点的纯粹的"有"(sein)一样,它在一方面是无所不包的,同时在另一方面又是一无所有的。所以它必然会直接地转化为无。按照逻辑学的规则,一个概念的抽象程度越高,它的外延就越大,同时这个概念的内涵也就越少。概念的外延与内涵成反比。一旦世界历史的"一"的抽象程度到了最高点,它作为概念的外延便接近于无穷大,相应地它的内涵也就接近于零了。内涵接近于零的世界历史,就不成其为历史;它不可能作为实际的历史存在,也不具有存在的价值。

这个道理说起来又似乎很玄虚,其实早在两千多年以前,古代的思想家们就都对此有了明白的说明。古希腊哲学家柏拉图在其所作《巴曼尼得斯篇》曾经以严密的逻辑论证了绝对纯粹的"一"是不可能存在的。不过,我们最好还是用比较形象的方法来说明这个问题。例如,《左传》昭公二十年记载了齐国的晏子与国君的一段对话,大意是说:齐景公对晏子说"唯据(指他的宠臣梁丘据)与我和夫"。晏子回答说:"据亦同也,焉得为和?"齐君说:"和与同异乎?"晏子说:"异。"以下他就举了一些例子,譬如,厨师做菜,要用各种不同的材料和调味品,加以调制,才成了美味佳肴;乐师奏乐,要用各种乐器、音调、节奏,加以谐调,才能奏出美好的音乐。所以,在君臣之间,也必须有不同意见的商榷,然后才能有良好的政治。最后他说:"今据不然。君所谓可,据亦曰可。君所谓否,据亦曰否。若以水济水,谁能食之。若琴瑟之专一,谁能听之。同之不可也如是。"晏子把无差别的"一"或同叫作"专一",而有差别的"一"或同照理应该称为"和一"。他说的"专一"之不可取,其道理实际也适用于世界历史。

以上我们把世界历史理解为"一",是从各个地区、国别的历史中抽象出同而加以概括(generalization)的结果。不如此,我们从世界各地、各国看到的就是杂乱无章的一大堆事情,就没有世界历史。同样,如果把世界历史就看作抽象的同一,那么整个世界上的事情又变成了一大口袋马铃薯。从外表的口袋(抽象)来看,它是"一";而从其内容(具体)来看,它们仍然是一堆杂乱无章的多。如果要想把世界历史看成有机的"一",那么势必要把认识再深入一个层次,由抽象再上升到具体。那也就是从同中再看出异来,看出那些各异的部分是怎么样既互相拒斥又互相渗透地构成有机的一体的。这就是晏子所说的"和",亦即包含了异的同或者包含了多的一。

怎么样才能使认识深入一层次,从而由同中再看出异来?这里所需要的就是比较研究的深入一个层次。譬如,在古代的许多地区都曾有过以城市为中心的小邦,通过比较发现了这一共性,是有意义的;但是还必须作进一步的比较,看出它们的差别以及如何在差别中构成一个时代的总面貌的。这样我们才能算是了解了这个时代。所以,只要有了比较研究的同中见异,也就有了世界历史的多样统一的活生生的"一"。可见,历史的比较研究在方法上又可以成为世界历史所需的"明一多"的充分条件。这样,我们就又为比较研究与世界历史的关系作了第二个方面的论证。

在实际的世界历史研究中,我们时常可以看到人们在认识发展上的三个阶段:开始时我们看到的都是"异",甲国和乙国不同,乙国又与丙国有异。在整个世界上没有一处完全相同,正如没有两个人完全相同一样。继而经过比较,人们又会发现,不同国家之间原来在甲方面有相同之处、在乙方面又有相同之处,以至有多方面的相同之处。于是,人们的认识就达到了由异而同、由多而一的阶段。再进一步,人们不能满足于抽象的"一",就又经过比较而认识到世界正是一个多样统一的有机整体。这样就完成了对世界历史的一次完整的认识过程,而且这样的认识过程实际是需要不断深入进行的。而全部这样的认识过程都必须也必然是在比较的研究中实现的。有时不免会有两种不同的倾向:一种是初步一比,就断言世界的各个地区、国别的不同,从而否认世界历史的发展有其一般的规律;这种情况,如果用荀子的话来说,就是有所"蔽",蔽于异而不知同。另一种是通过比较而看到了各个地区、国家的共同性,继而又忽视了世界的多样性;这种情况,如果用荀子的话来说,也是有所"蔽",蔽于同而不知异。这两种情况在世界历史的研究进程中的出现是难免的,不过这不是比较研究的过错,而毋宁是比较研究半途而废的失误。只有在不断深入的比较研究中,我们才能达到世界历史研究的不断深入。

以上从"同异"与"一多"的逻辑联系探讨了历史的比较研究与世界历史的关系，下面再就世界历史的一些具体问题谈谈它与比较研究的关系。

第一个问题是，我们知道，"世界历史"既是在比较中逻辑地存在的，又是在联系中现实地存在的。那么，这两种存在之间的关系又是什么？通常我们可以看到"世界历史"被学者们分为两大阶段，其间以公元1500年左右的新航路的发现为界。这种分期的标准是以全世界范围内各地区、国家间实际联系的开始为界。在此以前，世界尚未形成一体，如果说有"世界历史"，那也只能是它的准备时期或潜在阶段。而在此以后，世界就真正逐步地走向一体化，以至于终于达到密不可分的程度。这种说法当然是有道理的，因而也为人们广泛地接受了。那么，在这样的世界历史分期中，比较研究的作用和意义又是什么？如果用一个比较简单的方法来回答，那就是：世界各地、各国间的现实联系的研究可以告诉我们这个过程是什么样的，而比较的研究则可以告诉我们它为什么是那样的。

现在我们可以做一些具体的说明。从人类文明在几个大河流域开始出现，到15世纪末的新航路发现，经历了一个漫长的历史过程。最初的古老文明好似广阔无垠的野蛮的沙漠中的几点绿洲，是互相隔离的。逐渐地文明的城市与其周边的地区在经济和文化等方面有所对流，于是文明的外缘不断向外浸润，以至于逐渐一些距离较近的文明之间连成一片，形成了古代近东、古代印度、古代中国等几个文明的中心区，稍后又形成了古希腊、罗马文明中心区。这些文明中心区之间有着东西间的联系，同时又与它们北方邻居的游牧部落之间有着南北的联系。正是这些联系及其不断的进展,才使得以后全世界的联系逐渐成为可能的。那么,为什么在古代的东西之间、南北之间会有种种交往和对流呢?让我们假设在它们之间没有差别或者说完全相同,那么相互间的交往或对流就没有必要或者说失去了真正的意义,当然也就不会发生;试想,如果在物质生产上双方完全相同,那么它们之间还有什么可以交换?用相同的货物交换,如果不是白痴又有谁会这样做呢?在文化、艺术等等方面无不如此。只有在相异文明之间,才会有交流,才会有有意义的交流。为了说明不同文明之间的交流之所以发生,就不能不分析其间之异;而要分析其间之异,就不能没有比较的研究。再让我们假设在不同的文明之间存在着完全的异或者说达到了无共存条件的境界,那么在它们之间又用什么来进行相互间的交流?用货币?相互间没有共同的、至少可以相互沟通的货币。用货物?彼此之间没有相互需求的东西。在这样的情况下,如果不是白痴,又有谁会从事这种从根本上就是不可能的交往和对流呢?所以,要实现不同文明之间的交往和对流,除了双方必须有异之外,还必须双方之间有同。为了真正理解不同文明之间的交往和对流的产生原因,就不能不分析其间之同;而要分析不同文明之间的同,那就又不能不进行比较的研究。总而言之,不进行比较的研究,就不能明白古代的没有全球范围联系的世界为什么会变成这样全球沟通的世界。

那么,是否到了全球范围联系的世界出现以后,比较的研究就没有必要了呢?不是,而且更加必要了。当今的世界固然已经是一个联结为一体的世界,其所以能成为一体,无疑是因为各国之间有了越来越多的多方面的联系。为什么会有这种联系加多并加深的现象出现呢？因为其间有了越来越多的共同利害关系，因为其间有时代上的趋同性；而要了解这种趋同性的发生，我们就不能不进行比较的研究。同时，当今已经在多方面一体化了的世界难道就没有了差别？东方与西方的差别，南方与北方的差别，依然明显地存在着。不了解这种差别，就不能了解这个世界是怎么样现实地构成的，同样也就无从了解这个世界上的各种利害关系的真实背景和本质。所以，为了认识这个已经一体化了的世界，除了其间的同以外，还不能不了解其间的异；而要了解其间的异，这就又不能不做比较的研究。不如此，就不能了解这个世界的发展动向。

以上说了比较研究对于古今世界历史研究的必要性，现在再从另一个层面或者更原则的层面来说一下这种必要性所以会发生的原因。不论古今，历史发展的纵向趋势，总是由各个时期的人类社会中的不同群体之间的横向关系的发展来推动、来制约的。要了解一个时期的不同群体之间的关系的发展，就必须了解其间的异同；而要分析这种异同，就不能没有比较的研究。所以说，比较研究的重要性就植根于历史发展的这种横向关系推动并制约纵向趋势的基础上。

第二个要谈的问题是，我们知道，大概还没有一部称为"世界历史"的书真正能够把地球上一切国家、民族的历史囊括无遗。要说明这种现象出现的原因，就不能不回答以下两个问题。

这里需要回答的第一个问题是，那种无所不包的"世界历史"在实际上是否可能？看来这个问题比较容易回答，答案就是"不可能"。这有两个原因：一方面，并非一切国家、民族都有自己的历史记录；对于没有历史记录的国家、民族，自然也就无从撰写它们的历史。这对于历史学家来说，可以说是客观方面的不可能。另一方面，如果要求把一切有可能撰写的国家、民族的历史写入世界历史之中，并且写清楚了，那么这部书的篇幅将是何等巨大，实在难以实现；假如每一个国家、民族只写一点，那样就会成为一堆杂拌，从而没有价值，同样难以实现。这对于历史学家来说，可以说是主观上的不可能。

这里需要回答的第二个问题是，那种无所不包的"世界历史"在科学上是否必要？看来对于这个问题的答案应该是"没有必要"。因为以前我们已经说过，"世界历史"是世界作为"一"的历史，不是各个地区、国家、民族的历史的算术上的总和。它之作为"世界历史"，那只是从全世界发展的角度来观察历史的结果。如果做一个生动一点的比方，那么"世界历史"并非一只用工笔方式画出来的鸟，不求每一片羽毛都画出来；其实，就是在工笔画里，也不可能把一只鸟的每一片羽毛都画出来。"世界历史"只能是写意画，而且永远只能是写意画，当然其中还有大写意与小写意的区划。那么，什么是作为写意画的"世界历史"的特点呢？我想，那应该有这样一些基本的要求，即比例适当、重点突出、动态鲜明，这样就能达到总体上的神似。要写这样一部"世界历史"，所需的倒不是数量上的齐全，而毋宁是在结构上成为有机的整体。既然要把世界历史当作一个结构来考察，那就不能不在内容上有重有轻、篇幅上有详有略。必须承认，在不同的历史时期，世界的历史上有不同的中心；既然不同时期有不同的中心，那么也就承认了世界历史上的中心的转移。既然承认了世界历史上有中心和中心的转移，那么就不能不辨别中心与非中心的区别，不能不做出选择。而要做辨别与选择,就不能没有比较的研究。这也就是说,从"世界历史"的写作的角度看,比较的研究也是必不可少的。

　　文章写到这里,我想应该做一个简要的说明以作为结束。以上都是说历史的比较研究对于世界历史的重要性,以至于说到前者是后者的必要条件,并在一定前提下(就世界范围作比较研究)是后者的充分条件。且不管我说的是否正确,那总容易给人一个印象,以为我是把比较研究看成能解决全部历史问题而无任何局限性的。其实不是这样。我是认为历史的比较研究也是有其局限性的。关于比较史学的局限性,前人已经从不同角度有所讨论;这里且不去论他们的是非,而只是以最扼要的方式表述一下个人的看法。我认为,历史的比较研究的局限性,就在于其自身离不开有意识的角度选择。因为,既有角度的选择,就必然有视域的规定性;而规定即否定,在选定视域以外的,自然就是被忽略了的。因此,如果我们不是清醒地认识这种局限性的存在,那么就必然会把自己一时比较研究所得视为绝对真理,从而陷于一种盲目自信的状态。世界历史可以选择的比较研究的角度是难以限定的。随着条件的变化和发展,人们会不断发现新的比较视角。所以,历史的比较研究不是可以一次完成的,世界历史也不是可以一次写定的。这也可以说是一种历史主义的态度吧。

(原载《北京师范大学学报》1996年第5期)

历史比较的逻辑思考[*]

在历史学领域,历史比较并不是一个陌生的主题。通常,在历史作品中,我们看到许多被称作是运用比较眼光获得的研究成果。多数情况下,我们接触到的历史比较更多地期望揭示比较对象之间的异同与本质特征,而比较则被视为一种现代意义上的专业历史研究法。事实上,关于历史比较研究的逻辑,我们的探讨还有广阔的空间可以延伸。历史比较研究作为人文学科内比较研究的一种,它理应遵从一般比较研究的逻辑。20世纪60年代以后,在西方分析哲学与科学哲学领域内,有关不可公度性的讨论,从认识论的层面大大丰富了我们对比较研究的理解。本文将在此基础之上,对于比较研究的一般逻辑稍作分析、说明,期望促进我们对比较研究,当然也包括历史比较研究的认识。

一、当代学术思想中比较问题的提出

在当代西方学术界,对比较问题的哲学反思很大程度上有

---

[*] 本文合作者:陈新。

赖于托马斯·库恩和费耶阿本德有关不可公度性(incommensurability,或译不可通约性)的思考。1962年,库恩曾经在《科学革命的结构》中指出:"范式之间的竞争不是那种可以由证明来解决的战斗","竞争着的范式的支持者之间,在观点上总难有完全的沟通……总起来说这些理由已被描述为革命前与革命后的常规科学传统间的不可通约性"。① 库恩指出,新旧范式之间的不可公度性在于它们各自的支持者有着不同的对科学的定义;新范式虽然继承旧范式的某些语汇、概念,但用法已然相异;此外,竞争着的范式的支持者事实是在不同的世界中从事各自的事业。这些都构成了范式之间的不可公度性。

1975年,当费耶阿本德在宣扬他所说的"怎么都行"时,他是要强调历史提供的资料的丰富性。然而,"固定的方法或固定的合理性理论的观念都是建立在一种对人及其社会环境太过朴素的观点上"②,这使得一些为了解历史提供了丰富资料的人不甘心于追求所谓的清晰、准确、"客观"和"真理"所获得的精神安宁,从而提出了"怎么都行"的原则。"怎么都行"告诫人们,任何确定的理论都有其有限性,这种有限性是历史因素制造的。"但在大多数情况下,特别是在观察与理论对立的情况下,我们的方法论却总是把各种不同的科学要素及其所占据的历史地层都投影到同一个平面上,并立即做出比较性

---

① 〔美〕库恩:《科学革命的结构》,金吾伦,胡新和译,北京:北京大学出版社2003年版,第133页。

② 〔美〕费耶阿本德:《无政府主义知识理论纲要》,洪谦:《现代西方哲学论著选辑》(上),北京:商务印书馆1993年版,第1029页。

评判。"①费耶阿本德反对这样的方法论,以此为基础,他会得出的结论是,如果我们考虑到历史情境,那么各种理论都应是不可公度的。

库恩与费耶阿本德的言论在1981年受到了普特南的尖锐批评。在普特南眼中,这两位思想家倡导的是一种无政府主义,其中的"不可公度性"命题是自相反驳的。② 按照普特南的理解,不可公度性命题认为,在另一个文化中使用的术语,在意义上或指称上不能与我们今天拥有的术语和表达式划上等号。依此逻辑,将意味着,我们今天无法理解不同时代或不同文化中的思想,因为我们虽然可能用同样一个术语,但由于该术语在不同时代或不同文化的情境中含义不同,因而我们今天的理解必然会归于失败。

普特南认为,库恩与费耶阿本德的错误在于,他们混淆了概念与观念的区别,同时也模糊了分析的/综合的这个区别。③ 以事实为依据的观念的不同,并不能证明我们就不能"确实正确地"翻译任何术语(即概念),"相反,如果我们不能进行翻译的

---

① 〔美〕费耶阿本德:《无政府主义知识理论纲要》,洪谦:《现代西方哲学论著选辑》(上),北京:商务印书馆1993年版,第1031页。

② 〔美〕普特南:《理性、真理与历史》,童世骏、李光程译,上海:上海译文出版社1997年版,第123—128页。

③ 奎因曾经在《经验论的两个教条》中描述的第一个教条是:"相信在分析的,或以意义为根据而不依赖于事实的真理与综合的,或以事实为根据的真理之间有根本的区别。"(见于蒯因〔即奎因〕:《从逻辑的观点看》,江天骥等译,上海:上海译文出版社1987年版,第19页)由此可见,1981年的普特南仍然坚守着奎因意义上的这个经验论的教条。

话,我们就说不出观念是不同的,是如何不同的"。① 随后,普特南指出:"我们不能不把我们过去的自我、我们的祖先以及其他文化中过去和现在的成员,而不仅仅我们当前的这个片段,当作人来对待;而这意味着赋予他们共有的指称和共有的概念,而不管我们同时赋予他们的观念是如何不同。"②在普特南看来,对任何与我们当前片段相异之物的诠释就是一种比较,而且"要进行比较便预设了某种可公度性的存在"。③ 普特南指出:诠释活动的成功意味着我们同他人拥有共同的对象和概念,还拥有对合理的东西、自然的东西等等共同的观念;而它的前提,即一个诠释方法的正当性证明,就在于它使得他人的行为在我们看来至少有低限度的合理性;只要我们还能成功地诠释,我们就和他人拥有大量共同的假定和信念。④ 这样,普特南事实上将他对不可公度性命题的批判奠基在经验世界中存在着成功的诠释这样一个信念之上。这个信念似乎是不证自明的,因为在日常生活中,像普特南那样认为实现了对相异片段的翻译、交流和理解的人不在少数。此时我们可能关心,是否存在"成功的诠释",何谓"成功的诠释"? 普特南事先为此预留了空间,即在我们身处的这个世界,我们是"能够把他人的信念、欲望和表达诠释得确有某种意味的"⑤,而"诠释得确有某种意味"便意味着普特南认为的"理解"。不难看到,"何谓成功的诠释"留下的疑问

---

① 〔美〕普特南:《理性、真理与历史》,第126页。
② 同上书,第128页。
③ 同上书,第127页。
④ 同上书,第128页。
⑤ 同上书,第127页。

被转移到了"何谓理解"这个问题之上。

在普特南的认识里,不可公度性命题是库恩与费耶阿本德极端相对主义思想的一个表征,他们强调认识的差异而否认认知中存在合理性概念。如今我们可以看到,这种相对主义思想的根源就在于库恩把术语、概念看成是一种历史性存在,这样,用这些术语、概念描述的比较对象,其自身的存在方式不能脱离其时间性特征。这其中包含了一种深刻的历史主义思想,拉尔沃曾给予了详细的说明①,而库恩也据此回应普特南的批评。

1982 年,库恩指出,普特南等人的批评有着一种字面正确但解释过度的假设,即"如果两个理论是不可公度的,它们就必须用相互不可翻译的语言来表达"。② 他自己将众人的批评归结为两条:其一,如果两个理论无法用同一语言来表达,那么它们就不可比,然而有关不同和比较的讨论都预设有一定的共同基础,而不可公度性的支持者否认这一点;其二,如果旧的理论不可能翻译成现代语言,那么,库恩之流又如何能够用我们现在的日常语言来谈论亚里士多德、牛顿等人呢?③

库恩试图澄清其反对者对他的误解。他指出:术语"不可

---

① 〔美〕拉尔沃:《库恩的〈科学革命的结构〉为什么会引起惊异?》,刘刚译,《世界哲学》2004 年第 3 期,第 19—34 页。

② 〔美〕库恩:《可公度性、可比较性、可交流性》,王飞跃译,载《世界哲学》2004 年第 3 期。原文见 PSA: Proceedings of the Biennial Meeting of the Philosophy of Science Association, Vol. 1982, Volume Two: Symposia and Invited Papers (1982), pp. 669-688。

③ 同上。

公度性"所起的是隐喻的作用,他只是用不可公度性的原始含义隐喻两种理论缺少共同度量,并非不可比较。因而,库恩认为他指出的不可公度性的原始版本乃是"局部不可公度性"(local incommensurability),即在理论变化过程中,保持意义的那些术语为讨论差别和比较提供了足够的基础。库恩要以此回避第一条批评。可是,这种局部不可公度性的提法很快就不得不面对当时意义理论的挑战,因为很难想象在理论变化中,某些术语的意义变化不会影响到与它们有着结构关系的另外一些所谓意义不变的术语,而一个时代的术语组合总是作为一个整体来被把握的。这种意义理论事实上反对库恩在不可公度性问题上的让步。为此,库恩试图借助于他对翻译的认识来巩固这种让步,否则,他就无法说明自己为什么有能力用现代语言阐述科学史上的种种理论,如燃素说。

语言用于交流。不同历史情境下的语言之间可否公度将直接牵涉到人们之间的交流是否可能,因此,库恩切入了有关翻译和解释的讨论。翻译和解释的问题不仅存在于有着历史性变化的同一种语言之中,也存在于不同语言之间。

奎因在《词与物》中将翻译等同于解释,库恩认为这是个重要的错误。他指出:翻译与解释不同,我们必须设想日常的实际翻译其实包含两个过程:一个是翻译的过程,在其中,一种语言的词汇将替代被译语言的词汇;而那些不可译的词汇就需要历史学家或前人来挖掘或发明其意义,从而使他工作的文本被理解,这便是一个解释的过程。在该过程中,我们掌握了那些不可译的词汇后便直接使用这些词汇,并对它们做出解释,这其中并没有出现严格意义上的翻译,即以一个词替代另一个词。① 正是这种对翻译和解释的区分具有的认识支撑着库恩的局部不可公度论。

然而,我们可以清楚地看到,在库恩那里,局部不可公度性与把握术语组合所要求的整体性联系在一起,这仍然可能使他无法逃避普特南的批评。为此,库恩必须另辟蹊径,寻找交流成为可能的共同基础。他注意到,在交流中,即便使用同一种语言,不同的人也可能采用不同的标准去辨别共享术语的所指对象。尽管标准不同,但人们面对的是同一个世界。不同的语言把不同的结构强加给世界,而这些结构则是些同源结构。"一个语言共同体中的成员共有的是词典网络的同源。成员们的标准不必相同,因为他们可以根据需要相互学习这些标准。但是他们的分类结构必须匹配,因为只要哪里结构不同,世界就不同,语言成了私人的,而且直到一方学到另一方的语言时,才不需要继续沟通。"②这样,词典网络的同源以及相互匹配的分类结构便成为可公度性、可比较性和可交流性的基石。这就是说,在局部不可公度性和不可翻译性的基础上,我们今天谈论亚里士多德、牛顿等人的理论是可行的,因为我们理解他们的理论时,就像是在学习另一种语言,而不是在翻译它们。于是,翻译、解释、学习和理解之间的关系可以这样表述:"翻译只是寻求理解的第一个手段……只要是翻译行不通的地方,就需要进行十

---

① 〔美〕库恩:《可公度性、可比较性、可交流性》,第6—11页。
② 同上书,第15页。

分不同的解释和学习语言的过程。"①在此,库恩较之普特南赋予"理解"更为精细的说明,理解需要翻译、解释和学习②,而对传统理论的解释,也是一种类似于语言习得的过程,它不是简单的翻译过程。

在上述有关不可公度性的当代讨论中,我们逐渐会发现,有关不可公度性的讨论不再只是分析哲学或科学哲学中对某个具体问题的表述。当可公度性与实际翻译、可交流性乃至可比较性结合在一起时,我们意识到它讨论的内涵已经波及人文学科的根本——理解。围绕库恩、费耶阿本德等人的不可公度性命题引发的辩论及其进展,我们看到了其中的一种语言学转向,这种转向的确对我们传统上有关历史比较的认识带来深刻的启发。

在进行下一阶段的论述之前,我们就可公度性与可比较性之间的关系需要略加说明。库恩指出"缺少共同度量并不意味着比较的不可能"时,他的意思是指,古希腊数学之所以能够展

---

① 〔美〕库恩:《可公度性、可比较性、可交流性》,第16页。

② 如同我们小时学习自己的母语,我们需要在语言使用的情境之中从整体上去把握它。并且,在库恩的理解中,这种语言学习最核心的是习得新的语言的核心词汇结构,他在1993年说道:"一语言共同体的不同成员或许对同一语言的词汇系统接受不同而产生不同的理解和应用,但它们必须具有相同的词汇结构。如果不是这样,必将导致相互的不理解以及最终的交流中断……另外,如果交流双方的核心词汇结构不同,则原本是对事物的不同见解演变成互不理解。潜在的交流者面临不可通约性,即双方之间面临一种特有的令人沮丧的交流中断。"(Kuhn, "Af 2 terwords", in P. Horwich ed. *World Change: Thomas Kuhn and the Nature of Science*, Cambridge, 1993),此处译文转引自王新力:《语言分类系统、真值间隔和不可通约性》,载《世界哲学》2004年第5期,第50页。

示出比较的可能性以及如何进行比较,正是因为"多数几何方法被无加改变地用于需要比较的两个对象"①,共同的几何方法是比较成为可能的前提;那么,在包括历史学的人文学科领域内,我们是否可能具有类似于几何学所运用的方法来进行研究呢?假设没有,库恩有关不可公度性与不可比较性的界限就将消失,也就是说,库恩有关不可公度性的讨论若面对人文学科领域,不可公度性仍然意味着不可比较性,这个问题我们在后文中还会详细说明。下面,我们不妨反思一下人文学科领域内具体比较研究所遵循的一般逻辑,历史作为人文学科的一支,历史比较显然也需要遵循这样的逻辑。此时,前述分析哲学提供的学术资源可以充当我们重新思考比较研究这一实践的参照。

二、比较研究的一般逻辑

在人文学科领域内,比较何以可能?这样的提问在中文语境下,意味着我们预先假定比较是可能的,若非如此,由于可公度性、可比较性、可交流性诸概念之间的对应与关联,便将引发库恩所说的交流中断。正是由于现实生活中人们实现了交流②,库恩必须澄清他所谓的不可公度性乃是"局部不可公度性",因而,比较之可能首先获得了日常生活中经验的支持。那么,在逻辑上,比较是如何进行的呢?

---

① 〔美〕库恩:《可公度性、可比较性、可交流性》,第5页。
② 此时,实现交流意味着交流方能够成功预料对方接下来的言行,而不是指实现了某种等价翻译。

众所周知,比较是两个或多个对象之间的比较。当从事比较研究的学者针对比较的对象提出"可比较性"之时,它本身就暗指比较对象之间必定是异同并存,否则,无同之异与无异之同,都会令比较失去意义。

关于比较研究的逻辑,我们试作如下六点说明,并以法国年鉴学派学者布洛赫的比较研究经典之作《封建社会》为例给予进一步解释。

1. 比较是不可公度性与可公度性的统一

如果比较的对象完全相同,例如数字 3、3、3……它们之间有同无异,那么人们会觉得这种比较毫无意义;如果比较的对象完全相异,例如字母 A、B、C……它们内部有异无同,比较同样没有意义。若是 3A、6A、9A……这一组比较项中,3 是其公约数,A 也是其公约项,而在以 3A 公约之后,1、2、3……就不可公约了。

我们以布洛赫在《封建社会》中讨论的"封建主义"为例证。在布洛赫看来,欧洲不同地域的"封建社会"能够比较的原因,就在于它们有一些共同的特征,即"依附农民;附有役务的佃领地(即采邑)而不是薪俸的广泛使用……这些似乎就是欧洲封建主义的基本特征"。[①] 但布洛赫的比较研究也表明:"欧洲封建化的程度并非全部一致,节奏也不完全相同。而且,最重要的是,任何地方都不是完全封建化的。"[②] 由此可见,研究中世纪欧洲范围内的封建主义,必须同时揭示其中的异与同,而研究本身

---

① 〔法〕布洛赫:《封建社会》,张绪山译,北京:商务印书馆 2004 年版,第 704—705 页。

② 同上书,第 703 页。

是从现象之异中抽象出同,没有对异的感知,就不可能有对同的抽象。

2. 比较研究中,如果可公度性意味着"相同"的话,不能由比较对象之间局部要素的可公度性推导出整体的可公度性

库恩就是通过反对将翻译等同于解释的方式,论证了作为整体的实际翻译并不是一种等值翻译。值得我们进一步注意的是,局部可公度性必然与局部不可公度性相依存,而局部不可公度性是造成比较对象在结构、整体上不可公度性的根源。在人们熟知系统论"整体大于部分之和"这一命题的情况之下,要说明这个论点并不难。我们仍以《封建社会》为例。布洛赫认为,日本也经历了封建主义,尽管日本的封建主义与欧洲的封建主义有着一些必然的、根深蒂固的差别,但封建主义并不是在世界上只发生一次的事件。① 在布洛赫眼中,封建主义是某个历史阶段日本历史与欧洲历史可公度的要素,但我们不能据此而认为作为整体的②日本历史与作为整体的欧洲历史具有整体上的可公度性。这就如即便是两个孪生兄弟,他们也绝不会是同一个人。

3. 比较研究中,比较对象的可公度性与不可公度性随着比较者设定的比较范围或概念层次而变化

如果说两个层次相同的结构(如亚里士多德所说的"同时的"属),它们彼此间不可公度,这并非绝对,如果比较的范围或

---

① 〔法〕布洛赫:《封建社会》,第704—706页。
② 或是时间上的整体,或是内容上的整体,因为在布洛赫这里,封建主义特指的是中世纪这一时段,并且侧重的是社会组织结构以及将它联系在一起的各项原则,显然,它们不能充当历史的整体。

限度得以拓展,当两个比较项的结构作为部分同属一个更大的结构或整体时,它们就可能变成可公度的。就如白菜在萝卜的定义下,它与萝卜不可公度,但在蔬菜的定义下,白菜与萝卜便可公度了。

在《封建社会》中,"封建主义"是解释欧洲特定历史阶段——中世纪中某些现象的一种概念框架。在"封建主义"的概念下,古希腊—罗马社会与欧洲封建社会二者不可公度。然而,"封建社会"作为一种社会类型,它与古希腊—罗马的社会类型,与任何时代、任何地域的社会类型都有可公度性。此外,库恩对于科学史的研究本身也提供了一个经典例证:在不同历史时代,就对科学本质的理解而言,不同的范式各自作为整体彼此不可公度;然而,这些历史中不可公度的"范式"之所以可以由当代的库恩来表达,恰恰是因为库恩以历史社会学的方式预构了"范式"这样一个认知的概念框架,重新组织、解释了可以从中抽取出"范式"的具体经验事实,从而使它们获得了可公度性、可翻译性和可交流性的基础。

据此而知,可否公度所牵涉的最根本问题就是逻辑上讲的本质定义,即种概念加属差的问题。在比较研究中,可否公度的关键在于我们是不是能够将比较项放在同一个种属(genus)下。亚里士多德在《范畴篇》中说道:"外延较大的种可以被用来述说那外延较小的种,因此谓语(即前一个种)的一切属差,也就是主体(即后一个种)的属差。"①正因为如此,对于同一个种内彼此有别、彼此对立的各个属(即外延较小的种),种本身的属

---

① 亚里士多德:《范畴篇》,方书春译,北京:商务印书馆1959年版,第11页。

差是它们的可公度项,但这些"按本性而言是'同时的'"属却有着另一层次的属差,使得它们在同一个种里被区分并且彼此对立。例如,"动物"的本质定义中的属差可以用来描述"有翼的""有足的"和"水栖的"动物,但这三种动物彼此间的属差却使得它们彼此对立。① 我们把种规定在一定的阶梯或阶段,只要比较对象被设定在同一个种内,种的本质定义(如动物的定义)就是比较对象之间的可公度项,而比较对象之间的属差(如有翼的、有足的、水栖的)便是不可公度项;若不在同一个种内,比较对象就不可公度;若置于同一种内却看不到属差,这也谈不上公度,种等于没有找到。另外,按照亚里士多德的认识,如果我们能够比较"有翼的""有足的"和"水栖的"动物之间的异同,那必定是因为认识者使用了同一种分类方法(分类原则)来区分它们②,由此我们也看到了库恩所阐述的语言分类结构的渊源。

4. 比较研究意在认识事物的本质,在这个意义上,我们甚至可以认为,没有比较就没有认识

当我们认可事物的本质定义乃是种概念加属差时,我们就不得不承认,种概念(同)与属差(异)乃是比较的结果。差异与同一的统一,黑格尔称之为根据,即事物存在的根据,也是事物的本质。③ 我们也常常说起,通过他者认识自我,那便是以比较的方式在寻求与它者的差异与同一中阐明自我的本质。

布洛赫的研究对象是中世纪的罗马—日耳曼社会,他必须

---

① 亚里士多德:《范畴篇》,第47页。
② 同上。
③ 黑格尔:《小逻辑》,贺麟译,北京:商务印书馆1980年版,第259页。

在空间和时间上来界定这个对象。在空间上,这个社会处于穆斯林、拜占庭和斯拉夫三大集团的包围中。在时间上,布洛赫研究9世纪中叶到13世纪前几十年的历史。差异与同一的存在不仅促成了罗马—日耳曼社会的内部比较,也促成了一种更为广泛的文明比较。这样的比较视野是布洛赫从空间和时间两方面定位研究对象的前提。二者的结合乃是"封建社会"本质上不同于血族社会、受国家权力支配的社会,以及资本主义社会的依据所在。布洛赫指出,该社会自身也绝非和谐一致,"甚至在起点差不多相同的各地区、各社会群体的发展路线在随后也可能相去甚远。但是,不管这些差异多么明显,我们能不承认在这些差异之上存在一种共同文明即西欧文明所具有的显著的品质吗?"①由此可见,布洛赫将西欧文明作为研究对象,他唯有通过在内部的异(各社会群体不同的发展路线)中求同(西欧文明的品质)以及与外部世界的同(诸文明作为文明)中求异(中世纪西欧的文明),才可能阐明中世纪西欧文明的独特品质。在《封建社会》的写作中,我们有时可以直接在文本中读到这样的比较,有时只能从布洛赫的表述中间接地证明它的存在。

5. 由于比较范围的选择、可公度性及语言分类结构是比较者主观预构的结果,因而,事物的本质并非完全外在于比较者的客观存在,它同时也有赖于比较者的理论构想

在库恩看来,几何学对象之所以可以比较,是因为它们各自适用同一种几何学方法。在人文学科的比较研究中,我们不存在同一种"几何学"方法,而是每一位研究者都可能提供一套彼

---

① 〔法〕布洛赫:《封建社会》,第32页。

此存在着差异的"几何学"方法。只不过每一套"几何学"方法都遵循着几何学研究的逻辑,它有着各自相对独立的一套公理、定理系统。每一位人文学科研究者都同样预设了某个核心概念,用它充当本质定义的种概念,并围绕它建构起一个概念框架,以此解释比较对象,在它们之间建立起沟通的桥梁。

当布洛赫面对中世纪社会、经济、文化各类史料,以及有关他的研究对象的学术史资料,他试图为读者提供有关欧洲中世纪的本质说明。这一本质他后来称之为"封建主义"。在研究中,诸多史料首先处于一种松散状态,而个体历史事实以差异作为前提彼此区分。布洛赫需要在数量繁多的个体历史事实间异中求同,为此,他需要确定研究的时空范围、研究的对象,设想一个容纳确定范围内相关史料的历史分类系统。布洛赫很清楚地意识到,他可以在保留差异的同时承传布兰维利耶的历史分类体系,即"一种以对社会现象的观察为基础的历史分类体系"。这种分类体系取代了以"帝王和修辞传统对历史所做的所有武断的旧划分"。[①] 一种新的历史分类体系的出现,必然包含着不同层次的概念阶梯。如果称中世纪最根本的特征便是"封建主义",那么,这个概念无疑是该历史分类体系中的最高层次的概念,而依附关系、采邑、农奴制、武士、农民等等概念,则在该分类体系中有着层次不同的相应位置。布洛赫有关"封建主义"的词源分析为我们证明了这一点。他反思了布兰维利耶以来思想家们使用过的"封建主义"一词,反思了这个概念与每一次使用它的情境之间的关系,之后,他告诉我们:"就像用旧了的钱币

---

① 〔法〕布洛赫:《封建社会》,第28页。

一样,各种词汇在不断的使用过程中会失去明晰的轮廓。以目前的用法,'封建主义'和'封建社会'涵盖了一整套的观念,在这套观念中严格意义上的所谓采邑不再占有最突出的地位。"①由此可以看出,布洛赫明白,中世纪欧洲社会的本质特征,是一种观念建构的产物,它并非传统实在论意义上的单纯的历史本然。并且,后代学者对《封建社会》的批评更进一步证明,"封建主义"不过是布洛赫为我们提供的一种对中世纪欧洲历史的理解,这种理解如同萨瑟恩的《中世纪的形成》和勒高夫的《中古文明》所提供的一样。同样,我们可以这样思考,对于一般读者来说,他们所认识的欧洲中世纪的本质,不正是由这些蕴含了中世纪史专家主观识见的描述所提供,经由他们的比较或反思形成的吗?

6. 比较研究必须以某种认同为基础,同时意在生成新的认同,但这绝不意味着追求一种毫无差异的认同;相反,保持差异是比较研究成为一种创造性活动的源泉

同样以布洛赫的比较研究为例。布洛赫选定"封建主义"作为描述西欧各地区社会群体之本质的种概念,从而使之成为可公度项时,其依据在于"这个词语的存在本身就表明,人们已经本能地承认了这个词语所表示的这个阶段的独特性质"。②这就意味着,以词源学分析为基础,布洛赫了解他自己使用的术语与其他人表述的术语并不一致,但围绕"封建主义"建立的概念框架在被人们接受的过程中,也已经成为一种异同共在的统

---

① 〔法〕布洛赫:《封建社会》,第29—30页。
② 同上书,第33页。

一体,这是可公度性、可比较性与可交流性的基础。"封建主义"这一概念不仅可以用来概括布洛赫所研究的对象,它同时也是《封建社会》这一研究成果得以被人理解、获得学术交流可能的基础。进而,通过对封建主义的重新表述,布洛赫的研究或许改变、丰富了人们对中世纪欧洲社会本质特征的认知,或许使他的读者产生了求知的渴望……无论是哪一种结果,布洛赫都没有想要为读者建构一种毫无差异的认同,这一点也通过他并不拒斥含义模糊的术语得以表达。他曾经说:"如果科学每前进一步都得造些新名词的话,那么待命名的东西真要成千上万了。学术界得为此虚耗多少光阴啊!"① 就是在这样的想法之下,布洛赫大胆地运用歧义迭出的"封建主义"一词,这并非一种懒惰的表现,而是一种对词源、语义及其情境有着精深思考的结果,因为只有直面不同"封建主义"概念使用中的异与同,他才可能在比较之中产生一种创造性的冲动,"追求尚未确定而有发展前途的知识"②,而沉迷于谨小慎微的定义将扼杀智慧的火花。

我们的确是以一个被学者们视为比较史学经典的作品来例证比较研究的一般逻辑。但正是在这样一部传统意义上的"比较史学"作品中,我们接触到的是本质定义、概念化、抽象等等,其中最为核心的范畴则是"异"与"同"。它们都是认识论中的普通概念,这也就支持了我们所做的判断:没有比较就不存在认

---

① 〔法〕布洛赫:《历史学家的技艺》,张和声,程郁译,上海:上海社会科学出版社1992年版,第19页。

② 同上。

识。这样看来,在我们提及历史比较之时,倘若只是认为我们是在运用某种具体的历史学方法,或者运用这种方法之后形成了某个独特的历史学分支领域,这就有些显得不合时宜了。将比较视为认识的一种普遍形式,这有可能会消除"历史比较"在现代历史方法论中具有的独特性。或许,我们可以说,历史认识处于以纯粹抽象的认识与直观映射为极限的连续统之间,这就如历史研究的对象处于以人类(总体)和个人(个别)为极限的连续统之间。

比较在这样的连续统中无处不在,只不过其显现以及能够被觉察的程度有所不同。例如,有的历史作品只表现了一种不自觉的比较研究的结果(如任何一部非"比较史学"作品),而有的作品还同时有意宣示比较研究的过程以及各要素起到的作用(如《封建社会》)。比较研究与抽象、概念化紧密地联系在一起。当我们说任何历史作品都脱离不了抽象与概念化的认识时,事实上就为说明任何历史作品都蕴含着比较研究做了铺垫。布洛赫曾经把比较理解成一种"抽象"的方法。他说过:"任何一门科学都不能排斥'抽象',正如他不能排斥想象一样。"① 当他选定复数的人(准确地说是人类)作为历史研究的对象时,理由便在于"复数比单数更便于抽象。相对而言,复数的语法形态更适用于一门研究变化的科学"。② 对于比较与抽象之间的关系,若进行更加细致的分析,我们完全可以借助于分析哲学的成果,阐明历史文本中词语与概念的使用在多大程度上是一种

---

① 〔法〕布洛赫:《历史学家的技艺》,第108页。
② 同上书,第23页。

隐性比较的应用。

在本文分析的基础之上,如果我们依托"历史"一词的多义性,借助于20世纪自柯林武德以来从历史认识论角度对"历史"观念的分析,或许我们可以重新理解"历史比较"一词,即不再将它看成"历史的(比较对象的)比较",而理解为"历史地比较"。那样的话,原本作为比较研究这个种概念之下的"历史比较"之属,将因为强调一切比较都具有历史性、一切比较都是历史地比较,转变成人文学科内任何比较都必须具备的普遍性原则,从而丰富比较研究的内涵。这样的一种转向,将为我们未来有关历史比较研究的理论探讨开拓出新的方向,对此,请容我们另文论述。

(原载《北京师范大学学报》2005年第5期)

如何理解作为世界史的古代史[*]

长期以来,我所从事的教学与研究工作,基本都在世界古代史的范围之内。可是,我们所说的"世界古代史"究竟是如何成其为"世界史"的?这个问题,对于我来说,也是一个长期挥之不去的、颇难真正弄清楚的问题。在这一篇小文里,我将把自己所想到过的问题以及一些管窥蠡测,一并述说出来,谨向诸位专家及读者请教。

既然要讨论作为世界史的古代史应该如何理解的问题,那么,我们就不能不首先弄清世界史的概念。说来好像有点奇怪,"世界史"这个词本来就是大家都耳熟能详的,还有什么可以讨论的呢?其实,这个问题像许多其他问题一样,一眼看来是清楚的,再一深究,问题就一层一层地浮现出来了。

譬如,现在我国的各级社会科学研究机构和高等学校里,历史学科总是分设有中国历史与世界历史两大部类的相应机构。这是大家都熟悉的。可是如果仔细一想,这样的分类在逻辑上对当吗?

---

[*] 本文系教育部哲学社会科学研究重大课题攻关项目《中外史学理论比较研究》(项目批准号 04JZD00027,合同号 04JZDH0027)成果。

我们所从事的历史学,可以按不同的区分标准加以分类,例如,从其内容的专业性来看,可以分为不同门类的专门史;从其时间划段的情况来看,可以分为断代史与通史;从其空间划分的情况来看,可以分为世界史与国别史(其中又有本国史、外国史之分)等。照理说来,这就应该是一、二、三级学科的三级分类的逻辑标准。如果说一级学科是属(genus 或译种)概念,那么二级学科便是这个属概念内部下属的各个种(species 或又译属)概念;如果说二级学科是属概念,那么三级学科便是这个属概念内部下属的各个种概念。如果按此标准,那么,世界史(主要从综合的角度来研究、把握历史)与国别史(主要从分析的角度来研究、把握历史)在概念上是同一级的,中国史与其他外国史(同属于国别史)在概念上是同一级的。以中国史与世界史并列,在逻辑上并不对当。另外,如果严格照逻辑分类,属概念之下的各个种概念之间的内容是必须互相排除的,也就是说,其间不能有任何的交集。然而,即使以世界史与中国史并列,但世界史中本来就含有中国史的内容,这也就显然不合逻辑分类的规则。何况,现在我们的许多世界史研究与教育机构中,往往不列中国史的内容,这样的"世界史"其实就变成了外国史。当然,必须说明,中国史作为本国史,是本国人民自我认同的基础,予以足够重视是完全必要的(其他国家也无一不是特别突出本国史的);而世界史,是我们生存的外在总体环境,当然具有同样重要性。因此,以中国史与世界史并列的分类法,尽管在逻辑上有些不妥,可是从价值判断来看,却是完全无可非议的。这里谈这个问题,只是要说明世界史作为一个学科在概念上并非没有思考的余地了。

又譬如,人们通常都认为,世界史,顾名思义,就应当包括全世界一切国家、民族的历史。这样的说法一般看来不能算错。20世纪50年代初,我按分工开始从事世界古代史的时候,当时还不能读俄文书,所以只好时常参看布勒斯特德的《早期世界史》(J. Breasted, *Ancient Times*, *A History of the Early World*, 1935 修订本)。这本书除去简略的史前史以外,只讲古代近东和希腊、罗马的历史。没有印度和中国的部分,怎么能算世界史?我觉得这是编者的西方中心思想的偏见,大家的看法也是如此。稍后看到苏联师范学院历史系所用《世界古代史》教材(先是看到日知林志纯先生对此书初版的前半部分译稿,后又看到修订版原书),其中有了印度和中国,不过仍然简略,无法与希腊、罗马比拟。当时觉得这总是向世界史进了一步。以后又看到苏联科学院主编的多卷本《世界史》(*Всемирная История*),其中古代史部分(1、2两卷)所包含的国家和地区更多了。的确更全面了,不过也不能穷尽一切。这样,在我的脑海里就逐渐提出了这样的问题:一则,是否不能穷尽一切国家和民族的历史就不能是世界史呢,或者说,穷尽一切国家和民族的历史乃是世界史的必要条件吗?二则,是否一旦穷尽了一切国家和民族的历史就自然成为世界史呢?或者说,穷尽一切国家和民族的历史乃是世界史的充分条件吗?

稍后,我在读马克思、恩格斯著作中得到了启发,觉得他们的分析判断可以解除我的困惑。

马克思在《政治经济学批判》导言中说:"世界史不是过去

一直存在的;作为世界史的历史是结果。"①

这里只有两句话,意思非常清楚。如果变换一种方式来说,那就是:第一句话的意思是说,过去曾经存在过没有世界史的历史时期;第二句话的意思是说,存在世界史的时期是不存在世界史时期历史的结果。众所周知,在早先的不存在世界史的历史时期,散布在世界各地的国家或民族的历史是存在的,那么,这些存在于世界之上的国别史的总和是否是世界史呢?马克思的答案显然是否定的。为什么呢?我觉得这个问题仍然可以从马克思和恩格斯的解说中得到理解。

马克思和恩格斯在《德意志意识形态》中说:"各个相互影响的活动范围在这个发展进程中越是扩大,各民族的原始封闭状态由于日益完善的生产方式、交往以及因交往方式而自然形成的不同民族之间的分工消灭得越是彻底,历史也就越是成为世界历史。例如,如果在英国发明了一种机器,它夺走了印度和中国的无数劳动者的饭碗,并引起这些国家的整个生存形式的改变,那么,这个发明便成为一个世界历史性的事实……"②又说:"它(指大工业——引者)首次开创了世界历史,因为它使每个文明国家以及这些国家的每一个人的需要的满足都依赖于整个世界,因为它消灭了各国以往自然形成的闭关自守的状态。"③

这样,我们就可以明白,世界历史的形成有赖于世界历史性的事实(das weltgeschichtlichen Faktum)的存在,而世界历史性

---

① 《马克思恩格斯选集》,第二卷,北京:人民出版社1972年版,第112页。
② 《马克思恩格斯选集》,第一卷,第51页。
③ 同上书,第67页。

的事实(按马、恩所举实例来看)就是在使世界构成一个有机的整体过程中发挥了历史作用的事实。反之,如果不是能在有机世界构成中发挥作用的事实,那么,尽管它们是在历史上出现过的事实,也不能算做世界历史性的事实。比如说,一对男女结婚,对于这个家庭来说自然是历史性的大事,但是,如果不是古代的涉及两个王室或国家分合的政治婚姻,那就不能算是一国历史的历史事实,从而对于国别史并非必需;如果一个国家内部发生瘟疫并造成巨大损失,但是并未流传出境且未影响国际关系,那就只能算是一国历史中的历史事实,而不能算是世界历史性的事实,从而对于世界史也并非必需。因此,即使穷尽一切国别史、家庭史的历史事实,那也不能构成世界历史。这样,原来使我感到困惑的问题就得到了解决:即使穷尽一切国别史、家庭史的历史事实,那也既非世界史的必要条件,又非其充分条件。要研究世界历史,当然必须有国别史研究的基础,这是毫无问题的;不过,超乎国别史的眼光尤为必要。因为,世界历史不能被理解为一切国家、民族的历史简单地相加所得的总和。如果从逻辑上说,那么,世界史作为一个概念,它必须是一;而每一个国家、民族的历史作为概念,它们也必须各自是一。不过,前者是大一,后者是小一。诸(譬如 N 个)小一相加之和,只能是多(N 个一),不能是一个大一。

几乎就在探讨上述问题的同时,另外一个新的问题又展现在我的眼前。且不说大工业的出现,即使提前到 15 世纪末的新航路的发现来算,也就是现在常用的以 1500 年为古代与近代大致分期线,那么,我所从事的古代史是否能称为"世界古代史",这也成了问题。

难道马克思真是绝对地否定了古代史作为世界史的资格？带着这个问题，我再仔细研读马克思的原话。既然"作为世界史的历史是结果"，那么，就像以上我所理解的，由此推导而来的必然结论就是"存在世界史的时期是不存在世界史时期历史的结果"。不存在世界史时期的历史竟然能够得出存在世界史时期历史的结果，这是否是无中生有呢？我们知道，从抽象的、绝对的无中是绝对不可能产生有的。但是从前面的一种存有状态经过质变而成为后一种存有状态，这样的事实是大量存在的。在后一种存有状态未曾出现以前，它当然是无；不过，在前一种存有状态中已经准备了产生后一种存有状态的条件，所以，后一种存有状态并非产生于绝对的无，而只是相对的无。《老子》（二章）言"有无相生"，说的也就是这个道理。在真正的世界史出现以前，世界是存在的，人类社会（包括民族、国家）是存在的，历史也是存在的，怎能说那就是绝对的或抽象的无呢？只不过还缺乏一种质变，整个世界还没有形成一个有机的一体，因而人类的历史还不具有全世界的性质而已。不仅如此，而且，如果没有前一阶段的充分准备以及种种量变，那么后一阶段的世界史也是不可能突然而生的。马克思所说的"作为世界史的历史是结果"，分明指的就是这个意思。

这样，我就明白了世界古代史作为世界史还是可以的，只不过那是完全意义上的世界史出现以前的准备阶段，或许也可以说，那是正在怀孕中的世界史。

当然我自己也知道，这样的明白还不是彻底的明白。因为，彻底的明白不能仅限于抽象的概念层面上。正如黑格尔所说

"真理如果是抽象的,则它就是不真的"。① 所以还要思考在真正的世界史出现以前的历史中潜在的世界性具体内容是什么。到了这个时候,具体的历史研究是十分必要而且重要的。不过,在做具体历史研究的同时,保持思路的清晰与明确也是十分(甚至可以说更为)重要的。如何厘清自己的思路呢? 在读《德意志意识形态》的时候,我已经感觉到了马克思和恩格斯对于这个问题早已有了系统的思考和分析。

马克思、恩格斯在《德意志意识形态》中说:"一当人们自己开始生产他们所必需的生活资料的时候(……),他们就开始把自己和动物区分开来。人们生产他们所必需的生活资料,同时也就间接地生产着他们的物质生活本身。……而生产本身又是以个人之间的交往[Verkehr]为前提的。这种交往的形式又是由生产决定的。"②

马克思和恩格斯的这一段话说明了这样一个事实:人类世界的历史只能从人类的生活开始,而人类的生活又只能依靠生产而继续;人类既然要生产,就不能不同时形成多重交往或关系,即人与自然的交往或关系(生产力)、人与人的交往或关系(生产关系)以及人与自然的关系对人与人的关系之间的交往或关系(生产力与生产关系之间的关系)。这样多重的交往或关系在多层次上表现为矛盾统一的结构。当然,这些交往或关系以及作为承载它们的结构,并非是不着实际的抽象概念,而是

---

① 黑格尔:《哲学史讲演录》,第一卷,贺麟、王太庆译,北京:商务印书馆1997年版,第29页。

② 《马克思恩格斯选集》,第一卷,第25页。

实实在在地体现在不同时期、不同地域、不同规模与组织程度的社会群体(如氏族部落、民族[Volk,people]、村社、城市国家、地区性国家、跨地区帝国等等)之中。① 纵向的历史发展总是以相应的不同规模与层次的横向结构为其载体的,因此,横向载体的不断发展正是真正的世界历史产生的量变积累过程。

其实,这种横向载体的不断发展正是真正的世界历史产生的量变积累过程,恰好也反映在人们对于"世界"的观念的发展上。

按"世界"一词,在当代西方主要语言中,相应为英文之world、法文之monde、德文之Welt、俄文之мир。这些词在概念外延上具有很大的伸缩性:大而言之,可以囊括整个人类世界即全球;中而言之,可以分指不同国家集团(如现在常说的第一、第二、第三世界,黑格尔所说的"东方世界""希腊世界""罗马世界""日耳曼世界"等等);次而言之,可以分指不同社会群体(如商界、政界、学界等等);更小而言之,还可以指称一个人身边可见的小群体(例如俄文里的мир,大则可以指称全球,小则可以指称一个小小的农村公社)。在中国,"世界"一词不见于先秦儒家经典,亦不见于先秦子书。看来汉语"世界"一词来源于佛教经典对于梵文Loka之翻译。有趣的是,按照佛经说法,人类活动所及的世界只是一小世界,积一千个小世界为一个小千世界,积一千个小千世界为一个中千世界,积一千个中千世界为一个大千世界,大千世界之上还有三千大千世界,等等。如果一定要在中国古典中找出相当于"世界"的词,那么它似乎应该是

---

① 附带说明,这一段话也见于另一篇尚待发表的拙作中。

"天下"。真正的天下,即普天之下,那当然是指全世界。可是夏、商、周三代王朝的君主皆称天子,其所统治的领域就叫作"天下",而各诸侯所统治的领域则称邦国或方国。三代以下,秦、汉等等王朝,其君主皆称天子,其直接统治与影响所及的领域皆称天下。唐初骆宾王《为徐敬业讨武曌檄》云:"请看今日之域中,竟是谁家之天下。"天下又可以等同于域中。今人常说"今天大人不在家,这个家就成了孩子们的天下了"。所以,汉语里的"天下"和"世界"大体相当,概念外延的伸缩性也是很大的。在古代中国还有一种与印度的大千世界说相近似的说法,即战国时期的阴阳家邹衍的说法。邹衍"以为儒者所谓中国者,于天下乃八十一分居其一分耳。中国名曰赤县神州。赤县神州内自有九州,禹之序九州是也,不得为州数。中国外如赤县神州者九,乃所谓九州也。于是有裨海环之,人民禽兽莫能相通者,如一区之中者,乃为一州。如此者九,乃有大瀛海环其外,天地之际焉"。(《史记·孟子荀卿列传》)也可以说,邹衍对"天下"又做了一种特殊的解说。其实这些都不过是具有很大伸缩性的世界或天下的观念罢了。

那么,"世界"概念的外延为什么会有这样大的伸缩性呢?原来人类社会群体会因为社会经济等多重交往关系不断扩大而扩大,而人类社会群体的不断扩大又会促成人类眼界的扩大,所以,"世界"概念外延的不断扩大正是人类社会群体扩大以及随之而来的眼界扩大的这种不断的历史量变过程,在人们观念中留下的轨迹及其在想象中的延伸(如古代印度的大千世界之说与古代中国的大小九州之说等)。其实每一个具体的量变中都潜藏着质变的因素(矛盾着的事物在不断自我否定、自我突破、自我超越中进展），因此量变到了一定阶段才会导致质变，从而，严格意义上的世界性的历史事实以及世界历史，也就随着这样的由量变而质变的过程逐渐产生。

世界古代史存在于严格意义的世界史以前，但是，它本身的确为了从小世界发展为大世界准备着条件，从而具有从小世界逐渐向大世界进展的潜力；因此，古代史绝对不是与"世界"的概念毫无关联，相反却是世界得以成其为世界的必要前提。由此可见，世界古代史作为世界史的资格是毋庸置疑的。

说到这里，似乎问题已经基本清楚了。不过，看来仍然有须待继续思考的问题。的确，我们研究世界古代史，不能不首先研究各个古代国家、民族之间的交往，并且从这种交往范围逐渐扩大过程中发现"世界"（包括实际的和观念的）的由小而大的进展。那么，是否只要简单地研究这些交往的事实就足够了呢？答案应该是否定的。因为我们研究历史，不仅要研究事实的当然，而且要研究它们的所以然。否则，那就是史料的简单堆积，何以成其为史学？史料学只能是历史学中的一个组成部分，一个必要的组成部分，但是它绝对不能等同于作为有机整体的历史学。所以，要了解并理解历史事实的所以然，那就不能不研究历史事实之间的逻辑关系。

世界上的历史要从分散到整体、从多到一、从小一到大壹，然后才能逐渐演进为世界史。可是由于什么条件才能实现分散到整体、从多到一、从小一到大壹呢？不妨从最原始的人类群体或姑且从氏族来谈起。氏族由若干个人组成，即氏族之作为一，乃由多人合成。可是简单的多人是不可能合成一个氏族的。氏族的组成最根本的条件是，必须兼有男女两性；有两性的结合才能有生育,有生育才能有人类的延续,有人类的延续才能有老、中、青、幼年辈的区分,有男女与年辈的区分才能有按性别与年龄划分的最初的劳动自然分工与合作,有分工合作才能有氏族群体作为整体即一的存在。可是,如果回头一看,那么我们就会发现,男女本来为异,即使一男一女的结合,其成员也是二人,为多;男女本来为异、为多,那么,他们有何以能够演化为一?因为男女两性同为人类(在属概念上为同,如取《易·系辞上》的说法即为太极),同时又分别为男女(在种概念上为异,如取《易·系辞上》的说法即为两仪)恰好因其为含同之异,所以互为相需,从而能够结合为同(同一群体),结果也就由多而为一。不同的、相互通婚的氏族组成部落,不同的氏族本来为异、为多,然而恰好因其为含同之异,所以互为相需,才能适应氏族外婚的需要,所以能结合为同(同一群体),结果也就由多而为一。由氏族而部落,而小邦(以城市为中心的小邦),而地区性的国家,而跨地区的帝国,无一不是因为兼有异同而具有了由多而一趋势。古代的商队反复往来在漫长的丝绸之路上,逐渐沟通东西方之间的交往,也是以不同地区的产品的兼有异同为前提的。如果双方产品与需求完全为同而无异,那么就根本不存在贸易的必要,没有人会用自己的米去徒劳地换别人同样的米;如果双方产品与需求完全为异而无同,那么双方就会既无同欲又无同欲之物,甚至没有双方共同承认的交换手段,那也就是说双方之间就根本不存在贸易的可能。双方各自没有对方需要的东西,那又如何能够交换呢?古代历史上长期存在过农耕民族与游牧民族之间的冲突、融合,其原因也基本在此。不同古代文明之间的冲突与分合,其原因也基本在此。

如果进一步追问,异同与一多在逻辑上是处于一种什么样的关系呢?答案应该是,如果在同一的属(genus 或译种)概念之下诸种(species 或又译属)概念相互之间为异(即种差),那么它们之上的属概念即为同。如果说诸种概念为多,那么属概念本身即为一。因为,我们一旦说道某些事物为异,那就必须问它们何以为异?其实,这也就是在问。你根据何种区分标准指证其为异?而这个区分标准必须是同一的,否则全部事物就会无法分类,就会呈现为杂多(如同康德所说的 Manifold)。换句话说,亦即这个区分标准本来就是从这些事物中抽象出来的共同基本属性。例如,考古学家从不同地方的地下发掘出很多经过人工敲击的石块,它们各式各样,经过研究,发现它们都是打制而成的石器,于是考古学家根据制作方法这个同一区分标准把它们称为"旧石器"。不同文化的旧石器为异(种差),而其区分标准即其制作方法为同(同属)。它们之间这样的同与异,才是具有意义的异同。作为不同文化的旧石器,它们是多而非杂多,同时它们都是旧石器,所以又同时为一,为有机的含多的一。又例如,古代希腊有很多城邦,各自独立存在并具有自己的政治体制、社会经济等方面的特点;雅典与斯巴达是其中最大、最主要的国家,而体制上的差异甚大。可是,古代希腊学者(包括史学家、哲学家)都认为它们在政治上同属于城邦型的国家,而且把斯巴达的黑劳士(Helot)与雅典的奴隶同样称为奴隶。同样都是城邦型的国家,亚里士多德又把它们分为六个具体类型,即三个正当的:君主制、贵族制、共和制,三个变态的:僭主制、寡头制、平民制。这些依据逻辑的区分,是以历史的事实为根据的,并非什么玩弄概念。可是,正是由于有了这样的一些区分,我们才看清了各个希腊城邦之间的异同；也正是由于看清了各个希腊城邦之间的异同，我们才能从多中看到一，从政治上从来不曾统一的希腊诸邦中看到了一个"希腊世界"。所以，如果我们想很好地研讨古代史之所以能够作为世界史，那么，看来自觉的逻辑意识还是具有相当重要的意义的。如何才能提高我们的历史研究中的自觉逻辑意识呢？那么，历史的比较研究，看来应该既是提高自觉逻辑意识必不可少的前提，也是历史学训练方面的一个重要的基础。

这一篇小文，没有具体的微观研究的内容，而主要是谈了个人的许多一管之见；不过这些管见积累于心已经多年，并非临时即兴而发。由于这些想法并不成熟，多年未敢轻言。现在，欣逢《世界历史》创刊"三十而立"大庆，承蒙编者厚意约稿，用敢不辞谫陋，谨抒愚见，既以为《世界历史》寿，亦以就教于各位专家与读者。如蒙有所赐教，则不胜感激之至。

2008 年 9 月 5 日，于北京师范大学寓庐愚庵

（原载《世界历史》2008 年增刊）

走出世界史研究的困境

六十年来,我国在世界史研究领域内取得空前的进展。从前除了少数专家之外,世界史研究在全国范围内确实一穷二白。现在,不论从人才的数量、质量及分布情况,还是从学术论文、专门论著、译著评介抑或从高校各科教材等成果情况来看,都有了长足的发展。不过,要居安思危,认真反思我们面临的深层问题和困难,才能取得进一步的发展。

一、世界史不等同于外国史

现在,我国历史学专业分为中国史和世界史两大片。这样的区分,在教学与研究的实践中的确有其方便易行的优越性。但是,这种区分一旦在观念与操作上予以绝对化,那么其中的隐患就值得忧虑了。一则,作为概念来说,"世界史"的外延理应涵盖世界各个国别的历史,"中国史"作为国别史之一,就在"世界史"中,不能例外;这就是说,世界史是上位(属 genus)概念,各个国别(包含中国)史是下位(种 species)概念。因此,以世界史和中国史并列而二分,在逻辑上有着概念位阶的混乱,从而是不可取的。二则,中国史是中国史,世界史是外国(中国以外各国)史。本来中国史与外国史在概念外延上是互相排斥的,是可以分类的,可是一旦把"世界史"与"外国史"混同以后,后果就值得忧虑了。以此为据,治世界史者与中国史无关,治中国史者与治世界史者无关。那么,难道我们的中国史不是世界史的一部分,不需要在世界史的总背景下来研究与思考而仍然能够"躲进小楼成一统"?难道我们的世界史也可以像某些持西方中心论的史家所写的"世界史"那样排除掉中国史,从而自我否定中国史在世界史上的地位?三则,以外国国别史混同于作为总体的世界史,于是治一个外国的国别史就等同于治世界史,把部分混同于总体。其实,不论我们治哪一个国别史(中国或某一外国),都是在治世界史的一部分。明确了这一点,当我们治自己所专长的某一国别史的时候,自然就需要做两重考虑:一是本国别与其他国别史之间的横向关系,二是国别史与世界史之间的纵向关系。如果要从这两重关系上来做世界史、外国国别史和中国史的研究工作,所面临的困难实在是很多的。只有历史学者和有关领导机构透彻地看清了所有的实际困难,我们的研究才能在比较合理的条件下得到应有的发展。

按照现在的区分方法,世界史的研究只是治外国史学者的任务,与治中国史的学者无关。就现有的实际情况而言,国内治世界史的学者,一般都在某一外国的国别史、某一专门领域的历史或某一阶段的、某一区域或世界的历史学有专长。为了获得这样的专长,他们不得不克服异国语言、文化等方面的障碍,付出极大的努力。然而,国内治世界史的学者还面临着某种两难处境:治某国史的学者到某国去,要想在该国历史文化的深处与该国专家争衡,是相当困难的,因为二者所具有的条件迥然不同。同样,国内治外国史的学者要想在把握资料的深度与密度上与治中国史的学者相比,还是处于劣势。我们顶着世界史学者的头衔的人,所费精力决不会比治中国史的学者所费的少(实际往往更多),可是对内对外又常处于相对"弱势"的地位。

二、兼治中外历史

那么,治世界史的学者如何摆脱这种困境?我个人以为,我们在治学理路上要有所突破。治世界史的人最好能以不同的程度来关注或研究中国史。具体情况又可分为两类。

一类学者专注于外国国别史的研究。中国作为世界大国,不能不和各国往来,不能不对各个国家的历史文化有深入的了解。这就决定了外国国别史的研究是必不可少并且要加深、加强的。这就要求进行分析,譬如要治英国史,英国史家比我们深在、强在何处呢?他们处于本国历史文化环境之中,无论如何都比我们外国人条件有利。其实,他们的优长之所在同时也就是他们缺陷之所在,他们往往由于身在庐山而难识庐山真面目,而我们却能够旁观者清。旁观者也必须有一个观察的出发点,这个出发点天然地就是中国、中国的历史文化。专治英国史的学者如能在中国史上有所涉猎或研究,由于有了一个自己的参照系,对英国的特点就能有更深的认识,甚至是英国学者也难以得到的认识。这样我们就不再单方面地做学生,而是可以与对方互为师友,切磋交流。

另外一类治外国史的学者(在某一或某些国别史上已有相当基础者)可更多地从总体上注意世界史,同时从总体上注意中国历史,做严格意义上的世界史研究。现在国外出版的世界史虽然比从前已经稍多地注意到了中国与中国史在世界史上的地位与作用,但是总体上说仍然是不够的。在这一点上,我们不能"躬自薄而厚责于人",在世界史上说明中国的地位、作用与由之而来的义务,本来就是中国历史学家的责任与义务。这是中国治外国史学者的义务,其实也是治中国史学者的义务。而且,写世界史,不可能如某些学者所设想站在月球立场去写,写作者必不可免要有一定的出发视角。多重视角看到的世界史,可以丰富人类对世界历史的认识。中国人当然应该有自己的视角,并由此出发写出自己的世界史;这样的世界史才是有中国特色的世界史,才是中国人应该贡献给世界人民的世界史。

三、建构中国视角的世界史体系

众所周知,治世界史已经比治中国史更难,如果再照以上所说让治外国史的学者再加上一门中国史,那岂不是雪上加霜、难上加难?这就要求有关领导机构切实了解这样做的意义,从而对从事这样的世界史研究的学者给予适当的安排,例如不再按照一般的以成果数量标准来决定学者的考核、晋级,并且在研究环境和条件方面给予必要的关注和帮助。

有了这些关注和帮助,才有可能克服上述问题。因为中国历史文化是我们自己的历史文化,我们天然地就生活在其中,没有任何语言和文化背景的障碍。即使是学习古代汉语、甲骨金文,其难度对于我们来说也不会超过学习一门外语。我们治世界史,所需外文自然越多越好。我想,如果除了最必需的外文以外，少学一门外语而投入本国古典语言文字的学习，那么其效用就远非第三、第四外语所能比拟。当然，学习中国古代语言文字（尤其上古语言文字）的确并不容易，不过我们学自己的语言文字，即使是上古的，那也不会比学一种新的（与已学的语言同一语系的）外国语言文字难。当然，我们也希望治中国史的学者中能有人愿意抽出部分时间、精力和我们一同研究世界史。也许，他们要学一种新的外文，其难度会比我们学习中文大一些。

为什么不顾一切困难而强调一些人要兼治中外历史呢？因为世界历史既是各个国别史的总和，又不是其简单的总和。世界史必须有国别史作为基础，但又不是国别史的简单相加之和。以中国史为背景看他国、看世界，可以看出其他国家的人看不到的东西；同样，我们以世界史为背景看中国，也可以看到仅治中国史的学者所难以发现的东西。这样做是会有困难甚至很大困难的。不过，只有克服了这种困难，我们的世界史、中国史乃至外国国别史的研究，才会出现新的局面。

(原载《中国社会科学报》2010年3月4日)

第三辑

史学的体与用

史学的求真与致用问题

本文包括四个部分,第一,不同学术传统对于史学的求真与致用的不同看法,这部分也可以说是问题提出的缘由;第二,关于史学的求真问题;第三,关于史学的致用问题;第四,关于史学的求真与致用关系问题。以下让我们来做具体分析。

中国在世界各国中素称史学发达,也有着优良的史学传统。中国史学之所以如此发达,实际上也与其本身的优良传统有关。什么是中国史学的优良传统呢?概括地说,那就是既讲究史学的经世致用,又重视史学的求真。如果我们把中国史学的开端追溯到《尚书》,那么就会在其《康诰》《酒诰》《召诰》《多士》《无逸》《君奭》《多方》《立政》等篇里发现,周公是如此重视夏、商两代兴亡、成败的历史,以至于多次论述到它。很显然,周公反复说这些历史,其目的无疑是要使周人汲取前人的经验教训,也就是说,他是在以史学来经世致用;同样,在以上诸篇中,我们还可以看到,周公对于殷商的先哲王的作用是充分肯定的,对于殷商曾是"大邦""天邑"而周则为"小邦"的历史事实也是毫无隐讳的,也可以说,他并不因为殷周之间的对立关系而放弃了对于史实的求真。当然,我们不能说周公已经自觉地、系统地解决了史学的致用与求真的关系问题,不过也不能否认,这正是中国史学优良传统的滥觞。以下历代官、私修史,不论其具体结果如何,基本上莫不以求真与致用的结合为其宗旨。例如司马光的名著《资治通鉴》,就是颇重二者结合的一个典型之作。司马光早就有志"专取关国家盛衰、系生民休戚、善可为法、恶可为戒者,为编一书"。(见光所作进《通志》表)后来受宋英宗之命修史,神宗又赐书名为《资治通鉴》,这完全是一部讲究经世致用之书。可是,他和助手们修这部书时,除引用了各正史以外,还参考了杂史322种,可见征引之博;在博引中往往发现前人于一事之记载有所异同,于是又作了《考异》30卷(今所见胡三省注本已将考异散入有关各条下),可见考证之精。而其精其博,皆在于求史之真。应该说司马光作《通鉴》是在求真与致用两头都做了很大的努力的。这就是中国学术的一种优良传统的表现。

我们说兼重史学的求真与致用是中国学术的一种优良传统,还可以与古希腊的学术传统来做一些比较的说明。在古希腊,史学家是重视史学的求真与致用的。例如,修昔底德作《伯罗奔尼撒战争史》,在一方面很注重记事之求真,在另一方面,又认为,由于人性总是一样的,因而往事在以后某一时期总会在一定程度上重演,所以察往会有益于知来。(《伯罗奔尼撒战争史》,I,2)可是,古希腊的哲学家们却对于史学之求真与致用皆没有太高的估价。亚里士多德在其《诗学》(IX,2—4)中说,史与诗的区别不在于一为散文一为韵文,"真正的不同之处是,一种说明已发生的事,另一种说明可能发生的事。因而,诗比史更具有哲学的和严肃的性质。诗有助于提供一般真理,而史只提供特殊的事实"。他认为,在诗中,某种性格的人总是会有某种行为,几乎可以推知;而在史中,某种事实被记录下来,它以后是否还会发生呢?那就难说了。他对于史学的求真与致用都抱这样的存疑态度,显然是受了他的老师柏拉图的思想影响的。柏拉图在其《理想国》(475E—480D)中曾经详细地说明了"知识"与"意见"的区别。如果我们在此不管他的具体论证过程而只述其要点,那就是说,"知识"是对应于存在而生的,"无知"是对应不存在或者无而生的,这是对立的两极;另外还有一种介于二者之间(比"知识"暧昧,比"无知"明确)的东西,即"意见",它是对应于变动不居的具体事物而生的。在柏拉图看来,存在就是存在,过去是、现在是、将来也必定是存在。"知识"一旦把握了这种存在,便永远把握了它;知道它的过去,也就准确地知道了它的未来。哲学家所爱好的也就是这种"知识"。按照这样的观点,史学家即使记载了过去历史之真,也未必能保证其在未来亦为真;这样,史学就不能给人以"知识",而只能给人以"意见"。在柏拉图看来,"意见"倒不是毫无用处,其致命弱点是靠不住。如果依照柏拉图的看法,则史学之求真与致用皆未可必。所以,如果从把握真理的角度来看,古希腊哲学家是以为真理只有从对象的永恒状态中来把握的,而中国古代的学者却以为真理只有在对象的运动状态中才能把握之。这不仅表现在中国人历来重视史学这一点上,而且,在《易经》和《易传》里,我们也可以看到中国的哲学同样是注重从运动中把握真理的。到底哪一种把握真理的途径更为好一些呢?当然应该说从运动中把握真理的思想更高一等。这也就是说,中国人注重史学的求真与致用有比古希腊人高明的一面,从比较的角度说这也是中国学术中的一种优良传统。

不过,问题还有着另一方面。中国史学传统之讲求真,一般都是称道"直书"和"实录"。班固说,刘向、扬雄很佩服司马迁的"良史之材",称赞他"其文直,其事核,不虚美,不隐恶,故谓之实录"。(《汉书·司马迁传赞》)这就是说,史学要想求真,史家必须做到两点:一是态度必须忠实、正直,不管遇到多大的压力,该写什么还是要写什么;二是必须把历史上的事实考察得既清楚又切实,不留下模糊和错误的记载。以后刘知几作《史通》,其中有《直书》和《曲笔》两篇专讲这个问题,而核心思想仍然不外乎这些。作为古人,尤其是古代的史学家,他们能把上述两个方面当作对于史学的求真的要求,这已经是相当了不起了。不过,这样的史学求真毕竟还缺乏更深层次的理论思考,不能说其中没有留下任何问题。这一点请待下文再说。而中国史学传统之讲致用,如果说其成就伟大,那么大概还必须补充一句话,即问题也不少。问题是什么呢?那就是由致用而变为滥用。自古以来,史学被滥用的事例太多了,只要翻翻《史通》,我们就很容易找到许多这一类的例子。就以"文革"中的情况来说,当时"四人帮"把史学滥用到了什么程度,这已经是人所共知的事,不须细说了。在中国,有对于史学的滥用,就有对于这种滥用的批评和谴责,这也应该说是一种好的学术传统。不过,对于滥用史学的批评,一般都是先指出某文或某书在哪些地方滥用了历史,违背了历史的真相,进而分析其滥用历史的不光彩的动机以至于揭露其阴谋之所在。似乎到了这个程度,也就可以认为批判透了,因为已经追究到了问题的政治实质或者阶级实质。不过,史学的经世致用有没有它的一定限度?人们在以史学致用时是否应该有所自律?如果应该,又将何以自律?诸如此类的问题,仍然有待于做进一步的理论思考。一言以蔽之,中国学者在史学的致用与求真的限度方面缺乏深度的理论的思考,这又是我们应该借鉴于希腊人的地方。

史学既以已往的人类历史进程为研究对象,以论述已往的人类历史进程为自己的任务,那么它的成功与失败、正确与谬误自然也就取决于它是否通过适当的研究达到了正确论述已往历史进程的目的。追求对于已往历史进程的正确论述,这也就是史学的求真。

中国自古以来就有史学求真的良好传统,也有许多关于史学求真的实例。例如,《左传》宣公二年所记晋太史董狐不畏赵盾的权势而书"赵盾弑其君",《左传》襄公二十五年所记齐太史兄弟不惜牺牲生命而直书"崔杼弑其君",这些都在历史上传为千古美谈。不过,到底怎么样记载史事就算是求得了历史之真呢?史学求真在方法论上的要求到底是什么呢?刘知几在《史通·惑经》中说:"盖明镜之照物也,妍媸必露,不以毛嫱之面或有疵瑕而寝其鉴也。虚空之传响也,清浊必闻,不以绵驹之歌时有误曲而辍其应也。夫史官执简,宜类于斯。苟爱而知其丑,憎而知其善;善恶必书,斯为实录。"刘氏此说,如果以最简要的话来概括,那就是史学之真在于无误地反映客观的历史进程或事实。从质的角度而言,史学应为历史之反映,这大体符合所谓的"真理符合说"(Correspondence theory of truth);从量的角度而言,史学应在最大程度上反映历史,如同明镜或好的录音机不会失真一样。怎样才能达到这样不失真的要求呢?在刘氏看来,那就是要排除主观好恶的影响,或者说要史家保持高度的客观的精神状态。刘知几(661—721年)的史学求真论,不能不说是一种卓见。它会使人们很自然地联想起德国历史学家兰克（1795—1886）所主张的著史当"如其本来面目"（Wie es eigentlich gewessen）说，以及其所标榜的客观主义。

显然，不论刘知几还是近代主张客观主义的科学史学派的学者，都有一种近于天真的想法，即只要把史料找齐核实并排除主观的干扰，史学之真便可达到百分之百，亦即"不多不少"正是科学的程度。可是，正是这种以为凭着绝对的客观主义便可以得史学绝对之真的绝对主义的主张，引出了它的对立物——相对主义的史学理论；主张后一种理论的史学家彼得·诺维克嘲讽说，那种纯客观主义的求史学之真，原来不过是一个"高尚的梦"。

应当说，相对主义的史学理论在其批评史学的绝对客观和绝对真实说上是有其积极意义的。因为，一方面，史学既然是人们对于往事的研究和论述，它本身就是人的精神活动及其成果；因而我们只能要求史学的主观尽可能地符合客观，而不可能要求史学完全排斥主观；因为，完全排斥主观并不足以达到纯客观，相反却使史学的客观也无所依托。某些主张凭借纯客观主义便可实现史学求真的学者，对于这一点是缺乏认识的。他们的错误在于把真与主观简单地对立起来。某些主张相对主义的历史哲学家以为，史学既离不开主观，其内容也就无所谓客观之真。其实他们和他们所反对的客观主义的史学家犯了一个同样的错误，就是同样地把主观与真简单地对立起来了。其实，主观既可以使人们背离历史进程的真实，又可以使人们在研究的过程中逼近真实。正是由于人们的主观能力总是处于一定的历史限度以内，所以我们把握历史之真的能力也总是有限度的。作为历史学者很有必要认清这一点。

另一方面,我们知道,史学之求真就是要求其论述符合已往的历史进程。怎样才能做到这一点呢?那就是要有充分的证据。历史的进程总是涵盖多方面和多层次的内容的,而历史的记载不可能涉及所有的方面和层次,于是史学之求真总会在证据上受到一定方面和层次的限制。所以史学所能反映历史进程之真,总是在一定方面和一定层次上的。某些主张相对主义的史学家以为这样相对的真便不是真,那显然是错误的。自然科学上的真又何尝不是在一定方面和一定层次上的呢?所以,对于历史学家来说,清醒地认识到史学之求真总是有限度的,总是在一定的方面和层次上的,这也很有必要。

如果认为只要采取客观主义的态度并搜集足够的资料便可以完全地反映历史过程之真,像明镜鉴物和虚空传响一样,那么史学就不会有太多的发展余地。因为,一旦史学家的角色变得像反光镜和传声筒一样,那么就成了完全被动的反映的工具,还有什么史学的发展可言?相反,如果清醒地认识到史学的求真总是有其具体的方面和层次的限度的,或者说总是在其一定的发展阶段上的,那么,即使在我们对于一个具体的史学领域或问题取得求真的胜利的时候,我们也不会以为史学求真的任务有可能在一时一举告成的。这在实际上只能使我们在求真的过程中避免笼统的观念并从而使逐步深入的求真成为可能。

中国古代的史学在以上这一点上是不甚清楚的。例如,以上所引齐太史之书"崔杼弑其君"与晋太史董狐之书"赵盾弑其君",从来都被并列为直书实录的典型,可是这两项记录的真实性并不完全一样。按《左传》所记,齐庄公是被崔杼亲自组织并指挥的人杀死的,所以"崔杼弑其君"是历史事实的直接记录,其真是叙述之真。而晋灵公是赵穿杀死的,赵盾当时正逃亡在外,并不知其事。董狐说"赵盾弑其君",是因为赵盾身为正卿,逃亡未出境,返国又未讨弑君之人(赵穿),所以对于这次弑君事件负有罪责。董狐之笔所记并非叙述之真,因为如果直接验证事实,那么所记并非为真;他所记的实际是一种判断,按照当时的政治伦理标准来说,这样的判断是正确的。所以,如果说这样的判断为真,那也只是一种定性之真。过去对于这样两种不同的"直书"没有加以具体分析,因而对于求真的理解也是笼统含糊的。

史学可以致用,这在中国人看来是没有问题的。因为历史所记无非是前人的经验,前人的经验对于后人自然有用。可是,前人的经验是否全对后人有用,或者能有用到何种程度,这样的问题,在我们的传统史学中就没有太多深入的探讨了。

司马迁作为一位出色的史学家认识到了历史的古今之变,所以他说:"居今之世,志古之道,所以自镜也。未必尽同帝王者,各殊礼而异务。要以成功为统纪,岂可绲乎?"(《史记·高祖功臣侯者年表序》)。在他看来,古是有用的,用处在于今人可以用它作为镜子来照照自己;不过,汉代已经不同于五帝三王之世,所以也不能一切都照古帝王的样子办。这里面就透露出了一种信息:史学是有用的,不过用处也是有限度的。司马迁的不足之处是未作进一步的分析,当然对于古人,能有如此卓见已属难得,是不应有过度苛求的。

那么,史学之有用性为什么会有其限度呢?我以为,这可以从两方面来加以说明:

第一，史学以已往历史为研究对象，其内容自然为"古"；而以史学致用的服务对象是当代之人，其要求自然不是为了"古"而是为了"今"。因此就有了大家都熟悉的"古为今用"的问题。"古"为什么可以为"今"用？因为"今"是"古"的延续，"今"不能凭空而起，对于"古"必然有所继承；历史不能割断，"古""今"是相沿而来的。唯其相沿，所以相通，所以可以为用。这一方面的道理大家都很熟悉，不须细说。但是"古"与"今"之间不仅有相沿的关系，而且有相革的关系。"古"不革不足以成"今"。"古"与"今"延续的过程实际是以否定或扬弃的方式实现的。所以，历史的过程中既有其"通"，又有其"变"；非"通"无以见其"变"，非"变"又无以成其"通"。其实这个道理司马迁也都早就说过了。既然有变有革，"古"与"今"就不是相互雷同，而是有同有异。既然有同有异，古之所无常为今之所有，而古之所有又常为今之所无，那么"古"之可为"今"用者也就不能没有其限度了。

第二，如果说"古"与"今"在客观上的差异是史学的有用性的一方面的原因，那么，从另一方面来看，史学研究本身的进行方向与致用于今的进行方向，其间也有着明显的不同。史学作为学术，是以今人研究过去，其进行的方向是回溯的；而经世致用，究其本质，则是今人为了实现自己的目的（目的本身是要在未来实现的东西），从而其进行方向是面对未来的。人们常说古为今用，其实这个"今"即"现在"在严格意义上只是其值接近于零的一刹那，当你为这一刹那的"今"致用的时候，它已经过去了；这也说明所谓古为今用实际上是为今人所用，为今人的某种目标所用，为今人的或短或长的未来所用。由于这种进行方向的差异,史学能以为今用的功能本身就不是直接性的。研究历史就是要弄清和理解过去的事,如果做得好,其直接的效果是使人能够成为"事后诸葛亮"(其实这一点也不是很容易做到的)。有了对于过去的清楚的知识和理解,只是有了对于未来产生正确了解的必要的条件,但还不是充分的条件。"事后诸葛亮"的直接或间接经验多了,就有了可以转化为诸葛亮的必要条件,不过究竟能否转化为诸葛亮,还需要其他条件的配合。所以,史学的致用在这一点上也是有其限度的。

人们在讨论史学致用问题的时候,通常总是讲史学有哪些用处,而以上却谈了它的限度问题。其实,这并不是说史学不能或者不要致用,而是说我们在以史学致用的时候要有一种清醒的意识,以免在不知不觉中误以为史学可以无限地致用或者任意地致用,从而造成史学被滥用的现象。不辨古今之异,以古代的儒法之争讽示当代的斗争,其为对于史学的滥用,此为人所共知;其为害于国家、为害于史学之严重后果,也为人所共知。因此我们不能不意识到,不注意史学致用的适当限度,其结果正可能走向反面。

如果对于史学致用的本身加以分析,那么还可以发现,史学之用基本上表现在两个层次上。

其一,在有意识致用的层次上,或者说在有用之用的层次上。比如,司马光作《资治通鉴》,有意识地总结前代在政治上成败得失的经验与教训,以为当时统治者及其后世所用。由于目的明确,其选材标准也明确,所以的确对于宋代以至后代的为政者起了很大的作用。这是就其正面效果而言。可是,正由于其目的之明确,《通鉴》本身的局限性也比较明显。司马光在书中大书对君主尽忠守节的人物事迹,到今天就没有什么意义了。这样就显出了其有用之用的局限性的一个方面。再从另一方面说,《通鉴》在过去教人们对于君主尽忠守节,其效果比较好,可是对于这样的效果本身又当如何看呢?恐怕也不能一概肯定。这就是其局限性的又一方面。正如黑格尔所说:"凡有限之物都是自相矛盾的,并且由于自相矛盾而自己扬弃自己。"[1]史学致用的目的越明确,其达成致用的方向也就越具体,方向越具体就表明其规定性越强,而规定性即是限定性。所以,史学的有用之用的规定性与限定性是同时存在的,而且规定性愈明则限定性也愈大。

其二,在无意识致用的层次上,或者说在无用之用的层次上。自《书》《诗》以下,中国历史上有连续而繁富的史籍,它们实际上都各有自己的写作目的或致用目标。那是属于有用之用的层次上的。可是,在那些典籍里也记载了中国历史文化的方方面面的进程。这些过程本身的记录在当时不一定有什么具体的致用的目的,但是正是在这种历史文化之流的保存中,中国人终于越来越明确地意识到了自己是中国人。现在有各种各样的世界历史书,其作者当然各有其致用之目的。可是,在他们的明确的意识以外记载了的世界历史文化之流,却往往使读者产生了对于人类文明的理解和感情。总之,史学可以使人爱祖国、爱人类,可以通过与历史人物的对话使读者在素质上有不知不觉的提高。这些都属于无用之用,在某种意义上还可以说是大用。所以,史学之致用固然是讲功利的,但是也不必太功利主义了。

---

[1] 黑格尔:《小逻辑》,贺麟译,北京:商务印书馆1980年版,第177页。

史学是一门人文科学(如按德国人的说法,就是精神科学,die Geisteswissenschaft),它是今人的精神对于昔人往事(并通过往事对于昔人的精神)的把握。因此它本身是属于精神范畴的。但是,史学作为精神产物,其两"极"却由客观的实际(reality)制约着。这就是说,史学作为知识系统来说,其内容为过去的实际,其目的在于求真;而史学作为价值系统来说,其功能在于为今人的实际服务,其目的在于求善。如果换一个说法,那就是,史学之体在于其为真,而史学之用则在于其为善。无史学内容之真,则史学不复成为史学,亦即史学之体不存;体之不存,则用将焉出?无史学,则何来史学之功用?无史学功能之善,则史学无复价值可言,亦即史学之用不复存;史学之用不存,人将弃史学如敝屣,则史学之体又将焉托以自见?所以,我们可以说,史学作为一种学术,就存在于古今两极(两种实际)的张力之中。

那么我们怎样来看待这种张力下的史学呢?以下试分为两层来探讨。

第一,让我们从逻辑上来作一些探讨。在刚才所说的一段话里,实际上已经涉及了史学的致用与史学的求真之间互为条件的问题,现在再稍事展开,作一点进一步的分析。

我们可以试作这样的判断:

> 无史学之求真,即无史学之致用。

这就是说史学之求真为其致用之必要条件。那么这一判断是否正确呢?答案应该是肯定的。因为,无史学之求真,即无史学之真;无史学之真,则无史学之真之用。因此以上判断能够成立。

也许有人会反驳说:史学不须求真也能致用,过去这样致用之例甚多。我们说:不求真的"史学致用",不是真的史学的致用,而是假史学的致用或史学的滥用。这里的界限必须清楚。驳议不能成立。

我们还可以试作这样的判断:

> 无史学之致用,即无史学之求真。

这就是说史学之致用为其求真之必要条件。那么这一判断是否正确呢?答案也应该是肯定的。如果史学不能致用,那么它就没有价值,就没有存在的理由;那还会有谁去求其真呢?因此以上判断能够成立。也许有人会反驳说:过去有许多从事历史考证的史学家,他们根本就未曾想到过史学致用的问题,怎么可以说无致用即无史学之求真呢?我们说:史学之致用实际有两个层次:其一层是为社会所用,也就是我们通常说的致用;如果打一个比方,这相当于砍柴。其二层是为发展史学自身所用,看来脱离实际的考证家们做的就是这一类的事情;如果打一个比方,这相当于磨刀。俗话说,磨刀不误砍柴工。因为磨刀虽非砍柴,却间接地为砍柴所用。这里只有间接的致用与直接的致用之分,而无致用与不致用之别。所以驳议也不能成立。

由以上论证可知,史学之求真为其致用之必要条件,则按逻辑,史学之致用当为其求真的充分条件;史学之致用为其求真之必要条件,则按逻辑,史学之求真当为其致用的充分条件。于是,史学之求真与史学之致用互为充分必要条件。我们说,史学存在于求真与致用的张力之中,其逻辑的根据即在于此。如果说,真为史学之体,用为史学之用,那么现在也就可以说,史学可以即用见体,即体见用,即用即体,体用不二。

第二,让我们再对这种张力中的史学作一些具体的探讨,也可以说是对于以上逻辑论证的进一步的事实说明和分析。

古今两极对于史学之所以能形成张力,是因为二者之间既有区别又有联系,既有矛盾又有统一。古变而为今,今非古(区别)而又源于古(联系)。古本身已经不复存在,而其流则展延不绝,以至于今;可以说古已逝而犹存,它存在于传统之中,继续起着作用。这就说明,在历史发展的客观过程中,古与今之间实际上是有一条无形而有力的链子拉着的,这链子就是历史的链子。唯其在客观上有这样一条链子的存在,人们就不能不对于古有一种回顾与理解的要求。因为不知古便难以确乎知今;不知古之知今,往往是知其然而不知其所以然。人们为了知今,转而上溯以求知古。这样就在古今之间形成了另一条链子,这也就是史学的链子。在这一条链子上,人们要知古就要求真,这是一个方向的努力;可是,人们又非为了古而求知古,知古对于他们不过是知今的一种手段,所以这又是另一个方向的努力。史学的链子就是这样被两种方向的力拉得紧紧的。

现在再让我们来对这条史学的链子上的两种力的具体作用作一些分析。这可以从两个方面来说,首先就其分力或者求真与致用的矛盾方面用来说,它们彼此之间是可以互相为害的。如果史学的致用超过了一定的限度,也就是超过了史学之真的限度,那么这样的致用就成了滥用。这样的滥用通常可能造成两种危害:其一就是带来消极的、以至于破坏性的社会后果,这也就是所谓的受到历史的惩罚。这样的例子在历史上有很多,不须再作列举。其二就是给史学带来影响以至于破坏性的创伤。这一类的例子也很多,无须再说。总之,史学的致用有一个弹力极限,那就是史学之真;一旦超过这一极限,就会发生致用与求真两极间的链子断裂。这是应该避免的。同样,如果史学求真确实远离了致用,以至于连间接的致用的作用也不具备,那么这样史学是不可能不逐渐萎缩以致失去存在的可能的。这样的事例也是无须列举的。所以,史学的求真也不能脱离了致用的极限。

第三,还可以从求真与致用两极之间的合力或者从二者的统一方面来说,它们又是可以起互相促进的作用的。自从有了人类,也就有了历史;不过只是到了文明产生以后,才有了史学。几千年来,史学的发展是成绩可观的。而成绩的取得,则靠着史学致用的推动。直接致用的需求为史学的发展提供了问题,而间接致用(即致用于史学本身发展)的研究成果则常常为解决问题提供了条件。如果说人们的主观有时会造成求真的失误,那么同样是人们的主观(正确的主观努力)为史学的发展做出了必不可少的贡献。同样,史学求真的发展,又不断为史学的致用开拓出新的领域和新的层次,这样才能保证致用的不断发展。

说到这里,我们还应该注意到上述的史学的间接致用本身所具有的特点:它从一方面来看,是致用;而从另一方面来看,却又是求真。所以,正确地认识并处理好这种间接性的致用,使它既能联系上史学的直接的致用(致用于社会),又能紧密地联系上求真,这正是史学得以发展的一个关键,同时也是史学家的努力所必须注重之点。

第四,我想说,中国人历来重视并相信史学的求真的可能与致用的必要,这个学术传统是很好的。不过,我们也要看到,古希腊哲学家对于史学的真和用的质疑是富有启发性的。因为这种质疑可以使我们想到史学之求真与致用是有其限度的;而注意到了这种限度,就有可能在史学的求真与致用问题上有一个更深入的认识。

(原载《学术月刊》1997 年第 1 期)

关于史学致用的对话

一日,有客来访,谈及史学盛衰与经世致用关系问题。谈后,宾主皆以为这一次对话加深了对一些问题的思考。现在把对话整理出来,请对这一问题有兴趣的专家们批评指教。

客:好久不见,听说你们史学界中有人有"史学危机"之感,你的看法如何?

主:确实有人谈过"史学危机"的问题。不过,在确切弄清这个词的含义以前,我还不想用它。我宁愿从现象说起。譬如,史学现在不受社会重视,高才生愿意投身史学的逐渐减少,甚至有些颇有才华的青年史学工作者也"跳了槽"(这是我新学会的一句话),因此,史学工作者的队伍青黄不接,以致后继乏人的问题,不是不值得忧虑的。

客:这就是说,你也认为,史学正在变为一个冷门。不过,据我所知,在许多发达国家,史学也并非热门学科,它是不能与法律、经济、管理科学以及种种应用科学相比的。达尔文说生物进化的规律是"物竞天择,适者生存"。其实历史学科的盛衰又何尝不是如此,所不同者只在于起选择作用者不再是自然(天),而换成了社会(人)。史学家们要想振兴史学,那就要设法使史学变得对社会有用,从而赢得社会的承认和支持。临渊羡鱼,不如退而结网。空论和感慨都无济于事,现在是你们以史学的实际效益来论证它的存在理由的时候了。

主:多蒙关注,十分感谢。史学界的朋友们也都认为史学应该致用,而且有些人还正在研究史学如何致用的问题。

客:在中国,讲史学致用,并不是什么新题目。如果说从孔夫子起就已经注意到了这个问题,那大概也不能说是夸大其词,重要的是,你们的史学致用到底有没有什么比较新颖的思路和门径?

主:什么才算是新的思路和门径呢?比方说,有些朋友们认为,中华是文物之邦,而若干旅游胜地的历史文化资源并未能充分开发,应该加以研究和开发,以提高胜地的文化价值。这种想法算不算有新意呢?

客:应该说有。因为这既可以开拓史学研究的新领域,又可以创造出新效益,达到致用的目的。

主:你的思想实在很明确。为史学引进新的研究方法并为史学开拓新的研究领域,这大概就是你所说的新思路;为史学寻找创造效益的新办法,这大概就是你所说的新门径。是这样吧?

客:你说得对。你对我的话的说明,把我没有表示清楚的意思都清楚地表示出来了。

主:假如有人在史学研究中引进了新方法,开拓了新领域,可是现时并未产生实际的效益,那么,你认为这还有没有意义呢?

客:嗯……慎重点说,这有待思考。不过,既无现实效益,就不能说已经致用。这一点是不会有问题的。

主：好，待思考的问题，我们可以慎重一些，放在稍后再谈。现在先谈致用和效益的问题。不过，你是否可以对这二者之间的关系再作一些解释？

客：这还要作什么解释？你把史学付诸应用，如果符合社会需要，那就会产生效益，就算是致用成功；相反，如果不符合社会的需求，那就没有效益，就是致用失败。这就像产品投入市场一样，只要符合社会需要，它的价值就能实现，就会产生效益；如不符合社会需要，结果也就相反。

主：你说不须做解释，其实你已经做了自己的解释。按照你的解释，史学作品（作为史学家研究的成果）和商品（生产者的劳动成果）一样，其本身是有价值的。不过，这种价值不能自我实现，而必须通过致用（商品是通过出售）才能实现。而致用的成功（或商品的售出）则取决于社会的需要。我这样理解你的话，理解对吗？

客：你的理解是正确的。不过，关键在于适合社会的需求。

主：你强调社会需求的重要性，这无疑是正确的。如果没有社会的需求，那么当初就不会有史学的出现。不过，社会为什么会对史学有需求呢？史学又是以什么来满足社会需求的呢？这是否仍有赖于史学本身所含有的价值或有用性？如果一项史学研究成果只具有低价值或伪价值，那它还能否致用？能否满足社会的需求？

客：一件史学著作，如果本身没有价值，那当然是不能满足社会的需要的。可以这样说，史学本身的价值，正是它能够满足社会需要的内在根据。若无内在根据，虽有外部的需求条件，它也无法实现其价值。因为它本身就不具有价值。

主：感谢你做了很好的回答。你是否还有兴趣就低价值或伪价值的史学作品的致用问题谈谈自己的看法呢？

客：我觉得这不是什么有兴趣就谈、没有兴趣就不谈的可有可无问题，而是应该认真讨论清楚的问题。你说对吗？

主：你说得很正确。请你畅抒高见。

客：首先谈谈低价值的史学作品致用的问题。我觉得这个问题就像商人以次品当正品出售一样。说得直率一些，在商业领域这叫作欺骗顾客，在史学领域这叫作欺骗读者。

主：你说这是欺骗，那么为什么有人能够受骗呢？

客：以次品充当正品，有时也能销售甚旺。其所以如此，我想不外有两方面的原因：一是有社会的真实需要，而正品一时供应不足，甚至尚在研制之中，于是有人看准行情，粗制滥造，投入市场以牟巨利；二是以各种夸张的形式做广告和宣传，使人眼花缭乱，信以为真。类似的现象，你敢说在史学界就没有吗？

主：我的确不敢这样说。不过，就以商品出售的情况来说，对于以次品当正品的现象是否还可以做一些具体分析？

客：当然也可以做具体的分析。譬如说，有的次品只是质量比正品差一些，它还不是没有用，而是用途或效益要比正品打一个折扣，也就是说它的价值的量不足；而另一类商品根本是假货，把它买回去，一点实际用处也没有，也就是说它的价值量等于零。

主：经过具体分析，你得出有两种情况。这很好。我是否可以对两种不同的情况给予不同的评语呢？我想，对于基本有用而只是质量差一些的商品，商人把它说成正品或优品品，这可以说是失之夸张；对于以完全无用或基本无用的产品冒充正品的现象，这应该说是欺骗。你以为如何？

客：你为什么要做这样的区分呢？

主：我想，社会上不同的人对同一商品可以有不同的质量要求，质量较低的商品本来是可以满足一些人的实际需要的。社会上不同生产者的生产技能水平不同，在一定时期和条件下，某个生产者只能生产出某种质量的产品。不同层次的生产者制造出不同质量的产品，满足社会上不同层次的需要，这本来是正常的事。若说有毛病，毛病就在于把自己的产品质量做了夸张。如果我们把眼光从商业领域移至学术领域，我们就更不能随便把质量稍差的作品当作欺骗了。一个学者，经过辛勤而诚实的劳动，作出了自己力所能及的贡献，以满足社会某种程度的需要，这就应该给予必要的尊重。如果这样的人对自己成就估计过高以致有夸张之词，那么希望他改正也就好了。我们不能把基本有价值的与基本无价值的事物混为一谈。所以，我以为二者有夸张与欺骗之别。

客：你强调夸张与欺骗的区分，不能说没有道理。但是我总觉得二者有共同之处。对吗？

主：你说的也对。二者之间的共同之处就在于"不实"：夸张的不实与欺骗的不实。所以……

客：所以，如果有人把小小的夸张变为大大的夸张，把不自觉的夸张变成自觉的夸张，那么他就是硬要以"不实"为"实"，那也就成为欺骗了。

主：现在我们可以谈谈以伪价值的史学作品致用的问题了。

客：什么是伪价值的史学作品呢？刚才我已说过，有一类商品是毫无价值的假货,是否毫无价值的史学作品就是伪价值的呢?

主:无价值的史学作品致用后,对于社会没有任何效益,它的价值和用后的效益的值都是零,说它是伪价值的也未尝不可。不过,除了无价值的史学作品以外,还有一种看起来似乎很有价值的史学作品,一旦将它致之于用,又可以对社会产生重大的影响。它不是无价值,而是有价值,不是无效益,而是有效益。不同之点是,这种史学作品的价值的质是负面的,它带给社会的效益也是负面的,与真价值的史学作品恰好处于相反的状态。真价值的史学作品,其价值的绝对值愈大,经致用对于社会的正面效益也愈大;其价值的绝对值愈小,经致用对于社会的正面效益也愈小。伪价值的史学作品,其价值的绝对值愈大,经致用对于社会的反面效益或损害愈大;其价值的绝对值愈小,经致用对于社会的反面效益或损害也愈小。如果在数轴上来表示,真价值的就是0以上的正数,伪价值的就是0以下的负数;无价值的正好相当于0,你可以说它是真价值的终点,也可以说它是由真价值向伪价值过渡的起点。所以,你刚才把无价值的说成伪价值的,我说也未尝不可。但是,伪价值的,严格地说起来,就不是无价值的。它之所以被说为伪价值,是因其绝对值不等于0,看起来似有价值,甚至有很大的价值,而究其实质,则是负数。你看,我现在是否已经把"伪价值的"这一概念说清楚了?

客:你已经说得很明白了,不过还只是在概念上,让我举例加以说明,好吗?

主:那太好了。

客：如果用商品来比方，伪价值的就应当属于毒品之类的货色。

主：史学领域是否也有类似的现象呢？

客：当然有啰。远的不说，"四人帮"就把史学搞成毒品了。批林彪而迁怒于几千年前的孔子，这本来就使人难以理解。"四人帮"又把批孔子引申到批周公、批大儒，矛头直指周恩来总理，真是弄得人哭笑不得。这就是他们的古为今用，以史学之古为他们一帮之今所用。他们想打倒周总理，而周总理深为广大人民所爱戴，这使他们难以得逞。所以他们要搞出一套伪价值的史学，用以毒化广大人民的思想，从而以求一逞。江青，这个想演喜剧而终于以悲剧下场的政治丑角，总想给自己妆点上一些庄严的女皇的神气，因而又把史学当作了涂抹面孔的油彩，于是历史上的吕后之流都变成了法家，成了拔高江青女皇宝座的垫脚石。在"四人帮"肆虐时期，中国遭受了一场浩劫，中国的史学也遭受了一场浩劫，被糟蹋得不成样子。那时被捧为香花的史学作品，实际上都是毒害人们思想的毒草。这大概也可以算作以伪价值的史学作品致用的一个典型了吧。

主：好，从你刚才的谈话，我们得出一个新的看法，即史学在目前之所以不受社会重视，不仅因为它没有被充分地应用，而且还因为它曾经被极端颠倒地应用过，你说对吗？

客：对，是这样的。甚至我们可以这样说，史学被滥用的后果比未能充分致用的后果更为严重。

主：对，以上我们实际上已经既用逻辑又用事实论证了这一点。

客：不客气地说，现在社会上不少人对史学都有一个疑问：

到底它有没有价值？作为业余爱好者,我也看过一些书和论文,其中都说史学有价值,例如,史学可以说明历史发展规律,史学可以使今人从古人处取得借鉴,史学可以帮助人从历史的往事中汲取经验和教训,史学可以帮助人们建立起爱祖国、爱人民、爱劳动的思想、情操,等等。学者们在论证史学的各种具体价值时,往往都列举事例以为证。当我看到这些例证时,我相信它们都是事实,相信史学是有价值的。可是,如我们所知,并非所有史学著作都具有这些价值。因此我想知道,具备什么样的关键性的条件,史学才能具有其真价值？

主:在我看来,史学具有真价值的关键性条件是"真"。这就是对客观的历史过程做如实的叙述和如实的解释。正是这个真,决定了史学价值的真。否则,史学价值的真便失去基础。

客:以上我们谈到低价值的史学作品,那就是其内容真的程度较低;至于伪价值的史学作品,那就是其内容是不真的。试看"四人帮"的帮派史学作品,其内容不是歪曲了客观的历史过程,便是颠倒地解释了历史上的是非,甚至二者兼而有之。

主:这里有一点值得注意,即史学的价值在任何时候都有一个确定的范围或极限,就是在真的范围以内而不超出真的极限;超出这个范围或极限,它的价值的质便由真一变而为伪,由正一变而为负。所以我们在强调史学致用的时候并不是自由的。我们不能随心所欲地把历史颠来倒去,而是必须首先自觉地尊重真或如实这一限度。要使史学的价值在致用中实现,就必须首先注意不超出史学价值的限度去应用它。

客:现在你又提出了一个新问题,就是史学价值限度的问题。是吗？

主:是的,你已经注意到了。

客:为什么要提这个问题呢?好像过去还没有听到有人说过这个问题哩。

主:我们中国是一个有着悠久历史的文明古国,又有着深厚而优良的史学传统。按照《孟子·滕文公下》所记:"世衰道微,邪说暴行有作,臣弑其君者有之,子弑其父者有之。孔子惧,作《春秋》。"《春秋》本是史书,孔子修《春秋》就是注意到了史学的价值并且以之致用了。正因为看到并重视史学的价值可以经世致用,几千年来中国史学特别发达。宋神宗还为司马光所主编的编年体通史取名为《资治通鉴》。中国看重史学的价值并以之致用的传统,在全世界都是少有的。可是,凡事有利必有弊。对于史学的价值与致用谈得多了,对于史学价值的限度与致用的限度就注意得少了。

客:那么是否有别国的情况和我们不同呢?

主:有的,那就是古代希腊。古希腊的史学家们也很重视史学的价值,说史学有种种功能,修昔底德还认为,由于人性总是那样,过去的事在未来某个时候总会在某种程度上重演,所以察往有助于知来。[①] 可是古希腊的哲学家对于史学的价值则明显地估评较低。亚里士多德在其《诗学》(IX,2—4)中说,史与诗的区别不在于一为散文一为韵文,"真正不同之处是,一种说明已发生的事,另一种说明可能发生的事。因此,诗比史更为具有哲学的和严肃的性质,诗有助于提供一般哲理,而史只提供特殊的事实"。他认为,在诗中,某种性格的人总是会有某种言行,

---

① 《伯罗奔尼撒战争史》,I,22,参阅谢德风译本第18页。

几乎可以推知,而在史中,某一事实被记录下来,它以后是否还会发生就难说了。这就是亚里士多德对史学价值的看法。而且,他的这种看法还是有来源的。他的老师柏拉图在《理想国》(U75E—480D)中曾经详细地说明了"知识"和"意见"的区别。如果我们暂且不管他的论证过程而只说他的结论,那就是说,"知识"是对应于存在而生的,"无知"是对应于不存在或无而生的,这是对立的两极;另外还有一种介于二者之间(比"知识"暧昧、比"无知"明确)的东西,即"意见",它是对应于变动不居的具体事物而生。按照柏拉图的观点,存在就是存在,过去是、现在是、将来也必定是存在。"知识"一旦把握了存在,便永远把握了它;知道了过去的它,也就能准确无误地知道将来的它。哲学家所爱好的就是这样的"知识"。按照柏拉图的观点,史学家即使记载了过去历史之真,也未必能保证其在未来为真;这样,史学就不能给人以"知识",而只能给人以"意见"。"意见"是介于"知识"与"无知"之间的中等的能力,史学家所能有的也就是这种中间或二等的能力;史学的价值相对于哲学而言也是次一等的。

客:以上你说,史学著作记载历史过程如实,即反映历史过程之真,这就有了其价值的基础。而古希腊人却不仅要求所记过去为真,而且要求其在未来亦为真,这才承认其为"知识",承认其有一等的价值。你怎样解释你的认识和古希腊人之间的差别呢?

主:我以上所说,看起来与古希腊人不同,而实际中并不互相排斥。说史学作品记事如实为其史学价值之真的基础,这一点与古希腊人的说法并不矛盾。因为,如果记事都不如实即不真,那么它在本质上已经是柏拉图所说的不存在,与之相对应的只能是"无知",哪里还有什么价值可言呢?所以只有记事如实或真,这一史学作品才具备了价值为真的基础。说它是基础,是因为只有确知某历史现象在过去之为真,我们才能了解某历史现象在现在之为真与其过去之为真之间的关系,才能了解历史之真对于现实之真的价值。离开历史之真,就失去了谈古今关系的基础。

客:这样说来,你是赞成古希腊人对于史学的看法了。

主:又不尽然。柏拉图认为,人们只能从静态的对象(永恒不变的理念世界)把握真理,并且只有凭理性或逻辑才能论证它;从动态的对象(变动不居的现实世界),凭借经验或事实,人们是不能把握真理,论证真理的,这和中国古代思想家们大异其趣。

客:怎样大异其趣呢?

主:中国古代的思想家们最欣赏的是从动态的对象中把握真理,最爱用的是以经验或事实进行论证。譬如《周易》之"易",虽然也有"无思也,无为也,寂然不动"的"不易"之一面,然而此"不易"之所以能知、能用,全在其"感而遂能天下之故"。所以《周易》全都是讲的"变易",六十四卦以至卦之六爻,无不处于"变易"之中。"子曰:知变化之道者,其知神之所为乎。"(《系辞上》)"子曰:知几其神乎……几者,动之微,吉凶之先见者也。君子见几而作,不俟终日。"(《系辞下》)这些话到底是否真是孔子所说,学者见解不同,先不管它。但是从这些话里,我们看出古人对"知变化之道""知几"的赞赏已经到了无可复加的程度。这不仅见于《周易》,而且见于史书。《左传》桓公十三年记:"楚屈瑕伐罗。斗伯比送之,还,谓其御曰:'莫敖(即屈瑕)必败。举趾高,心不固矣。'"斗伯比能从屈瑕率师出发时的瞬间步态预见他必兵败,真是"知几其神",是从动态中把握知识的典范。怎样论证呢?下文就是屈瑕兵败自杀,这事实就论证了斗伯比之神。这一类的例子在中国古代史书中不知有多少。再看中国古代思想家的著作即子书之类,其中论证问题的方法大多是引历史事例或经验事实以为证,与古希腊人主要凭借逻辑论证明显不同。试看《韩非子》,其《喻老》一篇全以历史故事解释论证《老子》,其《内储说》(分上下)、《外储说》(分左右,左右中又分上下)则是搜集了能说明各种问题的历史故事,而《说林》上下二篇简直就是历史故事汇集,大概是准备用以说明问题的。《老子》在先秦几部主要子书中可说是唯一未引证历史的书,可是其中也颇有"飘风不终朝,骤雨不终日"之类的经验事实的举证。古希腊的思想家重逻辑,重理性;古代中国的思想家重历史,重经验。二者之间有着明显的不同。

客:那么你怎样看二者的是非优劣呢?

主:这个问题,如要全面回答,那是很不容易的。现在我们还是从与史学有关的角度谈谈,好吗?

客:好。

主:在古代希腊的思想家们看来,历史既然流变不居,史学也就不能告人以永恒的真理。因此,史学只有二等的价值,即使人获得"意见"的价值。他们认为,哲学以永恒的存在为对象,求永恒的"知识",才具有一等的价值。可是,世界上又哪有什么绝对的永恒的存在?如果有,那就必须是绝对抽象的存在。而这种绝对抽象的存在,按照黑格尔的说法,其逻辑的内涵恰恰是绝对的不存在。于是它立即转化为柏拉图所说的"无知"的对象,古希腊人最爱用以为求知工具的逻辑至此也就全无用武之地。颇富辩证思维能力的古希腊人,却忽略了从运动中把握真理。这与他们的看轻史学的价值,看来有互为因果的关系。我之所以不敢苟同于古希腊人者在此。

客:照你这样说来,古代中国人最喜欢也最善于从动态中把握真理,这自然是好极了。

主:这也需要具体分析。喜欢从动态中把握真理,重视史学的价值,这肯定是好的方面。可是,我觉得我们的祖先也有一个问题,就是喜欢一个"神"字。

客:神是什么意思?能否给一个定义?

主:《易·系辞上》有两处对"神"的解释:一是"故神无方而易无体";二是"阴阳不测之谓神"。

客:难怪人家说《易经》难懂。你看,这"无方无体",这"阴阳不测",让人家怎么去把握呀?这就是"神"的定义吗?我怎么听不明白?

主:我没有说《系辞》给"神"下了定义,而只是说作了解释。因为那两句话本身就不能成为定义。按照逻辑的规则,如果你想给一个概念下定义,那么你就要把这个概念放进它所属的上一级概念之中,并指出它与同属这一属概念的其他概念之间的区别。简单地说,就是被定义概念 = 属概念 + 种差。"人是能造工具的动物",人 = 动物 + 能造工具。"人"属于"动物"这个大概念(属概念),而其不同于其他动物处即在能造工具。给"人"下定义,就必须说明"人"是什么:一是"动物"之属,二是"能造工具"之种。如果你只说"人"不是什么,那么你是给不出

"人"的定义来的。《系辞》所说"无方无体""阴阳不测",都是否定性的描述,当然不可能成为"神"的定义。你说不好理解,那是难怪的。

客:那么《易经》为什么就不给"神"字下一个定义呢?用一个概念的时候,是应该先给它一个定义的。

主:遗憾得很,中国古代学者一般没有这个习惯。不仅《易经》如此,你不妨翻翻《论语》,那本书里记了好几条孔子讲"仁"的语录:对一个学生说"仁者爱人",对另一个学生说"仁者先难后获",对又一个学生说"克己复礼为仁"。如果用逻辑的标准来要求,一条也不能说是"仁"的定义,而只能说是孔子根据因材施教的原则给不同学生对"仁"做了不同方面的解释。

客:为什么没有下定义的习惯呢?

主:对于这个问题,要说也只是自己的推测,正确与否,没有把握。

客:学术讨论嘛,说错了也无妨。

主:"定义"一词原自外来,一度译为"界说"。在我看来,"界说"的译法甚至更为贴切原义,只不过译得直了一些。如以上所说,下定义或给界说就是要明定一个概念是什么与不是什么的界限,譬如人是动物就不是植物,是能造工具的动物就不是畜牲。古希腊人喜欢从静态中把握"知识",就不能不明确所要知的对象的界限。对于他们来说,任何概念的模糊、概念间界限的摆动不定,都是为求"知识"所不能容忍的。而古代中国人却可以对此一笑置之。因为他们既然重视从动态中把握知识,就不能为静止的界限缚住手脚。在真正的动态中,哪里有什么不可逾越的界限呢?一旦被种种界限卡住,那也就体验不了动态,无所见其"神"和施其"神"了。也可以这样说,《易·系辞》所说的"神",其本身就不容许下定义或给界说。"无方无体"嘛,它本身就是无界定。一旦定住、界住,还有什么"神"呢?

客:我看你说得很有道理。不过,我有一种担心:中国人爱讲"无方无体""阴阳莫测"的"神",如果"神"大方了,是否也有问题?

主:你的忧患绝不是多余的。我们从历史书上看到许多"知几其神"的事例,但是恐怕有很多看来似"知几"而结果并不"神"的事例没有写进书里去。

客:你有什么根据这样说话?既未写进书里,就是没有资料;没有资料,你怎能断言呢?

主:你好厉害,要我给证据。我没有事实的证据,但是有具体的分析和推论。仍以楚国屈瑕领军伐罗的事为例。当时楚强罗弱,屈瑕如不轻敌以致楚军散了队形,决无楚败罗胜之理。从这一角度看,屈瑕趾高所映出的骄气,的确是楚军致败之因。但是问题还有另一方面,假如罗方的统帅也骄而无备,楚就未必会失败了。斗伯比从屈瑕的趾高看到了楚方失败的可能性或"几",还未看到致使楚方失败的其他条件,就得出屈瑕"失败"的结果。这样的推论,在逻辑上根据不足,在事实上也有着失误的可能。如果战争双方的条件在决定胜负中各起一半作用,那么斗伯比这见"几"称"必"的预言,就有正误各半的可能性。失误了的预言既然不值一提,也就不再见诸史书。但史书不见并不等于必然没有。我觉得这是强调"神"而不讲逻辑严密性的问题之一。

客:那看来还有问题之二啦。

主:是的。古代中国人过于重视在动态中把握知识,过于强调史学的价值,于是不大注意史学价值的限度。史学的致用往往挥洒由心,不遵绳墨,结果把史学搞成为"无方无体""阴阳莫测"的"神"学。这就是滥用史学之病。在历史上,颠倒历史事实而以史学致用者,虽有而不太多;可是任意解释历史事实而以史学致用的事情,大概就很容易看到了。《韩非子·显学》云:"孔子、墨子俱道尧、舜,而取舍不同,皆自谓真尧、舜;尧、舜不复生,将谁使定儒、墨之诚乎?"儒、墨本来想以认同于尧、舜的方法为自己的学说求历史根据,这就是以史学致用;可是,由于主观的选材角度与解释,致使二者所道的尧、舜已不能互相认同。真尧、舜如何已难以确知,儒、墨又怎能从认同于尧、舜中得到什么以史学致用的效果呢?所以,在以史学致用以前,最好先研究一下如何减少乃至克服滥用史学现象的问题。

客:对,克服史学的滥用现象,正是为了使史学能够更好地致用。

主:那么,假如有人在史学研究中引进了新方法,开拓了新领域,做出了有助于克服史学滥用现象的新成果,这虽未能产生直接的社会效益,但是能不能说这也是一种史学的致用呢?

客:我知道了,现在你是在谈我们对话开始时我说有待慎重思考一下的问题了。现在我明白,不能只把产生直接效益的史学致用视为致用;有助于史学正确致用的史学研究,其效益虽非直接的,但也是一种有意义的致用。作为非史学界的人士,我希望史学家们既要从事使史学直接致用的研究,又要从事能使史学正确致用的研究,尽管后者是间接性的。

主:作为史学工作者,我一定重视社会的希望,同时,也希望社会不要把你所说的间接性的研究当作"马尾巴的功能",可有可无,不予支持和重视。人们不是厌恶"文革"期间史学被严重滥用的现象吗?好,那就会知道那种似乎无用的间接之用竟是一种大用了。

(原载《我的史学观》,广东人民出版社,1997年6月)

关于"以史为鉴"的对话

日前,友人某君来访,就"以史为鉴"问题与我做了讨论。兹记宾主对话如下。

宾问(以下简作"宾"):听说近年您和一些学界朋友曾经就"以史为鉴"问题做过一些讨论,还专门开过研讨会,所以今天想和您谈谈这个问题。

主答(以下简作"主"):欢迎惠临赐教。

宾:"以史为鉴",这在中国史学传统中是一个不成其为问题的问题,而且也为历代统治者所肯定与重视。例如,司马光所撰《资治通鉴》,原拟名为《通志》,宋神宗觉得它对统治很有参考价值,所以才赐以今名。可是,好像您对"以史为鉴"似乎总有一些"放心不下"的意思。

主:您的眼光真敏锐,我是有一点"杞人忧天"的意思。不过,敢请教您是从哪里看出来的呢?

宾:我是从您过去的文章里开始逐渐看出的。首先,您在《史学理论》(1987年第2期)中发表的《对于中国古典史学形成过程的思考》里就谈到了"以史为鉴"观念在殷周之际的出现,并且引用《尚书》《诗经》的许多篇章说明了周初"以史为鉴"观念出现的三个条件:即在求借鉴价值之善时以历史知识之真为条件,在看殷周关系时从二者之异中认识同、从特殊中认识一般,并且在谈所谓"天命"时不忘其背后之人心。特别使我注意的,是其中的第二条,即周初以周公为代表的思想家们已经能够从殷周历史之"异"中看出了"同",从二者历史之"特殊"中看到了"一般"。好像您正是以此作为"以史为鉴"在认识上成为可能的重要条件的,是吗?

主:您说的很对。您想,如果殷与周只是各为特殊、只是有异而无同,那么,周怎么可能从与自己毫无一般性、共同性的殷朝的历史来取得借鉴呢?因为二者之间根本就没有任何关系嘛。当然,如果殷与周只是有一般性、共同性,那么,它们二者就完全雷同,从自己就看到自己,这样还有什么必要来以对方为鉴呢?

宾:的确如此,所以当时就有朋友说您对这个问题的理解有了一个新的深度。不过,看来您对这个问题好像还是长期放心不下。

主:是的。上述文章发表不久之后,我就感到自己的思考仍然没有到位。于是继续不断地进行学习和探讨。发表在1996年卷《中国历史学年鉴》(又载《北京师范大学学报》同年第5期)的《历史的比较研究与世界历史》继续讨论了"同""异"与"一""多"对于比较研究的意义。此文发表后不久,我又觉得仍然没有到位。2004年夏在上海召开的一次史学理论研讨会上,我就库恩所说的"范式"(paradigm)转换中的"不可公度性"问题做了简短的发言,随后在此基础上和陈新君合作写了《历史比较初论——比较研究的一般逻辑》一文,发表于《北京师范大学学报》2005年第5期上。该文要点说明,比较是建立在"可公度"与"不可公度"的对立统一之上的,而"可公度"与"不可公度"又是建立在逻辑的科(genus)属(species,对此二词有不同译法,姑从一说)关系构架及其运动之上的。这篇文章没有直接谈到"以史为鉴"的问题,不过根据这篇文章的论证可以推知,一个认识主体是可以用他的同科而异属的对象为借鉴的;或者说,"以史为鉴"必须在逻辑的科属结构里才有可能实现。前后经过了18年,才稍稍取得了一些进展,真惭愧。

宾:我看这一进展不能算小了。可是,好像您仍然自觉不能满意。您为什么对"以史为鉴"总有"放心不下"的情结呢? 能告诉我吗?

主:好,那就让我向您报告,我自己何以对"以史为鉴"总有"放心不下"的情结。可以如实地对您说,如果我只是读中国史学、经学著作,那么是不会有这个问题的。而西方历史文化却不断使我的思考面临一种挑战。我很难忘黑格尔所说的一段对"以史为鉴"最具有直接挑战意义的话。不知您是否有兴趣过目?

宾:当然。

主:那么请看黑格尔的《历史哲学》,其中一段说:"人们惯以历史经验的教训,特别介绍给各君主、各政治家、各民族国家。但是经验和历史所昭示我们的,却是各民族和各政府没有从历史方面学到什么,也没有依据历史上演绎出来的法则(引者按'法则'据英文之 principles,而德文原文为 die Lehre)行事。"[①]

---

① 黑格尔:《历史哲学》,王造时译,北京:生活·读书·新知三联书店1956年版,第44页。以下简作"中译本"。

不知您看了有何想法。这是否是对于"以史为鉴"说的直接挑战?

宾:当然是。

主:如果是挑战,那么是否可以把它视为不值一驳,从而不予理睬了事?

宾:看来并非不值一驳,不理不行。问题在于如何回应。

主:如果真想回应,那么我看上述一段引文中的第二句话的译文还有一点问题,说清楚了才便于推敲。

宾:愿闻其详。

主:按王氏译文系据英译本转译,英译本作:Rulers, statesmen, nations, are wont to be emphatically commended to the teaching which experience offers in history. But what experience and history teach is this that peoples and governments never have learned anything from history, or acted on principles deduced from it.① 如以英译为据,则王氏中译文完全无误。不过如果依据德文原文,上引有下划线一句似宜译作:"但是经验和历史给了我们的教训却是,各民族和各政府从来就没有从历史学到任何东西,而且也没有依照那就算是(原文用虚拟式过去完成时,英译、王氏中译皆无显示)从其(指历史)中抽绎出来的教训行事。"按此句德文原文为:Was die Erfahrung aber und die Geschichte lehren, ist dieses, daB Völker und Regierungen niemals etwas aus der Geschichte gelernt und nach Lehren, die aus derselben <u>zu ziehen gewesen</u>

---

① G. W. F. Hegel., *The Philosophy of History*, translated by J. Sibree, New York, 1956, p.6. 以下简作"英译本"。

wären, gehandelt haben.①

宾:我还不太清楚,您为什么要这样仔细核定译文呢? 其间到底还有哪些差异?

主:实际上其中还是有看起来细微而实际上很重要的区别的。因为这个句子包含有主句和副句。就其主句而言,英译(从而王译)与原文并无区别,它的意思是:经验和历史给予我们的教训是什么? 这就要求它所带有的表语副句来回答。这个副句有一对主语(即各民族和各政府),还有两个并列谓语。第一个谓语是:从来就没有从历史学到任何东西,在此英译(从而王译)与原文仍然并无区别;可是,到第二个谓语分歧就出现了。如果依照英译(从而王译),那么它的意思是:确有"依据历史演绎出来的法则"(严格地说,这里的"法则"一词也未译准,王氏是据英文之 principles 译的,而德文原文为 die Lehre,意思是教训,而法则、法律、规律在德文里都作 Gesetz),只不过人们没有按它行事;可是依据原文,"从历史中抽绎出来的教训"的本身在黑氏看来就不存在或至少非常可疑(因为抽绎的原文用的是虚拟式过去完成时),所以就算是有,人们也不会按其行事。

宾:英译者的德文水平应该是很高的,怎么会有这样的疏失呢?

主:我也觉得英译者的德文水平是很高的。他常常在我们

---

① G. W. F. Hegel. Samtliche Werke, herausgegeben von Georg Lasson, Leipzig, 1920, Band 8, Die Vernunft in der Geschichte, Einleitung in die Philosophie der Weltgeschicte, s. 174. 以下简作"原文本"。

看黑氏原文感到枯涩、曲折、累赘而头痛的地方用很简明流畅的英文把问题说得明明白白。可是太追求可读性有时也会出现问题。不过,我觉得英译者在这里的千虑一失,还有一些别的原因,就是他既忽略了这两个谓语之间的关系,又忽略黑氏这一句话的上下文或语境,而且也忽略了黑氏思想里的一个深层背景。看来他的疏失主要不是出在语言文字的水平方面,而是出在对原文的理解与思考的层面上。

宾:您这话的意思是说,黑氏的本意是说,即使有从历史中抽绎出来的教训(在他看来其实是没有),人们也不会按照它来行事;而英译者忽略了黑氏所用的虚拟语气,把从历史中抽绎出的教训坐实了,所以译文不准了。对吗?

主:是的。

宾:您分析英译者疏失的原因在于三个忽略,能否依次具体地谈谈这些忽略呢?

主:好,先谈英译者的第一个忽略。您想,副句主语与第一个谓语结合时的意思是,人们从来就没有从历史里学到什么教训。那么,到底是要说明历史教训虽有、只是人们没有学到呢?还是要说明历史教训本来就没有、从而人们也就无从学到任何东西呢?

宾:黑氏心里想的到底是什么意思,这让我们怎么猜测呢?

主:我们可以反问:如果真有历史教训,那么为什么人们从来就没有学到它呢?而且,如果从来就没有人学到过它,那么又怎样能用实际经验证明它真的存在呢?

宾:这个反问有意思。看来黑氏的这个副句的第一部分的用意是,要以没有人学到过历史教训的经验事实来反证历史教训的不存在。

主：对了，问题的要害正在于此。这个副句的第一个部分既然如此，那么在这个副句的主语与第二个谓语结合时，它的意思自然就只能是，对从历史中抽绎出来的教训必须以极其怀疑的语气说出了：就算历史教训是有，人们也没有按照它来行事。黑氏实际是说，人们常说的历史教训其实是所谓的，而非真实（严格地说即由逻辑推导出来的真实）的存在。唯其如此，所以也没有人真按所谓的教训行事。您看，这样的理解是否有些道理？

宾：有道理。不过，这只说明英译者的第一个忽略（即对于两个谓语之间关系的忽略），那么，英译者的第二个忽略（即对黑氏此语的上下文关系的忽略）又是怎么一回事呢？

主：以上所引黑氏那一段话，出现于他所说的"实验的历史"一节中，而"实验的历史"则是他所说的"反省的历史"中的四个类型之一（第二类）；至于"反省的历史"，则又是他所说的考察历史的三种方法（即"原始的历史""反省的历史"和"哲学的历史"）中的一种。这样，要弄清上述引文的语境，就不能不把它放在这样的三层结构里来考察。

宾：可以简要地介绍一下这个三层结构吗？

主：可以，只是简要的介绍难以精准，不过，为了避免漫衍，这里也只好简略地说一些大概了。当然，如果您真有兴趣，那可以细读原书。

宾：愿闻其略。

主：黑氏所谓的原始的历史，就是当时之人记录当时所见所闻或所亲历其中之事。在这样的历史书里，作者的精神和所述对象的时代精神或历史事实之精神是一致的。因此，其优点是，生动活现，使读者能够因之而如身历其境；其缺点是，其所述之时空范围必定有限，而且作者本身不需也不具反省的精神。

黑氏所谓的反省的历史，就是指史家所述的历史时空范围已经超越当代与本地区，从而史家的精神已经不同于所述历史时代之精神，因此史家必须经过反省才能了解、把握所述的对象或前人之史。他把所谓的反省的历史分为四类：第一，是根据前人记录而编写的漫长时间和广袤空间的"普遍史"（现在常译作"普世史"），其优点是所述范围展现的视野远远超出原始的历史的范围，其缺点是史家的精神不同于所述历史的精神，从而以其自己的精神强加于所述的历史，使历史叙述失去了直接性。第二，是"实验的历史"，即从今人的愿望出发，企图从在精神上本来是异己的历史里学到道德方面的教训和解决面临问题时所需的智能方面的教训。黑氏认为，历史上的道德教训也许对孩子们成长有益，不过，因为古今时代精神不同，所以很难从中抽出共同的教训，即使抽出来那也必定是非常之抽象的，从而在面临往往非常复杂的现实问题时也往往是无用的。说到这里，也就可以看出黑氏在上述引文里之所以采用虚拟式过去完成时的原因了。第三，是"批评的历史"，即历史考证；黑氏认为，适当的考证是必要的，而过度驰骋想象的考证是必歪曲历史。第四，是艺术史、法律史等专门史，黑氏认为，这些历史虽然更专门了，但是艺术、法律等内容也更接近于"精神"，因此它们也就更接近于哲学的历史了。

黑氏所谓的哲学的历史，就是指精神或理性所主导的历史。在他看来，精神由于充满着内在矛盾而在不断否定自身中发展，历史不外就是这种理性发展的过程。在这里，我们不可能就黑氏这一理论作系统的讨论,只想强调说明一点,即在黑氏看来,理性本身绝对不是从历史的经验中抽绎出来的,而是相反,历史不过是精神或理性展现自身的过程或轨迹罢了。说明这一点,也是为了说明,黑氏既然不是从经验演绎出理性,那么也无从由此而得到经常有用的教训来。

以上简介就是黑氏质疑从历史经验里能汲取出教训的说法的语境情况。啰唆了,也未必真得要领,谨供参考吧。

宾:那么,英译者的第三个忽略,即对于黑氏思想里的一个深层背景的忽略具体情况如何?

主:这个问题已经涉及西方哲学史了,看来只能作最简要的说明。早在古代希腊,柏拉图就提出人类认识中知识与意见的区分。他认为,人们对于是/存在的对象能够有知识,对于不是/非存在的对象就只能无知;如果认识对象是时而是/存在、时而不是/非存在的、即变动不居的,那么人们对它就既非有知、又非无知。而是只能有"意见"。① 照此说来,只有从逻辑推导而来的永恒结论才能是知识,而从变动不居的历史归结出来的就只能是意见了。历史经验所提供的只能是意见,它作为"教训"的资格就不能是有把握的了。这就是黑氏在上述引文里(对从历史经验里引出教训)采用虚拟式过去完成时语气的深层的思想史上的背景。

遵命说了许多,不知是否说清楚了。

宾:应该说,基本说清楚了。我看,您的主旨其实并非在于

---

① 参见拙作《史学、经学与思想》,北京:北京师范大学出版社 2005 年版,第 83—86 页。

解决那一句话所用的语气问题,而实际是要"假道"于对英译文的细微疏失的分析,从而来说明黑氏为什么会从根本上怀疑历史经验是能给人作教训的。

主:您的眼光的确锐利。不过,我倒不是故意借英译的细微疏失大做文章,相反,我倒觉得,英译的这一疏失给了我更多的思考余地,所以在间接的意义上对我也是有益的,书总是以细读为好。以上所引黑氏的那一段话固然给了我很深的刺激,使我难忘,不过,使我不能不深思的是他的那一套思想体系与深远的哲学史的背景。

宾:您为什么这样说呢?难道黑氏的这一段话本身的尖锐挑战可以轻轻避过吗?

主:我不敢逃避黑氏的挑战,而是觉得黑氏那一段话里既有合理之处,也有其自身的问题。

宾:那么那段话的问题在哪里?

主:那一段话虽然说得机警锋利,但是其本身就是有缺陷的。您想,黑氏说,历史的经验给予人们的教训就是(主句),从来没有人从中得到过任何教训(表语副句主语与第一个谓语结合)。这句话看起来很机警锋利,实际上其本身却是一个悖论。如果肯定主句,那就是说历史经验就是给了我们教训的,而且黑氏也承认学到了,那么,断言从来就没有人从中学到任何教训的表语副句就不能成立。反过来说,如果副句的判断成立,那么主句就又不能成立了。黑氏这样伟大的思想家,竟然也难免有为了说话风趣而不慎使自己陷于自我矛盾的境地的时候。另外,黑氏在表语副句主语与第二个谓语结合时的意思是说,即使历史经验真的给人们留下了教训,那么,也是没有人会接受这种教训的。为什么呢?黑氏在上述那段引文之后接着解释说:"每个时代都有它特殊的环境,都具有一种个别的情况,使它的举动行事,不得不全由自己来考虑、自己来解决。当重大事件纷陈交迫的时候,一般笼统的法则(按此处法则之英文为 principle,德文为 Grundsatz,故应译为原则或信条),毫无裨益。回忆过去的同样情形,也是徒劳无功的。一个灰色的回忆不能抗衡'现在'的生动和自由。"①

宾:请允许我插一句话。在历史上不接受历史经验教训的人有的是,难道黑氏这样具体的分析也不正确吗?

主:我没有说他这样说不正确,而是想进一步说明问题。

宾:说明什么?

主:我想就黑氏这一段话的内容分别做两个方面的说明:第一,历史经验教训与人们的自由选择的关系问题;第二,在古今变易中究竟有无相同或相通的经验教训的问题。

首先谈第一个问题。我觉得,只要黑氏在依据经验说话,他的话大体都不会太离谱。他说,对于历史教训人们有自己的选择自由,的确不错;有人面对历史教训采取不接受态度,这样的事例在历史上的确太多了。所以,他的话里确实有正确的地方。譬如,中国人从很早而且一直坚信:以民为本从而得民心者得天下,残民以逞从而失民心者失天下,这就是一条重要历史教训。可是殷商末世、秦之末世、隋之末世皆拒不接受此教训;所以,人们对于历史教训的确是有接受与否的选择自由的,这都可以证明黑氏所说是有根据的。不过,黑氏只说到不肯接受历史经验

---

① 《历史哲学》,中译本,第44页;英译本,第6页;原文本,第174页。

教训的人,那么,还有没有肯接受历史经验教训的人呢?既然黑氏承认,人们对于历史经验教训是有接受与否的自由的,那么人们选取接受历史经验教训的自由在逻辑上就是不能被排除的。因为,如果没有两种以上的选择出路,那么就谈不上有选择的自由。逻辑上既然不能排除,那么在历史事实上是否曾经存在呢?黑氏的答案是否定的,至少也是十分存疑的。这样的结论就不符合历史事实了。大家知道,在殷、秦、隋等王朝因拒不接受历史教训而灭亡的同时还有周、汉、唐等王朝因乐于接受历史教训而兴起。怎么能说没有人接受了历史的经验教训呢?所以,在这里,黑氏犯了以偏概全的错误。因为讨论还在经验的层面,黑氏所犯的是经验分析论证中的片面性。

不仅如此,以上所举殷、秦、隋之亡与周、汉、唐之兴的事例,恰好证明:人们对于历史经验教训的取舍是有选择的自由的,可是,人们对这一自由选择的结果,就不再有选择的自由,就不能从心所欲了。所以,殷商王朝、秦王朝、隋王朝先后都因拒不接受历史教训而"无可奈何花落去";而周、汉、唐等王朝,却因虚心接受了这一重大历史教训而勃然兴起,在中国历史长河中熠熠生辉。因此,我们承认黑氏所说,人们对历史经验教训有取舍选择之自由,但是,不能因此而看轻历史教训的存在与意义。相反,这样的事例恰好告诉我们:殷商、秦、隋等王朝的末世拒之而亡亦即周、汉、唐等王朝受之而兴的历史经验教训,在选择自由的背后却有着结果的必然性;而这种结果的必然性正一再证明,上述历史经验的教训的本身是有其颠扑不破的性质的。

宾:不论您怎么说结果的必然性,人们在历史面前的选择意向的自由总是无法否认的。

主:的确如此。不过,您既然说到这里,那么我倒觉得还有一点值得提出向您请教:您看,对于同一个历史经验教训,殷商、秦、隋与周、汉、唐为何会采取截然对立的选择呢?它们的自由选择是完全任性的?还是有其根据或理由的?

宾:对于这样的国家大计,一个统治者恐怕不会完全掉以轻心,看来总是会有所思考的。

主:您说的对。在考虑是否接受历史经验教训的时候,人们总会给自己的决策找出其自身的根据。有些什么要考虑的根据呢?如果具体地说,那么也许可以从各个具体方面的条件来分析;可是,如果作总体的考虑,那么他们的根本依据看来只能是自身集团或阶级的最大利益所在。在同一个历史时代并且面对同一个历史经验教训,殷、秦、隋等王朝采取拒不接受历史教训的态度而周、汉、唐等王朝却采取了乐于接受历史教训的态度。它们分别地做出了自己的自由选择,而选择本身的性质是对立的。为什么会有这样对立的选择呢?因为它们的现实利益是对立的。它们的现实利益为什么是对立的?这就不是它们自己能够自由选择的了,那是它们各自不同的历史前提条件所造成的,而历史前提条件对于它们来说就不是可以自由选择的,相反,对于它们却是既定的。因此,它们各自的自由选择中实际存在着历史前提的不自由,所以,它们各自的选择自由只不过是不自由中的自由而已。看来我们从事史学理论研究,最好还是对历史上的自由选择多做实际的分析,而不重泛论自由本身。

宾:您这样说是否是要批评黑氏泛论历史上的自由?

主:绝无此意,也不可能有此意。因为我们在这一点上正是深深受到了黑氏的启发的。黑氏在《历史哲学》的绪论中,一方面强调,人的欲望与激情的自由选择及其作用是现实的;另一方面又指出,由于相互对立、竞争的交错作用,最后实现的却是世界理性的目的,人们(即使是历史上的伟大人物)最终只能成为理性实现其自身的工具。这就是他所谓的"理性的狡计"(die List der Vemuntt,the cunning of reason)。① 所以,黑氏是很好地说明了自由与必然之间的辩证关系的。我们不同于他的地方是,我们难以接受他预设的第一性的世界理性而已。您看,现在我们是否可以来谈第二个问题,即在古今变易中究竟有无相同或相通的经验教训的问题了?

宾:好,那就请您谈一谈,究竟有没有亘古不变的历史经验教训呢?

主:您的问题真是单刀直入。我的答案也必须十分明确,即没有。为什么?因为历史的经验教训既然是在历史中产生的,那么它就必然离不开它所由以产生的历史条件,也就必然具有历史性。它依据具体的历史条件而产生,也随历史条件的变化而变化。例如,在三代时期,王朝必须分封(不论是名义上的或事实上的)诸侯,才能维持统治,所以诸侯之国往往长期存在;而汉初分封的功臣侯者到武帝时就没有什么了。汉朝为什么不接受三代的历史经验教训呢? 司马迁在《史记·高祖功臣侯者年表序》中说:"居今之世,志古之道,所以自镜也,未必尽同。帝王者各殊礼而异务,要以成功为统纪,岂可绲乎?"他已经清楚地知道,有些历史经验教训会随着历史条件的变化而变化,但是,他在《秦始皇本纪》篇末大篇引用贾谊《过秦论》的论述,其

---

① 《历史哲学》,中译本,第72页;英译本,第33页;原文本,第83页。

中引出贾谊对秦亡的关键性解释是:"仁义不施,而攻守之势异也。"这就又一次强调了那条残民以逞从而失民心者失天下的历史经验教训。所以关于封建与否和关于民心得失的历史经验教训的有效性是在时段上有很大差别的。前者只适用于三代时期,而后者则在凡国家政权存在的历史时期皆可适用。等到国家政权也在历史上消失的时候,看来它作为经验教训的作用也将成为历史的往事的。

宾:看来历史经验教训的意义并不具有普遍的必然性。

主:的确如此,不过人类既然生存于历史长河中,看来就只能满足于具有历史性的历史经验教训了。

宾:这样,您就基本上回应了黑氏的上述那一段话了。

主:我对黑氏上述引文所能做的回应就是这些,是否有当?尚希指教。不过,我也知道,问题并未到此为止。

宾:看来您对"以史为鉴"长期怀有的放心不下的情结,还在继续发酵。

主:您说的是。

宾:那么您是怎样想的呢?

主:我想,历史的经验教训的有无及其是否有用,这固然是"以史为鉴"的题中应有之义,但是,它只是"以史为鉴"内容的一部分,看来并非其全体。因此,要弄清"以史为鉴",还得首先从确切把握它的真实含义着手。尊意如何?

宾:也是一法,不妨一试。

主:鉴,就是镜子,"以史为鉴"就是用历史来作镜子反照自己。对吗?

宾:这样说自然是对的。不过听说,您对这一点也有所怀疑了。2007年夏,您到西安陕西师范大学参加了一个用"以史为鉴"为主题的学术研讨会,在会上,您只作了短短几分钟的发言,而且只是提了两个问题。有此事吗?您提的问题是什么?

主:确有其事。当时我提了这样两个几乎带有稚气(以下将会说明问题的稚气的)的问题:第一,"以史为鉴"的意思,就是把历史当作镜子来照见自己。不过当我们拿镜子来照自己的时候,那么在镜子里出现的是自己;而我们以史为鉴的时候,那么从作为镜子的史书里看到的却没有自己(连自己的名字都没有,即使有,那也是同名异人),而所见都是他者(前人及前人的事)。这使人怀疑"以史为鉴"这个比喻性的说法的确切性与可能性。第二,"以史为鉴"的"鉴"字原来写作"监"字。据《十三经注疏》本,《诗经》里说周人以殷为鉴的时候一般都作"鉴",而在《尚书》里则一般都作"监"。孔子说:"周监于二代,郁郁乎文哉。"(《论语·八佾》)这里的"监"还是作"鉴"用的。"监"的繁体字"監",其左上角的"臣"本是眼睛的象形,右上角是"人",下面是"皿"字上面加"一"(一表示皿中的水),整个字形就表示人用眼睛看器皿中的水,也就是对照盆里的水照见自己。在一时找不到镜子的时候,我们也会在洗脸后从脸盆的水里照照自己,看看自己的脸是否完全洗干净了。器皿中的水的确是可以为鉴(镜)的,不过这种水必须是静止的水。清人许宗彦有《鉴止水斋集》。其取义也是止水可以为鉴。因为止水的表面极其光滑平静,可以代替镜子。至于流水,它就没有止水的上述特点,所以也从来没有人站在江河边上临水照自己的。而历史恰恰是一条后浪推前浪的不断奔腾前进的长江大河,这样看来,历史又如何可以为鉴呢?

宾:看来,您这又是在对自己进行挑战了。

主:其实,这是为了更为彻底地回应有关"以史为鉴"的诸方面的问题。

宾:那您怎么彻底地回应有关"以史为鉴"的诸方面的问题呢?是否可以先从您自己所提的第一个问题开始?

主:我想应该如此吧。不过,这一回让我先向您请教,好吗?

宾:这样也有趣,可以试一试。

主:您确信在照镜子的时候,您在镜子里所见到的确实是您自己吗?

宾:当然是我自己啦。难道我照镜子所见到的倒是您不成?

主:当初我也是这样想的。不然,我怎么会提那样的问题呢?可是当继续想下去的时候,问题就又发生了。

宾:您的问题真是多。您既然提了上次提的问题相信照镜子时所见的是自己,那么为何今天又忽然怀疑起镜子里照出来的不是自己了呢?如果您这样随便地自己都不相信自己,自己否定自己,那么又让我说什么才能让您相信呢?

主:我们不怕自我否定,否定前见往往是后见得以深入的条件。我还是真心想再向您请教问题,而不是故意和您开玩笑。您说镜子里的影子就是您,那么,我能和镜子里的您对话、握手吗?

宾:这不是抬杠吗?人怎么能和镜子里的影子对话、握手呢?

主:好,我明白了,镜子里的您,原来只是您的影子,而不是您本人。是吧?

宾:这还用问?您怎么和我玩起"白马非马"的游戏来了?

主：由此可见，您在照镜子时所见的只是您的影子，而非您本人；换句话说，您的影子并不等同于您自身，而是由您而衍生的一种形象，或者说，是从您"异化"出来的一种现象或他者。尽管这个现象或他者不是您，但是它反映了您在某一方面的真实。

宾：啊？这倒让我有点被您的诡辩弄糊涂了。

主：我决不会对您玩诡辩，而是在认真谈问题。您一时没有想清楚，没有关系。我们可以再举一些例子，供您消化、思考。好吗？

宾：那试试看。

主：我曾经照过胸部透视的大照片，拿出来一看，那只是一架胸部枯骨和一些阴影，它怎么能是我这个活人呢？可是大夫一口咬定说，它就是我，而且是我胸部健康状况的本质反映。啊，它不是我（它是照片、我的照片），却又是我的某一部分的本质反映。我还作过头部的核磁共振扫描，出来的照片又是一片骷髅的排列，当然，这一次我不能再怀疑了；它们的确不是我，而只是我的照片，但是又确实是我的脑部健康情况的本质反映。听了这两个真实的故事以后，您还觉得我在和您玩诡辩吗？

宾：看来您的思考还是很严肃的，不过，这样的思考方式是否已经越出了您所从事的历史学专业了？这对于史学研究还有多大意义呢？

主：还真有几位老友因此为我担心。而我呢，却另有想法。我于史学理论虽然只是一名业余爱好者，可是现在却承担着一个重大研究课题，所以想逃也逃不了，不如真努力钻进去也许还能冲出来。我们的社会要与时俱进，我们的史学就不能不与时俱进；我们的史学要与时俱进，史学理论就不能不与时俱进。我们原以为不成问题的问题,如今已经面临外面的挑战,我们装作鸵鸟行吗?所以,我个人认为,我们的史学要真能有所突破,元史学还是不能忽视的。唐代文学家司空图的《廿四诗品·雄浑》中说:"超以象外,得其环中。"(按其思想本诸《庄子》)看来对于我们也是有所启发的。区区微忱,不知是否能蒙俯察?

宾:这样,我就益发理解您的执着了。书归正传,您说的故事的意思是:这个"我"还不是很容易认识的。

主:说来像是笑话,我还不知道自己是谁。我就是刘家和呗。那刘家和又是什么?原来那也只是我的一个符号。这个符号本身是没有任何具体内容的。要想真认识我,那就要从各种各样的"镜子"里来观察我自己。譬如,我在老师的面前是学生,在学生的面前又是老师;在父母的面前是儿子,在儿子的面前又是父亲等等。不如此,我的关于自我的意识是无法逐渐建立起来的。

宾:您不是刚刚还在批评黑格尔吗?怎么从您现在的话里却闻到了黑氏《精神现象学》里的味道?

主:您的哲学嗅觉的确太敏锐了。我不敢掠人之美,的确是从黑氏此书关于"意识""自我意识"等部分(严格地说还有《小逻辑》中的"本质论"部分)里得到了深刻的启发。我如果真想认识"自我",那就必须有不断的"反思"。

宾:那么,您是准备走"反身而诚"的路子?

主:不是,那是孟子的路子。他以为"万物皆备于我矣,反身而诚"(《孟子·尽心上》)。孟子的"反身"不假外物,而直认本心。这里所说的"反思",采用的还是黑氏所用的 reflexion 的概念。

宾：黑氏"反思"概念的具体情况如何？

主：黑氏在解释"本质"的观点时有一段比较生动的说明。引述如下："反映或反思(reflexion)这个词本来是用来讲光的，当光直线式地射出，碰在一个镜子上时，又从这镜面上反射回来，便叫作反映。在这个现象里有两方面，第一方面是一个直接的存在，第二方面同一存在是作为一间接性的或设定起来的东西。当我们反映(像大家通常说的)反思一个对象时，情况亦复如此。因此这里我们所要认识的对象，不是它的直接性，而是它的间接地反映过来的现象。我们常认为哲学的任务或目的在于认识事物的本质，这意思只是说，不应当让事物停在它的直接性里，而须指出它是以别的事物为中介或根据的。"① 这就是说，镜子是他者、对象或中介，我可以使自己投影到镜子里(照镜子)，镜子里出现的影像已经不是我的直接性，而是我在镜子里设定起来的间接性的东西；我从这个间接性的东西的回头反射中，或者说，从这个中介里，看到了我自己的本质。这样，以上曾经举例的 X 光透视照片、核磁共振照片里呈现出来的异象之作为我的身体某一部分的本质反映，作为问题就在理论上涣然冰释了。同样，在我们以史为鉴的时候，从史书里看到的不是自己的问题是否也就可以解决了？

宾：看来还有问题。您的胸部透视照片虽然异化得连自己都认不出来，但是它毕竟是您自己投影的结果。您能说史书里的事情、人物也是您投影的结果吗？

主：当然不能这样说。不过，可以说明的是，主体的投影经

---

① 黑格尔：《小逻辑》，贺麟译，北京：商务印书馆1995年版，第242页。

过不同中介反映出不同的结果,而这些结果对于主体来说实际上都是异物,只不过是与主体相关的异物而已。正如黑氏所说:"通常意识总是把相异的事物认作是彼此不相干。……与此相反,哲学的目的就再扫除这种各不相涉的[外在性],并进而认识事物的必然性,所以他物就被看成是与自己对立的自己的他物。"①所以,透视片上的影象、心电图上的曲线、各种体液化验表上的各种数字,对于主体都是异物,但又是自己的异物。人们在史书里是能看到自己的异物的。

宾:现在要追问的是,您是如何向历史作自己的投影的?

主:您的追问之紧、驳难之深,的确使我不能不作不断深入的思考。在这里,为了讨论您所提的问题,我想谈一下构成反映的主观与客观方面的条件。主观方面的条件就是自我主体的意向性。一定的意向性决定着中介的如何选定;譬如,如想知道自己的面部清洁与否,就会选择镜子作为反映的中介(手段),如想知道心肺的情况,就会选择胸部透视作为中介,如想知道自己的心率的情况,就会选择心电图作为中介等等。不同的中介可以从不同方面、以不同形式反映出我的身体不同部分的不同情况。客观方面的条件则是中介的实际存在,它是我们投影的对象,而不是我们投影的结果。没有必要的工具或手段,虽有主观意向,也无法使反映得到实现,例如,没有镜子甚至没有水,人们就无法照自己的面部,没有相关的科学技术,就不可能有透视、心电图等等。

宾:您为什么和我说这些呢?我问的是,您到底是怎么向史

---

① 《小逻辑》,第257页。

书投射自己的?

主:人们生活于历史长河之中,看来不能不知道自己在此长河中所处的位置何在。因此,人们总有测知自己历史处境的意向。有了这个意向,就要寻求投射目标。这样就找到了史书。这里必须分析清楚,史书以及其中的人物、事迹都不是我们意向投射的结果,而只是我们投射的对象。一旦我们对史书及其所载的历史投射意向,后者作为中介就会对我们的投影做出反映。

宾:且听如何反映。

主:还是举例来说比较容易弄清楚。譬如,当周武王准备伐纣的时候,他一定会力求弄清自己所处的地位。如何来测知呢?他就要把自己的意向投向历史。"惟殷先人有册有典,殷革夏命。"(《尚书·多士》)他把意向投向殷人的典册,结果看出了自己的影子,就是对夏桀发动革命的商汤,还看出了纣的影子,就是夏桀。这时商汤就是周武王自己的异物,桀就是纣自己的异物。商汤为什么能够成为周武王自己的异物呢?因为他们互为具有同一性的异物。这样,异中之同就成为互为反映的必要条件。

根据以上论证可知,以史为鉴与以镜为鉴之间存在着类的不同。人在以镜为鉴时的意向性是照自己的面部,所选的中介从而是镜子;人在以史为鉴时的意向性是了解自己的历史处境,所选的中介从而也就是史书及其所载的历史。二者都有投射与反映的共同性,所以可以互为隐喻之词(附带说明,由此也可以看出,隐喻总是有其使用与理解的限度的)。我从前因为从史书里照不出自己而怀疑以史为鉴的可能性,实际是没有辨明二者在类上之异同,所以问题是带有稚气的。这个带有稚气的问题,现在可以说是解决了吧?

宾：应该是这样的。那么，还有流水不可为鉴的问题呢？

主：其实道理和第一个问题是同样的。如果您的意向是照自己的脸，那就只能选择光滑宁静平面的镜子作中介，反映出来的就是您的面部静态的情况。如果您的意向是要知道自己的历史处境，那么自然不能选取本质是静态的镜子作为中介，而只能选取本质是动态的历史来作中介了。为了说明这一点，还是让我们举一个历史上的例子。当周公协助武王伐纣时，他们从历史（作为中介）中所得的反映是革夏命时的商汤，到了推翻殷商并取而代之的时候，情况发生了翻天覆地的变化，原来的"小邦周"变成了"赫赫宗周"，原来的"天邑商""大邦殷"变成了"殷小腆"。这一种历史的变位，使周登上了殷商当初的天子处境。于是，周公从自己的新处境出发，把意向投向历史，由此他得出了两类反映。一类反映是尚未被推翻前的纣，此人处于"天子"之位而残民以逞，其结果就是灭亡的下场；另一类反映是所谓的殷哲王，此类人因勤政爱民而享国长久（具体内容见《尚书·无逸》）。周公看到，当时已经成为天子的周王从殷人典册里看到了正负两类影像，即哲王或暴君，而且两类相对立的影像又有着两类相对立的结果。周公面临着作为镜子的史书中提供的两种可能选择，终于选定殷哲王作为典范，因此他在多篇《尚书》里，反复申述必须以民为本、"保民而王"的教训。从这件事就可以看出，主体总在变化之中，其意向性也就在变化之中；变化了的意向投向历史的时候，其反映自然也就变化了。止水或镜子在此时已经不能充作中介，只有流动着的历史才能起到反映动态的作用。所以，临流水不能照面部，而情同流水的历史却能作为历史人物的中介，并从中反映出动态的历史趋向。这样，我先前所提的第二个带有稚气的问题，至此也可算有一个交代了。

宾：既然您觉得这两个问题带有稚气，那么您怎么敢在西安的会上一本正经地提出来呢？看来您在当时已经胸有成竹，提出来是想活跃一下会场，对吗？

主：这倒不是如此。严格地说，我在当时正处于孔子所说的悱愤状态。我觉得，"以史为鉴"作为一种隐喻，其中是潜藏着问题的；当时并未意识到自己所提的问题带有稚气，稚气是在分析的结果里发现的。您说我当时已经胸有成竹，那也不是；不过，既然有了问题，自然也是有了一些初步的、朦胧的正面想法的。所以提出来并非为了凑热闹，而是想借此就正有道。后来无人回应。我知道自己还没有把问题提透，而且，我提这两个问题本来还有一种（甚至多种）背后的问题，所以也就不再往下谈了。可是心里从来没有放下它。

宾：您的问题背后还有问题，问题真多，几乎没完没了。

主：看来今天谈的已经不少了，我也怕您累了。您说还谈吗？

宾：听了您的问题步步深入，现在心里有点发痒，您提一个头以便下次接着谈，好吗？

主：好，遵命。只就一个问题提一个头。那就是，"以史为鉴"本来是一个"隐喻"（metaphor），而且是一个很好、很适用、很得学界（包括史学界）青睐的隐喻，但是它在使用中仍然是有其显然的局限性的。我当初提这样的问题时，也隐约地意识到这一点。今天，在您不断追问之下，我的回答也初步地、非系统地说明了对隐喻进行逻辑分析的必要。不知这个头提的是否有当？

宾:有意思,看来您的问题还多,下一次可以由此开始。今天谈的时间已经不短了,是否暂时告一段落? 谢谢!

主:以后有机会再就此问题向您请教。多谢来访。再见!

宾:再见!

(原载《北京师范大学学报》2010 年第 1 期)

对于《关于"以史为鉴"的对话》的补充说明

在《关于"以史为鉴"的对话》中,我曾讨论了黑格尔为什么否定了"以史为鉴"的可能性的问题。我曾指出,问题的关键在于黑格尔所坚持的是西方的逻辑理性的传统。正是因为这一传统与中国人的历史理性的传统的差异,双方对于"以史为鉴"有了截然不同的判断。

在《对话》中,对于黑格尔的是否存在同一的、永恒的历史经验与教训的质疑(他实际是否定了这一存在),我以批判(或扬弃[Aufheben])的方式作了回答。这就是,从逻辑的观点看,我同意或承认了黑格尔的见解,可是同时又从历史的观点看,否定了黑格尔的见解。因为历史既然包含了变与常的统一,其经验与教训就必然有其历史性的存在的理由与价值。而且,人类既然是历史性的存在,其自身也只能满足于历史性的经验与教训。也就是说,从历史的观点看,我们只能也必须承认在**一定历史条件下的普遍的必然性**。当然,这在理性主义者看来根本上就不能叫作普遍的必然性。

现在要进一步思考的是,我们是否有可能寻找到这两种理性(逻辑的和历史的)之间的内在关联呢?我们知道,历史的经验和教训当然是从历史经验中归纳出来的,其途径是归纳推理(Inductive Inference),逻辑的法则是从自明的真理或公理(Axiom)演绎出来的,其途径是演绎推理。亚里士多德的著作中多处谈到这两种推理的区分,甚至试图沟通二者。在《后分析篇》(*Posterior Analytics*,81B1-9)中说:"证明从普遍出发,归纳从特殊开始,除非通过归纳,否则要认识普遍是不可能的。"可是,亚里士多德本人的逻辑不允许归纳所得的经验成为演绎的前提,于是他又不得不诉诸"努斯"(Nous,中译又作"理会")这种直观的理智。(《后分析篇》,100B8-13)因而他未能打开二者直接沟通的道路。

到了近代,经过培根、洛克、莱布尼茨、休谟、康德、克罗齐等人,他们分别地对于先验的、分析的判断与经验的、综合的判断,演绎与归纳的推理,理性的真理与事实的真理均有所阐发,其中还有人(如康德、克罗齐等)试图把二者结合起来。不过问题迄未能够解决。

可是,只要这个问题不能解决,由经验归纳而来的历史教训(作为一种事实真理)便无法与由逻辑或理性演绎而来的理性的真理相互沟通。从而中国的"以史为鉴"史学理论也难以与西方史学理论在基础层次上相互沟通。

蒯因(W. V. Quine,1908—2000)的《经验论的两个教条》("Two Dogmas of Empiricism")一文论证它们都是没有根据的。我觉得,他对于其中第一个教条的批驳,在解决中西史学理论沟通问题上可能具有启发的作用。

他所说的两个教条中的第一个,即"相信在**分析的**或以意义为根据的而不依赖于事实的真理与**综合的**或以事实为根据的真理之间有根本的区别"。① 他所指斥的另一个教条与我们当下讨论的问题无直接关系,在此从略。

蒯因举了一对广为人知的例子:

(1)没有一个未婚男子是已婚的。
(2)没有一个单身汉是已婚的。

人们通常把这两种陈述都看作分析陈述。可是实际上,只有陈述(1)是严格的逻辑上的分析论述。可是这一陈述不过是同义语的反复,因而是无意义的。至于陈述(2),那是把"单身汉"定义为"未婚男子",于是前者就成了后者的同义词。蒯因指出,这样一来问题就出现了:谁这样下定义,在什么时候?回答是词典定的,而"词典编纂人是一位经验科学家,他的任务是把以前的事实记录下来……"②这样,这个分析判断的根据竟然来自经验的综合。③ 再则,"未婚男子"与"单身汉"(Bachelor)并不能在一切场合"保全真值地互相替换"(Interchangeable Salva Veritate),因为英文里的 Bachelor of Arts(文学士)、Bachelor's Buttons(小果味饼干)等短语里的 Bachelor 就不能与单身汉成为同义词。如果在汉语里,"单身汉"与"光棍"同样是不能在任何场合下都可以"保全真值地互相替换"的。

我想,这样也许可以找到中西史学理论沟通的交汇点。希望诸位批评指教。

---

① W. V. 蒯因:《从逻辑的观点看》,北京:中国人民大学出版社2007年版,第18页。
② 《从逻辑的观点看》,中译本,第22页。
③ 关于这一点,蒯因进行了逻辑论证(见第23页)。但因为涉及逻辑学的专业知识,这里不做讨论。

第四辑

历史理性与逻辑理性

论历史理性在古代中国的发生

一、弁言——略说"历史理性"

"理性"在今天已经是一个大家常用的词,但各人使用此词时取义颇有不同,所以在这里先交代一下本文使用此词的取义。按现在大家所用的"理性",乃自外文①译来,就此词之多重含义概括言之,它包括两个方面:一是人对于事物的性质与功能的思考与论证,二是事物自身存在的理由与理路(或条理)。② 如果按照中国固有名词,那么此词也可以用一个"理"字来表达。《说文解字》:"理,治玉也。"段玉裁注云:"《战国策》:郑人谓玉之未理者为璞。是理为剖析也。玉虽至坚,而治之得其理以成器不难,谓之理。凡天下一事一物,必推其情至于无憾,而后即安,是之谓天理,是之谓善治。此引申之意也。"③这就是说,理字本意为治玉,而治玉必依玉本身之条理,故条理亦为理。引而

---

① 英文之 reason,来自法文之 la raison,法文此字来自拉丁文 ratio,其动词为 reor,意为筹算、思考、推论等。有从筹算、思考、论证到理由、理智诸义。
② 或者如黑格尔所说的"自觉的理性与存在于事物中的理性",见《小逻辑》,贺麟译,北京:商务印书馆1980年版,第43页。
③ 段玉裁:《说文解字注》,上海:上海古籍出版社1981年版,第15页。

申之,理作为动词之意为对于事物之治理,而作为名词之意则为事物本身之条理。《广雅·释诂三下》亦云:"理,治也。"①《广雅·释诂三上》又云:"理,道也。"②道、理互训,道作为动词之意为"导",而导必依事物之理,故道作为名词之意即为事物之理。所以,理性或道理,皆实际包括主、客观两方面而言之。

现在常说的历史理性(historical reason)实际也就包括历史(作为客观过程)的理性(the reason of history)和史学(作为研究过程)的理性(the reason of historiography),简而言之,就是探究历史过程的所以然或道理和探究历史研究过程的所以然或道理。③

在世界诸文明古国中,史学最发达者,当推中国和希腊。古代中国和希腊的历史学家都在治史求真的方法上有相当高度的自觉和自律。这当然是一种历史理性的表现。在这一方面,古代希腊人由于受哲学上的实质主义(substantialism)的影响④,以为真理只能从永恒、静止的存在中去把握,而历史变动不居,不能使人产生知识,仅能使人产生意见,故与理性无缘。古代中国人在这一点上恰恰与希腊人相反,以为真理只能从变化、运动的

---

① 王念孙:《广雅疏证》,上海:上海古籍出版社1983年版,第8页。

② 同上书,第32页。

③ 如果做进一步的思考,也许可以说,第一种历史理性所讨论的是历史本身存有方式的问题,从性质上说是属于本体论的(ontological)问题,第二种历史理性所讨论的是历史研究中的人的认知能力和研究方法的问题,从性质上说是属于认识论的(epistemological)和方法论的(methodological)问题。当然,在古代中外史学史上都还没有出现这样系统而自觉的区分与探究。

④ cf. R. G. Collingwood, *The Idea of History*, Oxford, 1956. pp. 20-21, 42-45. 柯林武德:《历史的观念》,第22—24、48—51页。

存在中去把握。这是两种不同的思路,很值得研究。本文所要探讨的就是古代中国人在这一方面认识的特点。

二、以人心为背景的历史理性的曙光(正)
(殷周之际与周初)

1. 对于"天命"的信与疑

《礼记·表记》:"子曰:夏道尊命,事鬼敬神而远之,近人而忠焉,先禄而后威,先赏而后罚,亲而不尊;其民之敝,蠢而愚,乔而野,朴而不文。殷人尊神,率民以事神,先鬼而后礼,先罚而后赏,尊而不亲;其民之敝,荡而不静,胜而无耻。周人尊礼尚施,事鬼敬神而远之,近人而忠焉,其赏罚用爵列,亲而不尊;其民之敝,利而巧,文而不惭,贼而蔽。"①其中所说夏人情况目前尚无材料为证,而所说殷人与周人情况基本符合历史事实。从大量甲骨卜辞材料可知,殷人的确敬信鬼神,以为鬼神能主宰人的命运。《尚书·西伯戡黎》记,周人已经打到距殷不远的黎国,对殷构成了威胁,大臣祖伊向纣报告,纣竟然说:"我生不有命在天。"②这也说明殷人对于天命鬼神的迷信程度是很深的。殷纣以为他的王权来自天命,天命决定历史。所以,其中没有任何理性可言。当然,并非所有殷人都是如此,祖伊就是对于天命鬼神持有怀疑态度的人;不过,这样的人在殷代不居主流地位。真正

---

① 孔颖达:《礼记正义》,《十三经注疏》,北京:中华书局1987年版,第1641—1642页。以下《十三经注疏》皆据此本,只记页数。

② 孔颖达:《尚书正义》,《十三经注疏》,第177页。

开始对天命产生深度怀疑的是后来战胜并取代了殷王朝的周人。

2. 历史发展自身理路的开始发现

殷代后期,周人逐渐兴起,不过由于殷周之间力量对比的悬殊,周人对于殷人处于某种从属地位,承认殷为天子而自己实际又保持本邦的基本独立状态。周王朝最初的奠基人文王之父王季为殷王文丁所杀①,文王本人也曾一度遭到纣的囚禁。周人是深知殷人实力之强大的。甚至在周取代殷之后,周人还记得殷是"大邦殷"②"天邑商"③,而自己是"我小国"。④ 可是,历史的发展结果是,随着牧野一战的胜利,小邦周竟然取代了大邦殷或天邑商,成了诸侯的共主——天子。殷人赖以自恃的"天命"转移到了周人手中。非常难得的是,周王朝的主要领导人武王和周公旦不仅没有被胜利冲昏头脑,而且深感陷于恐惧之中。《史记·周本纪》记,武王伐纣胜利以后,忧虑得夜晚连觉都睡不着,周公去看武王,问他为何睡不着,武王回答说:"我未定天保,何暇寐?"⑤不久武王去世,周公主持周王朝大政,《尚书·周书》中的周初诸诰,大多出自周公之手。我们只要读一读这些文告,就可以知道周公曾经做了多么深刻的反省,从而获得了多

---

① 方诗铭、王修龄:《古本竹书纪年辑证》,上海:上海古籍出版社1981年版,第36页。
② 见《尚书·召诰》《尚书·康王之诰》,《十三经注疏》,第212、244页。
③ 见《尚书·多士》,《十三经注疏》,第220页。
④ 同上书,第219页。
⑤ 《史记》,册1,北京:中华书局1973年版,第128—129页。以下引此书皆据此本,只记册数页数。《逸周书·度邑解》有类似记载。

么难得的觉醒。按这种觉醒可以从两个方面来说:第一,重视"天命"而又有所怀疑。《尚书·牧誓》:"今予发(武王自称名)惟恭行天之罚",①武王自称受天命伐纣。《尚书·大诰》:"予(周公)惟小子,不敢替上帝命。天休于宁(文)王,兴我小邦周。"②上帝赐命与文王,因此小邦周得以兴起,我不敢失上帝之命,即不敢坐视武庚、管蔡之乱不予平定。《尚书·召诰》:"皇天上帝,改厥元子兹大国殷命,惟王受命。"③是皇天上帝改了大国殷的命,而转交给了周。如此等等,在《尚书》与《诗经》中多不胜举。周既胜殷而有天下,当然知道政权的转移已经实现,或者说天命已经转移到自己手中。但是,武王、周公(尤其是周公)深感不安的是,天命难道原来不是在殷人手中的吗?为什么会发生这种历史性的转移呢?从前天命的转移,使自己由无而有,如果现在再发生天命转移,那就是使自己从有变无、由得而失了。这样一想,就感到非常可怕,所以睡不着觉。天命或王朝历史命运的转移,原来是既存在而又不可靠的。第二,天命是不可靠的,但也不是完全不可知。周公考察了夏、商两代王朝政权的转移,从中深加反省,终于懂得:"天棐忱辞,其考我民。"④"天畏棐忱,民情大可见。"⑤"古人有言曰:'人无于水监,当于

---

① 《十三经注疏》,第183页。
② 同上书,第199页。
③ 《十三经注疏》,第212页。按传统说法,《召诰》为召公所作,于省吾先生考证结果以为乃周公作,甚是。见《双剑誃(移字上面加竹字头)尚书新证》,北平:大业印刷局1934年版,卷3,第1—4页。
④ 《尚书·大诰》,《十三经注疏》,第199页。
⑤ 《尚书·康诰》,《十三经注疏》,第203页。

民监.'今惟殷坠厥命,我其可不大监抚于时。"①这些都是极为深刻的道理。在《尚书·无逸》这篇教导周成王的文章里,周公叙述了殷王中宗(大戊)、高宗(武丁)、祖甲及周文王四位勤政爱民的历史事实,说明他们深得人心,因此或者能够很好地维持王权或者能够获得王权。在《尚书·多士》这篇告诫殷遗民的文书里,周公又叙述了夏、殷两代失去王权的历史,指出夏朝末代君主不听天命,大事淫逸,丧失民心,天就命令商汤取代了夏;商朝末代君主也是不听天命,大事淫逸,失去民心,所以周就受天命而取代了殷商。类似的话在《尚书》《诗经》里颇为不少。甚至早在武王伐纣时就说过:"天视自我民视,天听自我民听。"②周武王、周公兄弟发现了一个道理:天命的背后原来就是人心,天命的变迁原来就是人心向背的转移。

周初周公等人所发现的,从直接层面来说,只是关于政权转移的道理或理性。不过,这种转移是当时历史变迁上的大事,因此,可以说这是周公等人对于历史发展自身的理路的新认识,是中国古代对于历史理性发现的开端。

3. 历史理性与道德理性的合一

在周公等人所发现的天命人心说里,呈现出了历史理性的最初曙光。因为它是最初的曙光,所以也就具有自己的一些特色。

其一,它不是对于历史发展整体的理论概括,而只是关于

---

① 《尚书·酒诰》,《十三经注疏》,第207页。
② 《孟子·万章上》引《泰誓》:"民之所欲,天必从之。"《左传》襄公三十一年、昭公元年,《国语·郑语》引《泰誓》。

政权或天命转移的历史经验的总结性的理论归纳。它的内容属于历史理性的范畴,但它还不能说是历史理性完整的直接呈现。

其二,它的视线所及还只是历史在两极之间的运动的理路,即天命或政权在得和失两极之间的摆动。在历史的运行中的确有这样的两极之间的运动,但是这只是复杂的历史运动中的一种比较简单的形式。

其三,也是最值得注意的一点,这种历史理性已经突破了殷人对于鬼神的迷信,开始闪现出人文主义精神的曙光。在这种曙光中,我们可以看到历史理性与道德理性的最初的统一。周公说:"我不可不监于有夏,亦不可不监于有殷。我不敢知曰,有夏服天命,惟有历年,我不敢知曰,不其延;惟不敬厥德,乃早坠厥命。我不敢知曰,有殷受天命,惟有历年,我不敢知曰,不其延;惟不敬厥德,乃早坠厥命。今王嗣受厥命,我亦惟兹二国命,嗣若功。"①夏、殷王朝的统治年限长短,人们都无法推定;但是它们的亡国原因是可以确实知道的,即"不敬厥德"。不仅夏殷两代如此,正在掌权的周王朝也是如此。类似的话,在《尚书》其他篇中也不少见。从周公的这一段话里,我们可以看出他的战战兢兢的惶恐心态,唯恐由失德而失民心,由失民心而失天命;同时也可以看出他的道德理性与历史理性的一并觉醒。这样两种理性同时觉醒的现象,作为人的崇高理想在上天的投射,实在是中国古代文明史上的灿烂朝霞,光彩夺目。当然,我们也不能不看到其中还有其天真的一面,即以为只要人能做出最大

---

① 《尚书·召诰》,《十三经注疏》,第213页。

而又正当的努力,事业就一定可以成功。殷人以为只要对鬼神进行盛大而殷勤的献祭,就能获得成功;这是一种迷信的天真——以为人的意志能够主宰历史。周公作为伟大的政治家、思想家,以其历史理性与道德理性的并现打破了殷人迷信的天真;可是,由于时代的局限,他也是以为人的意志(坚持敬德)是能够决定历史的;他还没有也不可能认识历史的某种客观的必然性,因而显现了一种最初的理性的天真。

三、与人心疏离的历史理性的无情化(反)
(西周晚期至秦)

西周自昭王、穆王以下,已经过了全盛时期,逐渐走向衰落。厉王被放逐后,虽有宣王一度"中兴",实际上仍然不能扭转颓局,至幽王遂被犬戎灭亡。东迁以后,周王室势力日益衰落,春秋五霸迭兴。周公在周初制定的制度与思想体系,在名义上虽然还受到一定程度的尊重,而实际上已经名存实亡。所以孔子才感叹说:"天下无道,则礼乐征伐自诸侯出。自诸侯出,盖十世希不失矣。自大夫出,五十希不失矣。陪臣执国命,三世希不失矣。""禄之去公室,五世矣。政逮于大夫,四世矣。"① 由春秋而战国,"及田常杀简公而相齐国,诸侯晏然弗讨,海内争于战功矣。三国(指魏、赵、韩)之卒分晋,田和亦灭齐而有之,六国之盛自此始。务在强兵并敌,谋诈用而衡短长之说起。矫称蜂

---

① 《论语·季氏》,见刘宝楠:《论语正义》,北京:中华书局1986年版,《诸子集成》第1册,第354—356页。以下引《论语》皆据此本,只记《集成》页数。

出,盟誓不信,虽置质剖符犹不能约束也"。① 所以,到了战国时期,道德理性到底还有多大价值,大概除了儒家以外,已经没有多少人还看重了。可是,当时的历史却在剧烈的运动、变化之中。那么,历史运动变化的理路安在? 这就使当时的学者们产生了新的思路。

1. 对于西周初期的天人合一的历史理性的怀疑

西周末叶,随着统治阶层的腐化及社会问题的涌现,天灾人祸并至,社会上的怨天尤人情绪在《诗经》里的"变风"与"变雅"②诸篇清晰地显现出来。《国语·周语(一)》在历述穆王、厉王、宣王的失政以后记:"幽王二年,西周三川皆震。伯阳父曰:'周将亡矣。夫天地之气,不失其序。若过其序,民乱之也。阳伏而不能出,阴迫而不能烝,于是有地震。……山崩川竭,亡之征也。川竭,山必崩。若国亡,不过十年,数之纪也。夫天之所弃,不过其纪。'是岁也,三川竭,岐山崩。十一年,幽王乃灭。"③这就是说,国君失德,将引起阴阳不和而生天灾。从一方面说,这一思想是周初的天命人心说(天人相应说之一种)的继续;从另一方面说,它又不是君德影响人心、从而又影响天命之说,而是君德直接影响阴阳、从而又引起自然之灾变之说。这里出现了与人文和自然兼有关联的阴阳两极的相互作用。《国语·周语(三)》记:"灵王二十二年,谷、洛斗,将毁王宫。王欲

---

① 《史记》,册2,第685页,《六国年表·序》。
② 按传统说法,"国风"中《周南》《召南》以下邶、鄘、卫等十三国风为变风,"小雅"中《六月》以下直至《何草不黄》、"大雅"中《民劳》以下直至《召旻》为变雅。
③ 《国语》,《四部备要》本,卷1,第10页。以下引此书只记卷数页数。

壅之。王子晋谏曰:'不可。'"①以下这位王子又说了一大套国君不能壅塞河流、不能违乱天地阴阳之气,否则就会导致亡国绝嗣的理论。他说:"夫亡者,岂繄无宠? 皆黄炎之后也。唯不帅天地之度,不顺四时之序,不度民神之义,不仪生物之则,以殄灭无胤,至于今不祀。"②这里的天地阴阳之气又表现为一种客观的自然秩序,是人所不能违背的。这样,就在作为道德理性的天以外,出现了作为自然理性的天。人们终于发现,在能被道德理性影响的天以外,还有一种不能被道德理性影响的天。原来天是有道德的主宰,是顺从民意的。可是此时的君主既然已经违背了天地之度、四时之序(自然理性),那么,尽管民怨沸腾,老天爷却高高在上,纹丝不动,麻木不仁。在《诗经》"变雅"里多有反映这种怨天尤人情绪的篇章,这些都是对于西周初期的那种乐观而又天真的历史理性与道德理性合一的认知的否定。

2. 历史理性与道德理性的背离

到了春秋战国时期,诸子蜂起。除儒家基本仍守周公的理念外,道家、法家都不再相信天命,也不再相信人心。从前的观念是,天是一种道德理性的体现,所以,天能体察民瘼,把天命及时地从暴君手里转移到仁者(或圣人)手里。这就是《尚书·周书》里所显出的周公的思想,亦即道德理性与历史理性的一致。可是,道家和法家的思路就与此大不相同了。

《老子》以为:"天地不仁,以万物为刍狗;圣人不仁,以百姓

---

① 《国语》,卷3,第5页。
② 同上书,第7页。

为刍狗。"①古往今来,人事变化,根本没有以天或圣人为代表的道德理性在起作用。或者说,《尚书·周书》所提倡、后世儒家所推崇的德,在老子看来只不过是下德,或者根本就不是德。《老子》以为:"上德不德,是以有德;下德不失德,是以无德。上德无为而无以为,下德为之而有以为;上仁为之而无以为,上义为之而有以为;上礼为之而莫之应,则攘臂而扔之。故失道而后德,失德而后仁,失仁而后义,失义而后礼。夫礼者,忠信之薄,而乱之首。前识者,道之华,而愚之始。"②这就是说,上德不自以为德,所以能成其为德;一旦自以为德,那么德就发生异化,转化为下德,且终于成为不德。在德以下,仁、义、礼莫不如此,一旦这些品德从自在状态变为自为状态,它们就都转化到其反面。这种转化的过程,也就是一般人所说的"智"(知识)产生的过程;在老子看来这种"智"或"前识"只不过是道的美丽的幻影,而其实正是他所说的愚的开始。在这里,必须说明,老子所说的智和愚与一般人所说的智和愚的意思正好相反——"正言若反"。③ 如果用他自己的话来说,就是"大巧若拙"。④ 故云:"大道废,有仁义;慧智出,有大伪。"⑤知识的产生与进步既然是引起大伪的前提,那当然就正是这种"智"(知识)的进步,导致了

---

① 王弼注:《老子道德经》(5章),《诸子集成》第3册,第3页。以下引此书皆据此本,只记页数。按王弼注"刍狗"不确;当从魏源《老子本义》解,见此书第4页。
② 《老子道德经》(38章),第23页。按马王堆汉墓帛书甲、乙本《老子》皆以此章居首,传世本则以此章为下篇之首,盖因此章意义十分重要。
③ 《老子道德经》(78章),第46页。
④ 《老子道德经》(45章),第28页。
⑤ 《老子道德经》(18章),第10页。

道德本身的退步。于是,人之智日进,而人之德日退;历史进程既然与人之智俱进,那么历史进程就必然成为道德倒退之过程。于是,历史理性便与道德理性形成一种反比的函数关系。故云:"不尚贤,使民不争;不贵难得之货,使民不为盗;不见可欲,使民心不乱。"①"绝圣弃智,民利百倍;绝仁弃义,民复孝慈;绝巧弃利,盗贼无有。"②那么,要维护人的道德理性应该怎么做?他的理想是:"小国寡民,使有什伯之器而不用。使民重死而不远徙。虽有舟舆,无所乘之;虽有甲兵,无所陈之。使民复结绳而用之。甘其食,美其服,安其居,乐其俗。邻国相望,鸡犬之声相闻,民至老死不相往来。"③所以,如果说历史理性的运行方向是向前(由古而今或化朴为智)的,那么,在老子看来,历史理性与道德理性正好背道而驰;不然,历史理性自身就必须转向其反面(由今而古或去智归朴),从而使其自身形成矛盾。按老子见及于此,可说是看到了文明社会自身所包含的内在矛盾,本身是很深刻的。不过,他的使人"复归于朴"④的设想实际上也只不过是一种无法实现的幻影而已。类似的思想在《庄子》里还有更充分的展开论述。

在对历史与道德的关系的问题上,法家和道家的见解上有其相似或相通之处,那就是法家也认为,在人类历史上道德的状况呈每况愈下的趋势,所以道德理性与历史理性的方向互相矛

---

① 《老子道德经》(3章),第2页。
② 《老子道德经》(19章),第10页。
③ 《老子道德经》(80章),第46—47页。
④ 《老子道德经》(28章),第16页。

盾。在《五蠹》篇中,我们看到韩非是这样概括历史发展的趋势的:"上古竞于道德,中世逐于智谋,当今争于气力。"①为什么会这样呢?韩非提供了两点说明:第一,他在此篇开头就说明,上古之世,人民少而不敌禽兽,有巢氏教民构巢避害;人民生食容易致病,燧人氏教民钻木取火以熟食。中古之世,洪水为灾,禹决渎以治水。近古之世,桀纣暴乱,汤武征伐以安民。在禹的时代教民构木为巢,在汤武的时代教民决渎,都会为人所笑。如果战国时期的人还想学尧、舜、禹、汤、武那样行事(重道德),那么一定也会为时人所笑。这就是说,历史随着人的智慧的进步而发展,所以才会从上古的竞于道德发展到中世的逐于智谋。②第二,他说:"古者,丈夫不耕,草木之实足食也。妇人不织,禽兽之皮足衣也。不事力而养足,人民少而财有余,故民不争。是以厚赏不行,重罚不用,而民自治。今人有五子不为多,子又有五子,大父未死而有二十五孙。是以人民众而货财寡,事力劳而供养薄,故民争,虽倍赏累罚而不免于乱。"③这就是说,人口增多,财富相应地不足,从而引起争斗。韩非所举的第一条理由,即智的增加引起德的减退,这是与道家见解一致的;而其所举的第二条理由,即认为人多财少是导致从竞于道德转变为争于气力的原因,这却是道家所不曾提到的。认为道德理性与历史理性一致的时代已成过去,这是韩非与道家相同的地方;不过他认

---

① 王先慎:《韩非子集解》,见《诸子集成》本,第5册,第341页。以下引此书皆据此本只记页数。

② 同上书,第339页。

③ 同上书,第339—340页。

为历史不可能倒退,则是他与道家最大的不同之处。历史既然不能倒转,时代变了,情况变了,那么该怎么办?《南面》篇云:"夫不变古者,袭乱之迹;适民心者,恣奸之行也。民愚而不知乱,上懦而不能更,是治之失也。人主者,明能知治,严必行之,故虽拂于民心,立其治。"①时代已非竞于道德的古代,就必须改变古代的办法,如果还是走顺从民心的老路,那么就会促成奸邪横行。因为人民奋其私智而实际愚蠢,从而不明白自己奋其私智就是在作乱,所以知道治国之道的明君虽然违背民心也能维持好自己的统治。这样就直接地提出了与天命人心说相对立的统治理论。这种理论的实质就是历史理性与道德理性的彻底背离。当然,法家与道家在对待历史的态度上又有很大的不同,道家主张归真反朴,回到上古时代;而法家则主张向前看,正如《五蠹》篇所说"圣人不期修古,不法常可,论世之事,因为之备"。② 所以,在法家看来,历史理性虽然与道德理性背离,但是历史理性还是必须服从的。

3. 历史理性与自然理性的比附

上文已经说到,到了战国时期,历史理性与道德理性的背离已成事实。韩非虽然对"竞于道德""逐于智谋""争于气力"的历史三段说做了论证,但是他的论证还不足以表示出历史理性所应具有的必然性。稍后于孟子、商鞅的邹衍"乃深观阴阳消息而作怪迂之变,《终始》《大圣》之篇十余万言"。③《终始》言

---

① 《韩非子集解》,第87页。
② 同上书,第339页。
③ 《史记·孟子荀卿列传》,《史记》,册7,第2344页。

五德终始之说,原书已佚,大意可见《吕氏春秋·有始览·应同》,其文云:"凡帝王之将兴也,天必先见祥乎下民。黄帝之时,天先见大螾大蝼。黄帝曰:'土气胜'。土气胜,故其色尚黄,其事则土。及禹之时,天先见草木秋冬不杀。禹曰:'木气胜'。木气胜,故其色尚青,其事则木。及汤之时,天先见金刃生于水。汤曰:'金气胜'。金气胜,故其色尚白,其事则金。及文王之时,天先见火,赤乌衔丹书集于周社。文王曰:'火气胜'。火气胜,故其色尚赤,其事则火。代火者必将水。天且见水气胜。水气胜,故其色尚黑,其事则水。"①依照这个次序:黄帝以土德王,色尚黄;夏代以木德王,色尚青;商代以金德王,色尚白;周代以火德王,色尚赤;代火德者为水德,色尚黑。这就是五行相胜说,次序为:木克土、代土,金克木、代木,火克金、代金,水克火、代火,土克水、代水,如此循环不已。五种物质按其特性,一个战胜并取代另一个,其间是有其必然性的。这种必然性所体现的正是一种自然的理性。不过,这样的自然理性虽然有其先后相代的历史顺序,但总不是历史理性的自身。拿这种自然理性作为历史理性的比方,似乎有些道理,但总不是历史本身的内在的必然性或理性,而仅仅是一种比附。所以在本质上是没有根据的。

邹衍的这一套五德终始说,如果现在说来,那么肯定不会有人相信。可是当其时,却十分流行。秦始皇也许可以说是一个不信邪的人,对于神鬼,一点也不客气。可是他偏偏相信五德终始这一套。据《史记·秦始皇本纪》记:"始皇推终始五德之传,

---

① 《吕氏春秋》,《诸子集成》本,第6册,第126—127页。

以为周得火德,秦代周德,从所不胜。方今水德之始,改年始,朝贺皆自十月朔。衣服旄旌节旗皆上黑。数以六为纪,符、法冠皆六寸,而舆六尺,六尺为步,乘六马。更名河曰德水,以为水德之始。刚毅戾深,事皆决于法,刻削毋仁恩和义,然后合五德之数。于是急法,久者不赦。"①秦始皇为什么要以水德王? 看来不是出于对某种自然理性的尊重,而是出于一种现实的功利的考虑。因为按照五德的各自特性是:木,色青,数用七,时为春,"其德喜嬴,而发出节";火,色赤,数用九,时为夏,"其德施舍修乐";土,色黄,数用五,(时为长夏,其实不占一个季)"其德和平用均,中正无私";金,色白,数用八,时为秋,"其德忧哀静正严顺";水,色黑,数用六,"其德淳越温(王引之读'温'为'愠',愠即怒)怒周密"。② 按"淳(不杂为淳)越(与'于'通)愠怒周密",意思就是纯然(行事)暴戾无情、(执法)苛刻严密。这和《史记》所说水德"刚毅戾深,事皆决于法,刻削毋仁恩和义"意思如出一辙。当然,韩非所说的"当今争于气力",也是同样的意思,不过韩非的说法就事论事,而且说明"当今争于气力"就是放弃了"上古的竞于道德",公开承认了这种历史理性与道德理性的背离,从而缺少某种神圣的光环。秦始皇要的也就是这种精神,不过,他知道,一旦他用五德终始之说对此加以缘饰,那么就可以满有理由地表示自己的行为准则所体现的也是一种德,而且是一种体现了时代精神的德,而他自己也只不过是在自觉地体现时代的精神罢了。当时他要以武力征服六国并巩固自

---

① 《史记》,册 1,第 237—238 页。
② 参阅戴望:《管子校正》,《诸子集成》本,第 5 册,第 238—240、249 页。

己的统治,原来以火德王的周代的精神——"施舍修乐"(或以为"施"乃"弛"之讹,如是则"弛舍"即宽舒之义)与他的主张截然相反,自然是必须予以取代的。

四、天人合一的历史理性的有情有理化(合) (汉代)

秦始皇宣布以水德王,自觉地执行法家的以暴戾无情、严刑峻法治国的政治方略。应该说,他在某种程度上是感到了那是一种时代的需要。《史记·秦始皇本纪》叙述了他确定以水德王以后,接着记载了这样一段事:"丞相绾等言:'诸侯初破,燕、齐、荆地远,不为置王,毋以填之。请立诸子,唯上幸许。'始皇下其议于群臣,群臣皆以为便。廷尉李斯议曰:'周文武所封子弟同姓甚众,然后属疏远,相攻击如仇雠,诸侯更相诛伐,周天子弗能禁止。今海内赖陛下神灵一统,皆为郡县,诸子功臣以公赋税重赏赐之,甚足易制。天下无异意,则安宁之术也。置诸侯不便。'始皇曰:'天下共苦战斗不休,以有侯王。赖宗庙,天下初定,又复立国,是树兵也,而求其宁息,岂不难哉!廷尉议是。'"①从这一件事来看,秦始皇对于功臣、子弟而言是无情的;他的思想集中于一统大业,自觉地放弃周代分封功臣、子弟的办法,而代以郡县制度。他的这一思想,符合历史潮流的需要,可以说是一种历史理性的体现。他对功臣、子弟无德,却符合于历史理性;所以,从一个角度看,道德理性是可以与历史理性背离

---

① 《史记》,册1,第238—239页。

的。不过,秦始皇不封国树兵,又是为了免除诸侯混战给人民所带来的痛苦(这在战国时期已经充分被证明了),应该说,其中也有道德理性的体现。所以,从另一个角度看,秦始皇在体现历史理性的时候,也有体现道德理性的方面。

因此,只要经过具体的分析,我们便可以发现,道德理性本身也是有其历史性的。在西周初期曾经是合乎道德理性的制度,到了战国时期就不再是合乎历史理性的了。李斯与秦始皇看到了这一点,应该说,这也是很不凡的。

可是,秦始皇在看到了这一点的同时,他便以为自己既然是时代精神的代表,那么就可以为所欲为,真正地按照水德的特点(刚毅戾深、刻削无仁恩和义)行事。其他巡游天下、营造宫殿等劳民伤财之事暂且不说,就以他与二世在营造他的陵墓上的行为为例来看:"始皇初即位,穿治郦山,及并天下,天下徒送诣七十余万人,穿三泉,下铜而致椁,宫观百官奇器珍怪徙臧满之。令匠作机弩矢,有所穿近者辄射之。以水银为百川江河大海,机相灌输,上具天文,下具地理。以人鱼膏为烛,度不灭者久之。二世曰:'先帝后宫非有子者,出焉不宜。'皆令从死,死者甚众。葬既已下,或言工匠为机,臧皆知之,臧重即泄。大事毕,已臧,闭中羡,下外羡门,尽闭工匠臧者,无复出者。"[①]就在这种情况下,陈胜、吴广揭竿而起,曾经强大无比的秦帝国竟然迅速地土崩瓦解了。

1. 汉初对于历史的反省

刘邦最后取得胜利,建立起汉帝国。刘邦布衣出身,毫无凭

---

① 《史记》,册1,第265页。

借,乃能代秦而有天下,这比"小邦周"之取代"天邑商"更为出乎人之意料。刘邦本人因文化素养不高,未能自觉对此做深入的反省。他能认识到自己的胜利主要在于能任用张良、萧何、韩信,就已经沾沾自喜了。①《史记·郦生陆贾列传》记:"陆生时时前说称《诗》《书》。高帝骂之曰:'乃公居马上而得之,安事《诗》《书》!'陆生曰:'居马上得之,宁可以马上治之乎?且汤武逆取而以顺守之,文武并用,长久之术也。昔者吴王夫差、智伯极武而亡;秦任刑法不变,卒灭赵氏(秦之姓)。乡使秦已并天下,行仁义,法先圣,陛下安得而有之?'高帝不怿而有惭色,乃谓陆生曰:'试为我著秦所以失天下,吾所以得之者何,及古成败之国。'陆生乃粗述存亡之征,凡著十二篇。每奏一篇,高帝未尝不称善,左右呼万岁,号其书曰《新语》。"②今《新语》十二篇尚存,内容大体如上述。

在陆贾《新语》的基础上进一步做反省的是贾谊。司马迁在《秦始皇本纪》的末尾引用了贾谊的《过秦论》,其中分析了秦之所以能战胜六国及其后覆亡的根本原因,大意是:(1)秦胜六国不是因为其力量大于六国,而是六国内部矛盾甚多、甚深,秦故能利用其有利地形,当六国联合进攻时固守,待六国内部矛盾爆发时各个击破之;(2)秦已一统天下之后,已经饱受长期战乱之苦的人民本来是希望由此得到安宁的,可是"秦王(指秦始皇)怀贪鄙之心,行自奋之智,不信功臣,不亲士民,废王道,立私权,禁文书而酷刑法,先诈力而后仁义,以暴虐为天下始"。

---

① 《史记》,册 2,第 380—381 页。
② 《史记》,册 8,第 2699 页。

二世"更始作阿房宫,繁刑严诛,吏治刻深,赏罚不当,赋敛无度,天下多事,吏弗能纪,百姓困穷而主弗收恤。然后奸伪并起,而上下相遁,蒙罪者众,刑戮相望于道,而天下苦之。自君卿以下至于众庶,人怀自危之心,亲处穷苦之实,咸不安其位,故易动也。是以陈涉不用汤武之贤,不藉公侯之尊,奋臂于大泽而天下响应者,其民危也"。① 贾谊从秦的兴亡历史中分析概括出了这样的结论:

> 闻之于政也,民无不为本也。国以为本,君以为本,吏以为本。故国以民为安危,君以民为威侮,吏以民为贵贱。此之谓民无不为本也。闻之于政也,民无不为命也。国以为命,君以为命,吏以为命。故国以民为存亡,君以民为盲明,吏以民为贤不肖。此之谓民无不为命也。闻之于政也,民无不为功也。故国以为功,君以为功,吏以为功。国以民为兴坏,君以民为强弱,吏以民为能不能。此之谓民无不为功也。闻之于政也,民无不为力也。故国以为力,君以为力,吏以为力。故夫战之胜也,民欲胜也。攻之得也,民欲得也。守之存也,民欲存也。故率民而守,而民不欲存,则莫能以存矣。故率民而攻,民不欲得,则莫能以得矣。故率民而战,民不欲胜,则莫能以胜矣。故其民之为其上也,接敌而喜,进而不能止,敌人必骇,战由此胜也。夫民之于其上也,接而惧,必走去,战由此败也。故夫灾与福也,非粹在天也,必在士民也。呜呼,戒之戒之。夫士民之志,不可不

---

① 《史记》,册1,第277—284页,引文见第283—284页。

要也。呜呼,戒之戒之。行之善也,粹以为福已矣。行之恶也,粹以为灾已矣。故受天之福者,天不功焉。被天之灾,则亦毋怨天矣,行自为取之也。知善而弗行,谓之不明;知恶而弗改,必受天殃。天有常福,必与有德;天有常灾,必与夺民时。故夫民者,至贱而不可简也,至愚而不可欺也。故自古至于今,与民为仇者,有迟有速,而民必胜之。①

贾谊从秦亡的历史中总结出的结论是,民为国家及君主之本、之命、之功、之力,与民为敌,迟早必亡。这样的论述与《尚书》里的天命人心说道理相通,而论证则更为明确透彻。不过,贾谊在强调道德理性的同时,也没有放弃五德终始的说法。据《史记·屈原贾生列传》记:"贾生以为汉兴至孝文二十余年,天下和洽,而固当改正朔,易服色,法制度,定官名,兴礼乐,乃悉草具其事仪法,色尚黄,数用五,为官名,悉更秦之法。孝文帝初即位,谦让未遑也。"②从形式上看,建汉之土德是为了克秦之水德,所循仍然是后者战胜前者的逻辑,但从实质来看,如前所述,土德"和平用均、中正无私",以此取代秦之"刚毅戾深、刻削毋仁恩和义"的水德,也正是当时历史的需要。《新书·时变》篇云:"商君违礼义,弃伦理,并心于进取。行之二岁,秦俗日败。秦人有子,家富子壮则出分,家贫子壮则出赘。假父耰鉏杖彗耳,虑有德色矣。母取瓢碗箕帚,虑立讯语。抱哺其子,与公并踞;妇姑不相说,则反唇而睨。其慈子嗜利而轻简父母也,虑非

---

① 贾谊:《新书》,见《诸子全书》,册1,《新书》九,杭州:浙江人民出版社1984年版,第1页。

② 《史记》,册8,第2492页。

有储(储一作伦)理也,亦不同禽兽仅焉耳。然犹并心而赴时者,曰功成而败义耳。蹶六国,兼天下,求得矣,然不知反廉耻之节、仁义之厚,信兼并之法,遂进取之业,凡十三岁而社稷为墟,不知守成之数、得之之术也。悲夫!"① 所以,贾谊提出以土德代替秦之水德,不仅符合以土克水的五行相胜规则,而且也是与他反对秦之暴戾刻薄(水德)的思想相符合的。

贾谊继承并发展了西周天命人心说的传统,重视道德理性的建立,同时又努力使这种道德理性和五行相胜说的历史理性尽可能地结合起来。这是汉代学者第一次使二者结合的努力。

2. 五行与三统

与贾谊同时,鲁人公孙臣也上书文帝建议以土德王,而丞相张苍则"推以为今水德",主张沿用秦之水德,因此未能改为土德。② 汉武帝初年,曾以"三代受命,其符安在?灾异之变,何缘而起?性命之情,或夭或寿,或仁或鄙,习闻其号,未烛其理"等为题策问,董仲舒于对策(即所谓天人三策)中反复说明,天命的转移或政权的得失,都在于君主之有德或无德,以及由此引起的人心之向背;这些都是周代天命人心说的再版,不须赘述。关于历史演进中的变化,他认为:"至周之末世,大为亡道,以失天下。秦继其后,独不能改,又益甚之……故立为天子十四岁而国破亡矣。自古以来,未尝有以乱济乱,大败天下之民如秦者也。其遗毒余烈,至今未灭……故汉得天下以来,常欲善治而至今不

---

① 《百子全书》,册1,《新书》三,第1—2页。
② 《史记》,册2,第429页。

可善治者,失之于当更化而不更化也。"①如何更化呢？董仲舒说:"然夏尚忠,殷尚敬,周尚文者,所继之救,当用此也。孔子曰:'殷因于夏礼,所损益可知也;周因于殷礼,所损益可知也;其或继周者,虽百世可知也。'此言百王之用,以此三者矣。……由是观之,继治世者其道同,继乱世者其道变。今汉继大乱之后,若宜少损周之文致,用夏之忠者。"②董仲舒向汉武帝所陈说的三统说大体如此。

董仲舒的比较系统的理论见于其所著《春秋繁露·三代改制质文》,即"三正以黑统初。正日月朔于营室,斗建寅。天统气始通化物,物见萌达,其色黑。故朝正服黑,首服藻黑……亲赤统,故日分平明,平明朝正。正白统奈何？曰:正白统者,历正日月朔于虚,斗建丑。天统气始蜕化物,物始芽,其色白,故朝正服白,首服藻白……亲黑统,故日分鸣晨,鸣晨朝正。正赤统奈何？曰:正赤统者,历正日月朔于牵牛,斗建子。天统气始施化物,物始动,其色赤,故朝正服赤,首服藻赤……亲白统,故日分夜半,夜半朝正。"③这一理论的根据不再是五行的相胜(虽然《春秋繁露》中也有"五行相生""五行相胜"的篇章,不过所论皆无关于历史发展阶段),而是建立在夏商周三代历法岁首的不同上,即夏以建寅之月(正月,立春季节所在之月)为岁首,商以建丑之月(十二月)为岁首,周以建子之月(十一月,冬至季节

---

① 班固:《汉书·董仲舒传》,册8,北京:中华书局1975年版,第2504—2505页。
② 《汉书》,册8,第2518—2519页。
③ 苏舆:《春秋繁露义证》(钟哲校点),北京:中华书局1992年版,第191—195页。

所在之月)为岁首。春秋以下即有三代历法不同之说,《春秋》中也有"春王正月""王二月""王三月"之说,这三个带有王字的月就被认为是三代各自的正月。秦以建亥之月(十月)为岁首,不在子、丑、寅三正之列,所以不能作为一个王的统。三统说的黑(夏,其德为忠)、白(商,其德为敬)、赤(周,其德为文)三色,是比附植物根部在子丑寅三个月里的颜色而来的。

董仲舒十分重视道德理性的建立,认为天是根据国君的道德情况决定对其天命的予夺的。他的三统说的特点是:其一,引孔子话为根据,以三统代五德;其二,这种三统说以夏、商、周三代的忠、敬、文三德为标志,取代了五行说以自然界五种物质为标志的办法,使历史理性离开自然理性而与道德理性靠近一步;其三,三统的相续是生长过程中的延续,并不像五行相胜说那样地是后者战胜或消灭前者,后代之继前代不是为了克服或制胜前者,而是为了救弊;其四,否认秦为一个统,以汉直接继周,因为秦未能救周之弊,反而发展了周末之弊,从而也就不具有独立的一德的资格。这样,董仲舒的历史理性里就充满了道德理性的成分。

汉武帝接受了董仲舒尊儒术的建议,但未采用其三统说。至武帝太初元年,"夏五月,正历,以正月为岁首。色尚黄,数用五,定官名,协音律"。① 太初历以建寅之月为岁首,即取夏历,但是色尚黄(非如董生所云夏尚黑),遵循的仍然是五行相胜说。

到西汉中后期,这种五行相胜说渐为五行相生说所代替。

---

① 《武帝纪》,《汉书》,册1,第199页。

原五行相生说在《吕氏春秋》的十二纪中已有陈述,唯未用于解说历史的发展。据《汉书·律历志》载:"至孝成世,刘向总六历,列是非,作《五纪论》。向子歆究其微眇,作《三统历》及《谱》以说《春秋》,推法密要,故述焉。"① 按三统历在历法内容上沿袭了太初历,为八十一分历,②但是刘歆并未沿袭汉武帝定太初历时所采用的五行相胜说,而是改用了五行相生说。据《律历志》记载的刘歆所作《世经》,其所排古来帝王德的更迭,即依五行相生次序:太昊帝(炮羲氏),"为百王先,首德始于木";炎帝(神农氏),"以火承木";黄帝(轩辕氏),"火生土,故为土德";少昊帝(金天氏),"土生金,故为金德";颛顼帝(高阳氏),"金生水,故为水德";帝喾(高辛氏),[水]生木,故为木德";唐帝尧(陶唐氏),"木生火,故为火德";虞帝舜(有虞氏),"火生土,故为土德";禹(夏后氏),"土生金,故为金德";汤(商、后称殷),"金生水,故为水德"周武王,"水生木,故为木德";"汉高祖皇帝,著纪,伐秦继周。木生火,故为火德"。③ 如此,周当木德,(秦属闰统不计)汉承周正为火德。后来王莽篡汉,自命以土德王,其五行相生逻辑是火生土;刘秀建立东汉,又恢复以火德王。以后曹魏篡汉,还是自命为土德王;司马晋篡曹魏,则自命为金德王。于是五行相生说在中国历史上流行了相当长的一段时间。

---

① 《汉书》,册4,第979页。
② 参阅朱文鑫:《中国历法源流》,载氏所著《天文考古录》,商务印书馆《万有文库》本,1939版,第36—39页。
③ 《汉书》,册4,第1011—1023页。

五行相胜说与五行相生说,就其实质而言,不过是同一个魔术的两种不同玩法,其区别可以说无足轻重。如果一定要追究它们到底为何会有这样的变化,那么,我想其原因大概是:前者重相克,力图使历史理性与道德理性背离,乃战国时代法家学说与五行说结合之产物;而后者则重相生,力图使历史理性与道德理性尽量吻合,乃儒家学说与五行说相结合的结果,如此而已。

3. 公羊家的春秋三世说

《公羊传》徐彦疏引何休著《文谥例》云:'三科九旨者,新周、故宋、以《春秋》当新王',此一科三旨也";又云,"'所见异辞,所闻异辞,所传闻异辞',二科六旨也";又"'内其国而外诸夏,内诸夏而外夷狄',是三科九旨也"。① 又《公羊传》隐公元年"所见异辞,所闻异辞,所传闻异辞"句下之何休注云:"于所传闻之世,见治起于衰乱之中,用心尚粗觕,故内其国而外诸夏;先详内而后治外,录大略小,内小恶书,外小恶不书,大国有大夫,小国略称人,内离会书,外离会不书,是也。于所传闻之世,见治升平,内诸夏而外夷狄,书外离会,小国有大夫;宣十一年秋,晋侯会狄于攒函,襄二十三年,邾娄鼻我来奔,是也。至所见之世,著治太平,夷狄进至于爵,天下远近小大若一,用心尤深而详;故崇仁义,讥二名,晋魏曼多、仲孙何忌,是也。所以三世者,礼,为父母三年,为祖父母期,为曾祖父母齐衰三月,立爱自亲始。故《春秋》据哀录隐,上治祖祢。"②

---

① 《春秋公羊传注疏》,《十三经注疏》,第2195页。
② 同上书,第2200页。

按"所见异辞,所闻异辞,所传闻异辞"于《公羊传》中曾三见(隐公元年,桓公二年,哀公十四年),原来是说《春秋》对于不同时期的事有不同的书法措辞。为什么要三世异辞呢?何休对此做了富有创见的回答,即"所以三世者,礼,为父母三年,为祖父母期,为高曾祖父母齐衰三月,立爱自亲始"。这一回答所根据的是儒家所传之礼,而儒家的礼是与儒家的核心思想——仁相表里的。① 仁是人之所以为人的最根本的爱,亦即把人当作人来爱的人类之爱。但是,这种爱不能是墨子所说的那样无差别的兼爱,因为不符合人情之常,亦即人性的自然(nature)。一个人之所以能够作为一个具有社会性的人出现,这里实际有两个条件:第一,他必须是一个具有自己独立人格的人。第二,他必须建立起个人与所参与的社会的关系,而他自己正是这种参与的起点。因此,当个人人格建立起来,个人知道自尊和自爱的时候,他必须立即把这种自尊和自爱向外逐步拓展,这就是孔子所说的"在己欲立而立人,己欲达而达人"②和"己所不欲,勿施于人"③的伦理原则:这个原则的起点是己,而其终点是人;把自己同样也把别人都当作人来亲爱、来尊重,这就是仁,儒家的仁。唯其这种爱必须是循序渐进,由近及远,从内向外地逐步推展的,所以,对于父母、祖父母、高曾祖父母之丧服乃有等差。

何休对于《公羊传》和公羊三世说的解释,有许多精彩独到

---

① 参见拙作《先秦儒家仁礼学说新探》,载《古代中国与世界》,武汉:武汉出版社1995年版,第377—394页。
② 《论语·雍也》,《诸子集成》第1册,第134页。
③ 《论语·颜渊》,《诸子集成》第1册,第263页。

的见解,也有很多非常异义可怪之论(而且若干精彩独到之见又在非常异义可怪之论中),这些只能另外为文专论,这里只想说他在使历史理性与道德理性重新结合上的作用:其一,何休三世说不像五行相胜说或五行相生说那样假自然理性的环节以为历史理性的环节,也不像董仲舒那样假三代三正之说(其中仍然没有完全超脱自然理性)的环节以为历史理性的环节,而是纯粹以人伦的道德理性的展开作为历史理性的展开的说明。其二,人伦的道德理性也并非凭空而生,它是以人之性情为根据的,或者说以儒家的人性说为依据的,而人性也是一种自然(nature),不过它不再是外在于人或异己的自然,而是人的内在的自然。其三,何休三世说与邹衍五行相胜说、刘歆五行相生说、董仲舒三统说具有一个很大的不同之点,即前三者都以为历史理性的展开是循环的,而何休三世说则摆脱了这种循环,作为体系是开放的。其四,何休三世说虽以春秋二百四十二年分为三世作立论之凭依,但其实又不拘于也不限于此二百四十二年之历史,他实际是为人类的历史提供了一个缩小了的模型;因为他的三世说的内容具有可放大性,譬如,"天下远近大小若一",何休心中的模型只不过是汉帝国,而汉帝国远远不是"天下",也更谈不上"远近大小若一"。

以上概述了历史理性在中国古代的产生过程,说明了历史理性在产生过程中与道德理性及自然理性的相互关系。这样的情况在历史学和哲学都相当发达的古希腊还不曾发生过。在古代西方,历史不曾被作为理性来思考,这在弁言里已有略说。在古代希腊,是逻辑理性而不是历史理性得到了相当充分的发展,相应地是逻辑理性在与自然理性、道德理性的相互关系中的发展。在西方,历史之被真正地当作理性来思考,那是从意大利学者维柯所著的《新科学》开始的,到了黑格尔的《逻辑学》和《小逻辑》里,逻辑或理性本身也都变成历史的了。这样的历史理性与逻辑理性的结合,是中国古代的历史理性产生过程中所不曾出现的。

(原载《史学理论研究》2003年第2期)

从"三代"反思看历史意识的觉醒

如果有人突然发问:"三代"的意思是什么?我们通常都会说,那就是指夏、商(殷)、周三个王朝。《论语·卫灵公》记孔子言"斯民也,三代之所以直道而行也"。朱熹即注云:"三代,夏、商、周也。"这样的回答当然不能算错。不过,如果结合历史和史学史进行分析,就会发现这样的回答既不够准确,又忽略了其中深层的问题。现在就让我们来讨论一下有关问题。

一、关于"三代"的时间下限

问题可以先从史学史的角度谈起。在司马迁写的《史记》里,《五帝本纪》居首,这实际是以五帝时代作为中国文明诞生的序曲,随后就是《夏本纪》《殷本纪》和《周本纪》,显然是以夏、商、周三代作为中国文明的正式开篇。不过,夏、殷(商)、周三个《本纪》的时间起点都不是作为王朝创立者的禹、汤、文武,而是他们的本支始祖颛顼、契、弃(后稷),三《本纪》皆结束于王朝之亡,《周本纪》自然也结束于东周之亡。可是,试看《史记·三代世表》第一栏,即"帝王世国号"栏,五帝以下接夏代,自禹始至桀终;下接殷代,自汤始至纣终;下接周代,自武王始至厉王出奔、共和行政终。夏、殷(商)、周三代之先公皆记于"帝王世国号"栏以下之"夏属""殷属""周属"栏中,以表示此时彼等皆尚为诸侯而非帝王。因此,司马迁在此表中所表明的"三代"在时限上与三《本纪》有所不同。

司马迁为什么允许三《本纪》与《三代世表》有所不同呢?看来与上古历史的特点有关。夏、商、周作为邦,先于作为王朝出现,司马迁在作本纪时所注重的是夏、商、周三个邦的始末,故追记其先公;而夏、商、周作为三个连续的王朝,只有在一个王朝的君主真正作为"天下"共主即"天子"时才是现实的,所以他作《三代世表》时所注重的不再是邦而是真正起作用的王朝,这样王朝的先公以及周厉王以后与东周时期就都不列在"三代"之内,共和行政以后的周就被放到《十二诸侯年表》及《六国年表》里去了。可以说,《三代世表》的时间断限是有历史事实上的根据的。

那么,司马迁这样处理历史的办法有无史学史的根据呢?有的。请看先秦时期著作中"三代"观念出现的概况。在《尚书》和《诗经》里,还未见"三代"一词。显然,在周王朝尚未终结之前,"三代"就还不能作为历史反思的一个既定的对象出现。在《左传》里,成公八年所记韩厥之言中开始提到"三代"(可见在孔子以前,"三代"观念已经出现)。昭公二十八年所记叔向之母言及"三代之亡,共子之废,皆是物也"。此处"是物"即指所谓的"女祸",意指夏商周之亡与晋申生(共太子)被废,皆因"女祸"。这里不仅说明当时认为周作为王朝已经灭亡,而灭亡的标志就是周幽王因宠褒姒而被灭。《诗经》虽无"三代"一词,而其《小雅·正月》(西周末或东周初作品)已经明言"赫赫宗周,褎如灭之"。周代断限于西周之末,这与司马迁的《史记·三代世表》基本是一致的。尽管东周在战国晚期(前249年)才最后被秦灭亡,而作为诸侯共主的王朝,到西周之末实际上已经结束了。因此,在春秋战国时期,《论语》《墨子》《孟子》《庄子》《荀子》《韩非子》等书中都谈到了"三代",这是很自然的。可以说,《三代世表》的时间断限也是有史学史文献上的根据的。

二、"三代"反思与历史观念的突破

先秦诸子几乎都谈及"三代",而见解则各不相同。儒、墨二家皆称道或标榜"三代",而所入深度有异。墨家但以"三代"得失之史为借鉴之标本,而儒家则思于借鉴之外更从"三代"之史中发掘出某种更深层次的认识来。道、法二家皆鄙夷"三代",而指归亦不同。道家贬抑"三代",以其有悖于上古自然之朴真;法家憎恶"三代",则以其有碍于当时法制之剧变。当时力图对"三代"作深入反思者是孔子创立的儒家,因此以下谨就孔子与先秦儒家有关"三代"之思考作一概要之论述。

周室东迁以后,王权日趋衰落,诸侯国之间战争频仍,诸侯国之内政争不息。孔子身处这样的时代,以当时耳闻目睹之状况与先前的宗周(西周)以及殷、夏盛世相比,自然感慨甚深。"孔子曰:天下有道,则礼乐征伐自天子出。天下无道,则礼乐征伐自诸侯出。自诸侯出,盖十世希不失矣。自大夫出,五世希不失矣。""孔子曰:禄之去公室,五世矣。政逮于大夫,四世矣。"(俱见《论语·季氏》)这些话不能被简单地认为是发思古之幽情,其实他也是在思考"天下无道"的关键所在。从他这些话里可以看出,他认为其关键就在于"礼乐征伐自天子出"的一统局面的破坏。当时,"三代"已成过去,"天下无道"已经很久,如何才能从"天下无道"之世走上"天下有道"之世?这正是孔子一生栖栖惶惶迫切寻求解决的问题。那么寻求解决问题的途径何在?唯一的办法就是述往事思来者,从历史的反思中探索未来。

从历史的反思中探索未来,这在《尚书》与《诗经》中已有先例。在《尚书》许多篇章里,周公都反思了殷(商)与夏之所以盛衰、兴亡,看出了德之有无与人心向背乃成败关键,从而得出敬德保民这样重要的施政原则。这些详见《尚书》有关篇章,限于篇幅,此处恕不引述。《诗·大雅·荡》(西周晚期作品)亦云:"殷鉴不远,在夏后之世。"孔子说:"周监于二代(夏商),郁郁乎文哉,吾从周。"(《论语·八佾》)在他看来,周之所以"郁郁乎文",其关键就在于以夏殷二代历史为鉴;孔子一心以弘扬文化的使命自任,所以他既要"从周",就不能不继承并发扬周人以夏商历史为鉴的传统。这样,"三代"自然地就成了孔子和儒家的一个重要的反思历史对象。

如果孔子仍然停留在周公总结出来的"有德者得天下、失德者失天下"(非周公原文,乃撮其大意)这一结论上,那么,他就是对周公虽有继承而无发展。为什么?"有德者得天下、失德者失天下"这一原则,对于三代的有效性是完全一致的,其间只有同而无异,因而,还缺乏历史性。难道夏之有德就完全与商、周之有德一模一样,夏之失德就完全与商、周之失德一模一样?《论语·为政》记:"子张问十世可知也。子曰:'殷因于夏礼,所损益可知也;周因于殷礼,所损益可知也。其或继周者,虽百世,可知也。'"这一段话说明了孔子的两大重要思想突破:"三代"之间有其同,亦有其异;惟其兼有同异,乃有其历史性。此其一。从"三代"之同,推出"三代"可知,这不难;从"三代"兼有同异推出"三代"可知,而且"虽百世,可知也",这却是石破天惊之语,在变化中竟然可知未来!此其二。承认"三代"的历史性,并且承认"三代"从而历史性是可知的。这就是孔子这一段话里所包含的思想突破。

现在要问,孔子的这种思想突破是从何而来的?答案是,从历史反思中而来。孔子致力于探研三代之礼的发展,曾太息道:"夏礼吾能言之,杞不足征也。殷礼吾能言之,宋不足征也。文献不足故也,足则吾能征之矣。"(《论语·八佾》)的确,要探讨夏殷之礼,在孔子时代就已经很难了。不过,殷周之际的巨大变化,孔子是知道的。一方面,周以一个落后小邦,一跃而为大国、为王朝,这与它迅速大量汲取殷商先进文化有关,这种情况,从《尚书》《诗经》里的内容可以看得出来;"子所雅言,诗书执礼,皆雅言也。"(《论语·述而》)孔子以《诗》《书》教,当然知道其间的因循或沿袭。另一方面,殷人迷信天命鬼神,西伯已经戡黎,危机迫在眉睫,纣还说"我生不有命在天"(《尚书·西伯戡黎》)。周公认识到成败之命的关键不在上天鬼神,而在民心向背;把历史决定因素的视点从超自然的转变为人世间的,这是一次在天人之际层面上的精神觉醒与突破。孔子在继承了周公的成就以后,进一步对殷周之际的变化作了反思。殷人尊鬼神而轻人,为了向鬼神献祭或陪葬竟然可以用人为牺;关于这一点,孔子知道,现在考古学的成果也确实足以证明。这样的行为只能说明一点,即不把人当人看待。按照孔子的原则,这就是不仁。孔子所提倡的"仁"的最根本原则,就是把人当作人看待(详见拙作《先秦儒家仁礼学说新探》)。孟子曾说:"仲尼曰:'始作俑者,其无后乎。'为其象人而用之也。"(《孟子·梁惠王上》)在孔子看来,用俑象人以殉葬,还觉得其心可诛,更何况用活人了。所以,他虽为殷人之后,仍然坚决赞赏周对殷制的变革,以为周的变革为"郁郁乎文",毅然说"吾从周"。如果说周公把历史认识的关键从天上转到人间,是第一次突破,那么,孔子就把作为历史主体的人视为类本质相同的人。孟子深得孔子之传,曾引"孔子曰:道二,仁与不仁而已矣。"(《孟子·离娄上》)进而又说:"三代之得天下也以仁,其失天下也以不仁。"(《孟子·离娄上》)"三代"之君有仁者也有不仁者,故"三代"必有得失与递嬗。有得失与递嬗,则必有因循与损益,因循其仁,损其不仁,从而益其仁。三代历史就是在这样以仁为核心的正反合式的因循损益中进展的,因此孔子说"虽百世可知也"。这样,孔子就在周公突破的基础上实行了又一次突破,在具有历史性(古今之变)的人人之际层面上的精神觉醒与突破。

"三代"之君,何以有仁者,又有不仁者?"三代"之政,何以能够由仁而不仁,又何以能够由不仁而仁?孔子并未能够回答这些问题。他似乎意识到这需要从人性的分析入手。他说:"性相近也,习相远也。"(《论语·阳货》)这就承认了性与习相互作用的关系。至于"仁"本身,他在回答最得意的弟子颜渊时说"克己复礼为仁"(《论语·颜渊》)。此语旧有二解:其一说是,把克己解释为由己任己,即发挥人的理性的或积极的方面;又一说是,把克己解释为战胜自己,即克制人的非理性的或消极的方面。"孟子道性善,言必称尧舜。"(《孟子·滕文公上》)人性如果纯然为善,那么"三代"何以能有不仁?所以,孟子"道性善"的同时并非没有看到人有物质情欲的方面。"孟子曰:口之于味也,目之于色也,耳之于声也,鼻之于臭也,四肢之于安逸也,性也;有命焉,君子不谓性也。仁之于父子也,义之于君臣也,礼之于宾主也,知之于贤者也,圣人之于天道也,命也;有性焉,君子不谓命也。"(《孟子·尽心下》)他只是把人类所特有的理性称之为性,而与其他动物所共有的物质欲望不称为性而已。孟子主张扩充人性之善,从而使物质情欲从属于善。荀子主张性恶,是从人类不能没有物质欲望出发的。不过,对于人来说,有物质欲望则必有选择,有选择则必然经过心虑而后行动。他认为"性之好、恶、喜、怒、哀、乐谓之情。情然而心为之择谓之虑。心而能为之动谓之伪。"(《荀子·正名》)这个"伪",非虚伪之伪,而是人为之伪。伪(人为)与性(天然)相对,人为战胜天然,人即由恶而善。因此,在孟、荀人性之说之间,既有相反、相异,又有相通、相同。在客观上,他们都无法否认,人的本质即具有二重性。正是这种二重性导致着善与不善之间的转化,推动着历史的进展。"三代"虽有善有不善,但大体日臻于善,原因也就在于这种二重性。先秦儒家对"三代"的历史反思大体如此。

三、"三代""三统"与一统

孔子所创立的先秦儒家对于"三代"的反思,为中国文化开拓出了自己独特的传统,即历史理性成为中国人一向最倾注关怀与致力思考的问题。先秦儒家对于"三代"的反思,到汉代《春秋》公羊学家手里就演化为"三统"说,从而对历史与史学产生了巨大的影响。

儒门七十子后学中有名公羊高者传《春秋》之学,累世口耳受授,至汉景帝时著于竹帛,是为《公羊传》。《春秋》隐公元年书"春王正月"。《公羊传》注云:"王者何?谓文王也。曷为先言王而后言正月?王正月也。何言乎王正月?大一统也。"这就是说,此处所说的正月是周代王朝所定的正月,即周文王所定的正月。同年《左传》云:"王周正月。"所指正是同一个意思。周王所颁发的历法,理应在各个诸侯国中一例遵用,这就是一统的标志。在《春秋》里,如果春季正月未记事,记事从二月起,就书"王二月";记事从三月起,就书"王三月"。只有正、二、三三个月前冠"王"字,其余只记第几月而已。为什么只有前三个月可以冠"王"字呢?汉代《春秋》公羊学家的解释是,这三个月都曾被三代王者采用为一年之首月,按照他们的说法,就是三代的历史上曾经有过"三正"。

董仲舒说:"三正以黑统初。正日月朔于营室,斗建寅。天统气始通化物,物见萌达,其色黑……具存二王之后也。亲赤统,故日分平明,平明朝正。正白统奈何?曰:正白统者,历正日月朔于虚,斗建丑。天统气始蜕化物,物始芽,其色白……具存二王之后也。亲黑统,故日分鸣晨,鸣晨朝正。正赤统奈何?正赤统者,历正日月朔于牵牛,斗建子。天统气始施化物,物始动,其色赤……具存二王之后也。亲白统,故日分夜半,夜半朝正。"(《春秋繁露·三代改制质文》) 这就是说,三正或三统之中的第一个,即夏代所建之黑统,以斗建在寅之月为正月。这个月就是现在农历岁首之月,也是立春节气通常所在之月。相传夏代就采用此月为岁首,故又称夏历。在《左传》里,晋国记事颇有用此历记事者,晋国为夏之故地,看来用夏历的传统在春秋时期尚未遗忘。孔子亦曾主张"行夏之时"(《论语·卫灵公》)。为什么呢？因为夏历合天,立春节气以后,正好一年农作开始。董仲舒以此为黑统,乃附会此月植物刚从地下冒头,它的颜色是黑的。商代所建为白统,岁首在建丑之月,即夏历之十二月。董仲舒以此为白统,乃附会此月植物在地下生芽,它的颜色是白的。周代所建为赤统,岁首在建子之月,即夏历十一月,亦即冬至所在之月。冬至在一年中为从白昼最短之日之终结,也是白昼逐渐变长之开始,以此作为新年之首月,也是有一定道理的。董仲舒以此为赤统,乃附会此月植物种子在地下刚刚萌动,它的颜色是赤色的。夏商周三代王朝把岁首分别定在从冬至到立春的三个月份里,因此这三个月都曾为王者的正月。"三代"中的每一代都只能以某一个月为岁首,如周以建子之月为岁首,但是仍在建丑之月、建寅之月之前冠以"王"字,那是为了"具存二王之后"。

汉代《春秋》公羊学是在大一统局面形成以后的历史条件下,对于先秦儒家关于"三代"反思成果的发展。其中有天人合一的神秘、附会的成分,但是也有对于历史的理性思维的有意义的进展。这种进展基本体现在以下几个方面。

第一,从具体的"三代"演化为"三代"周期。按照董仲舒《三代改制质文》的说法,我们一般所说的夏、商、周三代,只是周代时"存二王之后"(即存夏、商之后,亲商故夏)的结果。如果上推到商代,那么商存虞(舜)、夏二代之后(即存虞、夏之后,亲夏故虞),就形成虞、夏、商这样的"三代";再上推至夏代,夏存唐(尧)、虞(舜)二代之后(即存唐、虞之后,亲虞故唐),就形成唐、虞、夏这样的"三代"。以上是说上推,既可上推,也就可以下推。如果由夏代下推至商,那么商只能存虞、夏二代之后,于是唐就被黜入"五帝"之列;再下推至周代,周只能存夏、商二代之后,于是虞就被黜入"五帝"之列。我们在《史记·五帝本纪》里所看到的就是周代的五帝。那么,周代以后呢?按照董仲舒的说法,那就要"黜夏,亲周,故宋(商之后)","王鲁"。夏又被黜入五帝之列。五帝的数额以五为限。所以,随着时代推移,当一朝被新列入的时候,原来五帝中最早的一帝,就又被黜为九皇之列。九皇之数限于九,随着后来者的补入,最先的九皇就被黜为民。"三代""五帝""九皇"之数不变,可是其构成分子却不断除旧布新。

这一切推论都难以得到历史的证实,但是它反映了一种新的历史认识的眼界。"三代""五帝""九皇"的框架没有构成历史的循环论,而是提供了一种历史按照周期螺旋式进展的思维模式。

第二,以历史为断与续、变与常之统一。"三代"之间本为后代打断前代的断裂,可是一旦有了"存二王之后",其间就又有了连续。为什么会有"存二王之后"的观念呢?这可以从两方面来做解释。其一是,三代之世本为小邦林立时期,一个小邦可以一变而为天子,而其失去天子地位以后,作为邦仍然继续存在。这就使"存二王之后"有了存在的可能。其二是,夏、商、周三代之间的确有很大的文化继承性。如果说夏商之间尚材料不足,那么商周之间的情况就十分清楚。不仅《尚书》《诗经》的材料足以为证,近年先周文化之考古发现成果(周原甲骨文材料等)更足以作为证明。周人认识到,不充分继承夏、商两代的遗产,就不能成就自己的事业。这一点,周公在多篇《尚书》(如

《无逸》等)里皆有明白的宣示。这也就在文化上有了"存二王之后"的必要。既有可能,又有必要,因此三代之间的兼有断裂与连续的历史贯通性就具备了现实性。中国文化中重历史通变的传统由此开始。

首先发挥这一历史通变观念的是司马迁的《史记》。司马迁在《史记·高祖本纪》赞语中说:"夏之政忠。忠之敝,小人以野,故殷人承之以敬。敬之敝,小人以鬼,故周人承之以文。文之敝,小人以僿,故救僿莫若以忠。三王之道若循环,终而复始。"并提出"承敝易变,使民不倦"的思想。这些应该说是孔子的"三代"之间既有因循又有损益、从而百世可知的思想的具体发展。黑格尔曾说,中国是一种"持久、稳定——可以称为仅仅属于空间的国家——成为非历史的历史(unhistorical History)"。① 这只能说是一种因不知中国历史而生的历史误解或曲解。

第三,一多兼容的统一历史观念的奠基。"三代"观念不仅提供了时间连续上的纵向思考,而且还提出了空间中的一多兼容的横向思考。

"三代"观念的一个存在前提就是"存二王之后"。没有"存二王之后",就没有"五帝""九皇"等等,也就是没有了多。那样的一统就不是含多之一,而一切真正富有生命力的统一都应该是有机的包含多样性的统一。黑格尔在以中国与波斯作比较时说,中国的统一是一种"抽象的(abstract)统一"。② 这说明他的

---

① 黑格尔:《历史哲学》,王造时译,北京:生活·读书·新知三联书店1956年版,第150页。J. Sibree 英译本,第105页。

② 同上书,第159页,英译本,第114页。

说法是由于对中国历史无知而生的误解或曲解。

何谓"存二王之后"呢？董仲舒说："下存二王之后以大国，使服其服，行其礼乐，称客而朝。"这就是说，对于先朝后裔给予主客关系的礼遇，并使其在本身原有的大国范围之内实行其固有的典章制度。这就是存其多，以历史的态度尊重历史上的事实。当然"三代""三正""三统"的存在，不仅没有消除了一统，而且使一统具备了历史的合理性。在中国古代的观念里，天只有一个，从而天子（天之元子即长子）在同一时间里也只能有一个。尽管曾经有过三个月（建子、丑、寅）在不同历史时期作过正月（其实秦以夏历十月即建亥之月为岁首，这是第四个正月，然不被三统说视为正统），但是在同一个历史时期里，只能有一个正月。夏、商两代的正月，在周王朝的范围内，只能作为"王二月"与"王三月"，尽管夏商之后在他们各自的邦国之内仍然可以使用自己的历法与纪元。在"三代""三统"的观念体系里，每一个作为共主的王朝的统一都是含多之一，它们不具有绝对性，不是什么"万世一系"的帝国。尽管秦始皇曾有此梦想，但也只是一场梦想而已。所以，尽管每一个王朝的统一只是历史的，而在中国国家发展之长流中，统一性理想本身却因此而成为恒常的。

中国文明发展历史的连续性与统一性，在世界历史中堪称无匹。其中原因自然值得深入探求。"三代"观念的反思，看来似乎太遥远而与今日无关。其实，这一反思恰恰是与中国文明发展历史的连续性与统一性密切相关的。

（原载《史学史研究》2009 年第 1 期）

对于中国古典史学形成过程的思考

在世界史学史的园地里,中国古典史学无疑是一朵自有异彩的奇葩。要阐明中国史学对于世界史学已经做出的贡献,我们不能置我国古典史学于不顾。同时,作为一种传统,我国古典史学对于后世以至当代史学不可能没有多方面的、人们意识或不曾意识到的影响。因此,要发展我们当前的史学和史学理论,以求对世界史学做出更多的贡献,我们也不能不对中国古典史学从理论上进行深入反省。这种反省既可以结合纵向的前后历史阶段的比较来做,也可以结合横向的与外国古代史学的比较来进行。本文试就中国古典史学形成过程做一些分析。

中国古典史学,就现在所知,滥觞于商代。大量甲骨卜辞的发现,证明商代已有记载史事的丰富资料,它们是历史撰述的依据。《尚书·多士》记载了周王对"殷遗多士"的训话,其中讲到了殷人先祖汤革夏命的事,并说"惟尔知,惟殷先人有册有典。殷革夏命"。可见,殷人曾有历史记载,这是当时殷人和周人所共知而无疑的。至于殷人记录历史的自觉的程度,由于文献不足,现在难以具论。至少在西周初期,人们对于历史的自觉意识已经在文献中明显地反映出来了。我认为,自殷、周之际起,至司马迁作《史记》止,这是中国古典史学形成的时期。它的发展大体可以分为三个阶段。

一

以史为鉴的阶段。这一阶段的代表性的著作是《尚书》中的《周书》。

人类从能制造工具开始,就知道积累经验。即使在原始时代,每一代人的行为和思想都不是从零开始,而是一方面继承着前人的经验,另一方面又在实践中一步步地改进旧经验,使之成为新经验,而传给下一代。这是人类社会的客观的历史进程,也是人们自发地运用其历史知识(最原始的意义上的历史知识)的过程。人类即使在原始社会也有对历史知识的自发的需要,许许多多原始共同体都有丰富的口头传说或史诗,就是这种需要存在的明证。

随着文明的开始,人们有了文字。文字为人们记忆和传播经验提供了前所未有的重要工具,帮助人们克服了对异时和异地的人传播经验的困难。文字为历史的记录提供了可能性,为历史从客观过程转化为认识过程(即史学发展过程)提供了可能性。不过,当人们用文字记录原始时代的传说或史诗的时候,所记录成文的仍然不是真正的历史著作。

真正的历史著作产生于人们对历史记录的功能的自觉的认识。在中国古代,这个自觉的认识就是,认识到历史的记录可以用为借鉴。

《尚书》中的《康诰》《酒诰》《召诰》《多士》《无逸》《君奭》《多方》《立政》等篇都讨论了殷代或夏、殷两代的盛衰、兴亡。

为什么要讲这些往事呢？《酒诰》："王[1]曰：封（即卫侯康叔），予不惟若兹多诰。古人有言曰：人无当于水监，当于民监。今惟殷坠厥命，我其可不大监抚于时。"周公代表周王室封弟康叔于卫，卫是殷人的故土。殷人因酗酒而亡国，所以周公告诫康叔不可不以此为借鉴。他还引用前人的名言：人不必以水为监（即鉴、镜子）来照自己，而应当把人当镜子来照自己。《召诰》："我不可不监于有夏，亦不可不监于有殷。我不敢知曰，有夏服天命，惟有历年。我不敢知曰，不其延。惟不敬厥德，乃早坠厥命。我不敢知曰，有殷受天命，惟有历年。我不敢知曰，不其延。惟不敬厥德，乃早坠厥命。今王嗣受厥命，我亦惟兹二国命。"这是召公奭告诫成王，必须以夏作为镜子，也必须以殷作为镜子。夏、殷两代本来可以维持多久，这无法回答。两代因为不敬德，所以早亡了。周继承夏、殷，受的也就是夏、殷所受的"天命"。《诗·大雅·荡》历述殷统治者的各种暴政，用来教育周人以殷为鉴。此诗篇末又说："殷鉴不远，在夏后之世。"周人应当以殷为鉴，殷本来也应当以夏为鉴。这就是说，每一代都应以前代的历史为鉴。

周人为什么会产生这样自觉的以史为鉴的意识呢？殷、周的力量对比本来是悬殊的，直至殷亡以后，西周早期，周仍称殷为"大国殷"（见《召诰》）、"天邑商"（见《多士》）、"大邦殷"（见《召诰》《康王之诰》），而自称"小国"（见《多士》）、"小邦周"（见《大诰》）。可是结果却是殷的崩溃、周的兴起。这种巨大而鲜明的变化甚至使作为胜利者的周人也感到震惊，因而激发了

---

[1] 指当时摄居王位的周公旦。

他们对历史进行反省的自觉。殷曾强大过,可是现在崩溃了。在此以前,夏曾有过类似的过程。这时周又走到了夏和殷早期的位置上,周人对此怎能无所反省呢?他们越是感到夏、殷两代历史变化的无情,也就越想用以为鉴,以便认识自己所处的境地。

以史为鉴的史学是从当时人的现实需要出发的,不过需要只为这种史学的产生提供了一个方面的条件。要使这种需要同时成为可能,那还必须有认识方面的进展。

一则,以史为鉴的出发点是人的需要、人的热情,然而以史为鉴的实现却有赖于事物的另一极,即人的理智(reason)、人对历史的冷静的反省和如实的陈述。

周对殷无疑是仇恨的,"文丁(即殷纣的祖父大丁)杀季历(周武王的祖父)"(《晋书·束晳传》《史通》之《疑古》《杂说》引古本《竹书纪年》)"纣囚西伯①羑里"(《史论·殷本纪》,亦见《周本纪》)。周对殷显然有杀祖囚父之仇。但是当他们克殷之后,周统治者谋求长治久安的热情又驱使他们冷静地思考殷人的历史。《尚书》中有多篇说到"殷先哲王"的统治的贤明。例如,《尚书·酒诰》:"王②曰:封,我闻惟曰:'在昔殷先哲王,迪畏天显小民,经德秉哲。自成汤至帝乙③,成王畏相,惟御事厥棐有恭,不敢自暇自逸。'"周公对殷先王的知识显然来自历史。这里的殷先哲王一直包括到纣的父亲帝乙,所以纣的祖父大丁也被列在其中。

---

① 即武王之父周文王。
② 指居摄之周公。
③ 纣之父。

周公并没有因仇恨的感情而篡改历史的记录。又如《无逸》:"周公曰:呜呼,我闻曰:'昔在殷王中宗①,严恭寅畏,天命自度,治民祗惧,不敢荒宁。肆中宗之享国,七十有五年。其在高宗②时,旧劳于外,爰暨小人。作其即位,乃或亮阴,三年不言。其惟不言,言乃雍,不敢荒宁,嘉靖殷邦,至于小大,无时或怨。肆高宗之享国,五十有九年。其在祖甲,不义惟王,旧为小人。作其即位,爰知小人之依,能保惠于庶民,不敢侮鳏寡。肆祖甲之享国,三十有三年。自时厥后立王,生则逸。生则逸,不知稼穑之艰难,不闻小人之劳,惟耽乐之从。自时厥后,亦罔或克寿,或十年,或七八年,或五六年,或三四年。'"这些话显然来自历史,周公转述时对于殷先王的肯定或否定都取如实态度。

周人既然要从殷人的成败中汲取经验和教训,以殷人的历史为鉴,他们就必须尽可能以殷人的实际经验为借鉴,否则就不是以史为鉴,而是以史自欺了。周人作为当时的新兴力量,不是像殷纣那样迷信天命、以史自欺的人。他们能够把仇恨殷人的激情转化为反省殷人历史的理智。他们以史为鉴的自觉目标是求善,而他们在史学上不曾意识到的任务却是求真。他们自觉地追求的是史中的价值,他们自发地追求的是史中的真理。

二则,要以史为鉴,人们必须首先集中注意于历史上的具体事件、具体人物。越是真人真事,活灵活现,可供后人借鉴的内容也就越丰富,价值也就越高。可是,作为具体的历史事件或人物,历史上的和当代的自然总是各不相同的。周代的统治者很

---

① 《史记·殷本纪》认为是太戊,据甲骨文则是祖乙。
② 武丁。

喜欢以殷代以至夏代的国君和他们的行事为鉴,夏、殷的国君们以及他们的行事自然与周人是不同的。

值得思考的是,周人是否能够从与自己相异的人和事得到借鉴?他们又是凭借什么样的认识上的进展才能实现这种借鉴的?对于这些问题,我们可以从《尚书》中找到作答的资料。例如,《尚书·多士》:"王若曰:尔殷遗多士,弗吊旻天,大降丧于殷。我有周佑命,将天明威,致王罚,勅殷命,终于帝。……我闻曰:上帝引逸,有夏不适逸。则惟帝降格,向于时夏。弗克庸帝,大淫泆有辞。惟时天罔念闻,厥惟废元命,降致罚。乃命尔先祖成汤革夏,俊民甸四方。自成汤至于帝乙,罔不明德恤祀。亦惟天丕建,保乂有殷。殷王亦罔敢失帝,罔不配天其泽。在今后嗣王,诞罔显于天。矧曰其有听念于先王勤家,诞淫厥泆,罔顾于天显民祗。惟时上帝不保;降若兹大丧。"这是周公以周王的名义告诫被征服的殷人的话,大意是,天意要亡殷;周灭殷只是执行天命。从前夏不从天命,天要亡夏,就让殷的先祖成汤革夏。成汤以下直至帝乙,历代殷王能遵天命。以后纣不遵照先王的办法,不敬天勤民,所以天又降罚于殷。这样就在夏代末王桀和殷代末王纣之间,成汤和周武王之间找到了共同性。所以,在《召诰》里对夏殷的灭亡下了同样的结论:"惟不敬厥德,乃早坠厥命。"

至于国家的兴盛,《尚书·君奭》记周公对召公说:"我闻在昔,成汤既受命,时则有伊尹格于皇天。在太甲,时则有若保衡。在太戊,时则有若伊陟臣扈格于上帝,巫咸乂王家。在祖乙,时则有若巫贤。在武丁,时则有若甘盘。率惟兹有陈,保乂有殷,故殷礼陟配天,多历年所。……惟文王尚克修和我有夏,亦惟有若虢叔,有若闳夭,有若散宜生,有若泰颠,有若南宫括。……亦惟纯佑,秉德,迪知天威。乃惟时昭文王,迪见冒闻于上帝,惟时受有殷命哉。武王惟兹四人,尚迪有禄。"在这里,殷王成汤、太甲、太戊、祖乙、武丁不同于周文王、武王,殷王所用的伊尹(保衡即伊尹)、伊陟、臣扈、巫咸、巫贤、甘盘也不同于周王所用的虢叔、闳夭、散宜生、泰颠、南宫括。但是,上述殷王是"哲王",上述周王也是"哲王";上述殷臣是贤臣,上述周臣也是贤臣;殷哲王用贤臣以兴,周哲王也用贤臣而兴。这就又都是同。

由此可见,周人要做到以史为鉴,不仅要由求善而求真,而且也必须从异中看到同,从特殊中看到一般。看来周人以殷为鉴的史学只是自发地由异而见同、由特殊而见一般。不过,他们的这种不自觉的状态正好说明:历史事实的记录虽然从特殊开始,而其发展成为史学则不可避免地有待于从特殊中体现出一般。

三则,周人以史为鉴是从疑天开始的。《尚书·周书》各篇中有信天的一面,也有疑天的一面。周人在其对被征服者发布的文告中是信天的,如在《多士》《多方》中,周人明确地说他们之所以革殷的命是受了天命;如果不表示信天,他们代殷为天子的行为就失去了理论的根据。周人在其对内部发布的文告中则有许多明确的疑天之辞。例如,"天棐(非)忱辞"(《诗·大雅·大明》云:"天难忱斯"),"迪知上帝命越天棐忱"(二句见于《大诰》)。"天畏(威)棐忱"(见《康诰》)。"若天棐忱""天命不易,天难谌"(《诗·大雅·荡》云:"天生蒸民,其命匪谌")、"天不可信"(三句见于《君奭》)。忱、谌都是诚、信的意思。总之认为天不可信,没有定准。在内部谈天不可信,是提醒自己人不要麻痹大意。周人已经逐渐强大起来,构成对殷的威胁,殷纣还说"我生不有命在天"(《尚书·西伯戡黎》),结果纣灭亡了。历史证明,迷信天命是不行的。

周人有天命不可靠的认识,是以史为鉴的结果。另一方面,越是感到天命不可靠,就越是要从人事上寻找成败得失的契机,从而越发重视以史为鉴。

尤其值得指出的是,周人并没有把疑天和信天绝对地分离开来,他们在向被征服者宣扬天命的时候也并未完全说假话。因为他们在讲天命的时候是和民心结合起来讲的。《大诰》说"天棐忱辞",接着就是"其考我民"。《康诰》说"天畏棐忱",接着就是"民情大可见"。抽象的天命,看不见,摸不着,把握不住,但是"天视自我民视,天听自我民听"(《孟子·万章上》引《尚书》),"民之所欲,天必从之"(《左传·襄公三十一年》又《国语·郑语》引《尚书》)。天命一通过民情来反映,就变得很具体了,也可以把握得住了。《尚书》中多次讲到夏、殷的灭亡,其原因都是统治者未能保民,从而也就未能敬天,结果自然失去天命。于是本来已经不可信的天命又转而可信了。"皇天无亲,惟德是辅"(《左传·僖公五年》引《尚书》),这是周人对天命的认识的概括。从前一句来看,皇天并不一定专门照顾谁,是"棐忱","不可信"的;从后一句来看,天又有其准则,即帮助有德的人,这又是可信的。

那么这个"皇天"到底是什么呢?根据《尚书》《诗经》的资料来看,周人还是把他等同于上帝的。可是,如果我们实事求是地加以分析,就不难发现,这个"皇天"实际上又是在历史进程中起作用的人心在天上的投影。因此,周人可以一面以史为鉴,一面又可大谈天命。其实对于他们来说,可以为鉴的历史上的人事是直接的,而被认为高高在上的"皇天"已经是间接的了。

二

以史为法的阶段。这一阶段的代表性著作是《春秋》。

所谓以史为法，自然不是以史书作为法律。董仲舒倡导"春秋决狱"（《汉书·艺文志》有《公羊董仲舒治狱》十六篇），那是把《春秋》的意义加以过度夸张，同时也把它明显地庸俗化了。我们说《春秋》具有以史为法的特点，是因为它在史事的陈述中同时展示出一系列道德规范和判断是非的标准。

司马迁说："故有国者不可以不知《春秋》，前有谗而弗见，后有贼而不知。为人臣者不可以不知《春秋》，守经事而不知其宜，遭变事而不知其权。为人君父而不通于《春秋》之义者，必蒙首恶之名。为人臣子而不通于《春秋》之义者，必陷篡弑之诛，死罪之名。其实皆以为善，为之不知其义，被之空言而不敢辞。夫不通礼义之旨，至于君不君、臣不臣、父不父、子不子。夫君不君则犯，臣不臣则诛，父不父则无道，子不子则不孝。此四行者，天下之大过也。以天下之大过予之，则受而弗敢辞。故《春秋》者，礼义之大宗也。夫礼禁未然之前，法施已然之后；法之所为用者易见，而礼之所为禁者难知。"（《史记·太史公自序》）《春秋》所起的正是礼义的作用。

从以史为鉴到以史为法有以下几个方面的发展和变化。

一则，以史为法是对于以史为鉴的扬弃。因为，一方面，不论以史为鉴或为法，都是要使今人和后人从史得到启发和教益，也可以说以史为法是一种特殊的以史为鉴；另一方面，以史为鉴时所取的是历史上客观存在的人和事，而以史为法时所要立的却是史家用以论史的主观的准则。

以史为鉴和以史为法都重视史学的价值,不过《春秋》已经以为"以史为鉴"尚未充分发挥史学的价值,史学家必须在客观史事的基础上做出主观的发挥,然后才能充分体现史的功用。孟子说:"晋之《乘》、楚之《梼杌》、鲁之《春秋》一也。其事则齐桓、晋文,其文则史。孔子曰:'其义则丘窃取之矣。'"(《孟子·离娄下》)。又说:"世衰道微,邪说暴行有作,臣弑其君者有之,子弑其父者有之。孔子惧,作《春秋》。《春秋》,天子之事也。是故孔子曰:'知我者其惟《春秋》乎,罪我者其惟《春秋》乎。'"(《孟子·滕文公下》)。孔子修《春秋》时所取的"义",就是用一定的名分作为标准来衡量历史人物的是非并予以褒贬。因为这里要为天下正名,所以孟子说这是"天子之事也"。

现在就《史记·孔子世家》所举的两个例子做些分析。其一是"吴、楚之君自称王,而《春秋》贬之曰'子'"。按照孔子所坚持的名分,当时天下只能有一个王,就是周王,吴楚之君虽自称王,但不是合法的王,所以仍然只能依其原爵称子。其二是"践土之会实召周天子,而《春秋》讳之曰'天王狩于河阳'"。按《左传》僖公二十八年记:"是会也,晋侯(文公)召王,以诸侯见,且使王狩。仲尼曰:'以君召君,不可以训'。故书曰'天王狩于河阳'。"总之,孔子修《春秋》从求善出发,然后辨名分之是非以存"真"。结果他所求的"真"往往不是事实的真而是名分的真了。①

------

① 刘知几曾批评孔子这样书法不是"实录"(《史通·惑经》)。不过,这不是说《春秋》全非实录。

二则，上文说到，《尚书》周书作者以史为鉴，是借具体的殷代兴亡的史事作为周人具体行为之鉴，在以具体的、各异的史事为鉴时认识到古今的共同性，即认识上由异而同，由特殊而一般。孔子修《春秋》，意在以史为法，所以与前一阶段不同。孔子在修《春秋》前已经有了一个关于礼义的思想体系。他说："我欲载之空言，不如见之于行事之深切著明也。"(《史记·太史公自序》引孔子语)可见他修《春秋》就是要在叙述历史上具体行事的时候贯彻自己关于礼义的思想。因此，他的认识途径是以同概异，以一般绳特殊。

由于《春秋》既不细载历史事件的具体过程，又不另有论赞性的文辞表示褒贬，而往往用短短的一两句话记述一件史实，同时在遣词造句上表示褒贬，所以《左传》《公羊传》《谷梁传》在解《春秋》经①的时候，都很注意研究和概括它的体例。虽然从汉代直到清朝，学者们在研究《春秋》三传的体例和书法上众说纷纭，歧义很多，但是如果不存从《春秋》中概括出一套十分精密的体例的幻想(董仲舒早已知道"春秋无达辞"，要求《春秋》书法体例天衣无缝是不切实际的，更不必说此书在传世中还有了许多变动)，那么还是可以明显地看出它是有义例的。

唐儒赵匡说："故褒贬之指在乎例(诸凡例是)，缀述之意在乎体。所以体者，其大概有三，而区分有十。所谓三者，凡即位、崩薨、卒葬、朝聘、盟会，此常典，所当载也，故悉书之，随其邪正而加褒贬，此其一也。祭祀、婚姻、赋税、军旅、搜狩、皆国之大

---

① 《左传》是否解经，在汉代即有肯定与否定二说，这里且不论及。这里只是说今本《左传》中已经解经的文字。

事,亦所当载也。其合礼者,夫子修经之时悉皆不取,故公(羊)、谷(梁)云:常事不书,是也。其非者及合于变之正者,乃取书之,而增损其文,以寄褒贬之意,此其二也。庆瑞灾异,及君被杀被执,及奔放逃叛,归入纳立,如此并非常之事,亦史策所当载,夫子则因之而加褒贬焉,此其三也。此述作之大凡也。"(见陆淳《春秋啖赵集传纂例》卷一,"赵氏损益义"条。十区分从略)这里所说的"体",就是孔子修《春秋》时用以选材和立意的一般标准。"例"则是指对各类问题分别使用不同的书法的具体标准。例如,一个大夫被杀,由于书法不同,表示的褒贬就不同。《春秋》隐公四年记:"卫人杀州吁于濮。"《公羊传》解释说:"其称人何?讨贼之辞也。"《谷梁传》解释说:"称人以杀,杀有罪也。"《春秋》僖公七年记:"郑杀其大夫申侯。"《公羊传》解释说:"称国以杀者,君杀大夫之辞也。"《谷梁传》解释说:"称国以杀大夫,杀夫罪也。"称人称国只有一字之差,而含义却有有罪无罪之别。说卫国人杀州吁,意思是说卫国人都主张杀州吁,所以表示州吁有罪该杀。说郑国杀其大夫申侯,则只是说郑国国君个人杀人申侯,被杀者就不一定有罪或者至少是杀非其罪。至于国君被杀,称国称人都表示国君无道,只有指出某人"弑其君"的时候才表示杀君者有罪而君本身无罪。如《春秋》文公十八年记:"莒弑其君庶其。"《公羊传》解释说:"称国以弑君者,众弑君之辞。"《春秋》成公十八年记:"晋弑其君州蒲。"《谷梁传》解释说:"称国以弑其君,君恶甚矣。"《春秋》文公十六年记:"宋人弑其君杵臼。"《左传》解释说:"书曰宋人弑其君杵臼,君无道也。"这里"国"不再指国君,而与国人相当。国人都认为国君该杀,当然是君无道了。

由此可见,《春秋》的以史为法就是从一般原则去认识特殊的史实并按类别以统一的书法(遣词造句)去评述不同的具体事情。

三则,如果说前一时期的《尚书》在不少情况下还假借"天意"来说明历史因果,那么在《春秋》里几乎不能发现有什么直接说到天意的地方。在《春秋》里记录了各种各样的自然的异象或灾害,而且尽可能记载具体发生的时间(年、时、月、日),其所记灾异有:日食、地震、震电、山崩、星异(如陨星、慧星之类)、火灾、大水、大雨雹、大雨雪、无冰、雨木冰(即雾淞)、不雨、大旱、螽(蝗虫)、螟(蛾幼虫,食苗心)、饥(饥荒)、多麋(麋毁农田作物)、蜮(一种蛀谷的害虫)、蜚(一种食稻害虫)、蜮(一种食苗叶的害虫)、陨石、霜、无麦(麦无收成)等等。《春秋》只如实记录发生了何种现象,却从来不说某个灾异是天对人的惩戒或天对某个事件的预示。三传对一些灾异作了天意的解释,那与《春秋》本身无关。

《春秋》不强调天意,这与它自身的特点有关。《春秋》意在以史为法,其主题自然是辨人事之是非,明善恶之褒贬。把自然界的罕见现象或灾害说成天意,并把这些解释为天对人的奖惩,这最多只能起某种一般的劝善警恶的作用,而不能具体说明天对何种善恶予以何种奖惩。而且,孔子修《春秋》,本来就是要以经常存在的、有常的礼义为标准从事褒贬,而不是要依靠带偶然性的、无常的自然的灾异来作警诫。因为如果要依靠自然的灾异来表示天意的褒贬或奖惩,那么必然会有大量的人事是找不到天意(即自然)的相当的反应的。这样做在客观上反而会起不利于以史为法的作用。

孔子修《春秋》时不讲天意,这并不足以说明他已经清醒到了完全不信天意或天命的程度。在《论语》里,我们可以看到他并非完全不信天命。不过,他不相信那些以"怪力乱神"之类的方式来表示的不可靠的天命,而是把天命纳入人事之中,把当时社会上的君臣、父子、夫妇、长幼等一系列的礼义伦常当作天然之理或天命。与孔子同时而稍早的郑子产曾说:"夫礼,天之经也,地之义也,民之行也。"(《左传》昭公二十五年游吉引子产语)孔子与子产在对天命的认识上很相近,他自己也曾说:"夫礼,先王承天之道,以治民之情。"(《礼记·礼运》引孔子语)这就是说,他认为,他修《春秋》所据的礼义本身就体现了天道,因此,他也不需另外再讲什么天命了。

《春秋》继承了《尚书·周书》把天命人事化的传统,它一方面把《尚书》中的外在于人的天命进一步做了排斥,另一方面又让体现礼义的天命更全面地深入它自身之中。

三

以史立言的阶段。这一阶段的代表性著作是司马迁的《史记》。

一般地说,每一部历史著作(不是资料汇编性的作品)都是其作者所立的言。《尚书·周书》就殷的盛衰做了评述,以供借鉴,这也就是立言。不过,《尚书》只是就引以为鉴的具体历史人物或事件进行评述,而没有对历史的发展提出一套系统的见解。《春秋》重在褒贬,更是孔子借史事以立言。不过,《春秋》对历史人物或事件所做的是批评而不是解释,它所表示的是对人事的善恶的见解而不是关于历史发展本身的见解。司马迁作《史记》的目的是"亦欲以究天人之际,通古今之变,成一家之言"(《汉书·司马迁传》)。《史记》中有许多可以使后人从中汲取经验教训的历史事实,亦即有以史为鉴的内容;《史记》中也有对人事的褒贬,也可以说有以史为法的内容。不过,司马迁作《史记》的意图已不限于引用历史上的个别事件以为后来者为鉴,也不限于通过对具体人物的褒贬而使读史者得到一个为人的准则,而是要就从黄帝开始到当时为止的历史提出一个系统的一家之言,以便读者从他的见解中得到启发和教益。

司马迁以史立言的史学比以前的史学又有了以下几方面的变化和发展。

一则,司马迁想以《史记》成一家之言,所以首重求真。班固尽管很不赞成司马迁的观点,但也说:"自刘向、扬雄,博极群书,皆称迁有良史之材,服其善序事理,辨而不华,质而不俚,其文直,其事核,不虚美,不隐恶,故谓之实录。"(《汉书·司马迁传》)可是当司马迁竭力求真的时候,他发现,历史上的真不是凝固不变的。上古三代时曾经是真的事,到秦汉时已完全不真;上古三代时不可能为真的事,到秦汉时又已变成真实。历史的真,只有从变化中把握,所以他强调"通古今之变"。

凡是认真考察历史的人都会感到历史的变化,只是由于背景条件的不同,人们的感受深浅不同,对待变的态度也不一。殷周之际的历史有变化,可是从《尚书·周书》中能看出的只是殷周代兴的变化。春秋时期的历史又有变化,可是孔子修《春秋》的目的之一就是要对那些变化加以贬斥,因为他认为那些变化不合礼义。战国至秦汉时期,历史有了更巨大的变化,司马迁意识到了,而且采取了肯定的态度。

司马迁把夏、商、周三代的诸侯与汉高帝功臣封诸侯者做了对比。他发现,三代诸侯不仅很多,而且其中许多延续了千年以上;汉初封的功臣侯到汉武帝太初年间,历时只有百年,可是尚存的只有五个,"余皆坐法陨命亡国,耗矣"。察其原因,一方面是汉代的侯国富庶,继封者变得骄奢淫逸;另一方面,汉天子的法网也比三代密得多了,对诸侯不能容忍。他说:"居今之世,志古之道,所以自镜也,未必尽同。帝王者各殊礼而异务,要以成功为统纪,岂可绲乎?观所以得尊宠及所以废辱,亦当世得失之林也,何必旧闻?"(《史记·高祖功臣侯者年表序》)治史是为了取得借鉴,历史条件变了,古代可以引以为鉴的事情到后来也可能变得毫无借鉴的价值。所以,以史为鉴也要有具体的历史条件的分析。

司马迁对从战国至秦统一时期的巨大历史变化基本上也持肯定的态度。他说:"秦既得意,烧天下《诗》《书》,诸侯史记尤甚,为其有所刺讥也。《诗》《书》所以复见者,多藏人家,而史记独藏周室,以故灭。惜哉,惜哉!独有《秦记》,又不载日月,其文略不具。然战国之权变亦有可颇采者,何必上古。秦取天下多暴,然世异变,成功大。传曰'法后王',何也?以其近己而俗变相类,议卑而易行也。学者牵于所闻,见秦在帝位日浅,不察其终始,因举而笑之,不敢道,此与以耳食无异。悲夫!"(《史记·六国年表·序》)秦烧《诗》《书》、史籍,造成文献上的无可挽回的损失,固然可惜,然司马迁认为《秦记》虽粗略也不无可取。他深知秦取天下靠暴力,但并不像其他学者那样对秦取讥笑和鄙视的态度,而是肯定秦能因世异而变法,所以"成功大"。"学者牵于所闻",以原先的固定的礼义标准来衡量秦,当然会对秦持讥笑否定的态度。司马迁认为这些学者评论历史,犹如用耳朵吃食物一样,连一点味道都没有品尝出来,说的都是外行话。司马迁否认有一成不变的论史标准,而主张根据已经变化了的历史条件来评值具体历史时期的事件和人物。这是历史主义思想在古代史学中的闪耀。

总之,由于看到了变在历史进程中的重大意义,在司马迁看来,不论以史为法还是以史为鉴,都不能从某一种凝固的东西出发。那么,在古今之变中有没有相通的东西呢？司马迁对这一问题也力图找出答案。他说:"夏之政忠。忠之敝,小人以野,故殷人承之以敬。敬之敝,小人以鬼,故周人承之以文。文之敝,小人以僿(徐广曰:一作薄),故救僿莫若以忠。三王之道若循环,终而复始。周秦之间,可谓文敝矣。秦政不改,反酷刑法,岂不缪乎？故汉兴,承敝易变,使人不倦,得天统矣。"(《史记·高祖本纪》)这就是说,夏忠、殷敬、周文都曾是历史上的真,也都曾是善,但是,它们在历史上一一转变为敝,转化为其自身的消极面、为非善,从而为克服这种非善的新善所代替,于是从前的真也不复为真。在司马迁看来,这种转化在古今之变中是相通的。他认为:"三王之道若循环",并非历史的循环论。他认为,汉承六国与秦之敝而易变,有夏政以忠的特点。但汉与三代(尤其与遥远的夏)的不同,司马迁是看得很清楚的。他没有说汉又回到了夏的历史阶段的意思。

二则,司马迁希望通过修史书而成一家之言,这个一家之言远远不是只凭以"太史公曰"的形式写些论赞就可以表达出来的。司马迁写人状事,往往如长幅画卷,气象万千,使人阅之如身临其境,而"太史公曰"不过是画卷上的简短题句,结合整个画卷,它有画龙点睛的作用;当然,离开整个龙体,这种点睛之笔再神奇也是徒劳的。

作为一个杰出的历史学家,司马迁的一家之言是在写史而不是在评史中陈述出来的。孔子修《春秋》,对历史上人事进行褒贬,这也是一种立一家之言。不过,孔子的褒贬只是他自己的伦常思想或精神的表述或展现。他把历史当作自己借题发挥的材料(皮锡瑞曾经明确地指出了这一点),而没有通过再现历史的精神来展现自己的精神。而通过再现历史的精神来展现自己的精神,这正是作为史学家的司马迁所刻意追求的目标。

哲学家往往以逻辑上的概念、判断和推理作为工具来论证自己所理解的历史精神,他们向人们展示的历史精神照例是抽象的。历史学家与此不同,他们要靠陈述最具体的历史事实来展示最生动的历史精神,靠陈述作为一个有机整体的各方面的历史事实来展示某一时代的一般历史精神。对于历史学家来说,如果不能从具体事实中把握生动的历史精神,那也就不能理解某一时代的一般历史精神;同样,如果不能对某一时代的一般历史精神有一个总的理解,那也不可能从具体历史事实中看出生动的历史精神来。所以,一个杰出的历史学家对于历史的认识照例总有一个从具体到抽象和从抽象到具体的过程(不论其本人是否自觉或其自觉的程度如何),而这个过程也正是形成一家之言的过程。

司马迁用以表述自己的一家之言的方法是,通过写具体的人和事以展现时代的一般精神。在《史记》中,战国以下的重要历史人物几乎都写得栩栩如生,每人都有其个性,其中一些人物的心理特征还写得十分深入具体。即以汉高帝刘邦的部下而论,张良和陈平同为谋士而风格不同,樊哙、周勃、灌婴等同为战将而性情各异。不过,刘邦部下除张良以外都出身社会下层,他们所共有的平民习气在《史记》中表述得也很具体。这些布衣卿相连起码的礼节都不懂,上朝时"群臣饮酒争功,醉或妄呼,拔剑击柱"(《史记·叔孙通列传》)。司马迁在《高祖本纪》中把刘邦这位布衣天子的为人和个性写得淋漓尽致,又把刘邦手下的布衣卿相的特点生动地描绘出来,这正说明了当时历史的一大特点,即平民的兴起和胜利。其实司马迁在写战国的历史时已经注意到写平民出身的人物了。"游说则范雎、蔡泽、苏秦、张仪等,徒步而为相;征战则孙膑、白起、乐毅、廉颇、王翦等,白身而为将。此已开后世布衣将相之例。"(赵翼:《廿二史劄记》卷二,"汉初布衣将相之局"条)司马迁也写战国时的贵族,如齐孟尝君、赵平原君、魏信陵君,他用最生动的事例告诉读者,这几位名公子的最大的一个共同特点是能从平民中起用杰出的人才。他描写这些公子能够放下贵族架子而礼贤下士;同时还说明,如果他们不能放下架子就不能得人。例如,"平原君(赵胜)家楼临民家。民家有躄者,槃散行汲。平原君美人居楼上,临见,大笑之。明日,躄者至平原君门,请曰:'臣闻君之喜士,士不远千里而至者,以君能贵士而贱妾也。臣不幸有罢癃之病,而君之后宫临而笑臣,臣愿得笑臣者头。'平原君笑应曰:'诺'。躄者去,平原君笑曰:'观此竖子,乃欲以一笑之故杀吾美人,不亦甚乎!'终不杀。居岁余,宾客门下舍人稍稍引去者过半。平原君怪之,曰:'胜所以待诸君者未尝敢失礼,而去者何多也?'门下一人前对曰:'以君之不杀笑躄者,以君为爱色而贱士,士即去耳。'于是平原君乃斩笑躄者美人头,自造门进躄者,因谢焉。其后门下乃复稍稍来。"(《史记·平原君列传》)一个最具体的小故事说明了当时历史上一个普遍性的大趋势:贵族势力已经"无可奈何花落去",平民势力正在"一枝红杏出墙来"。以历史上的特殊展现历史上的一般,使一般即见于特殊之中,这正是司马迁成其史学家的一家之言的杰出之处。

三则,司马迁在天人之际的问题上的认识比以前又有了巨大的进展,并且富有创造性地成了一家之言。

学者们常常列举司马迁不信天命或前人用以说明天命的实例来证明他的"天人之际"思想与董仲舒的天人感应说的不同。这的确不无道理。董仲舒讲天人感应,认为天予善人以善报,予恶人以恶报,把天说成对人事信赏必罚的有意志的主宰。司马迁则不然,他写列传,首列伯夷、叔齐,并就伯夷、叔齐行善而饿死的事发表感慨说:"或曰:'天道无亲,常与善人。'若伯夷、叔齐,可谓善人者非邪?积仁絜行如此而饿死。且七十子之徒,仲尼独荐颜渊为好学。然回也屡空,糟糠不厌,而卒蚤夭。天之报施善人,其何如哉?盗跖日杀不辜,肝人之肉,暴戾恣睢,聚党数千人横行天下,竟以寿终。是遵何德哉?此其尤大彰明较著者也。若至近世,操行不轨,专犯忌讳,而终身逸乐,富厚累世不绝。或择地而蹈之,时然后出言,行不由径,非公正不发愤,而遇祸灾者,不可胜数也。余甚惑焉,倘所谓天道,是邪?非邪?"(《史记·伯夷列传》)这一段怀疑天道的话充满了他对自身经历的不平之气,无疑是出自内心的、真诚的。不过,他对占星术之类东西有许多也是相信的,这类的例子在《史记·天官书》中并不算少。古人不能完全摆脱迷信,这本不足为怪,我们也不应以此来责怪司马迁。他能对赏善罚恶的天道有所怀疑,这已经很出色了。

值得注意的是,司马迁在怀疑赏善罚恶的天的同时,又深信另一种天。

秦灭六国,统一海内,是大事,司马迁曾以天意解释之。他论述战国形势时说:"及田常杀简公而相齐国,诸侯晏然弗讨,海内争于战功矣。三国终之卒分晋,田和亦灭齐而有之,六国之盛自此始。务在强兵并敌,谋诈用而从衡短长之说起。矫称蜂出,誓盟不信,虽置质剖符犹不能约束也。秦始小国僻远,诸夏宾之,比于戎翟,至献公之后常雄诸侯。论秦之德义,不如鲁卫之暴戾者,量秦之兵不如三晋之强也,然卒并天下,非必险固便形势利也,盖若天所助焉。"(《史记·六国年表序》)他还说:"说者皆曰魏以不用信陵君故,国削弱至于亡。余以为不然。天方令秦平海内,其业未成,魏虽得阿衡之佐,曷益乎?"(《史记·魏世家赞》)他觉得自己似乎无法解释秦为何能以一个偏远落后的小国终于统一海内,所以归之于天。但其实他已说明,六国之间"务在强兵并敌,谋诈用而从衡短长之说起。矫称蜂出,誓盟不信,虽置质剖符犹不能约束也"。正因为如此,信陵君虽曾存韩、救赵并一度率其他五国之兵打败秦军,但他根本无法消除六国的矛盾,也就无法挽回六国必亡的总趋势。

秦很快灭亡,汉代之而起,这又是大事。司马迁又以天解释之。他说:"秦既称帝,患兵革不休,以有诸侯也,于是无尺土之封,堕坏名城,销锋镝,锄豪杰,维万世之安。然王迹之兴,起于闾巷,合从讨伐,轶于三代,乡秦之禁,适足以资贤者为驱除难耳。故愤发其所为天下雄,安在无土不王? 此乃传之所谓大圣乎,岂非天哉,岂非天哉!非大圣孰能当此受命而帝者乎?"(《史记·秦楚之际月表序》)这一段里有些不得不为汉高帝捧场的话,但也不全是捧场。汉高帝起于闾巷,没有任何凭借,本来是没有可能得天下的。可是秦为了巩固自己的统治,不封诸侯,堕坏名城,销毁兵器,打击豪强,而其结果却是在客观上为汉的兴起排除了阻碍,扫清了道路。汉的兴起,竟然靠了秦的帮助。这当然不是秦的目的,秦不过是起了一种不自觉的工具作用。秦不得不为汉扫清道路,这真是"岂非天哉!"所以,在司马迁看来,六国各自为自身的利益而互相矛盾和斗争,结果为秦的统一扫清了道路,这是天命;秦为自身的利益而消除地方割据势力,结果为汉的兴起扫清了道路,这又是天命。总之,那种不依人的主观意志为转移而必然出现的趋势就是天命。

不过,这种不依人的意志为转移的天与董仲舒的天不同,因为司马迁的天并不在人以外。为汉扫清道路的是秦为其自身利益而采取的行动,为秦统一扫清道路的是六国为其自身利益而采取的行动。尽管六国和秦都成了历史的不自觉的工具,但是它们的行动的动机都是为自身谋利益的。不仅六国和秦如此,司马迁认为,整个人类社会的历史也如此。"太史公曰:夫神农以前,吾不知已。至若《诗》《书》所述虞夏以来,耳目欲极声色之好,口欲穷刍豢之味,身安逸乐,而心夸矜势能之荣。使俗之渐民久矣,虽户说以眇论,终不能化。故善者因之,其次利道之,其次教诲之,其次整齐之,最下者与之争。夫山西饶材、竹、谷、纑、旄、玉石;山东多鱼、盐、漆、丝、声色;江南出楠、梓、姜、桂、金、锡、连、丹沙、犀、瑇瑁、珠玑、齿革;龙门、碣石北多马、牛、羊、旃裘、筋角;铜、铁则千里往往山出棋置;此其大较也。皆中国人民所喜好,谣俗被服、饮食、奉生、送死之具也。故待农而食之,虞而出之,工而成之,商而通之。此宁有政教发征期会哉?人各任其能,竭其力,以得所欲。故物贱之征贵,贵之征贱,各劝其业,乐其事,若水之趋下,日夜无休时,不召自来,不求而民出之。岂非道之所符,而自然之验邪?"(《史记·货殖列传》)他认为,人们都有自己的欲望,都为满足自己的欲望而任其能、竭其力,而其结果是社会经济的发展。他认为这是符合于道的,其自身即是自然的体现。而"道之所符""自然之验"也就是人们只能因之、利道之而不能与之争的天。

《尚书》认为,"皇天无亲,惟德是辅"。这是把天解释为善的保佑者或者人对善的企求在天上的投影。孔子把礼义当作"天经地义",认为礼义即是天。司马迁继承了《尚书》和孔子的传统,即没有离开人来说天;同时他对前人的传统又有所否定,即认为人们谋求自身利益的欲望也就是天,天正是通过人们谋求自身利益的行为来显示其存在的。天并不赏善罚恶,而只是利用充满欲望并为此而行动的人作为自己的工具,来实现人本来不曾预期的目的。"天下熙熙,皆为利来;天下攘攘,皆为利往。"(《史记·货殖列传》)人们主观上都在为自己的利益而奔忙,客观上却在为个人不曾意识到的一个总趋势而努力。因此,司马迁所理解的天具有矛盾的性质:一方面,它即寓于人的欲望和行为之中;另一方面,它又不依人的意志为转移,高居于人的意识以上。司马迁在这里已经达到令人惊叹的认识深度。至于这种矛盾的性质,那是不能要求两千多年前的司马迁作出回答的。

以上就《尚书》《春秋》《史记》论述中国古典史学形成的三个阶段,没有涉及《左传》《国语》《战国策》等重要历史著作。

这绝对不意味这些著作在中国古典史学形成过程中没有重要地位和作用。在这些历史著作中，有些内容上继《尚书》的遗绪，有些内容阐发《春秋》的精神，又有些内容下开《史记》的先河。它们的内容是丰富的，也是复杂的。因此，本文只取三部有代表性的历史著作来讨论。

从《尚书》到《史记》的发展，已经包孕了后世中国史学主要传统的各种萌芽。以史为鉴、以史为法、以史为言，总之，以史经世，成了中国后世史学中沿袭和发展的传统。史学中的善与真的关系问题，古今之变的问题，天人之际的问题，也都成为后世史学所重视和讨论的问题。中国史书编纂的体裁，到《史记》也有了一个基本的轮廓。《史记》的相当完备而周到的体裁，也可视为中国古典史学形成的一个标志。关于这一点，本文暂不做具体讨论。

（原载《史学理论》1987年第2期）

关于历史发展的连续性与统一性问题
——对黑格尔曲解中国历史特点的驳论

一、弁言

这篇文章本来是《中西古代历史、史学与理论的比较研究》课题的引论。因为它在一定程度上具有自己的独立性,所以发表于此,借以先向有关专家和有兴趣的读者请益。

"中西古代历史、史学与理论的比较研究",看起来似乎是一个内容过于庞大的问题,从而难于比较。不过,一切大问题都是可以分析为具体的小问题的;从一定的逻辑取向出发,具体研讨问题的某些方面,比较的研究就会成为既可能又有效的方法。本研究所取的具体方向则是着重从中西历史发展的连续性与统一性的角度来对二者进行比较的探讨。也许有人认为,中国历史文化具有发展的连续性与统一性,这是中国与其他文明古国有别的重大特点,并且已经是几乎人所周知的历史事实,似乎不必再作深究。可是,事实决非如此简单。例如,G. W. F. 黑格尔也论述了中国历史的连续性与统一性,但是他的论述与其说是说明,毋宁说是曲解。对于这样的曲解,我们是有义务和责任予以辨析和驳难的。当然,要做这样的辨析与驳难,就需要对有关从历史事实到理论的一系列的具体问题做分层的系统论述。关于具体问题,我们将在以下有关具体篇章中加以分析、批判。在这篇文章里,我们将以马克思主义的唯物史观为指引,对黑格尔的一般论断的本身,以及若干根本性的概念与关系(如历史发展的连续与断裂的概念、统一与分裂的概念以及这两类概念之间的关系等等)进行分析与批判,同时提出我们自己的见解。当然,我们在与黑格尔做辩论时,一方面对于他的辩证法的积极内容都会尽量加以批判地理解和吸收,另一方面对于其唯心主义的独断思想也会尽量予以驳难与否定。总之,我们对他的论述所取的是批判和扬弃的态度。至于为什么此项研究要从历史、史学和理论三个层面来进行,这也是有原因的。请看下文的说明。

黑格尔在其《历史哲学》中提出的问题是很值得我们加以分析与探讨的。在此书第一部分"东方世界"的引言里,黑格尔概略地比较论述了中国、印度、波斯等古国的历史,他以印度(多样化)与中国相比,说中国是"永无变动的单一"(immovable unity, das bewegungslose Eine),以波斯(复杂的统一)与中国比,说中国的统一是"抽象的"(abstract, abstrakte),末段又说:"假如我们从上述各国的命运来比较它们,那么,只有黄河、长江流域的那个中华帝国是世界上唯一持久的国家(the only durable kingdom in the world, das einzige Reich der

Dauer in der Welt)。"①在"东方世界"的第一篇"中国"的开头，黑格尔又说："历史必须从中华帝国说起，因为根据史书的记载，中国实在是最古老的国家……中国很早就已经进展到了它今日的情况；但是因为它客观的存在和主观运动之间仍然缺少一种对峙，所以无从发生任何变化，一种终古如此的固定的东西代替了真正的历史的东西。"(Every change is excluded, and the fixedness of a character which recurs perpetually, takes the place of what we should call the truly historical. So ist jede Veränderlichkeit ausgeschlossen, und das Statarische, das ewig wieder erscheint, ersetzt das, was wir das Geschichtliche nennen würden.)②在《历史哲学》的"区分"(Einteilung, Classification of Historic Data)章里，黑氏还把中国等东方国家的历史称为"非历史的历史"(unhistorical history, eine ungeschichtliche Geschichte)③。黑氏不仅对

---

① 黑格尔:《历史哲学》，王造时译，北京:生活·读书·新知三联书店1956年版[以下简称中译本]，第158、159、160页。*The Philosophy of History*, trans. into English by J. Sibree, Dover, N. Y. 1956, [以下简称英译本] pp. 113, 114, 115. *Philosophie der Geschichte*, G. W. F. Hegel Sämtliche Werke, Band IX, Felix Meiner, Leipzig, 1923, [以下简称原文全集本] s. 272, 274. 王造时译本据英译本转译，但曾托人据德文本校，故并列英译本及原文本页数，以便读者复核。原文《历史哲学》还有一部分在黑氏全集第8册中，出版社无异，出版年代为1920年。以下引用这些书时，只记页数[原文全集本加册数]。附带说明，英译本在字句甚至段落上与原文全集本颇有异同[或有无]之处，盖因黑氏各次讲演记录不同与编者有所取舍之故。以下引中、英文译本而原文全集本所无者，即只注中、英文译本页数。

② 《历史哲学》，中译本，第160—161页；英译本，第116页；原文全集本，第 IX 册，第275页。

③ 《历史哲学》，中译本，第150—151页；英译本，第105—106页；原文全集本，第 VIII 册，第235页。

中国的历史进程提出了这样似是而非的论述,他对中国的历史著作或史学,也有其近乎荒谬的说法。他一方面说:"中国'历史作家'的层出不穷、继续不断,实在是任何民族所比不上的。"①可是,他另一方面又说:"在中国人中间,历史仅仅包含纯粹确定的事实,并不对于事实表示任何意见或者见解(History among the Chinese comprehends the bare and definite facts, without any opinion or reasoning upon them. Im übrigen begreift die Geschichte der Chinesen nur die ganz bestimmten Fakta in sich ohne alles historsche Urteil und Räsonnement)。"②

从上述引文可以知道,黑氏承认中国历史的非他国可比的长久连续性,但是他又把这种连续的历史说成非历史的历史;他承认中国历史的统一性,但是他又把这种统一性说成抽象的统一性;他承认中国历史著作或史学源远流长,但是他又把中国的史书或史学说成只重事实而"毫不寓有历史的判断和理性"(ohne alles historsche Urteil und Räsonnement)。总之,在黑氏眼中,作为事实过程的中国历史不过是一大块内部没有矛盾、没有理性,从而结构单一、久经岁月而不变的顽石,而作为文字叙述的中国历史也不过是一大堆不含历史判断与理性的、冗长的事件的流水账而已。

由上文可见,黑氏在其《历史哲学》中对中国历史文化的

---

① 《历史哲学》,中译本,第160—161页;英译本,第116页;原文全集本,第IX册,第275页。

② 《历史哲学》,中译本,第179页;英译本,第135页;原文全集本,第IX册,第315页。

根本性的误解或曲解具有两个特点:第一,他的全部论述与结论都是在历史的比较研究中进行的;第二,他的错误并非仅仅表现在个别的、零星的问题上,而是涵盖了历史的、史学的和理论的(历史哲学性的)三个层次,其本身就是一个三维结构的整体,因此,我们的回应,首先必须是以比较研究为基础的,同时应该且必须在这三个层次上来依次展开。这就是我们的此项研究涵盖着历史、史学和理论三个层面的比较的根本原因。

二、世界历史的架构与中西历史比较的对应分期问题

在上一节说明我们研究的缘起与取向(或学术路数)以后,现在有必要说明的问题是:我们的此项研究为什么在内容上只限于中国和西方,而在时间上只限于古代?为了回答这个问题,我们就不能不先简略地分析一下黑格尔在其《历史哲学》中为其所述的世界史或普世史(universal history)建立的总体架构。

《历史哲学》的历史内容包括东方世界、希腊世界、罗马世界和日耳曼世界四大部分。其绪论的"区分"章①说明这种四分历史的基本思路,以下就依次具体论述四大世界。他对四大世界是按照他所设想的时空次序排列的。"世界历史从'东方'到

---

① 《历史哲学》,中译本,第148—155页;英译本,第103—110页;原文全集本,第XIII册,第232—247页。

'西方',因为欧洲绝对地是历史的终点,亚洲是起点。"①东方是日出的地方,文明产生也最早、最幼稚;西方是日落的地方,文明产生最晚,也最成熟。他还做了隐喻式的比较,称东方世界为"历史的少年时代",希腊世界为"青年时代",罗马世界为"壮年时代",日耳曼世界为"老年时代";并补充说,"精神"的老年时代与自然界不同,它不是衰弱,而是"完满的成熟和力量"。②

  黑格尔此书中的这种历史四分法在他自己已非新说,在他第一次讲历史哲学(1822—1823年冬季)的前一年出版的《法哲学原理》里就已经有了东方、希腊、罗马、日耳曼四帝国的分期法。如果按照柯林武德在《历史的观念》中的说法,那么他的这一分期法就更为陈旧,只不过是让·布丹(J. Bodin,1530—1596)所批评过的中世纪习用的四大帝国分期法的重复;而这种分期法又"并非是基于对事实的准确解释,而是基于从《但以理书》中所假借来的一种武断的方案"。③

  就历史事实而言,黑氏的东方、希腊、罗马、日耳曼四大世界的区分方法包含了以下的基本错误。第一,就地理方位而言,如果说由东方而希腊而罗马是由东而西,那么由罗马而日耳曼则违反了这一次序。第二,就时间先后而言,虽然东方、希腊、罗马、日耳曼文明兴起的大致次序无误,但是,他在东方世界的篇

---

  ① 《历史哲学》,中译本,第148页;英译本,第103页;原文全集本,第VIII册,第232—233页。
  ② 此四个年龄段的比喻见于英译本及中译本,在全集本中则不完整。
  ③ 柯林武德:《历史的观念》,第65—66页。R. G. Collingwood, *The Idea of History*, Oxford University Press, 1956, pp. 57-58. 家和按,参见《旧约·但以理书》第二章,第31—45节。

章里,首列中国,次列印度,再列波斯(在波斯部分中又先列古波斯人,再列亚述人、巴比伦人、米太人、叙利亚-巴勒斯坦人,最后是埃及人),于是文明兴起先后次序完全颠倒错乱。当然,其中有历史条件的局限,即黑氏未能见到埃及学、亚述学、印度河流域文明及爱琴文明发现的成果。这是我们不能苛求于前人的。第三,就时间、空间次序的关系而言,黑氏以为二者是一致的,即由东而西,前者逐一被后者所取代:希腊取代波斯(在黑氏看来的东方的最后代表),罗马取代希腊,日耳曼取代罗马。然而,东方事实上既未被希腊又并未被罗马所灭亡,尤其是中国在世界历史上长期占有重要地位,这是黑氏所无法解释的。

于是黑氏不得不采用另外一种解释,即上文已经引述的说东方的历史是"非历史的历史"(尽管你东方虽未离开世界历史,但是你已经入了另册,不算数了),相对而言西方的历史当然是历史的历史了。所以,黑氏的世界区分法实际只是两大世界区分法,即东西两大世界的区分:非历史的历史与历史的历史之分。在他看来,在东方诸国里,印度虽然存在,可是分裂了,波斯虽然统一过,可是又被灭亡了(古波斯帝国灭亡后,曾先后出现过安息帝国、萨珊波斯帝国,也都被他打入了另册,不再算数),唯独中国既未分裂又未灭亡,十分突出。他说:"中国是特别东方的(bilden das eigentlich orientalische Prinzip);印度可以和希腊相比,波斯可以和罗马相比。"①印度、波斯尚有与希腊、罗马可比相通之处,而中国则与西方截然不同。所以,一言以蔽

---

① 《历史哲学》,中译本,第158页;英译本,第113页;原文全集本,第Ⅸ册,第272页。

之,中国就是东方固有原则的代表,可以与西方相对比。我们的研究专门从中西相比的角度来进行,正是针对黑氏这一见解的。

那么,为什么我们的研究又只以古代这一时段的中西作为比较研究的对象呢?须知黑格尔的世界历史不是各个国家自古及今历史的总体,而是一些国家或文明先后接力跑的历史,每个国家或文明跑完自己该跑的一段以后就是应该退场的。他欣赏历史这样的过渡:"埃及变成了波斯大帝国的一省,当波斯世界和希腊世界相接触的时候,历史的过渡就发生了。这里,我们第一次看到历史的过渡——就是一个帝国的覆亡。我们已经说过,中国和印度至今都还存在,波斯却不存在了。波斯转入希腊的过渡固然是内在的;但是这里也变成了外在的,就是主权的转移——这一种事实从这时起不断发生。希腊人把统治权和文化拱手让给罗马人,罗马人又为日耳曼人所征服。"[①]中国(还有印度)在跑完黑氏所规定的该跑的"少年"一段历史以后竟然没有退场,这在黑氏的世界历史框架里自然简直无法容身;他无法处理这种老而不死的文明,只好让它永远不长或永远长不大,成为一块顽石。

于是出现了一种奇怪的现象,在黑氏《历史哲学》的比较中,一个无历史阶段区分的中国竟然成为与整个西方——从希腊、罗马到日耳曼的对比项。所以,在黑氏的世界历史框架里,其"中国历史"已非真正的中国史,只不过是他用来衬托其欧洲中心论的一个手段而已。黑氏出现的问题自有其文化与时代背

[①] 《历史哲学》,中译本,第266页;英译本,第221页;全集本,第Ⅸ册,第512页,只说到希腊被罗马取代等等,未明提日耳曼。

景的局限,此处不能细论。①

在黑氏讲演"历史哲学"的一个世纪以后,尤其两次世界大战以后,西方历史哲学家的看法不能不有所变化。例如,汤因比(A. Toynbee,1889—1975)在其《历史研究》(*A Study of History*,12卷本出版于1934—1961年)中把世界历史分为若干(先定为20个,后又增加到22个、23个)"文明"(他也称之为"社会"),其中西方文明之前有古希腊文明,远东文明(以中国为主体,包括朝鲜、日本)之前有古代中国文明;甚至批评了西方人的"东方不变论"。② 这样就克服了黑氏对中国历史不做阶段区分的缺陷,但是汤因比所说的古代中国文明实际只上溯到春秋战国时代。这样,他也就不能真正地理解古代中国文明。直到他晚年出版的《历史研究》单卷插图本(出版于1972年)还专门列出"希腊模式与中国模式"一章,认为"如把这两种模式相互联系起来加以观察,它们则更加光彩夺目。希腊模式广泛适用于各文明的早期阶段,中国模式则广泛适用于各文明的晚后阶段"。③ 他

---

① 黑格尔为什么这样看待中国历史呢? 原因不外两点:尽管黑氏为了讲中国而做了很多准备(据说他第一次讲历史哲学的时候,绪论和中国就占了全部时间的1/3,以后才逐渐减少。见《历史哲学》中译本,绪论第52页),但是他毕竟未能读中国书,材料往往来自西方传教士的道听途说,从而时常把中国古今材料混为一谈。文化传统隔阂,知识不足,此其问题之一。在19世纪20年代黑氏讲历史哲学之际,正是欧洲资本主义兴旺发达的辉煌时期,所以他以为欧洲经过几个阶段正在到达历史的终点,而中国(东方)已在历史之外。黑氏说已过时,不过,其影响却在诸如中国历史停滞论、中国历史的超稳定系统论等等说法中不时有所显示。

② 《历史研究》索麦维尔节写本,曹未风等中译本,上海:上海人民出版社1997年版,上册,第42—43、45—48页。又参见此书第308—309页。

③ 《历史研究》单卷插图本,刘北成、郭小凌译,上海:上海人民出版社2000年版,第39页。

有意于用广义的希腊模式(即贯通古今的西方文明)与中国模式结合来说明他的文明发展理论框架,这实际也是一种中西的对比,不过他的方法很牵强,而且也未说明中国文明的连续性与西方文明曾经断裂的区别及其原因。

又如,雅斯贝斯(K. Jaspers,1883—1969)在其《历史的起源与目标》中也批评了黑格尔的偏见,说:"这是个陈旧的论点,即与西方相比,中国和印度没有真正的历史(keine eigentliche Geschichte, no proper history)。因为历史意味着运动、本质变化和新的开端。"[①]他在此书第一篇第二章"世界历史纲要"[②]中把史前期以后的历史分为四个阶段,即古代文明期,包括两河流域、埃及、印度河流域、黄河流域的上古文明,时间为从文明产生到轴心期前;轴心期(die Achsenzeit, axial Period,或译"枢轴时期",意指根本性的大转折时期),包括西方(Orient-Okzident polarisierten Abendland, west-polarised in Orient and Occident)[③]、印度和中国三个轴心文明区,时间为公元前800—前200年(许多

[①] Vom Ursprung und Ziel der Geschichte,Piper,München,初版于1949年,现参用1983年新版,s.78;The Origin and Goal of History,trans. M. Bullock,Yale University Press,1953,p.52;魏楚雄、俞新天据英译本转译的中译本,北京:华夏出版社1989年版,第64页。此处中译文略有改动,凡改动处皆注出原文及英译文,下同。参阅原文本,第96页;英译本,第69页;中译本,第82页。

[②] 原文本,第43—48页;英译本,第22—27页;中译本,第30—35页。

[③] 这里的西方世界(Abendland/Westernworld),是包含了东方(Orient)与西方(Okzident)两极化了的。所谓Orient在此指地中海东部之亚非地区,Okzident则指欧洲。具体地说即形成了西方文明基础的犹太与希腊。而犹太则上承了两河流域与埃及的古代文明。(参见原文本,第44、48、77页;英译本,第23、27、52页)他甚至说:"西方世界不仅在自身与他者区别之间有着东方与西方的两极对立,而且在其自身之中也有这种两极对立。"(原文本,第83页;英译本,第57页)

地方未曾经过轴心期);以后即为后轴心时期(包括西方开始的科技时代),一直至今。第二个轴心期尚未到来。雅斯贝斯在此书第一篇第一章"轴心期"中首先着重强调的是"轴心时期",而其特点是人类在精神觉醒上的"突破"。西方、印度与中国三个轴心文明区分别影响了其不同的周边地区,影响到了其后的世界历史格局。他认为,尽管西方近代所开创的科技时代也不能与轴心期相媲美,而今后将出现的第二轴心期则应当是全球统一的人类历史时期。对于我们来说,虽然雅斯贝斯的哲学理论体系(存在主义)是难以接受的,但是他的轴心期的突破说则对我们具有很大启发性。

雅斯贝斯说:"我们可以把轴心期称作两个大帝国时代之间的一个间歇、一次自由的喘息之机(eine Pause für die Freiheit, a pause for liberty)、一次导致最清醒的觉醒意识的深呼吸。"①按雅氏提出的轴心期介于两大帝国时期之间之说,在历史事实上显得牵强。在希腊城邦时期之后有罗马帝国,在印度列国时代之后有孔雀帝国,在中国春秋战国之后有秦汉帝国,诚然是事实。可是希腊城邦时期以前有何帝国?爱琴文明已经灭亡并被遗忘,何况此文明也并非帝国;看来他是在以希腊远绍上古近东帝国,此其间就并非直接继承之关系。印度列国时期以前也无帝国可言。只有中国春秋之前有商、周王朝,勉强算作帝国,也非严格意义上的帝国。但是,如果不细究雅氏的具体论断,那么他的说法对我们是很富启发作用的。第一,三个轴心期文明皆曾有"突破",绝非只有西方才有突破性进展。第二,三

---

① 原文本,第76页;英译本,第51页;参见中译本,第62页,译文略有改动。

个轴心期文明是各有自身特色的,不能以古代西方为标尺来衡量古代东方;于是,它们的特色如何,这个问题便有待进一步探讨。

我们的此项研究就是要从历史发展的连续性和统一性的角度来辨别中西文明的异同,因此,大体取公元前11世纪至公元5世纪(从中国殷周之际与希腊之荷马时代起,至中国之汉、晋与罗马之衰亡止)为研究时段,从而就两个轴心文明的分裂—统一与断裂—连续的前因后果做一番较为系统的考察。

三、历史的发展与文明的连续、断裂问题

现在,我们有必要来探讨文明的连续/断裂与历史发展的关系问题。

文明的连续与断裂,看起来是一个可以直观地加以解决的问题。譬如,对于中国文明的连续性,几乎不须经过论证,人们凭直观就是能够予以确认的。这是因为中国文明的连续性具有比较充分而明确的证据。不过,在另一种情况下,文明的连续性问题就比较难以说明。譬如,人们通常都认为,上古近东(美索不达米亚、埃及等)文明是已经断裂了的古文明。可是,过去西方的一些欧洲历史(A General History of Europe)教科书,就是从古代近东一直说到近代欧洲的;英国的《剑桥古代史》也是从近东讲到欧洲的。为什么?因为编者看到了古代希腊、罗马文明与古代近东文明之间存在着继承性。这种继承性是否也算一种连续性呢?为了使问题本身更加清晰,这里有必要对"连续"的

概念给以明确的分析和说明。

亚里士多德在论述运动时已经对连续性做出了非常周详而且富有启发性的论述。他之所以把运动与连续性放在一起研究,那是因为"运动被认为是一种连续性的东西"。① 历史的进程也是一种运动,因此他的论述对于我们认识文明发展的连续性问题是很有帮助的。

亚里士多德在《物理学》中说:"'连续'是顺接的一种。当事物赖以互相接触的外限变为同一个,或者说[正如这个词本身所表明的]互相包容在一起时,我就说这些事物是连续的;如果外限是两个,连续是不可能存在的。"②"顺接"的意思是什么?亚氏说这就是"事物顺联着,而又接触着别的事物"。"顺联"的意思是什么?亚氏说:"顺联的事物必然联于某一另外的事物,并且本身是在后事物。"大体同样的内容又见于《形而上学》。③

亚氏在《物理学》第 5 卷第 3 章说明了"在一起""分离""接触""顺联""顺接"以及"连续"等概念,其目的就是要说明什么是"连续",从而什么不是连续?我们可以试用下面的图解

---

① 《物理学》200b,第 3 卷第 1 章。引文据张竹明译本,北京:商务印书馆 1982 年版,第 68 页;参见苗力田主编:《亚里士多德全集》第 2 册,北京:中国人民大学出版社 1991 年版,徐开来译本,第 57 页。按张译本原作 3 章 1 节,今于章、节悉依苗编本改作卷、章。

② 《物理学》227a10-14,引文据张竹明译本,第 148 页,并请留意上注;参阅苗力田主编《亚里士多德全集》第 2 册,第 141 页。

③ 参见苗编全集本,第 7 册,苗氏译本,1993 年版,第 266—267 页;吴寿彭译,北京:商务印书馆 1996 年版,第 235—236 页。

来给予比较直观的说明。

图1：A—B—C

图2：A—B、C—D

在图1中，BC既顺联于AB（即BC依次排在AB之后），又接触着AB，所以BC顺接于AB。而且B既是AB的终点，又是BC的起点，AB对BC的外限是B，BC对于AB的外限也是B。于是两个线段的外限同时为B，B自身当然是同一个，是可以互相包容的。在这种情况下，这两个线段是连续的。也就是说，直线ABC虽然中间有一个B作为一个分阶段的标志，但是它仍然是一条连续的直线。这是一种抽刀断水水复流的川流不息的景象。

在图2中，CD既顺联于AB（即CD依次排在AB之后），又接触着AB，所以CD也顺接于AB。可是图2的顺接是另一种不同于图1的顺接，也就是说，AB对于CD的外限是B，而CD对于AB的外限却是C，二者的外限尽管既相联又相接，可是它们的外限不是同一个（一个是B，一个是C），自然也不能互相包容。在这种情况下，AB线段与CD线段就是不相连续的，或者说，它们是断裂的。

图1与图2所示在属（genus或译种）上同属于顺接，而种（species或又译属）差不同：前者为外限为同一个，而后者则是外限不是同一个（分别为二个）。从而，前者为连续，后者为断裂。连续与断裂区分的关键在此。

亚氏在一般地说明连续与断裂的本质区分以后，又进而讨论连续与"一个运动"的关系。亚氏在《物理学》（第5卷第4章）中说："既然任何运动都是连续的，那么无条件的一个运动必然也是连续的(虽然任何运动都是可分的),并且,如果是连续的运动也必然是一个。因为,不是任何一个运动都能和一个另外的运动相连续的,正如绝不可能在任何两个偶然事物之间有连续性,只有那些其外限是同一的事物之间才能有连续性一样。……因此,无条件的连续的并且是一个的运动必然在'种'(eidos, species)上是同一个,属于一个主体,在一个时间里——在时间方面没有中途的停顿,因为运动中断就必然是静止。"①

根据亚氏的上述论述,我们来看中国古代文明史,那么便可发现它既在"种"上是同一个,也在主体上是同一个,又在时间上是同一个。大家谁都不怀疑中国文明史的连续性,其逻辑根据即在于此。可是,当我们把视线转向西方的时候,便又可以发现在古代美索不达米亚、埃及文明与波斯帝国之间,在波斯帝国与希腊之间,希腊与罗马之间,在"种"上、主体上、时间上都不是同一个,彼此之间的外限都不是同一个。如果按亚里士多德的分类,它们之间一般说来是依时间先后顺联着的,最多也只是顺接(既顺联又接触)着,那么,它们之间当然只能是断裂的。所以,包括黑格尔在内也不否认它们之间是断裂的。

这样,我们就可以进一步来看连续性与历史发展的关系。

既然要谈历史的发展,就不能不首先谈"发展"一词的本义。按"发展"一词,在中国传统文献里少见,而"敷展""开展"

---

① 《物理学》228a20-228b5,见张译本,第 152—153 页,参见苗编全集本,第 2 册,徐译本,第 145—146 页。

之类的词与"发展"基本词义相通。中国古代文书通常写在纸卷(更早是在编好的竹简)上,平时不用,可以卷起,以便收藏,用时发卷展纸即可。总之,"发(开也)展"与"开展""敷展"讲的就是同一过程。"发展"在英文(来自法文)为 development(de[意为"下脱""分解"] + velop[意为"包""裹"]),在德文为 Entwicklung(ent[意为"免除""揭去"] + wickeln 意为["包裹""卷绕"]),在俄文为 развитие(раз[意为"打开""分解"] + вить[意为"编织""卷绕"]),基本的意思都是把包裹或卷绕着的东西打开或展示出来。现在用"发展"对译西文以上各词,实在是很妥帖的。在法、英、德文里,这个词还可以用来表示摄影底片的冲洗或显影,也就是说,具有从潜在到实现的意思,中国的"发卷展纸"实际上也是具有从潜在到实现的含义的。亚里士多德在《物理学》第 3 卷第 1 章中说:"潜能的事物(作为潜能者)的实现即是运动。"(201a11)又说:"运动是潜能事物的实现,只是当它不是作为其自身,而是作为一个能运动者活动着而且实现的时候。"(201a29)①看来,亚氏的这一说法颇有似于发展的概念。

以上是从词义的层面对于"发展"的解说。现在,再来看黑格尔对于"发展"的论述。他说:"发展的原则包含一个更广阔的原则,就是有一个内在的决定(Bestimmung,似乎加一个"性"字为好)、一个在本身存在的、自己实现自己的假定(Voraussetzung,似乎以译作"预设"或"前提"为好)作为一切

---

① 张译本,第 69、70 页。参见苗编全集本,第 2 册,徐译本,第 58、59 页。在《形而上学》第 9 卷中,还有对于潜能与现实的更多论证。

发展的基础。"① 在这里,我们更清楚地看到了黑格尔的发展概念与亚里士多德的 entelecheia(通常音译为"隐德来希",依陈康意见当意译为"现实")概念的近似;而 en-tel-echeia 原义是"达到了目的"。②

黑格尔对发展作了上述总的说明以后,就立即把作为发展的基础的内在决定性归结为"精神"(der Geist, Spirit)——以世界作为其舞台、财产和实现自身的场地的精神。黑氏也认为,"发展同时也是有机的自然事物的一种本性"。不过他认为,发展在自然界是和平而宁静地实现的。"然而关于精神方面,那就大不相同了。'精神'从它的使命到实现有意识和意志做媒介;这些意识和意志最初是埋没在它们直接的自然生活当中;它们首先的对象和目的便是它们自然的使命的实现,——但是这

---

① 《历史哲学》,中译本,第 95 页。原文全集本,第 VIII 册,第 131 页。英译本,第 54 页。按此段原文是:Das Prinzip der Entwicklung enthält das Weitere, daß eine innere Bestimmung, eine an sich vorhandene Voraussetzung zugrunde liege, die sich zur Existenz bringe. 英译文是:The principle of development involves also the existence of a latent germ of being—a capacity or potentiality striving to realize itself. 试以中译文与英译文相比,看来英译文简明易解,那就是说,发展的原则包含着一种存有(being)的潜在胚胎的存在,这种存有就是力图实现其自身的能力或潜力。所以,英译文简明地表达了原文的核心含义,即发展即是存有从潜在到现实的转化;不过,这样的译法淡化了原文的多重含义。而此处中译文更贴切于原文。按原文明确指出,发展所包含的更广的原则,一则是一种内在的决定性,是潜在自身经由一条必然的因果关系链向现实转化(而不仅是一般的"力图"向现实转化);再则是潜在自身就具备现成的前提条件,即自身就具备了自身展开的原因;三则是既然有了内在的决定性(因果必然性)与前提条件(因)作为发展的基础,潜在自身就必然要转化为现实。这些意思,在中译文里,尽管稍嫌累赘,都明确地展示出来了。

② 见汪子嵩等著《希腊哲学史》第 3 卷下册,北京:人民出版社 2003 年版,第 811 页。

样的使命既然受着'精神'的鼓励,所以也就拥有无限的吸引力、强大的力量和道德的丰富。所以精神是和它自己斗争着;它自己可以说便是它的最可怕的障碍,它不得不克服它自己。'精神'真正欲望的便是要达到它自己的概念。① 但是它自己把那个概念遮蔽起来,而且傲然以与概念的隔绝为得意。精神的发展,并不像有机生活的发展那样,表示那种单纯的生长的无害无争的宁静,却是一种严重的非己所愿的、反对自己的过程。"② 他又说:"当'精神'脱却它的生存皮囊时,并不仅仅转入另一皮囊之中,也不从它的前身的灰烬里脱胎新生,它再度出生时是神采发扬、光华四射,形成一个更为精粹的精神。当然,它向它自己作战——毁灭自己的生存;但是在这种毁灭当中,它便把以前的生存作成一种新的形式,而每一个相续的阶段轮流地变做一种材料,它加工在这种材料上面而使它自己提高到一个新的阶段上。"③

从上述引文中,我们可以看到黑格尔的发展观对于亚里士多德的从"潜能"(dynamis)④到"现实"(entelecheia)的运动观的出色的发展。尽管亚氏也在从"潜能"到"现实"的运动中看到了其中存在的矛盾(运动中的每一具体阶段对于其前驱

---

① 黑氏的《逻辑学》《小逻辑》都可以说是这一句话的展开论述。
② 《历史哲学》,中译本,第95—96页;原文全集本,第 VIII 册,第131—132页;英译本,第54—55页。
③ 见《历史哲学》,中译本,第114页;原文全集本,第 VIII 册,第11—12页;英译本,第73页。
④ 黑格尔自己也谈到了亚氏关于潜能与现实关系的见解,《历史哲学》,中译本,第97页;原文全集本,第 VIII 册,第137—138页;英译本,第57页。

已成现实,而对于其后继者则又为潜能,与上引黑氏文句中有下画线处意思相通),但是,像他这样鲜明而锐利地指出了事物内部存在的横向矛盾正是其纵向发展的根本原因,而且正是由于事物在矛盾中的自我否定导致出发展中的质变①,的确显现出了辩证法的精义,对于我们的历史研究给予了极有价值的启示。

令人遗憾的是,黑格尔把他的辩证法在严格的意义上只是运用在其所集中注意的精神领域。他把自然界的发展看成是缺乏内在矛盾和斗争、从而只有量的方面的平静的发展。这当然有其当时自然科学进展程度的局限(进化论尚未出现等),因此无足为怪。不过,当他说了"精神的发展,并不像有机生活的发展那样,表示那种单纯的生长的无害无争的宁静,却是一种严重的非己所愿的、反对自己的过程",接着就说:"它不但表示那自己发展的形式,而且还表示着要获得一个有确定内容的结果。这个目的,我们在一开始就决定了:便是'精神',便是依照它的本质、依照'自由'的概念的精神。"②接着又说:"世界历史表现原则发展的阶程(Stufengang, gradation),那个原则的内容就是'自由'的意识(Bewusstsein, consciousness,最好译为'觉醒')。"③原来精神的本质与世界历史发展的原则就是自由,于是他的历史哲学就是按自由的发展来划分阶段的世界历史的架

---

① 关于这方面的分析更充分地见于其《精神现象学》《逻辑学》中。
② 《历史哲学》,中译本,第 96 页;原文全集本,第 VIII,第 132 页;英译本,第 55 页。
③ 《历史哲学》,中译本,第 97 页;原文全集本,第 VIII 册,第 135 页;英译本,第 56 页。

构。他在《历史哲学》"区分"章里说:"东方从古到今知道只有'一个'是自由的;希腊和罗马世界知道'有些'是自由的;日耳曼世界知道'全体'是自由的。所以我们从历史上看到的第一种形式是专制政体,第二种是民主政体和贵族政体,第三种是君主政体。"①接着就在此篇中把世界历史分为古代东方(幼年时代)、希腊(青年时代)、罗马(壮年时代)和日耳曼(老年时代)。其实这只不过是把他所谓的"知道'有些'是自由的希腊罗马世界"——即作为"精神"本质的自由的发展第二阶段——一分为二而已。

黑格尔把世界历史解释为精神的发展史,把它的原则内容解释为"自由",这样看起来就在形式上解决了他的理论中的一个基本的困惑或难解的死结。

因为按照黑格尔对"发展"所作的理解,"发展"本身就不仅是一种连续性的展现过程,而且是一个具有内在必然性的连续过程。的确,连续性是发展的必要条件,没有连续性就没有发展可言。过程都中断了,还谈什么发展? 亚里士多德论连续性时对此早有说明。可是,黑格尔对于世界历史的说法是:在东方世界的时期,世界历史还是非历史的历史,只有从作为东方世界的末端的波斯转入西方以后才开始成为真正的历史(eigentliche Geschichte, proper history)。这样就使人们产生一个印象,即真

---

① 《历史哲学》,中译本,第149页;英译本,第104页;原文全集本,第Ⅷ册,第232—233页的与英译本对应的一段中未见此两句文字。不过,在他说完世界历史发展原则的内容就是自由的觉醒以后,也是谈自由进展的三个阶段[见原文全集本,第Ⅷ,第136页],所以前后的见解是一致的。

正的历史是在波斯被希腊(马其顿)征服、希腊被罗马征服、罗马被日耳曼征服等由征服造成的文明断裂的过程中实现的。这样,以连续性为必要条件的历史发展是否还存在呢?这是否违背了黑氏本人的发展观呢?

现在,以上所提的问题,对于黑格尔来说,已经被消解了。他可以完全不管世界历史上某些文明断裂或某些文明连续,把这些置于不屑一顾的位置。① 因为他已经下了指令:历史的主体是"精神",不管具体文明是连续还是断裂,作为历史主体的精神始终是同一个;发展或运动的内容就是"自由",不管具体文明是连续还是断裂,作为发展或运动的内容的"自由"在"种"上始终是同一个;东方、希腊、罗马、日耳曼这些本来在历史上是断裂着的文明,一旦被解说为"精神"的幼年、青年、壮年、老年时代以后,不同年龄段之间的外限自然也就成为同一个(如幼年的终点同时也就是青年的起点等),于是在总的时间上也融为同一个。黑格尔没有犯任何一点逻辑的错误!完完全全符合亚里士多德关于连续的定义,一切都"完满地"解决了。

当然,黑格尔在谈历史即精神发展时不计具体国家的文明之断续,还可以有另外一种解释,即黑氏所说的发展本身就是断裂与连续的统一,或者说其中包含了发生质变的连续。可是,按照我们整理出来的亚里士多德的运动连续的公式:A—B—C,设令 A 为幼年阶段、B 为青年阶段、C 为老年阶段,那么三个阶段

---

① 参见《历史哲学》,中译本,第 96—97 页;原文全集本,第 VIII,第 132—133 页;英译本,第 56 页。

之间是存在质变的,不过由于 B 为同一,所以这种质变实际是兼连续与断裂而有之。中国古代文明史中也有 A—B—C 式的阶段质变,而这种发展可以说其本身就是兼有连续与断裂的辩证的发展;并非必定如同西方那种 A—B、C—D 的模式,只有从世界的范围来看才是兼断裂与连续的辩证的发展。当然,关于中国文明兼有断裂与连续的辩证发展的具体历程,那要留待以下有关篇章再做具体论述。

黑格尔的问题于是出现到了一个更为总体性的层面上。那就是,他的历史哲学倒成了真正的非历史的。正如黑氏自己所明晰地说明的那样,德文里的"历史"也是包含着已经发生的历史和书写出的历史两重含义的,而且德文 Geschichte(历史)的字源本来就是 geschehen(意思是"发生"或"出现")。[①] 黑格尔的历史哲学实际是他的《逻辑学》的翻版,它是抽象的精神在逻辑展开过程中的先后次序,或名之曰逻辑与历史的一致,但那不是现实世界里实际发生或出现过的真正的历史过程。何况黑格尔所说的以精神为主体的世界历史是既有起点(东方、中国等)又有终点(西方、日耳曼世界)的。且不说文明时代以前还有漫长的原始时代,我们当下所生活于其中的现实世界又何尝终结于黑氏所定的日耳曼世界?黑格尔的历史哲学里的历史并非已经发生和正在发生的历史,因此,可以说,他的历史哲学倒成了真正的非历史的。

[①] 见《历史哲学》,中译本,第 101 页;原文全集本,第 VIII 册,第 144—145 页;英译本,第 61 页。

四、历史进程中的横向矛盾与纵向发展的关系问题

既然黑格尔的"历史哲学"不能解决文明实际发展中的连续与断裂问题,那么我们就只能从现实世界里实际发生或出现过的真正的历史过程去探讨它。当然,黑格尔所提出的从事物横向矛盾中探索其纵向发展的辩证法,对于我们的历史研究仍然具有重要的启示作用,不过我们的立足点则确实需要从他的唯心主义转到唯物主义的方面来。

马克思、恩格斯在《德意志意识形态》(第1卷第1章,费尔巴哈)中说:"一当人们开始生产他们自己的生活资料的时候(……),人本身就开始把自己和动物区别开来。人们生产自己的生活资料,同时间接地生产着自己的物质生活本身。……而生产本身又是以个人之彼此间的交往[Verkehr]为前提的。这种交往的形式又是由生产决定的。"①

马克思和恩格斯的这一段话说明了这样一个事实:人类世界的历史只能从人类的生活开始,而人类的生活又只能依靠生产而继续;人类既然要生产,就不能不同时形成多重交往或关系,即人与自然的交往或关系(生产力)、人与人的交往或关系(生产关系)以及人与自然的关系对人与人的关系之间的交往或关系(生产力与生产关系之间的关系)。这样多重的交往或关系在多层次上表现为矛盾统一的结构。当然,这些交往或关

---

① 《马克思恩格斯选集》,北京:人民出版社1995年版,第1卷,第67—68页。

系以及作为承载它们的结构,并非是不着实际的抽象概念,而是实实在在地体现在不同时期、不同地域、不同规模与组织程度的社会群体(如氏族部落、民族[Volk,people]、村社、城市国家、地区王国、跨地区帝国等等)之中。因此,在人类理想里的世界大同出现以前,就必然地还有另外一重交往或关系,即这些不同社会群体之间的矛盾统一的关系。这种关系自然也体现为一种结构,即不同群体之间矛盾统一的结构。我们所要探讨的文明发展中的统一性问题就是这一领域里的关键问题。

人们在横向的交往中形成社会,而历史就是人们社会生活的连续发展。所以马克思和恩格斯又说:"历史不外是各个世代的依次交替。每一代都利用以前各代遗留下来的材料、资金和生产力;由于这个缘故,每一代一方面在完全改变了的环境下继续从事先辈的活动,另一方面又通过完全改变了的活动来变更旧的环境。然而,事情被思辨地扭曲成这样:好像后期历史是前期历史的目的,例如,好像美洲的发现的根本目的就是要促使法国革命的爆发。……其实,前期历史的'使命''目的''萌芽''观念'等词所表示的东西,终究不过是从后来历史中得出的抽象,不过是从前期历史对后期历史发生的积极影响中得出的抽象。"[①]马克思和恩格斯的这一段话,告诉了我们一个重要的道理:作为纵向发展的历史中的每一个时代,其结构(包括"材料、资金和生产力"等)都是前代遗留下来的,这是纵向发展对于横向结构的作用;同时,每一个世代又是在改变了的条件下继续前代的事业,所以又不得不或多或少地改变原有的结构,并

---

① 《马克思恩格斯选集》,第1卷,第88页。

遗留给其下一代,这又是横向结构的变化对于纵向历史发展的作用。人类历史的客观进程,就是这样横向矛盾与纵向发展不断相互推演的结果。马克思和恩格斯的辩证唯物主义的历史观,可以说是包括了对于亚里士多德的从潜能到现实的连续观和黑格尔的发展观的实实在在的批判:既批判了他们的目的论,又批判了他们的唯心论。

以上一段文字,只是着重对于马克思和恩格斯关于历史进程中的横向矛盾与纵向发展的关系的理论,说明了本文作者的理解。以下,我们还可以看到,马克思和恩格斯还是凭借这一理论分析论述了世界历史的形成过程。

正如马克思在《政治经济学批判·导言》中所说:"世界史不是过去一直存在的;作为世界史的历史是结果。"①最初出现在历史上的不是什么看不见、摸不着的"精神",而是散落在地球表面的远古人类的群体——由氏族、部落而民族(Volk, people)、小邦等等。世界历史的逐渐产生、发展与形成,都是各个群体在横向上的不断分合所产生的纵向结果。

又正如马克思和恩格斯所说:"各个相互影响的活动范围在这个发展进程中越是扩大(je weiter),各民族的原始封闭状态由于日益完善的生产方式、交往以及因交往方式而自然形成的不同民族之间的分工消灭得越是彻底,历史也就越是(je mehr)成为世界历史(Weltgeschichte)。例如,如果在英国发明了一种机器,它夺走了印度和中国的无数劳动者的饭碗,并引起这些国家的整个生存形式的改变,那么,这个发明便成为一个世界

---

① 《马克思恩格斯选集》,第2卷,第28页。

历史性的事实（weltgeschichtlichen Faktum）……"①又说："它（指大工业——引者）首次开创了世界历史（Weltgeschichte），因为它使每个文明国家以及这些国家中的每一个人的需要的满足都依赖于整个世界，因为它消灭了各国以往自然形成的闭关自守的状态。"②迄今我们所生活于其中的世界仍然如同马克思和恩格斯所说的式样发展着。

马克思和恩格斯以大工业的出现为真正世界历史出现的开端，这无疑既是无可否认的历史事实，又是颠扑不破的道理。因为，只有大工业才开拓出了各国、各民族之间深层交往的基础。那么，在这以前难道就完全没有任何世界性的历史事实？并非如此。马克思说"作为世界史的历史是结果"，这就指明，在严格意义上的世界历史出现以前，还有一个漫长的世界历史的准备时期。为什么？因为，在"作为世界史的历史"出现以前，如果完全没有任何作为世界历史的潜在因素或者为世界历史所做的准备（如丝绸之路的开通、新航路的发现等等），那么，世界历史如何能够作为"结果"而出现呢？难道无中真的可以生有？从抽象的、绝对的无中的确不能生有，可是只要我们回到人间世，一切的有便都是具体的，都是从另外一种有经过质变转化而来的。因此，根据马克思所说的"作为世界史的历史是结果"，我们完全可以推导出在严格意义上的世界历史出现以前必须、也必然有一个准备阶段的结论。如今若干中外历史学家都把

---

① 《马克思恩格斯选集》，第1卷，第88—89页。
② 同上书，第114页。以上两段引文中的德文，中译本原所未注；因为引者觉得在此引用很重要，据原文全集本添加。

1500年作为近代历史或真正世界史的开端,这是因为新航路的发现在为世界历史出现的准备中起了重大的作用。在此以前,所有局部地区之间的交往,又可以被认为是世界历史的形成的更早阶段的准备。准此原则继续上推,则各个民族或国家的统一又是作为真正世界历史的更早期、更基本的准备。作为世界历史的纵向发展,完全是建立在横向的交往或关系的不断扩大上的。

因此,世界历史,并非像黑格尔所设想的那样只是作为"精神"体现的"自由"原则由东而西的单线的推行与进展(尤其决非如他所设想的到了日耳曼时代已经达到终点),而是东西方诸文明在长期的现实的交往中的发展结果。

其实问题也可换一个方式来说明,即全球性的世界原来就是由不同层次的小世界相互作用而成的。按"世界"一词,不见于先秦儒家经典,亦不见于先秦子书。看来汉语"世界"一词来源于佛教经典之翻译(梵文之 Loka),其原意包括时空二者(世指时间,界指空间);而且"世界"并无现在所说"全世界"之意。故佛经有小千世界、中千世界、大千世界之说。犹如现在俄文里的 мир,就其狭义言之,意指农村公社或社会某一群体;就其广义言之,则意指人世或全世界。英文里的 world,也是一个包含广义与狭义的不同内容的词汇。黑格尔所说的世界也有广义、狭义之分。他用 Welt(即 world)一词,既可指称全世界,又可指称"东方世界""希腊世界""罗马世界""日耳曼世界"。如果一定要在中国古典中找出相当于"世界"的词,那么它似乎应该是"天下"。真正的天下,即普天之下,那当然是指全世界。可是夏、商、周三代王朝的君主皆称天子,其所统治的领域就叫作

"天下",而各诸侯所统治的领域则称邦国或方国。三代以下,秦、汉等等王朝,其君主皆称天子,其直接统治与影响所及的领域皆称天下。所以,夏、商、周、秦、汉等等的"天下",大体相当于黑格尔所说的"东方世界""希腊世界""罗马世界""日耳曼世界"这一概念层次上的"世界"。其所指范围基本上就是包括了若干邦国并居于邦国概念上位的"文明"。汤因比所划分的"文明"(或"社会")的个数,先后有所不同。按其1972年的晚年定论,文明被作了三阶分类:第一阶分为充分发展了的文明与失落的文明,第二阶充分发展了的文明又被分为独立的文明与卫星文明(如他把中国邻国朝、日、越等文明说为卫星文明,即曾经受到其他更早的文明的横向影响的文明),第三阶独立的文明又被分为与其他文明没有亲属关系的文明(如中美洲文明、安第斯文明)、不从属于其他文明的文明(包括苏美尔—阿卡德文明、埃及文明、爱琴文明、印度河文明和中国文明,实指原生古文明)和从属于其他文明的文明(如印度文明从属于印度河文明,叙利亚文明从属于苏美尔—阿卡德文明、爱琴文明等,希腊文明从属于爱琴文明,西方文明和伊斯兰文明又从属于叙利亚文明和希腊文明,实指次生古文明与再次生的近代文明等,即曾经受到其他更早的文明的纵向影响的文明)。[①] 且不论汤因比的文明划分标准与分类结论是否完全准确,但是有一点是非常值得我们注意的,即他看到了世界原来是由若干个"小千世界"契合成一个"中千世界",然后再由若干"中千世界"逐渐向一个"大千世界"契合中。当然,在三个阶次的横向契合与纵

---

① 《历史研究》[修订插图本],中译本,第52—53页。

向发展中,有若干文明的失落;有若干文明的断裂与瓦解,在五个原生古文明中,只有中国文明未曾断裂、瓦解①;又有若干文明在文明交往过程中作为次生者乃至再次生者不断呈现。在汤因比以后,美国学者 S. P. 亨廷顿于其《文明的冲突与世界秩序的重建》一书中基本肯定了汤氏的设想,并在参考多家之说的基础上又有所发挥。② 这一切,在具体历史事实层面上虽然问题与争论甚多,但是作为世界史形成过程的速写或素描,克服了黑格尔的"精神"由东而西的单向、单线发展的错误,应该说是基本如实的。

由此可见,从"小千世界"而"中千世界"到"大千世界"的过程,既有纵向的文明连续与断裂的方面,又有横向的融合与分解的方面;历史的发展本身就包含着纵横两个方向的发展,而且纵横两个方面的发展是相辅相成的。按照马克思和恩格斯的说

---

① 在文明的区分与划段上,汤氏的修订插图本《历史研究》与以前的《历史研究》对于中国文明的说法有所变化:原先的《历史研究》把中国文明分为两个连续的阶段,即古代中国社会与以中国文明为主体的远东社会,而新的修订插图本《历史研究》则把从商代开始直至清王朝灭亡的全部历史统称为"中国文明"。这反映出汤氏对于中国文明的连续性有了新的进一步的理解。二者对比,参见曹未风等译《历史研究》[节本]上册,第 27—28 页,以及中译《历史研究》(修订插图本),第 50—51 页。

② S. P. 亨廷顿于其《文明的冲突与世界秩序的重建》(S. P. Huntington, *The Clash of civilizations and the Remaking of World Order*, 1996,周琪等中译本,北京:新华出版社 1998 年版)综合、分析了多约 20 家关于文明论述之后,把当今世界分为:1)中华(Sinic)文明;2)日本文明(不过认为日本文明是中国文明的后代);3)印度文明;4)伊斯兰文明;5)西方文明;6)拉丁美洲文明;7)非洲文明(有争议);并且引用了 C. 奎格利所做的"东半球的文明"的形成的关系与系统的示意表。[见中译本,第 28—33 页,表见第 34 页。]

法,那就是人类社会里横向之间的交往(Verkehr)决定了纵向的历史发展,而纵向历史发展又成为横向的每一个社会的前提。人类社会的横向交往与纵向交往,正是历史发展交响曲的两个交互作用的主题。

在当今世界存在着的无争议的主要文明包括中华文明、西方文明、伊斯兰文明、印度文明等等。就以本项比较研究所设定中华文明与西方文明来说,二者之间有同有异。其所同在于:二者都是人类社会的横向交往与纵向交往交互作用的结果。其所异在于:一方面,当代西方文明在世界历史上已经属于第三阶(或期)的文明,按照汤因比所说,西方文明从属于叙利亚文明和希腊文明。而叙利亚文明又从属于美索不达米亚文明与埃及文明,希腊文明则从属于爱琴文明;所以其文明主体已经至少变异两次,也就是说其间一再断裂。至于中华文明,它在历史上实际也是有质变与阶段之分的,汤因比早期把中国文明分为两期而后来又不分期,雷海宗先生赞同汤氏的两期说,并且在抗战时期就热情地期待着中国文明第三期的到来①;这就是说,中国文明有历史阶段之变(不同阶段之间的外限是同一的),而文明主体并无根本之变,也就是文明未曾断裂。这是中西文明发展中的区别之一。另一方面,当代西方文明,就其所承受的文化遗产或渊源而言,的确是多元的;且就其主要渊源而言,希腊文明有基本统一之文化而无统一之国家,罗马承希腊之后虽曾一度蔚为大国(跨欧亚非之帝国)而终归于分裂,日耳曼人从未统一而

---

① 见氏著《此次抗战在历史上的地位》,载《伯伦史学集》,北京:中华书局2002年版,第197—202页。

结果形成近代欧洲诸国,就其民族与语言而言,虽有亲缘关系而终非一体。如今分布在不同国家中讲英、法、德、西、葡等主要西方语言的人口,在数量上大体与以讲汉语为主的中国人口相当。① 西方文明未能始终连续,显然与其未能形成统一的文明主体(或载体)有直接之关系。至于中华文明,它的渊源本来也是多元的,早在先秦时期不仅有夷夏之分,而诸夏之渊源也非一;可是到了秦汉统一时期,先秦时期的夷夏基本融为一体即汉人,区分则表现于胡、汉之间;经过魏晋南北朝分裂时期的汉人胡化与胡人汉化的漫长过程,隋唐统一时期的中原汉人实际已经是先前胡汉民族的共同后裔;以后虽有元、清两代少数民族君主统一中国,其结果不仅是中国之幅员大为扩展,而且是中国之人口也在民族熔融中急剧增加。尤其值得注意的是清代雍正帝的以下一大段话:"且自古中国一统之世,幅员不能广远,其中有不向化者,则斥之为夷狄。如三代以上之有苗、荆楚、狁狁,即今湖南、湖北、山西之地也。在今日而目为夷狄可乎?至于汉、唐、宋全盛之时,北狄、西戎世为边患,从未能臣服而有其地,是以有此疆彼界之分。自我朝入主中土,君临天下,并蒙古极边诸部落俱归版图,是中国之疆土开拓广远,乃中国臣民之大幸,何得尚有华夷中外之分论哉!"②雍正的这一段话,虽然处处都在为清廷的统治做辩护,但确实无异于在鸦片战争百余年前(1729)就宣告了多元一体并以统一国家为基本载体的中华民

---

① 参见《文明的冲突与世界秩序的重建》,中译本,第50页。
② 《大义觉迷录》,见《清史资料》,第4辑,中国社科院历史研究所清史研究室编,北京:中华书局1983年版,第5页。

族的存在，且其所论之根据基本皆沿袭传统的中华经典。原来如今拥有十三亿人口之中华民族是这样长期联合与融合中逐渐形成的，而中华文明也是在同一过程中不断连续的。这就是中西文明发展中的区别之二。当然，这里已经论述到了历史的晚近时期，不过，晚近时期的情况为何会如此呢？其渊源仍然在于本研究所关注的古代，其具体内容则将于以下有关篇章具体论述。

我们从事中西文明的比较研究，其目的并非要一般性地评论其间的高下优劣。因为，中国文明和西方文明也像其他文明一样，都在不同方面、不同程度上做出了自己对人类文明史的贡献。都对人类文明史做出了自己的贡献，是其所同；各自在不同方面、不同程度上做出了贡献，则是其所异。中国文明以其连续性与统一性的相济为自己的特点，而这一特点对于未来的多元一体的世界文明的形成看来是会有其借鉴的作用的。

作为《中西古代历史、史学与理论的比较研究》项目的引论，以上文字作了比较广泛的一般论述。不过，中西文明特点的具体形成过程与内容，则规模十分浩瀚，非本研究群体力之所能及。所以，本项目仍以中西古代历史、史学与理论的比较为限，力图在上述三个层面上析论中西文明在其源头上的事实原委以及其所以然。限于各种主客观缘由，我们所做的工作只能是初步的；其间难以避免许多缺陷与失误，尚请方家及诸位读者有以教之。

（原载《北京师范大学学报》2009年第1期）

传承和创新与历史和史学

传承(或传统)与创新,在直观的层面上是一对相反的概念,因为前者是从历史上流传下来的、旧的,而后者则是现在刚刚创造的、新的。中国有一些历史悠久的成语,如"除旧布新"①"革故鼎新"②"推陈出新"③等等,所说都是新陈二者之间的对峙(横向的)与代谢(纵向的)现象。新的代替旧的而产生,新的又转化为旧的而被更新的所代替,这种不断反复出现的现象,也正是人们直接感知到的历史。不过,在历史的直观层面的背后,还有须加反思的问题,即旧的是如何过去,而新的又如何来临的?新与旧之间究竟有何关系?这涉及历史演化的本质,即新与旧之间的区别与联系,以及二者如何互相转化的问题。这个问题也就是传承与创新之间的关系问题。

历史是断裂的?还是连续的?还是断裂中连续而且连续正是在不断的断裂中实现的?

---

① 典出《左传》昭公十七年:"彗,所以除旧布新也。"
② 典出《易·杂卦传》:"革,去旧也;鼎,取新也。"
③ 典出《淮南子·天文训》:"姑洗者,陈去而新来也。"

一、传承(tradition)与传统(traditions)

传承(或说传统)在英文中的对应词为 tradition。① 既然在英文中是同一个词,为什么中文却要分别译为"传承"和"传统"呢？因为,在英文中,有许多名词分为不可数(无复数形式)与可数(有复数形式)两类,二者在词义上是有差别的。即以 tradition 为例,如果作为不可数之名词(不取复数形式),那么它即作为表示一般概念的抽象名词,即表示传承过程本身,或传承之流。在以英文解释英文的词典里,一般都解释为 handing down from generation to generition of…;或 the passing down of…而 traditions 则指世代流传的具体风俗、习惯、信仰、思想、制度等等。这种区分在习常用英文的人群中是一种自然的习惯,无特殊需加以辨析。而且,在学者中,也有人借助这一区分来阐明自己的独到见解的。例如美国现代著名社会学家爱德华·希尔斯(Edward Shils,1911 年生)于 1981 年在芝加哥出版的《论传统》一书的导论中曾说:"人们对所接受的传统进行解释,因此,这些符号和形象在延传过程中就起了变化;同样,它们在被人们接受之后也会改变其原貌。这种传统的延传变体链也被称为传统如

---

① 此词来自法文,而法文来自拉丁文之名词 tradito,而此名词来自动词 trado [tra+do],tra 为 trans 之省略,意思是"转",do 之义为"给予"或"传给"。按英文中的 tradition 与 transmit、transmission[mis\mit 字根来自拉丁文,意思是"传送"]词义相近。不过 tradition 更注重社会风俗、文化等在时间中的传承,而 transmission 则更着重于在空间中的传布。

'柏拉图传统'或'康德传统'。"①傅铿、吕乐二君在译序里也以为希尔斯将"世代相传的事物之变体链"也作为 tradition 一词之内涵是很有意义的。② 在《论传统》一书中，更多的内容是从社会学的角度讨论各种具体的传统的，它们就会是可数名词的形式了。

在汉文中，早有"传统"一词，不过原来的意思是指帝王之位的传承③，"传承"二字作为动词或动名词也早已出现，所指涉及的是行为过程或一般性。因此，愚意以为不如以"传承"对译 tradition 之不可数形式，而以"传统"对译其可数形式为好。

不论中文之"传承"或西文中的 tradition，其最基本的含义就是"传给"，既然是传给，就不能没有传者、给者，也不能没有承者、受者。传承恰好包括了传和承两个方面。而传和承的互相转化的过程，也就是传承之流形成的过程。正是不断的传和承，才形成一条不断之流，不断的文化之流。

这样的不断之流，因其不断，所以为常；同时因其为流，所以为变。④

---

① 未见此书原文，此处译文从傅铿、吕乐合译中文本 1992 年版，台北：桂冠版，第 16 页。

② 未见此书原文，此处译文从傅铿、吕乐合译中文本 1992 年版，台北：桂冠版，页 II。

③ 如沈约：《立太子赦诏》有"守器传统，于斯为重"之句。见《全梁文》卷二十六，载严可均辑《全上古三代秦汉三国六朝文》，北京：中华书局 1985 年版，第 3 册，第 3102 页。此处之传统即传帝位之统，所指是具体的统，因此把"传统"翻译为"传承之物"。

④ 《说文解字》："流，水行也。"段玉裁《说文解字注》，上海：上海古籍出版社 1981 年版，第 567 页。《广雅·释诂三》："流，变，匕（即化字）也。"王念孙：《广雅疏证》，上海：上海古籍出版社 1983 年版，上册，第 19 页。《说文解字》，"匕，变也。"段注本，第 384 页。

因此,传承是不断变化之常,或常即寓于不断之变。这里不妨用几句韵语做一个简要的概括:"传承为流,兼常与变;变何以生? 其理在兼。兼必有两,两仪并见。刚柔相推,阴阳相间,相反相成,于焉生变。"

当然,在西方哲学传统中,我们也可以见到近似的见解。具体如希尔斯早在 1971 年发表的《论传统》一文的开场白中就说过这样的一些话:"一切现存之物皆有一个过去","常与变即统摄于过去之中","常之机理并非绝然有异与变之机理",等等。①可见中西学术思想传统中确有异曲同工之处。

以上讨论作为过程之传承,这里再谈作为具体事物的传承。在英文里,traditions 作为表示具体概念的可数名词,就是 tradition 的具体的事物化(reification),也就是在不同历史阶段中形成的各类具体的事与物,即愚意所译之"传统"。例如,一个具体时代的具体观念,具体习俗,具体的宗教信仰,具体的机构、制度,种种具体形制的器物、服饰以及具体的传说等等。凡是具体之事,又皆有其两个方面的特点:一则,有其自身存在的相对稳定性,保持其自身某种本质特点相对不变;二则,其自身又在不断的量变中,而表现为其发展的各个阶段。② 这些在传承之流中存在的具体事物(即传统),都是有其起点与终点的。例如,

---

① Edward Shils: Tradion, *Comparative Studies in Society and History*, Vol. 13, No. 2. Special Issue on Tradition and Modernity [Apr. 1971], p. 122. Cambridge University Press.

② 一个具体的传统至少需要经历过多少时间才能算数,那要看不同具体传统特色而定。希尔斯以为至少要经过三个阶段。我认为这是有道理的。因为只有这样,在 A—B—C 链里,B 才可能既是承者又是传者。参阅上引《论传统》第 18 页。

清代中国人之剃头垂辫,其源起于满族在关外之原有习俗,至辛亥革命后即戛然而止。从辫发有无来看,这里发生了质变,出现了断裂;不过,断辫发而人仍有头发、有发式,而新发式的代起,正说明发式传承之流的延续。这种延续的过程实际就是一次否定(negation)或扬弃(aufheben)。

作为具体的传承之物的传统,其所以能够被否定或扬弃的根据,就在于其内部就包含的固有矛盾:面向过去而有承,为承者,面向未来而有传,为传者。具体的传承之物的这种两面性作为一种矛盾,决定了它自身的过渡性,而过渡性必然地存在于运动变化之中。当然,如果只是从tradition或传承的词义本身所具有的两个方面来说明其内在的矛盾,那还不能使问题的探讨达到其应有的深度。因为,这还只是从纵向的时间角度做出的考察。而且,传者与承者在具体交会之际又必须是同时的存在,例如,尽管教师闻道在先而学生闻道在后,可是在具体的教学传承中,师生又是同时并在的。师生之间的教学相长,也就是一种现实的同时并在。不能把传与承只看作一种简单机械的转手运动,就好像接力赛跑中运动员传接力棒一样。实际上,即使是传接力棒,在交接棒的瞬间,传棒者与承棒者也存在一种同时的相互作用。所以,每一次的传与每一次的承都是一次否定或扬弃。没有毫无损益的传,也没有毫无损益的承。孔子云:"殷因于夏礼,所损益可知也;周因于殷礼,所损益可知也。其或继周者,虽百世可知也。"(《论语·为政》)又说:"周监于二代,郁郁乎文哉,吾从周。"(《论语·八佾》)这就说明,孔子清楚地知道,三代之礼的传承,有因循,也有损益。因循与损益,就是扬弃,就是有否定的肯定,又是有肯定的否定。如果考古学家来分析商周礼器,那么他们肯定可以说明每一件的来龙与去脉,也就是说明它们为因循与损益并在的传承之物。其实,我们从每一件具体的传承之物看到的都是一种具体的存在,一种其本身具有过渡性的历史的存在。这里也不妨用几句韵语做一个简要的概括:"三代因循,曰损曰益;损益为两,自成对立;阴阳相推,刚柔相激;变化因生,穷通相绎;大化乃形,变常为一。"

传承之物或传统,自其内部关系而言,为横向的,即各种、各层以及各种层之间的复杂关系皆为共时并存的,又皆为历时中瞬间同在的。

现在再来探讨传承之流与传承之物(tradition and traditions)之间的关系。在这里,我们可以引用《庄子·天运》中一段子贡与老子的对话及郭象注来做说明。

> 子贡曰:"夫三王五帝之治天下不同,其系声名一也。而先生独以为非圣人,如何哉?"老聃曰:"小子少进,子何以谓不同?"对曰:"尧授舜,舜授禹;禹用力,而汤用兵,文王顺纣而不敢逆,武王逆纣而不肯顺。故曰不同。"老聃曰:"小子少进,余语汝三皇五帝之治天下。黄帝之治天下,使民心一;民有其亲死不哭,而民不非也。尧之治天下,使民心亲;民有为其亲杀其杀,而民不非也;舜之治天下,使民心竞;民孕妇,十月生子,子生五月而能言,不至乎孩而始谁,则人始有夭矣;禹之治天下,使民心变;人有心而兵有顺,杀盗非杀。人自为种,而天下耳。是以天下大骇,儒墨皆起。"

郭象注云:"不能大齐万物,而人人自别,斯人自为种也。承百代之流,而会乎当今之变,其弊至于斯者,非禹也。故曰天下耳。言圣知之迹非乱天下,而天下必有斯乱。"①

儒家盛称三代圣王即三王,而道家非毁之。子贡要向老聃争辩的是,三王虽然与五帝之治不同,但是皆为人所称道的圣人,所以不解老聃为何非毁三王。老聃问其间有何不同,子贡就其间政权转移方式的差异一一作了回答。老聃则首先列述黄帝以下的三皇五帝以至于禹的治天下的结果之异,按照他的说法就是人心的变化不同,然后又说明人心的变化并非只发生于禹治天下之时,而是自黄帝以来"治天下"的共同结果。既然有治(治者)与被治(被治者),那就不可避免有二者共时的对峙或对立。这种对峙或对立不断推演下去,结果就自然是"人自为种",也就是由一切人之间的对峙与对立而"人自为种",这就是天下之人的自我意识或非社会性意识的成长,正好转变为社会或社会意识的对立面,从而导致"天下大骇"。老聃看出了这一矛盾现象,但又完全否认人类的理智能力,所以主张人回归自然的混沌状态,从根本上消除对立的种子。郭象注对此段原文的解释很好,尤其"承百代之流,而会乎当今之变"一语,更是画龙点睛之警句。按照儒家经典,尧舜与禹以下的情况是有很大的变化的,禹作为承者受舜之禅让,而作为传者却传位于子,由此而用力用兵,世风大变。可是如果仔细推敲,禹的这种"当今之变"又并非孤立的、突然的事变,它是百代之流(自黄帝以来的"治"与"被治"的分化)的结果;而且,不

---

① 郭庆藩:《庄子集释》,见《诸子集成》第3册,上海:上海书店1986年版,第232—233页。

仅禹如此,尧、舜、汤、武的"当今之变",也是百代之流的结果。换一个角度来看,百代之流又是什么?它无非是"当今之变"的不断延续。在这里,"百代之流"就是传承之流(tradition),"当今之变"就是传承之物(traditions)。积迄今一切的"当今之变"而成"百代之流"的常,而"百代之流"的常中充满了不断的"当今之变",也就是说,赖变之不断而流成常,因流之常在而变不断。

二、传承与创新

"创新"一词,有变革、革新、推陈出新等义,与英文之 innovation 之义相对应。在目前的中、英文的这个词里,我们已经很难看到它的另外一个方面的含义了。不过,如果从字源上看,情况就有所不同。英文之 innovation 来自拉丁文之 innovatio,此词之动词为 innovo,由 in(意思是向或到)和 novo(意思是新)组成,意思就是使之为新。而拉丁文之 innovatio 在字典中的大多数义项都是变革、创新、以新代旧等意思,但是也有使旧恢复为新的意思;甚至拉丁文的 novo,除了表示前所未见的新以外,也有修旧为新的新之义。

在中国古典里,今天作为动词或动名词的"创新",用一个"新"字来表示。例如,《诗·鲁颂·閟宫》:"新庙奕奕。"郑玄笺云:"修旧为新。"[①] 又如,《诗·邶风·新台·序》:"新台。"陆

[①] 孔颖达:《毛诗正义》,见《十三经注疏》,北京:中华书局1987年版,上册,第618页。

德明《经典释文》:"修旧曰新。"①又如,《春秋》庄公"二十九年,春,新延厩"。《公羊传》曰:"新延厩者何?修旧也。"所以何休缘《传》之义而注曰:"缮故曰新。"因为缮故就是修旧。② 同年《春秋·左传》杜预注云:"言新者,皆旧物不可用,更造之辞。"杜预的根据是《左传》作"新作延厩"。③ 可见在中国古典里,新字有修旧为新与革旧为新两种含义,与拉丁文之 innovatio 如出一辙。

创新作为过程或创新之流(innovation),如果文明之传承不断,则其新就是修旧为新;作为具体创新之物(innovations),则或修旧为新,或革旧为新,均可,且作为具体的创新之物,经若干次修旧为新之后,最终总要革旧为新。

进一步就要讨论传承之流(tradition)与创新之流(innovation)之间的关系。按传承之流与创新之流,作为过程是同一的。在历史上,一个文明传承的过程,就是其创新的过程;其创新的过程,也就是其传承的过程。没有创新,传承的延续就失去了可能的条件;没有传承,创新的产生就失去了必要的根据。所以传承与创新本来就是互为表里的一事之两面。按照黑格尔的观点,此二者在本质上是一对互为中介而反映出来的概念,或者说,传承的本质在于创新,而创新的本质在于传承。

黑格尔在对本质概念作解释时说:"本质的观点一般地讲

---

① 《毛诗正义》,《十三经注疏》,上册,第 311 页。而《经典释文》,上海:上海古籍出版社影印宋刻本 1985 年版,上册,第 230 页作"马曰:修旧曰新",即此为陆德明引马融之说。
② 徐彦:《春秋公羊传注疏》,《十三经注疏》,下册,第 2241 页。
③ 孔颖达:《春秋左传正义》,《十三经注疏》,下册,第 1782 页。

来即是反思的观点。反映或反思(reflexion)这个词本来是用来讲光的,当光直线式地射出,碰在一个镜面上时,又从这镜面上反射回来,便叫作反映。在这个现象里有两方面,第一方面是一个直接的存在,第二方面同一存在是作为一间接性的或设定起来的东西。当我们反映或(像大家通常说的)反思一个对象时,情形亦复如此。因此这里我们所要认识的对象,不是它的直接性,而是它的间接的反映过来的现象。我们常认为哲学的任务或目的在于认识事物的本质,这意思只是说,不应让事物停留在它的直接性里,而须指出它是以别的事物为中介或根据的。事物的直接存在,以此说来,就好像是一个表皮或帷幕,在这里面或后面,还蕴藏着本质。"①

再进一步来讨论传承之物(traditions)与创新之物(innovations)之间的关系。我们从历史上或在现实生活中所看到的一切具体的事物,当其发生时都是创新之物,但是随后就变成为传承之物,以后又或早或晚变为陈旧之物而被新创之物所代替。所以,历史上的一切有限的具体之物,都有其由新而旧的过程,同时也就产生了以新代旧的过程。传承之物与创新之物之间的互相转化,正是传承之流与创新之流得以延续的充分必要条件。这真如《易·系辞上》所说"日新之谓盛德,生生之谓易"。②

传承之物,经创新之否定而成新;创新之成果又成为传承之

---

① 黑格尔:《小逻辑》,贺麟译,北京:商务印书馆1995年版,第242页。按黑格尔引入本质概念,就是引入了横向之关系,也引入了纵向与横向的关系。当然这仍然仅仅是逻辑上的,而非历史上的。

② 孔颖达:《周易正义》,《十三经注疏》,上册,第78页。

物,再经创新之否定而日新。如是新新不已。传承之物何以能先以"新"的身姿出现代替"旧"者,而随后又以"旧"的身姿出现被新的"新"者所代替?因为传承之物是有限之物,可是正如黑格尔所说:"凡有限之物都是自相矛盾的,并且由于自相矛盾而自己扬弃自己。"①关于有限之物内在矛盾问题,可以做这样一个最基本的分析:设某一有限之物为一个运动中的"点",几何学上的"点",那么就是在这样最微小而接近于零的有限之物中,同样存在内部的矛盾,即在时间上的过去与未来的矛盾,在空间上的在此与不在此的矛盾。总之,传承之流中的一切传承之物,它们既是前一阶段创新所成之物(即新物),又是后一阶段创新所要突破之物(即旧物)。

若干年来,有一种颇为盛行的激进的说法,即与传统做彻底的决裂。按其所谓的根据就是马克思、恩格斯在《共产党宣言》中所说:"共产主义革命就是同传统的所有制关系实行最彻底的决裂;毫不奇怪,它在自己的发展进程中要同传统的观念实行最彻底的决裂。"现在我们可以看一看马克思、恩格斯的这一段话的英译文和德文原文,再得出应有的理解。

> The Communist revolution is the most radical rupture with traditional property relations; no wonder that its development involves the most radical rupture with traditional ideas.
>
> Die kommunistische Revolution ist das radikalste Brechen mit den überlieferten Eigentumsverhältnissen; kein Wunder, daβ

---

① 黑格尔:《小逻辑》,贺麟译,北京:商务印书馆1995年版,第177页。

in ihrem Entwicklungsgange amradikalsten mit denüberlieferten Ideen gebrochen wird.

根据德文原文及恩格斯曾经审读过的英文译本，这两个彻底的决裂并不是同传统本身（传承之流）的决裂，而是同传统的所有制关系、同传统的观念的决裂；而且，并不是同传统的所有制关系的一般的过程本身、同传统的观念的一般的过程本身决裂，而是同具体的传到目前的所有制关系、同具体的传到目前的观念决裂。这可以从两点来说明：第一，在德文原文及英文译文里，"所有制关系"和"观念"都用的是名词的复数形式。按既用复数，就是可数的具体之物，而非一般的总体。第二，马克思主义本身就有三个来源，它是对于德国古典哲学、英国古典政治经济学和空想社会主义的否定（negation），是在扬弃（aufheben）中批判地继承了前人的积极成果而形成的。所以，其间不是彻底的决裂，而是有分析地批判地继承。

三、传承、创新与历史

历史的过程即传承与创新之统一的运动过程，从而对于历史过程的理解也必须从传承与创新统一运动的过程来理解。这可以从以下几个方面来说明。

历史作为人类社会活动的连续进程，其本身也就是一条传承之流。从全世界的历史来看，由史前时代而文明时代，其间存在着传承的关系。在史前时代里，由旧石器时代而新石器时代，由新石器时代而金石并用时代，其间也存在着传承的关系；在文明时代里,尽管各个国家或文明的具体经历不尽相同,但是人类的文明一直是在不断的传承中连续发展的。如果抛开传承之流,把旧石器时代的传承之物(如工具、建筑物等)与今天的传承之物(如工具、建筑物等)相比,那么其间的天渊之别将使我们无法加以认同;可是,如果把一切都放在传承之流中来考察,那么就可以发现那构成古今传承之物之间的连续性的梯道,原来今天的摩天大厦恰恰是从旧石器时代的窝棚一步一步地改进而来的。没有传承的积累,这一切都是不可想象的。中国历史的情况也是如此,且不说史前时代,就是从传说中的黄帝时代以至于今日,其间的巨大不同也是使人难以认同的。可是,由黄帝而尧舜,由尧舜而夏商周三代,由三代而秦汉以至于清,由清以至于今,历史演进的梯道迄未中断,自《史记》以下的廿四史就是这种传承连续的记录。中国文明当今的发展,同样是传承积累的成果。

客观的历史事实使我们必须承认传承之流的积累,但是,如何认识这种积累?它是简单的连加之和吗?当然不是如此。这样我们就不得不思考问题的另一方面。

历史(或文化)作为传承之流,从其正面来说,无疑是一种积累的过程,而从其反面来说又是一种否定或扬弃的过程。这种否定的历程具体表现在传承之物的不断创新上,而具体的传承之物大体可以分为三个层次,按其具体的程度分别是:物质文化传承的层次,制度文化传承的层次和精神文化传承的层次。物质文化层次的传承一般都是具体的器物及消费品,只要有一定的条件,人们总会不断改进自己的器物和用具。这一层次的变化是最快的,而且这个层次的变化最容易以革旧为新的形式出现，人们可以不费力地抛弃旧的而采用新的。在有外来文化传入的时候，物质文化层次上的东西所受到的传统势力的抵制也最小。古代的胡服、近代的洋服，虽然也受到过一些抵制，但是都未曾遇到坚决的抵制就被接受了。而中国的丝绸、瓷器等，在西方几乎未经任何抵制就被接受了。物质文化层次的传承变化之快，在当前达到了前所未有的程度。制度文化层次的传承的稳定性高于物质文化的层次。例如，察举制度在两汉实行了近四百年，九品中正制度从魏晋至隋前实行了也近四百年，科举制度则自隋唐以至清末实行了近一千三百年。当然这些制度在实行中也有这样那样的变化，但是皆为修旧为新。这样的稳定性当与一定的社会集团的利益稳定性有关。在精神文化层次上的传承，具有其深层的稳定性。例如，世界三大宗教都经历了不止一个社会发展阶段，它们当然也经历了不同程度的改革，但都是修旧为新性的。这样的稳定性往往与民族的某种传承的稳定性有关。三个层次的传承的变化之间又有着一定的相互关系。物质文化层次传承的变化会逐渐影响到制度文化层次传承的变化，而制度层次文化的变化也会逐渐影响到精神文化层次的变化；反之，上一个层次传承的变化又会为下面层次传承的变化提供极为重要的条件。

那么，传承的延续为什么一定要经过否定呢？因为，传承的连续是靠传承之物的连续创新来实现的。在动物界，一切按本能行事，无所谓错误，也无所谓创新。蜜蜂靠本能永远能把每个蜂巢做成准确的六边形。而人类刚刚离开动物界时为自己所做的窝棚，与准确的蜂巢相比简直是犯了大错。但是那毕竟是突破本能的破天荒的创新。这样，每一次的创新中都解决了或改正了以前的一些问题或错误,但不可避免地在更高的程度上出了新的问题或犯了新的错误。须要说明的是,这种创新中的错误,决非仅仅是消极的不可避免的事,而且更重要的是积极的必不可少的事。因为,创新就是要修旧、革旧,就是要既继承前一次创新的积极成果,又解决前一次创新中带来的更新、更高级的问题或错误。如果没有更高一级的问题或错误,那么新的突破又将从何处着手呢?人类的头脑里并没有事先安排好一个全部现成的知识宝藏,像某些哲学家所说的那样,所以人类也就不能靠某种顿悟从宝藏里获取新的知识。人类要创新或在文化上要突破,首先就要有问题或突破的对象;只有不断地提出更高级的问题或发生更高级的错误,人类才能不断地有所突破,有所创新。那么,人类突破或解决更高级的问题的能力是从哪里来的呢?从以前累次突破中积累而来。所以,传承之流中的连续创新,既为新的创新准备了能力,又为新的创新提供了有待突破的问题。① 没有突破或创新,就不能有传承之流的延续。

以上从肯定的继承或积累的方面和否定的批判方面说明了传承与创新的同一的发展,现在还必须简单地说明传承与创新在历史过程中的复杂性。从理论上说,传承与创新之流是直线式地进展的,即新的既然产生,旧的就已经被取代。但是,历史的实际情况往往不是如此;直线性的发展实际是不存在的。在这个世界上,新旧事物并存的现象太多了,不须举例赘述。那么,这又是什么道理呢?要具体回答这个问题,那绝不是一件简

---

① 参阅拙作《略说文化》,载《中国文化研究集刊》,第 2 辑,上海:复旦大学出版社 1985 年版,第 9—17 页。

易的事。不过,看来答案应当从人类不同国家、地区、民族等方面的多种情况或发展阶段的多样性去寻找。这里恕不备论。

四、传承、创新与史学

如果说人类的历史进程是传承与创新的统一的运动过程,那么作为人类历史进程一部分的学术的发展进程同样如此。一切有存在价值的学术都必须在传承之流中不断地创新,也只有不断的创新才能使这门学术的传承得以延续。史学作为人类的各种学术中的一种,当然也不能例外。不仅不能例外,史学还有其自身的特点。现在论列如下:

第一,史学的学科特点,即在于既以传承之物、又以(甚至尤以)传承之流为研究对象,也就是说,既包括微观传统的研究,又包括宏观通史的研究。人类所研究的各种学术虽然都有其发展的历史(即传承与创新统一运动的过程),但是并非一切学术皆以其发展过程为研究之对象。例如,数学、物理学等等,皆有其自身发展传承的历史,除了数学史、物理学史等科学史外,这些学科本身则并不直接研究其发展传承的过程。它们研究的是学科本身的问题,尤其是学科的前沿问题。尽管前沿问题是历史传承的产物,数学家、物理学家们可以不管先前的学术史,而集中精力考察问题最近的进展,重在解决前沿问题本身。历史学科与其他学科不同之处在于,它不仅有其自身的学术史(即史学史),而且它自身即以历史的传承本身为研究之对象。历史学者即使不以史学史为其研究的专门方向,他所研究的仍然是各种通史、断代史、地区国别史、专门史等等。因此,在自然科学领域里,几十年前的书往往被认为过时而不值一读,在某些技术飞快发展的领域,甚至三年前的书都已经陈旧而不值一读。可是,对于历史学者来说,不仅三年前的书要读,三十年、三百年甚至三千年前的书(如《资治通鉴》《史记》《尚书》等等)都不能不读。从事史学研究的人也必须走上学术前沿,解决前沿问题;不过,如果连三年前的书都不读,那么就不是研究史学,而是断送史学生命的本身。

史学既以传承为研究对象,同时又不能不有所创新。现在就让我们来探讨一下史学创新的必要性与可能性的问题。

首先谈史学创新的必要性的问题。在讨论史学创新的必要性之前,有必要先简单地谈一下史学的必要性问题。因为,如果史学存在的皮之不存,那么史学创新存在之毛又将焉附?人们知道史学的研究对象虽在过去,但其学术的生命却与其他所有学科一样在于当今。如果史学仅仅是一些陈年旧账,完全无益于当代,那么它本身就不可能在历史中产生,即使偶尔产生了,那也不可能在历史中延续以至今日。实际上史学是与历史同在的。而史学之所以能够如此,又恰好是因为人类的历史(作为未被遗忘但已过去的存在)是与史学同在的。历史对于人类的最大作用,在于让我们能够从百代之流,认清当今之变。眼前面临的问题属于当今之变,但是眼前问题的产生根源却不在当今,而在于过去,在于百代之流。不了解问题产生的根源,绝对没有解决问题的可能;所以,要应对当今之变,必须探讨过去的百代之流。而要探讨百代之流,那就必须有史学和史学著作。因为,如果没有史学或史学著作,人们面临当今之变时所能知道的只是最近的过去,或者说只能知道事变的直接的近因,而无从对于当前事变的渊源具有深远的真知灼见。只有史学或史学著作的存在，才能实现历史作为有生命物的存在。

历史作为有生命物的存在有赖于史学的存在，而史学作为有生命物的存在则有赖于其自身的不断创新。史学家要研究的是传承之流，而面对的却是史学的传承之物，即前人已经做出的史学著作。前人的确已经留下了有价值的史学著作，就其保存了历史资料的一面来说，对于今人永远是宝贵的；但就其对史事所做的解释来说，在今人看来则确实过时了。前人有其自己的认识水平，也有其自己的时代需要；我们不会满足于前人的认识水平，更不会以前人的需要作为自己的需要。例如，中国的廿四史里有许多"五行志""祥瑞志"之类的篇章，其中记载了许多奇特的自然现象，前人用来解释历史的变迁与人事的休咎。前人的这类解释在当今已经完全过时，我们必须予以摒弃，而且就他们所记的资料重新加以分析与检验，从中洗练出若干关于地震、太阳黑子活动等方面的宝贵资料，从而为当今的建设服务。前人的史学著作，即使是最上乘的（即使像《史记》这样的书），也是绝对满足不了今人的需要的。所以，史学的创新既永远是一切时期当代人的需要，又是史学本身传承延续的需要。

史学的创新同时又是可能的。从前以为古人对于更古的事所知必然比后人要多，现在看来情况并非绝对如此。由于科学技术的进步，今人已经凭借科学手段获悉了许多为前人所不知的历史材料和证据；例如，各种科学手段帮助今人得以测定古人无法测定的历史年代等。由于学术本身的发展，今人也认识了许多前人所不知的事情；例如，已被遗忘的古文字的释读成功，使今人对于古代近东历史有了比两千多年前的希罗多德《历史》所记远为丰富而又翔实的知识。更为重要的是,人类对于历史的认识随着传承的延续而不断发展。每一时代的人对于历史的认识,都有其历史的局限性。譬如,周代的人只能知道封邦建国的三代式的历史嬗迭的模式,不可避免地会以这种模式说明历史发展趋势;又如,近代以前的中国人知道王朝的更迭,也就很难避免王朝更迭的历史思维模式。历史的每进一步,就为人类的历史认识开辟了一块新天地;认识的天地变化了、开阔了,就产生了史学创新的实在的可能性。

史学研究既离不开创新,又不能背离传承,这样就形成了其内在的张力。如果具体地说,这种张力可以说是体现在以下三个方面:首先,谈研究目的方面。我们研究史学,虽然研究的对象是过去的历史或传承,但是研究的目的却绝非为了服务古人(古人已经过去,不可能也无必要成为服务的对象),而是为了服务于今人。历史传承之流总是会为每一个时代的今人准备好活动的舞台和道具,可是这种传承之流本身不可能自动地成为一个时代今人的活动的导演。承当这种导演作用的是基于传承而面向创新的一个时代的史学。这样的史学,既要为当代需要服务,以求达到求善的目的;又要有不因当代的需要而曲解过去历史,以求不失求真的标准。求善不能超越求真所能允许的极限,否则就会失去学科存在的可能性;求真不能超越求善所必有的范围,否则就会失去学科存在的必要性。

当然,这是就事情的客观必然性来说的。如果作为史学家的自律,那就是必须认识到,为了求善需要首先确立求真的基础,而为了求真就必须以求善为前提。因为,求善而以不真为基础,则所得为伪善;而求真以不善为前提,则所得为真恶。伪善与真恶,都不能是史学家追求的研究目的。其次,谈研究内容方面。史学研究的内容有其传承的一定范围或限度,可是随着时代的进展,人们的生活所需与注意所及的范围或限度都在拓展,这都有待于创新的开拓。例如,早先中外历史著作都大量记载了政治、军事、外交等方面的资料,叙述许多帝王将相的事迹,而于社会经济、人民生活等方面则着墨甚少;这是当时的时代与阶级的局限所致。随着近代社会的变迁,而有社会史、文化史等等新的专门史的应运而生。这些新的史著不能不自传承的史著中取材,也不能不从中了解总体历史背景,可是又不能不从其他文化资源汲取资料,更不能不从其他有关学科汲取或借鉴研究途径,从而既拓展研究之范围,又推进研究之深度。最后,谈研究方法方面。这里不拟谈各种具体的方法问题,而只从深于传承和勇于创新之间的关系做一些讨论。有一种意见以为,要创新,就必须甩掉传承的包袱,"把线装书扔进茅厕里去",可能是其中最具有象征性的激烈口号。① 其实,创新只能是传承之流中的创新,斩断传承之流,创新就既失去根据,又失去意义;何况某些最激进的与传承决裂的做法,不管其动机为善或为恶,其实际都是某些旧的传承之物的变形再现。对于一般的史学研究者来说,抛弃传承的功力的结果,只能是空论连篇,不着实地。在当前,这是一种很值得警醒的情况。另一种意见则以为,史学研究

---

① 中国的此类激进思想,源自于西方从 18 世纪启蒙时代诸哲至马克斯·韦伯(1864—1920)的以传统与理性绝对对立的思想传统,而希尔斯在其 1971 年的《论传统》长文与 1981 年的同名专著中,着重分析批判的就是这些人以理性与传统对立的思想。愚意亦以为希尔斯是正确的,不过他的阵地与方法都是社会学的,而我则立足于史学与史学理论上。

言必有据,"史料即史学",可能是其最极端的口号。只有传承的功力,而无创新的愿望或能力,那就会使史学研究者逐渐萎缩成史料保存者,史学本身的传承之流,最终也将如同沙漠里的河流,由萎缩而逐渐枯竭。美国的科学史家兼科学哲学家库恩(T. Kuhn)认为,最有成就的科学家往往是既最深于传承又最勇于创新的人。① 如果说自然科学家尚须自觉发挥向传承与创新两个方面的努力,那么对于历史学家来说就更加应该如此了。

最后,我们还必须自觉地认识到,真正的史学创新必有其历史性。此处之历史性包含正负两重意义:首先,真正的史学创新,必须有其历史的意义或地位,即突破前人所达到的极限,回答了前人遗留下来的有价值的问题,见前人所未见,发前人所未发,承先以启后,这可以说是第一种贡献;再则,真正的史学创新,又不可避免地有其自身历史的局限性,自觉或不自觉地提出但未解决若干艰难而有价值的问题,甚至犯了深刻而具有重大学术启发性的错误,以供后人批判或否定,并从而在此基础上做出更进一步的突破和创新,这也可以说是第二种贡献。这也就是说,真正的史学创新要具有也会具有第一种贡献,同时也要有并且会有第二种贡献。那么,怎样才能判断史学的真正创新呢?这就要把待检验的研究成果放在历史的传承之流中来考察,只有以传承之流为标尺才能判断史学创新之真伪。凡是虚伪的"史学创新",都不会也不可能具有历史性,它不可能真正回答前人遗留下来的有价值的问题,不会有新的突破,而只能是某些

---

① Thomas Kuhn, *The Essential Tension*: *Tradidion and Innovation in Scientific Research*, Chicago:The University of Chicago Press,1977, p. 227.

新的花样,所以谈不到第一种贡献,同时它也不会也不可能为后人留下任何真有价值的问题可供进一步的探讨,所以又谈不到第二种贡献。它在学术传承之流中没有生根,或者说它根本没有入流,所以它不能构成为流,而只能是一种历史的泡沫。对于真正有志于史学创新的学者来说,库恩所说的那种传承与创新之间的张力看来是十分必要的。

(原载《北京师范大学学报》2014年第2期)

理性与历史
——中西古代思想的一点异同

首先说明一下问题之所以提出。古代的中国和希腊是"轴心期"文明中的两个最重要的部分,有很多相似的地方,有十分发达的文化;她们与古代的印度并列为"轴心期"三个最重要的文明。但古代的中国和希腊与印度还有不同的地方,就是印度的史学不发达,而中国和希腊的史学都很发达。然而古代的中国和希腊的史学发展的途径又有不同,不同的原因何在呢?英国历史学家、哲学家柯林武德(R. G. Collingwood)提出一个看法,就是希腊的古代思想有一种"反历史倾向",这给了我很大的启发。以下主要谈两个问题,即分别就古代中国与希腊论述一下其间的异同。

第一,关于古希腊史学的"反历史倾向"。

古代希腊的学术是以荷马史诗、赫西俄德的史诗为源头。爱琴文化和迈锡尼文化的传统到了荷马时代已经基本失传,所剩只不过是一些零碎的记忆。到了公元前6世纪的时候,古希腊开始出现哲学,就是米利都学派,被称为自然哲学家。希腊神话已经讲到起源(arche,或译"本原")的问题,不过对于宇宙的形成给予了神话的方式解释;古希腊的自然哲学家则力求通过一种自然的研究来解决起源问题。到了公元前5世纪的时候,情况发生了变化,那就是埃利亚学派的巴门尼德,不再从自然研究寻求起源(如从水、火,或地、火、水、气之类具体之物寻找起源),转而走向另外一条道路,即从所有的宇宙万物中抽象出一个最根本的共相来作为起源,这个共相,用英文来说就是 being,在古希腊文就是 on,通常译为"是"或"有"或者"存在"。巴门尼德认为,"存在"或"being"是永恒不变的,只有对于"存在"或"being"才能有真正的知识,而对于非存在(在他看来时有时无就不能是存在)就不能有真正的知识,如有,那就只能是"意见"。到柏拉图的时候,情况有了一些发展,主要经历了两步:在《美诺篇》,把意见分成"真意见"和"假意见",加以区别对待;在《共和国》也就是《理想国》中,柏拉图明确提出三分法,就是对应于"存在"能够有"知识",对应于不存在只能有无知,对应于既存在又不存在,就是运动变化中的东西,只能有"意见"。这样,历史学就被确定了一个位置,就是只能是"意见",说得最好的时候也只能是"真意见"。怎么样才是真意见,柏拉图也没有给出明确的表述。到亚里士多德的时候,基本上还是沿袭了这种看法。所以,希腊人走的理性发展道路是一种"逻辑理性",把"存在"看成是永恒的、不变的,这就决定了他们看待历史只能是"意见"。这也产生了对希腊历史学的影响。历史的撰述,如果是长时期的,那么就不能没有变化和发展;而一旦有了变化和发展,就又发生了是否可能成为真知识的问题。于是,希腊最出名的史学著作都记述的是一个很短的时间,比如希罗多德的《历史》、修昔底德的《伯罗奔尼撒战争史》都是当代史。而且这样做还有其求真的理由,因为在他们看来,只有是当时的人记载当时的事,这才可能成为可信的历史。希腊文"历史"

historia 一词,原来的含义实际上是"考问"(inquire),主要是去追问目击者、见证人。人们以为,这样就可以得到历史的真知识。这显然是"实质主义"(substantialism)的一种影响,这种影响一直持续到罗马时代。罗马人也重视写短时期的当代历史,即使当他们写长时期的历史的时候,像李维的《建城以来的罗马史》,将近八百年的历史,但实际上写的也是一个没有发展的历史;这也就是黑格尔所指出的"反省史",就是用李维时代的思想模式铸造的罗马史,一部自古如斯的、不变的罗马史。

第二,关于古代中国的史学的反实质主义倾向。在商代的时候,人们是很迷信鬼神的。在中国的传统文献里,就有殷人重鬼神的说法,甲骨文的材料发现以后,这一点就更加完全地被证实。在殷商末叶周人势力迅速向东扩展的时候,殷大臣祖伊对纣王提出警告,可是纣不以为然,说:"我生不有命在天?"坚信天命始终不变地是属于他的。结果殷为周所灭,"天命"(实际上就是政权或天子的地位)发生了转移,从殷人手中转移到周人手中。于是对于鬼神的崇拜,到了周代就有了一个变化。周以一个小国打败了一个不仅势力强大而且拥有"天子"地位的殷统治者之后,周统治者并没有被胜利冲昏头脑,在战胜了殷以后不是感觉到忘乎所以,而是周武王和周公这弟兄俩晚上心事重重地睡不着觉。为什么?因为他们想到,从前的"天命"在殷人手里,转眼竟然会落到自己这个小邦周的手里,那么现在是不是该轮到自己被打倒的时候了呢?当我们看到周公能够想到这个的时候,不禁要赞叹,我们中国人原来是这样富有忧患意识的。周公是一个了不起的伟大思想家,他提出"天"和"神"是不可靠的。在《尚书》的许多篇章里,不论是对于周统治者的教诲,还是对于殷遗民的规训,周公都一再以夏商两代的历史说明,天命在谁是靠不住的;夏人有德于民,天就把天命交给了夏;夏王失德,商先君有德,天就使商革夏命,代夏为天子;殷商末王失德,天就又使周革殷命,代殷商而为天子。所以,天命是转移的,历史是演变的,而不变的只在一点:天命的转移是以民心的向背为归依的,于是"天"和"神"最后实际上就成了人心在天上的投影。这样,在周公的语言里(保存于《尚书》中),天和天命都原封地保留了下来,可是其中对于神鬼的迷信却被一种包着神道设教的外衣的理性所取代;而这种理性的核心是德,其存在的方式则是历史的。所以要总结历史教训,《尚书》周初诸诰的基本内容可以说就在于总结历史经验。"殷鉴不远"(见于《诗·大雅·荡》)的成语说明,中国人把迷信转化为理性的时候,其论证的依据就在于历史。这种思想后来被儒家继承下来。现在看,儒家并不是后来讲的"腐儒"。儒家讲"道德理性"与"历史理性"是一致的。战国时的"五行说"讲的是"自然理性",所谓"五行相胜"就是指金能克木,火能克金,水能克火,土能克水,木能克土等等,其实此说只不过借自然之五行以比喻人之五德(木德温和、生长;火德炎热、茂盛;土德中和、宽厚;金德凄凉、肃杀;水德严寒、冷酷等),而不是讲自然本身;战国时人们通常以为周代以火德王,按五行相胜说,水能克火,代替周的自然应当以水德王。所以,秦始皇自认为是水德的代表,要代周为天子,于是就自觉地实行残酷无情的统治,以严刑峻法治民。于是"历史理性"与"道德理性"就发生了背离,但还是这种以自然理性出现的思想仍然保留有与"历史理性"的联系,其演变也是历史的。而且,这种五德终始说所标举的"德",乃广义的、近乎中性的"德"(即"品质""秉性"之意),此说以为不同历史时期的"德"自有其不同的标准。所以中国人的历史经过了不同的发展过程,但都是"历史理性"占据主导地位。

那么,"逻辑理性"和"历史理性"能够都叫理性吗?理性在英文中即 reason,这个字是从拉丁文 ratio 来的,原本表示的是"计算""考虑""思考"的意思。希腊文里表示理性的字主要是 logos。我们现在讲的英文的 reason 实际上是经过逻辑论证而得出结论的能力,那么理性是不是只有逻辑论证一途,还有没有其他的论证的途径呢?我觉得,做东、西历史文化比较研究,要考虑这个问题。希腊人最初讲 logos 的时候也不是专指逻辑理性而言的,只要看看《希英大字典》就知道了,logos 实际上有两个基本的意思,一个是语言,作动词就是言说,另一个就是 ratio,即理性。中国有没有与这个字相对应的字呢?有,就是"道",道路的"道"。"道"也有两种意思,从客观上讲就是道路,引申为规矩、方法、道理、理性;另一个意思就是与 logos 一样的"说道"或言说。所以在"道可道,非常道"这样经典式的语句里,第一个和最后一个"道"都是指道理或理性之道,而中间的"可道"之"道",就是指言说或"说道"之道。中国的"道"概念中以后又衍生出"理"概念,"理"指在层次上是从属于"道"、并较为接近具体事物的道理,万物都各有其所以然之"理"。"道"统综万物之"理","理"是具体的,"道"是抽象的,所以有具体,有抽象,其间有逻辑的关系,自然也是一种理性。因此,不能说只有希腊人的逻辑推理才是理性。理性不止是一种,理性用于各个方面,至少可以分成纯粹理性和实践理性;如果说在苏格拉底的"知识即美德"的公式里,道德理性还只是逻辑理性的一部分,那么在亚里士多德那里美德就已经是具有实践性的理性了。到了康德的时候,二者就已经分得很清楚了。我们可以说理性有"历史理性",有"逻辑理性",有"自然理性",有"道德理性"等等。古代中国与希腊两方面都有这些理性,其差别只在于:在希腊,逻辑理性居于主导地位,而在中国则历史理性居于主导地位。如此而已,岂有他哉。

第三,再讲一点,就是"历史理性"和"逻辑理性"都是理性,但是,"历史理性"和"逻辑理性"之间有一个最根本的不同点,就是"逻辑理性"要从"变"与"常"(就是运动和不运动)中重视其"常"的方面,以为真理要从"常"的方面去把握,比如形式逻辑不能讲 A 是 A 又不是 A,不然就违反矛盾律了;而"历史理性"最根本的是讲真理只能从运动变化中去把握。时间允许我讲的就是这么多,请各位指教。

(以上是刘家和先生在中国人民大学举行的"中西历史比较研究学术论坛"上的发言,王大庆根据录音整理。原载《历史比较研究的新视野》,吉林人民出版社 2005 年)

试说《老子》之"道"及其中含蕴的历史观

根据和蒋重跃教授的约定,参加这一次关于子学的笔谈,一方面感到兴奋,另一方面也感到惶恐。说兴奋,是因为读《老子》多年、多遍,兴趣盎然,可是从来还没有就此写过任何文章。如今大胆尝试,能不兴奋?说惶恐,是因为前人对于《老子》的注疏与论说汗牛充栋,越读越知道自己所知太少,这还只是从阅读量的方面来说;若再从问题质的方面来说,那么前贤的异说纷纭与矛盾纠结,简直几乎使人无所适从,对此又焉能不惶然汗下?胸中并无成竹,勉强参加笔谈,所以只能题曰试说,且寓有姑妄言之以就正于有道之微意焉。

那么为什么又只谈《老子》之"道"及其中含蕴的历史观呢?

一则,《老子》又题为《道德经》,分"道经"与"德经"两部分,兼言"道""德"。如据《韩非子·解老》之内容及马王堆汉墓帛书甲、乙本之次序,那么似乎"德经"应列于"道经"之前。可是,河上公注本与王弼注本则反是,先"道经"而后"德经"。愚按,后二者之排序是有道理的。从《老子》全书内容的量的方面来看,言"道"的篇章远远多于言"德"者(约多一倍),再从内容性质来看,"道经"首章言"道"可以不言"德",而"德经"首章(即三十八章)言"德"却不能不言"道",且云"失道而后德"。所以,先"道"而后"德"的次序,是由《老子》本文内容来决定的。从来学者称《老子》为"道家"而非"德家",亦乃以此之故。此次重点谈"道",原因亦在于此。

二则,《老子》之"道",与"历史观",二者之间似乎并无直接之关系。不过《老子》书中其他若干篇章,实际皆涉及历史观问题,且多年以来已有许多学者对此做出了许多评论。我以一个学历史学的人来谈《老子》,自然也会注意到这个问题。不过,这次讨论的方法是从《老子》之"道"本身所含蕴的矛盾中来分析其思维理路的历史展现亦即其历史性,而这些正是《老子》书中论及具体历史现象时所展现出来的历史观的理论根据。

以下也就从这两个方面来试谈管见。

一、说《老子》之道

如何理解《老子》之道,真可谓仁者见仁,智者见智,歧见百出。为何如此?窃以为,原因有二:一则,《老子》之道的本身即富含哲学意义上的"矛盾"的特质,这也正是《老子》说"道"的最有价值与最值得深入探讨的所在。二则,《老子》书中的确存在许多论述与解释未明,甚至前后矛盾之处;是版本流传中出现的问题呢?还是书本身就有表述不明之处呢?可能二者兼有,迄今尚难以一一给出结论。此次参加笔谈,重点拟谈前者,对于后者,则随文做必要之辨析而已。

为了说明《老子》之"道"富含哲学意义上的矛盾,首先需要将"道"的基本含义说明一下。先秦子书常以"理"来解释"道"。例如,《管子·君臣上》:"顺理而不失之谓道。"①又《庄子·缮性》:"夫德,和也;道,理也。"郭象注:"和,故无不得;道,故无不理。"②道即万理的最后的统一根据,也可说,道即是在万理之上而覆盖一切理的理。黑格尔在其《哲学史讲演录》第一卷讲中国哲学部分里把"道"译为"理性"(Vernunft),并曾引用另一位学者雷缪萨(Remusat)的说法,以为可以理解为古希腊文的 Logos。③ 这样的译解应该是正确的。可是,黑格尔接着冷冷地说了一句:"但是我们从这个教训里得到什么呢?"(Aber was finden wir in dissem allem Belehrendes?) 黑氏这样轻蔑的态度,如果说以今人之水平来俯视古人,那么还是不无道理的。可是,他的真正的问题却在于,对于《老子》的许多原文实际并未能真读懂。对于这一点,我们也不难理解,因为当时的译本本身就没有真正领会《老子》书的原意。以下试从几个具体问题对"道"做一些分析探讨。

1. "道"与"道"

《老子》第一章:"道,可道,非常道;名,可名,非常名。无名,天地始;有名,万物母。常无,欲观其妙;常有,欲观其徼。

---

① 戴望:《管子校正》,《诸子集成》第 5 册,北京:中华书局 2006 年版,第 165 页。
② 郭庆藩:《庄子集释》,《诸子集成》第 3 册,第 242 页。
③ 黑格尔:《哲学史讲演录》第一卷,贺麟、王太庆译,北京:商务印书馆 1997 年版,第 127 页。

此两者同出而异名,同谓之玄,玄之又玄,众妙之门。"①

在这一小节里,我们先只讨论"道"与"道"的问题。"道"的含义是最高的理、理性,已如前述。至于后一个"道",所表示的就是言说的意思。关于这一点,中国古典注疏中所在多有,不烦赘述。无独有偶的是,古希腊文中的 Logos 一词,同样亦有理性与言说两个基本含义,其他多种义项皆自此二基本义项引申而来。② 可见,"道"与"道"之间是有着内在的关系的。

那么此二者的内在关系究竟是什么呢?窃以为,"道"是"道"所根据的内容,而"道"则是"道"经语言展现的形式。内容决定形式,形式反映内容,故二者密不可分。

那么《老子》又为什么把"道"分为可道与不可道且把"名"分为可名与不可名两类呢?因为,凡事皆有正负两个方面,这正是在《老子》书中几乎处处都彰显出来的基本见解。于是,"道"有不可"道"之常道与可"道"之非常道之分,"名"亦有不可"名"之常名与可"名"之非常名之别。在这里,可道之道与可名之名,是不难理解的,以下还会有较为具体之论述。比较困难之处在于,对不可道之常道与不可名之常名的问题做出如何解说。

《老子》三十二章:"道常无名。"汉河上公注云:"道能阴能

---

① 朱谦之:《老子校释》,北京:中华书局1984年版,第3—7页。以下引《老子》本文,皆据此本。朱氏此本,以《景龙碑本》为底本,且参引多本多家之说,并在其校注中予以斟酌,故本文引用此本。其有不合之处,自当随文说明。

② 据 Liddell and Scott, *Greek-English Lexicon* (compiled by Henry George Liddell and Robert Scott, with a revised supplement, Clarendon Press, Oxford, 1996, pp. 1057-1059)该词注解。

阳,能弛能张,能存能亡,故无常名也。"①王弼注云:"道,无形不系,常不可名,以无名为常。故曰:道常无名也。"②两注皆有道理。如作细致比较,则河上公优于王弼,因为后者仅泛说"道无形不系"(即道可涉及一切,故难以具体地说),而前者则指出道实际可以表述正反两个方面。如果用今人的话来说,那么就是,作为绝对的或无条件的"常道",既包含了不可道之常,又包含了可道之非常,即包含了正负两个方面;作为绝对的或无条件的"常名",既包含了不可名之常与可名之非常,也是包含了正负两个方面。而正负之间恰好形成矛盾。这样,如果你说,道是道又不是道,名是名又不是名,那么就违背了逻辑的矛盾律(是 A,就不能又不是 A)。正是因为陷于矛盾,常道就不可以道,常名也就不可以名了。

也许还可以换一种方式来说。凡是可以明确言说的(可道、可名的)词,皆需是一个明确的概念,而明确的概念需有一个本质定义。而本质定义的形成需要由属(genus)概念加种(species)差来确立,可是绝对的常道本身已经居于最高的属,因此它也就不可能再有种差。这样,它本身是无法定义的。既然无法定义,当然无法言说了。所以连《老子》本身也说:"吾不知其名,字之曰道,吾强为之名曰大。"③所以,用今人的话来说,"道(或大)"之名原来就是一种符号的设立。

---

① 《老子道德经河上公章句》,王卡点校本,北京:中华书局1993年版,第130页。以下引此书简记作河上公注本。
② 王弼:《老子注》,《诸子集成》第3册,第18页。
③ 《老子校释》,第101—102页。此本"大"字处出空格,因为碑本字残。朱注亦云,当据多家本补出"大"字。按据马王堆汉墓帛书甲乙本,此处亦应补"大"字。

2. "道"与"理"

在上一小节里,我曾引用《管子》与《庄子》之文,用"理"来释"道"。其实,在那里所强调的是"道"和"理"之间联系的一面,而未曾展开"道"和"理"之间区别的一面。《韩非子·解老》云:"道者,万物之所然也,万理之所稽也。理者,成物之文也。道者,万物之所以成也。故曰:道,理之者也。"①在其下又云:"凡理者,方圆、短长、粗靡、坚脆之分也。故理定而后物可得道也。故定理有存亡、有死生、有盛衰。夫物之一存一亡、乍死乍生、初盛而后衰者,不可谓常。唯夫与天地之剖判也俱生,至天地之消散也不死不衰者,谓常。而常者无攸易,无定理。无定理非[则]②在于常,是以不可道也。圣人观其玄虚,用其周行,强字之曰道,然而可论。故曰:'道之可道,非常道也'。"③

在"理"与"道"的关系方面,上引韩非之说显然更为清晰而明确。"道"是"理"的上位概念,反之"理"就是"道"的下位概念。二者相对而言,"道"比"理"抽象,"理"比"道"具体。上文曾经说到,"道"为最高概念,已经居于属的最上层,从而也就不可能有种差;无种差即不能定义,不能定义即不可道、不可名。"理"的情况就不同了。如以"道"为属概念,以形状为种概念,则圆有圆之道,亦即具体圆之理,方也如此;以度量为种概念,则短有短之道,亦即具体短之理,长也如此;以精致程度为种概

---

① 王先慎:《韩非子集解》,《诸子集成》第5册,第107页。
② 家和按,原本"则"字作"非",于上下文中义不可通。刚说"常者无定理",岂能反而又说"无定理非在于常"呢?据理应改作"则"字。
③ 王先慎:《韩非子集解》,《诸子集成》第5册,第108—109页。

念,则粗有粗之道,亦即具体粗之理,靡(细腻)也如此;以质地为种概念,则坚有坚之道,亦即具体坚之理,脆也如此。既然具体,当然也就可名可道了。

值得注意的是,在以上两段引文之间,韩非还力求说明,"道"之所以能演进为"理"的原因。"物有理,不可以相薄。物有理不可以相薄,故理之为物,(之)制万物各异理('之'乃衍字,从王先谦说删)。万物各异理而道尽。稽万物之理,故不得不化。不得不化,故无常操。……凡道之情,不制不形,柔弱随时,与理相应。万物得之以死,得之以生。万事得之以败,得之以成。道譬诸若水,溺者多饮之即死,渴者适饮之即生。譬之若剑戟,愚人以行忿则祸生,圣人以诛暴则福成。故得之以死,得之以生;得之以败,得之以成。"①这就是说,在韩非看来,"道"为绝对之常,为无条件者,而一旦与具体条件相遇,"道"立即转化为"理"。遇到正面条件便生正面之理,遇到反面条件便生反面之理。韩非的这一见解,深深把握了《老子》的基本宗旨。"道"无形而有常,亦应时而有变,故主柔弱随时,以应万变,实亦即无为而无不为矣。韩非之解老,在古代思想史上不愧为精审之作。

按《老子》一章下半之文,即,"无名,天地始;有名,万物母。常无,欲观其妙;常有,欲观其徼。此两者同出而异名,同谓之玄,玄之又玄,众妙之门"。这实际是《老子》说"道"的根本宗旨所在。

---

① 王先慎:《韩非子集解》,《诸子集成》第5册,第107—108页。作者对某些文句重新做了标点。

其实,早有前贤意识到了此点在老子学说中的重要地位。《庄子·天下》说老聃"建之以常无、有,主之以太一"。① 这就是说,《老子》以常无与常有作为自己学说之基础。对于"常无""常有",学者颇有不同解说。愚以为,"常无"本为永恒绝对的无,"常有"本为永恒绝对的有。然而,"常无"之中又有精微(妙)可观,可见无中含有;"常有"本为永恒绝对的有,然而"常有"又有其边界(徼)可观(有外亦即为无),可见此有亦非绝对之有,有中亦有其无。这些话听起来似乎难懂,不过其中也含蕴了深度的道理,即常无与常有的统一。黑格尔在其《小逻辑》中既肯定又揶揄了古希腊的爱利亚学派只承认"有"为真的那种勇气,同时更赞赏了赫拉克利特的一句名言:"有比起非有来并不更多一些。"他说:赫拉克利特"这句话已说出了抽象的'有'之否定性,说出了'有'与那个同样站不住的抽象的'无'在变易中所包含的同一性"。② 当然,严格地把这个问题说透彻的还是黑格尔。黑氏《小逻辑》86 节云:"纯存在或纯有(Sein),之所以当成逻辑学的开端,是因为纯有既是纯思,又是无规定性的单纯的直接性,而最初的开端不能是任何间接性的东西,也不能是得到了进一步规定的东西。"87 节云:"但这种纯有是绝对的抽象,因此也是绝对的否定。这种否定,直接地说来,也就是无(Nichts)。"88 节云:"如果说,无是这种自身等同的直接性,那么反过来说,有正是同样的东西。因此'有'与'无'的真理,就是两者的统一。这种统一就是变易(Das Wer-

---

① 郭庆藩:《庄子集释》,《诸子集成》第 3 册,第 472—473 页。
② 黑格尔:《小逻辑》,贺麟译,北京:商务印书馆 1980 年版,第 200 页。

den)。"① 由此可知,《老子》之"道"的常无与常有就是黑格尔的纯无与纯有,所以"此二者同出而异名"。黑氏由此二者之统一而达到了"变易",从而发展出定在(或限有 Dasein),进而推演出全部《逻辑学》的理论系统。《老子》作为古人,则远未能达到这一点,他只能以自己的体验说出有与无之统一"同谓之玄,玄之又玄,众妙之门"。韩非所说之"理"实际即黑氏所说限有或定在层面之理。当然也只是从经验的层面上给予了说明。不过,也必须说明,《老子》虽未能如黑格尔从有无之统一推演出其全部"逻辑学"的思辨哲学体系,但却从历史的角度推演出由"道"而"德"而"仁"而"义"而"礼"的进展趋势(具体讨论将在本文第二部分展开)。因此,也应该说,《老子》之"道"兼摄有无的思想,不仅在中国古代哲学史上少见,即使在世界古代哲学史上都是有价值的,甚至对于我们理解黑格尔也是有帮助的。遗憾的是,黑格尔却未能理解《老子》之"道"之精义。所以,沟通中西,对于我们来说,的确是一项十分重要的理论任务。

3. "道"与"象""数"

《老子》一书,一方面说常道不可以道说,另一方面却又以各种比方与举例的方法来说"道"。说"道",本来就是《老子》一书之根本目的。

首先说"象"。"象"或形象,这是人们所最不难理解的东西。所以,《老子》往往以象说"道"。

《老子》十四章:"视之不见,名曰夷;听之不闻,名曰希;搏

---

① 黑格尔:《小逻辑》,第 189、192、195 页。

之不得,名曰微。此三者不可致诘,故混而为一。其上不皦,其下不昧。绳绳不可名,复归于无物。是谓无状之状,无物之象,是谓忽恍。迎不见其首,随不见其后。执古之道,以御今之有。以知古始,是谓道已。"①

万物应该是有"象"而可以被感知的,从而是有差别的;而夷、希、微三者因为极微而超乎感觉限度,从而无法加以区别,所以从认知的角度看它们似乎已经混而为一。于是乎不可名,似乎又成忽恍无物之状态。这是说,凡物极微,则不可直接感知。

那么,《老子》四十一章又云:"大方无隅,大器晚成,大音希声,大象无形。道隐无名。夫唯道,善贷且善[成]。"②

由此可见,非唯极小不可直接感知,极大亦不可直接感知。

不可直接感知,就成了忽恍而似无物状态。但是,那真的、完全无物了吗?又不是。《老子》二十一章云:"道之为物,惟恍惟忽。惚兮恍兮,其中有象。恍兮惚兮,其中有物。窈兮冥兮,其中有精,其精甚真,其中有信。自古及今,其名不去,以阅众甫。吾何以知众甫之然,以此。"③所以,这种不可直接感知的"无",其实就是"有"。上引十四章之"执古之道,以御今之有。以知古始,是谓道已(纪)"。四十一章之"夫唯道,善贷且善

---

① 此段引文中有两个字须作说明:其一,"夷"字,"朱校本"正文虽如此,但朱氏本人则以为应从其他古本作"幾",并引郑玄曰:"幾,微也。"其二,"已"字,朱氏虽据底本取"已"字,但以为仍应从多本作"纪"字,且据《小尔雅》释"纪"为"基"。按朱氏说可从(见《老子校释》第 52—57 页)。

② "善"字结句,乃从底本。朱氏参多家说,以为此"善"字下应补一"成"字。可从(《老子校释》,第 171—172 页)。

③ 《老子校释》,第 88—90 页。

成"。皆似无之有在起作用,而且这种作用是真确可信的。所以,在《老子》中,"象"兼有无,正如"道"兼有无一样。

黑格尔《哲学史讲演录》中曾经引用《老子》十四章里的夷、希、微之说。从他的描述中可知,的确有译介者把这三个字和耶和华联想到一起去了,而他则作了一段既有正确又有错误的议论:"'夷''希''微'三个字,或(I—H—W),还被用以表示一种绝对的空虚和'无'。什么是至高至上的和一切事物的起源,就是虚,无,忽恍不定(抽象的普遍)。这也就名为'道'或理。当希腊人说绝对是一,或当近代人说绝对是最高的本质的时候,一切的规定都被取消了。在纯粹抽象的本质中,除了只在一个肯定的形式下表示那同一的否定外,即毫无表示。假若哲学不能超出上面那样的表现,哲学仍是停留在初级的阶段。"①

按黑氏这一段话中既有正确又有错误,为什么这样说呢?因为,当他批评希腊人说绝对是一,或近代人说绝对是最高的本质为不通辩证法的错误的时候,他是正确的;可是,他说《老子》之道以"无"或"虚空"为最高本质,这就错误了。在《老子》中,四十章云:"反者道之动,弱者道之用。天下万物生于有,有生于无。"②王弼注"有生于无"句云:"天下之物,皆以有为生;有

---

① 黑格尔:《哲学史讲演录》第一卷,第129页。以上引文中"什么是至高至上的"一句,有一些费解。按原文是: Das Höchste, das Letzte, das Ursprüngliche, das Erste, der Ursprung aller Dinge ist das Nichts, das Leere, das ganz Unbestimmte [das abstract Allgemeine](参见 G. W. F. Hegel, *Vorlesungen Über die Geschichte der Pilosophie*, Reclanm, Leipzig, 1971, Erster Band, s. 233)。似宜直译作:"那最高者、最终者、始源者、首出者、万物的起源,就是无、虚空、全然的恍惚不定[抽象的一般]。"

② 《老子校释》,第165页。

之所始,以无为本;将欲全有,必反于无也。"①"以无为本",这就是历来以王氏为主崇无论者的根据。王氏的确为当时崇无论者的先驱,不过,就连他在内也没有以绝对的无作为最高本质。在上引王氏注文里,我们可以清楚地看到一个封闭的循环回路:有—无—有—无。其中有两个分子:有与无。王氏的主观意愿是让人们相信:有是从无来的,又回归到无去。其实,如果稍稍改变一下审视的起点,那么,它就是:无从有开始,又回归到有去。这并非故意向王氏寻事取乐。《老子》二章云:"有无相生。"②十一章则举例云:"三十辐共一毂,当其无有,车之用。埏埴以为器,当其无有,器之用。凿户牖以为室,当其无有,室之用。有之以为利,无之以为用。"③按王氏注云:"言无者有之所以为利,皆赖无以为用也。"④这样一来,无就不再是"本",转而又成为"用"了。且"有之以为利"中的"利"字,王注亦以为即利益之利,似不如俞樾以"赖"释"利"之精。《国语·晋语六》"夫利君之富以聚党"句《集解》引俞说云:"利、赖声近而义通。"⑤依俞樾说,《老子》"无"是依赖着"有"才能为用的,那也就是说:"有"是"本"而"无"为用了。这样结论就与王弼适成其反。其实所谓"本"与"用"在《老子》中本来可以相互转化的。当然,《老子》确有其注重虚无的方面,那实际是在强调

---

① 王弼:《老子注》,《诸子集成》第3册,第25页。
② 同上书,第1页。
③ 《老子校释》,第43—45页。多本以"当其无"断句,亦通。
④ 王弼:《老子注》,《诸子集成》第3册,第6页。
⑤ 徐元诰:《国语集解》,王树民、沈长云点校,北京:中华书局2002年版,第397页。愚按上古音,"利""赖"皆在质部,叠韵,又同属来母,双声,故通。

修道者应该谦冲自处、虚怀若谷而已。在作了这样一些说明以后,现在我们可以证实:《老子》虽然没有发展出逻辑严密的近代哲学,但是他却深通有无统一的道理。他与古希腊哲学家的区别,不在于他以纯"无"而后者以"纯有"为最高本质;却在于古希腊人具有本质主义的倾向,而老子则具有非本质主义(或历史主义)的倾向。因此,老子思想确实是富含中国先秦特有智慧或哲学特色的。黑格尔在这里实际是做了歪批。

再来说"数"。在"象"中质与量是统一的,而"数"则重在关注量,所以是"象"经抽象的发展。

《老子》四十二章云:"道生一,一生二,二生三,三生万物。万物负阴而抱阳,冲气以为和。"①那么,《老子》是怎样解释"道生一"的呢?请看二十二章:"曲则全,枉则正;洼则盈,敝则新;少则得,多则惑。是以圣人抱一以为天下式。"②这里的抱"一",就是抱"道","一"就是"道"。因为,"道"是常无与常有的统一,即正负两个方面的统一,而曲与全,枉与正,洼与盈,敝与新,少与多等等,皆是正负两个方面的统一。凡是兼摄正负两个方面统一者皆属于"道","一"既兼摄正负两个方面,因此"一"即是"道。"

这样的说法似乎有些迂曲费解,其实,如果按逻辑代数学(Algebra of logic,或译逻辑代值学)的方法来说,则似乎可以更为简洁明了。兹列其式为:$A + (-A) = 1$。

---

① 《老子校释》,第174—175页。
② 同上书,第91—92页。

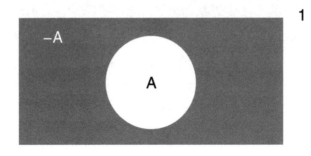

图 1　A + (- A) = 1 示意图

如图 1 所示：1 表示一个全类(universal class)，因为 A 与 - A 具有互相排斥且穷尽的对偶性(duality)，所以 A 与 - A 构成一个全类，同属一个语域或"宇"(universe of discourse)。

"道"既然在逻辑上是一个最高的全类，从而它也就是一个"一"，或者说是"太一"。这样，"道"就生出了"一"。

"道"既然是由具有对偶性的"二"生成的"一"，那么，"一"本身即潜存着"二"。所以，由"一"生"二"，只不过是"一"的潜能的实现而已。不过《老子》的正文并没有做这样的分析，而是又转而援用了形象性的方法，即以阴阳二气来体现"二"。形象的说法就是"万物负阴而抱阳，冲气以为和"。阴阳二气相互交往融合，于是生了三，从而生了万物。① 黑格尔《哲学史讲演录》(第一卷，页 128)中也提到了"道生一，一生二，二生三，三生万物。万物负阴而抱阳，冲气以为和"。他对于当时传教士的"三

---

① 传统的注疏家大抵皆以道分阴阳为一生二之解说。王弼别有一说，云："已谓之一。岂得无言乎？有言有一，非二而何？有一有二，遂生乎三。"（见王弼：《老子注》，《诸子集成》第 3 册，第 27 页）王注自有别裁，然于此不可取。当别有论，于兹不赘。

位一体"解说虽有所质疑,却全然未能理解《老子》之本意,反而责怪中国语文因无变格、变位等形式,因此语义含糊难以理解。悲夫!当然,除了对于黑氏的遗憾之外,我们也应该对自身的传统有一种反省的精神。《老子》四十二章本来是要从数的角度说明一与多的关系的。可是,"一生二"以后,就不再沿着数的角度继续推导下去(王弼倒是有些这样的意思,不过也没有能真走下去),而是转借阴阳来象征二。这样就从数又转到象上来了。我们的的确确需要学习西方人的严格的逻辑思维精神。如果我们打开柏拉图的《巴门尼德篇》(从137B到166C),那么就可以看到,他是怎样推演一与多的关系的。他的论述同样难懂,不过仔细读来,却是思路十分清晰的。① 如果简单地说,老子与柏拉图都难懂,那么其区别就在于:老子之难在于以最简约之文句说最深切之体验,故缺乏历练与体验者难知;而柏拉图之难在于以极繁复之推导论证极精深之问题,故缺乏逻辑训练者难明。

《老子》全书重在说"道",而"道"的丰富、发展与致用必须从抽象进入具体;而进入具体之路,首先是由道而理,进而就是象与数。因此,可以说象与数往往是我们借以理解《老子》精义的两把钥匙。

二、《老子》中所显示的历史观

以上谈了《老子》之"道"本身的含义理解的问题,下面接着

---

① 见《柏拉图对话集》,王太庆译,北京:商务印书馆2004年版,第506—572页。

来谈《老子》中的历史观。《老子》中论述了许多社会、政治、军事以及人事关系方面的问题,为我们提供了不少具体资料。不过,更为重要的是,《老子》在论述这些具体问题时所发表的思想是有其由"道"自身的逻辑推导而来的基本思想作为根据的。现从以下几个方面进行论述。

1. "道"与"德"——《老子》历史观的理论基础

上文适才说到,对于"道"的认识必须由抽象而具体,即首先由"道"而"理",进而就是由"道"而"象""数"。那是就一般的认识途径来说的。现在要专就人类社会历史进行讨论,那么,"道"从抽象进入具体的途径之第一步,就是由"道"而"德"。

"道"与"德",这正是《老子》一书的核心内容,不然此书怎么会被题名为《道德经》呢?愚意以为,"德"在《老子》中之所以重要,乃在于"德"既是人事历史存在之根据,又是人们评价人事历史的价值标准。《老子》中论"德"最系统的一章即其"德经"之首篇,先全引于下,然后分段论析。

《老子》三十八章云:"上德不德,是以有德。下德不失德,是以无德。上德无为而无以为,下德(碑本空二字)〔无为〕而有以为。上仁为之而无以为,上义为之而有以为。上礼为之而莫之应,则攘臂而仍之。故失道而后德,失德而后仁,失仁而后义,失义而后礼。夫礼者,忠信之薄,而乱之首。前识者,道之华,而愚之始。是以大丈夫处其厚而不处其薄,居其实而不处其华。故去彼取此。"① 上文空格处二字,景龙碑本原泐,朱氏乃保留底本原状,按河上公注本、王弼注本皆作"为之",多数学者亦

---

① 《老子校释》,第 150—153 页。

从此说。朱氏据近世学者马其昶说,以为当作"无为"。马氏之说云:"德有上下,其无为一也。以其不失德,故虽无为之中,而仍有以为。"①愚意亦以为马说可信,下文且有申论。

在本小节里,先仅讨论三十八章的第一段落,即,"上德不德,是以有德。下德不失德,是以无德。上德无为而无以为,下德无为而有以为"。这样是为了集中讨论三个问题:一是说明"德"字本义,二是辨析"德"之上下两类之分,三是从"德"的内涵中的矛盾来思考其意义。

一则,谈"德"字本义。《老子》书中并无关于"德"的定义,不过可以参考他书所下的定义且结合本书内容来逐渐理解。

《说文解字》(心部):"悳,外得于人,内得于己也。从直心。"②其实这里对"德"的训诂有些突兀,因为未曾先说明"德"与"得"关系。《韩非子·解老》首句云:"德者内也,得者外也。"③同样显得突兀。《管子·心术》云:"故德者,得也,得也者,其谓所得以然也。"④这才指出,"德""得"音同(职部、端母),故能以"得"释"德"。

"德"之本义既为"得",那么得必有其所从得,即得自何方。《老子》二十一章云:"孔得之容,唯道是从。"⑤"德"从"道"而生,自应唯道是从。可是,一旦"道"(如上文所言,道包含正负

---

① 《老子校释》,第151页。

② 见段玉裁:《说文解字注》,上海:上海古籍出版社影印段氏经韵楼1981年版,第502页。今之"德"字,乃假借字,其本义为"登"。

③ 王先慎:《韩非子集解》,《诸子集成》第5册,第95页。

④ 戴望:《管子校正》,《诸子集成》第5册,第221页。

⑤ 《老子校释》,第87页。按多本得作"德",二字本可通。

两个方面,故其自身即为施者与受者之统一)生了"德",其得者就必然有其具体的载体即受者。受者(德)从施者(道)那里分有了施与受,不过,其所从受者是"道",而其所施授的对象却成了具体得者之外的他者。于是,"道"经由"德"而在人类社会中显示了具体的功能与作用。

二则,根据"德""得"的音同义通,我们就可以更好地理解韩非所说:"德者内也,得者外也。"以及《说文》所说:"悳,外得于人,内得于己也。从直心。"(按此为形声字,直、悳古音同属职部端母)值得注意的是,这里提出了德或得的内外之二分。作为个别的人或群体,其所得以产生、存在,必有外在于其自身的客观条件,故必有其"外得"之一面。当然,这样的生存还只是自在(an sich)的。一旦这样自在的存在意识到自身的存在,那么其自身必然有得于自身的反省并从而有得于心。这样的生存就转变而成自为(fur sich)的。正是这样的"德"之二分,恰好是上德与下德所以区分之根据。按《韩非子·解老》仅对"上德"作了解释,而对于"德"之分为上下,则无所解释[①],故本文未予引用。

这样,我们就看到了,"德"正如同其来源"道"那样,其自身中也包含了内在的矛盾。既然"上德不德,是以有德。下德不失德,是以无德",那么,有德与无德之间的相互关系就蕴含了内在的矛盾。

三则,从《老子》之"德"开始,我们可以窥测到其观念演化的具体理路。

---

① 王先慎:《韩非子集解》,《诸子集成》第5册,第95页。

上德与下德的区分关键在于:"上德不德"而"下德不失德";而且"上德无为而无以为,下德无为而有以为"。此处无为,在多本中原作"为之",马其昶据理考订当作"无为"。其理何在?夫上下二德,既同为"德",则必有"德"之共性,而此共性即在于"无为"。按"无为"源于"道",故上下二德必共有之。由"道"而"德"必有其扬弃(或批判继承),上德不须自以为德(不德),而下德则不忘自以为德(不失德);上德无为且无自身之特殊目的(无以为),而下德虽无为但有自身之目的(有以为)。总之,从下德开始,自我意识开始觉醒,个体(包括个人和特殊群体)开始从社会总体里分化出来,并对社会总体发生解构作用。在《老子》看来,这是一种由道而德,尤其是由上德而下德的异化(转向自身的对立面)过程的开始。这本身并非老子所乐见,但是它却是"道"与"德"自身内部矛盾发展的必然结果,因此具有不可避免性。按照《老子》的看法,人类的文化历史过程无非就是这样的一种具有必然性的过程而已。不能不说,《老子》从"道"与"德"的内在矛盾看到了一种历史发展的必然性或不可避免性,这在古代中国以及古代世界哲学史上都是一次意义重大的突破。

2. 由"德"而"仁"、而"义"、而"礼"——《老子》的历史阶段区分的理论根据

现在让我们再来分析三十八章的下半部分,即"上仁为之而无以为,上义为之而有以为。上礼为之而莫之应,则攘臂而仍之。故失道而后德,失德而后仁,失仁而后义,失义而后礼。夫礼者,忠信之薄,而乱之首"。

如果说,"德"(包括上下二者)还继承了"道"的无为的特性,那么,从"仁"以下就无从保持无为,而只能是"为之"了。为什么?因为自下德起,开始出现了"有以为"。"有以为"则必有其主体,而非完全的忘我之境界。简而言之,即由无我之境而入有我之境。以下依次讨论仁、义、礼。

首先,关于"上仁为之而无以为",韩非的解释是:"仁者,谓其中心欣然爱人也。其喜人之有福,而恶人之有祸也。生心之所不能已也,非求其报也。故曰:'上仁为之而无以为也。'"①按韩非此说,在解释仁者"无以为"上是完美的。但未解释仁者何以"为之",而且"为之"又能"无以为"。愚按,《孟子·尽心下》:"仁也者,人也。"②以"人"释"仁",因声求义,乃训诂之通例。焦循疏云:"《中庸》曰:'仁者,人也。'注[按,指郑玄注]人也:'读如相人偶之人,以人意相存问言。'"所谓"相人偶之人",用今人的话来说,就是与自己同样为人之人。"仁"的意思不是一般的爱,而是要把人当作人来爱。所以,"仁"就是一种由爱己而爱人亦即推己及人的思想和行为。既然如此,仁者这个主体岂能无所行为?因此,仁者必然要行仁,这就是仁者所以"为之"的内在必然性。不过,仁者虽然以自己为出发点,但是目的却非为己。在这一点上,韩非所说是很到位的。

其次,关于"上义为之而有以为",韩非的解释是:"义者,君臣上下之事,父子贵贱之差也,知交朋友之接也,亲疏内外之分也。臣事君宜,下怀上宜。……义者,谓其宜也。宜而为之,

---

① 王先慎:《韩非子集解》,《诸子集成》第5册,第96页。
② 焦循:《孟子正义》,《诸子集成》第1册,第575页。

故曰:'上义为之而有以为'也。"①按"义"与"宜",上古音同在歌部,音同义通,故韩非以宜释义,乃经典之通解,无可疑义。唯"義"尚有另一解。董仲舒云:"《春秋》之所治,人与我也。所以治人与我者,仁与义也。以仁安人,以义正我。故人之为言,人也,義之为言,我也,言名以别矣。"②按以"我"释"義"(义之繁体)亦为音训,"我"与"義"于上古音皆在歌部,与"宜"无异。而且,董氏说与韩非说虽有着眼点之不同,但内在本义相通。因为,如人人皆能以义正我,则自必事事皆宜。唯按董氏之说,"仁"者所以安人,非为我,故可"无以为",而"義"者,所以正我,乃为己,故必"有以为"。故以董氏此说解《老子》此章,似胜韩非一筹。

或问:何以"仁"无"下仁","义"无"下义"?愚以为,"上义"即"下仁",而"下义"即下文之"上礼"矣。"仁"与"义"之同在于二者皆有"为之",其异处则在"仁"无以为,而"义"有以为。一如"德"之所以分上下,皆以"有以为"与"无以为"为准。上下二"德"皆"无为",而"仁"与"义"皆"为之",此则为"仁""义"与"德"之区分之准绳。

再次,关于"上礼为之而莫之应,则攘臂而仍之",韩非的解释是:"礼者,所以貌情也,群义之文章也。……众人之为礼也,以尊他人也,故时劝时衰;君子之为礼,以为其身;以为其身,故神之为上礼。上礼神而众人贰,故不能相应。不能相应,故曰:'上礼为之而莫之应。'众人虽贰,圣人之复恭敬尽手足之礼

---

① 王先慎:《韩非子集解》,《诸子集成》第5册,第96页。
② 苏舆:《春秋繁露义证》,钟哲点校,北京:中华书局1992年版,第249页。

也不衰。故曰'攘臂而仍之'。"①按韩非此说,以"礼"为"义"之文即外在之表现,无可疑义。其以君子与众人在为礼时之精诚与不一(即贰)来解释"上礼为之而莫之应",自成一家之言。其以众人虽不应,而圣人手足执礼不衰解"攘臂而仍之",则可谓持之有故,朱谦之说可供参考。②所不能断然无疑者,在于这样解释难以与本章下文以礼为"乱之首"相呼应。众人不应而圣人施礼不贰,为何还会乱呢?看来,这一点还有可以继续思考之余地。下文将有进一步之分析。

这样,《老子》就划分出了道与德、仁与义以及礼的三个阶段。再看《韩非子·五蠹》所说的"上古竞于道德,中世逐于智谋,当今争于气力"③,不难发现,《老子》的历史三期说竟然是韩非历史三期说的原本。

3. 前进?倒退?——《老子》历史观中核心矛盾

《老子》三十八章末段云:"夫礼者,忠信之薄,而乱之首。前识者,道之华,而愚之始。是以大丈夫处其厚而不处其薄,居其实而不处其华。故去彼取此。"这里不妨以设问作答的方式分析一下其中的思路。为何"礼"为乱之首?因为它是"忠信之薄"。"忠信之薄"何由产生?因为"礼"为"前识"所设,而"前识"正是"道之华,而愚之始"。"道之华"与"愚之始"恰恰是"礼"的内在之矛盾所在。韩非在这里作了很好的解释:"礼为情貌者也,文为质饰者也。夫君子取情而去貌,好质而恶饰。夫

---

① 王先慎:《韩非子集解》,《诸子集成》第5册,第96—97页。
② 《老子校释》,第152页。
③ 王先慎:《韩非子集解》,《诸子集成》第5册,第341页。

恃貌而论情者,其情恶也;须饰而论质者,其质衰也。……凡物不并盛,阴阳是也;理相夺予,威德是也。实厚者貌薄,父子之礼是也。由是观之,礼繁者实心衰也。然则为礼者,事通人①之朴心者也。众人之为礼也,人应则轻欢,不应则责怨。今为礼者事通人之朴心,而资之以相责之分,能毋争乎?有争则乱。"②总而言之,礼愈繁而心愈衰,礼愈朴而情愈实。礼愈繁而心愈衰,就是"道之华,而愚之始"。在《老子》看来礼之表里间的矛盾,正是乱之源头。

综观《老子》由"道"而"德"而"仁"而"义"而"礼"的论证,可以看出那就是一个矛盾在以上诸层次上不断展开、演进的过程,这也就是人类历史文化进程。每个后一阶段皆为前一阶段矛盾的必然结果。因此,这样的展开演进的过程就不能不具有其必然性。看到了历史发展中的必然性,这是《老子》思想的深邃可贵之处。

同时,《老子》也正是以"道之华"与"愚之始"这种矛盾的分析的眼光来看待人类历史文化的进程的。因此,在他看来,人类历史文化的进程不可避免地会具有正负两个方面,而且二者同时并进。在《老子》看来,人类历史文化的进程原来就是不断地进步地倒退着。在《老子》书中有很多表示这种思想的章句。如三章:"不上贤,使民不争;不贵难得之货,使民不盗;不见可

---

① 按王先慎引王先谦曰:"通人谓众人。"因下文中又有众人,故易混淆。刘淇《助字辨略》则谓"通"为"总取之辞也。"(见《助字辨略》,章锡琛校注,北京:中华书局,1983年,第1页)依刘淇说,此处"通人"宜解为"一般人",其中包括了众人和君子。

② 王先慎:《韩非子集解》,《诸子集成》第5册,第97—98页。

欲，使心不乱。圣人治：虚其心，实其腹，弱其志，强其骨。常使民无知无欲，使知者不敢为，则无不治。"①五十七章："天下多忌讳，而人弥贫；人多利器，国家滋昏；人多技巧，奇物滋起；法令[碑本"令"作"物"]滋彰，盗贼多有。故圣人云：'我无为，人自化；我好静，人自正；我无事，人自富；我无欲，人自朴。'"②六十五章："古之善为道者，非以明人，将以愚之。民之难治，以其多智。以智治国，国之贼；不以智治国，国之福。"③八十章主张"小国寡民""使民复结绳而用之""邻国相望，鸡狗之声相闻，民至老死，不相往来"④等等。从上引数段原文来看，《老子》无疑是主张无为而治并认为历史文化应该是退回小国寡民的无知无欲、不斗不争状态的。

4. 无为与无不为——不争与莫能与争

可是《老子》所主张的"无为"本身又有其内在的矛盾。三十七章云："道常无为而无不为。侯王若能守，万物将自化。化而欲作，吾将镇之以无名之朴。无名之朴，亦将不欲。不欲以静，天下将自正。"⑤按王弼注本，"不欲"字作"无欲"⑥，愚按，王弼本作"无欲"亦有其理据。见前引《老子》五十七章文"我无欲，人自朴"。《老子》六十四章云："是以圣人欲不欲，不贵难得之货；学不学，复众人之所过。以辅万物之自然

---

① 《老子校释》，第14—16页。
② 同上书，第231—232页。
③ 同上书，第263—264页。
④ 同上书，第307—309页。
⑤ 同上书，第146—147页。
⑥ 王弼：《老子注》，《诸子集成》第3册，第21页。

而不敢为。"①"欲不欲"与"学不学"微似难解,其实稍作补充,意思就很明白。圣人所欲在于不欲众人之所欲,从而不贵众人以为难得之货;不学众人之所学,从而能复补众人所学之过错。② 这样说来,圣人所欲所为就与众人相反,那又如何可以说"以辅万物之自然而不敢为"呢? 因为,在《老子》看来,众人之所欲所为皆出于个人或特定群体之非社会性之私利,乃违反万物之自然而为之。故有道者不敢为众人之所为,而应服从"道法自然"③之原则,如六十三章所云:"为无为,事无事,味无味。"④

其实这些都是指,有道之人不做不知"道"的众人所做的事。那么,按照《老子》的主张,如何才能体现有道之人的无为之为呢? 且看《老子》的举例。八章云:"上善若水。水善利万物,又不争。处众人(之)所恶,故几于道。居善地,心善渊,与善人,言善信,政善治,事善能,动善时。夫唯不争,故无尤。"⑤二十二章云:"夫唯不争,故天下莫能与之争。"⑥七十八章云:"天下柔弱莫过于水,而攻坚,强莫之能先。其无以易之。"⑦四十三章云:"天下之至柔驰骋天下之至坚。无有入于

---

① 《老子校释》,第261—262页。按,朱注释复为复补,是。"按辅"在《韩非子·喻老》中作"恃"(见《诸子集成》第5册,第122页)。
② 王先慎:《韩非子集解》,《诸子集成》第5册,第121页。
③ 《老子校释》,第103页。
④ 同上书,第256页。
⑤ 同上书,第31—32页。碑本(之)字泐。
⑥ 同上书,第93页。
⑦ 《老子校释》,第301页。划线部分,或本读如"而攻坚强,莫之能先",亦通。

无间。是以知无为之有益。不言之教,无为之益,天下希及之。"①"无有入无间",这简直是攻无不克,实在太厉害了!《老子》六十九章:"用兵有言:'吾不敢为主而为客,不敢进寸而退尺。'是谓行无行,攘无臂,仍无敌,执无兵。祸莫大于轻敌,轻敌几丧吾宝。故抗兵相加,则哀者胜。"②这里主张一再忍辱退让,最后达到的则是哀兵必胜。所以,《老子》的思想,看起来完全是非功利主义思想,而其实又是非常功利主义的。

正是因为《老子》思想中具有如此深刻的矛盾两面性,所以,《庄子》可以从消极出世的方面引用并发挥它,《韩非子》又可以从积极用世的方面引用并发挥它。《老子》的主观意图的确是想使人们放弃一切利欲之心以及利欲之争,以克服人的非社会性而回归于纯粹和谐的社会性,可是那实际已经消解了人的社会性而达到了真正的自然性。但是,这是不可能的。人类社会天然的具有自我与社会两个因素,二者之间既互相排斥,又互相依存。在这样矛盾演进中,人们的知识、文化、财富在不断进展,同时各种邪恶、战乱也不断发生。的确有如《老子》所说的正负两个方面在历史中同时并进的现象存在。《老子》能够早在古代就提出这个问题,无疑是极为深刻而有价值的。然而,其所提供的对治药方,如使民无知无欲,回归原始状态,既无法做到,也不能真正解决问题。其所具体提出的办法,如保有自知之明、柔弱胜刚强、以退为进等等,一般都会是有一定之实效的。

---

① 同上书,第177—179页。间碑本误作闻,此处径改。
② 同上书,第277—279页。愚按,此处之"轻"不是轻视敌人的力量,而是不敢轻易与人为敌。

可是，在不知不觉中，这已经下降到与不知"道"的常人的竞争或斗争的同一地平线了。原来老子也并不高在云霄之上。

《老子》毕竟是一定时代、一定人所撰之书，它深刻地解释了人类看历史文化进展中的矛盾现象，这对于我们来说，是一份珍贵遗产。《老子》也给我们遗留下了值得深思的问题，这对于我们来说，又是一个重要启发。

（原载《南京大学学报》2014 年第 4 期）

关于子学研究的几点思考

承李振宏教授厚意,约我在《史学月刊》参加一次关于子学研究的笔谈。他对我很宽容地说,从宏观或微观的角度谈都可以。我想,既然是大家在一起笔谈,最好一开始不必谈太专门的问题,因为这样可以有一个较为宽阔的学术交流场地。而且,个人对于子学本身,也觉得从入手处就还有一些似乎值得探究的难题,所以在下面试谈一些管见,提供讨论,并请各位批评指教。

一、作为子学研究对象的"子部" 在目录学上的定位问题

对于"子学"一词,我们一般不会感到陌生。因为在《汉书·艺文志》(以下简称"汉志")里有"诸子略",在《隋书·经籍志》(以下简称"隋志")里有子部等等,所以子学就是研究子部之书的学问。如果只把问题说到这里,那么事情看来还是清楚的。

不过,稍一细看,即可发现"汉志""隋志"以下诸书中的子部所收内容颇不相同。以下试从图书的七部分类到四部分类中浏览一下子部的概况。"汉志"列出诸子凡十家,即儒、道、阴阳、法、名、墨、纵横、杂、农、小说,尽管"其可观者"仅为前九家,

那么也有"九流"。① 按"汉志"部伍书籍分"六艺""诸子""诗赋""兵书""术数""方技"六类,另加"辑略"即目录,即所谓七部分类法。② 依照这样分类,子部之书当然是在"六艺""诗赋""兵书""术数""方技"范围以外,从而是不能相互混淆的。又据"隋志"序记载,曹魏时"秘书郎郑默始制《中经》,秘书监荀勖又因《中经》,更著《新簿》,分为四部,总括群书。一曰甲部,纪六艺及小学等书;二曰乙部,有古诸子家、近世子家、兵书、兵家、术数;三曰丙部,有史记、旧事、皇览簿、杂事;四曰丁部,有诗赋、图赞、汲冢书……" 以下南朝屡有书目之撰,大体或用四部或用七部之法。至唐初修《隋书》,其《经籍志》取四部即经、史、子、集分类法,史部转列于子部之前。③ 以后四部之分几成通例。"隋志"子部列出儒、道、法、名、墨、纵横、杂、农、小说、兵、天文、历数、五行、医方等十四家。这样就与"汉志"不同了。

不过,试以"隋志"子部与"汉志"比照,除变"汉志"的阴阳家为五行家以外,还多出兵、天文、历数、医方四家,而此四家就是由原来在"汉志"里独立的"兵书""术数""方技"三部转变而成的。这三部在"汉志"里为何独立存在?似乎并未见充分理由的说明。所可知者,"汉志"底本据刘氏父子"七略",据"汉志"序说,成帝命"光禄大夫刘向校经传、诸子、诗赋,步兵校尉任宏校兵书,太史令尹咸校数术,侍医李柱国校方技。每一书已,向辄条其篇目,撮其指意,录而奏之。会向卒,哀帝复使向子

---

① 参见《汉书》,北京:中华书局 1962 年版,第 1724—1746 页。
② 同上书,第 1701 页。
③ 参见《隋书》,北京:中华书局 1973 年版,第 903—909 页。

侍中奉车都尉歆卒父业。歆于是总群书而奏其七略,故有'辑略'、有'六艺略'、有'诸子略'、有'诗赋略'、有'兵书略'、有'术数略'、有'方技略'"。① 从这些话里可以看出一点信息,那就是"兵书""术数""方技"三类书原本是由皇帝分别命令有关专业的专家整理的,刘氏父子当然不敢擅自改变,所以没有把此三家包括在刘向所校"诸子"之内。"隋志"既然变"汉志"之七部为四部,从而将原来在"汉志"里独立的"兵书""术数""方技"三部纳入了子部。所以,"隋志"子部的结语中说:"汉书有诸子、兵书、数术、方技之略,今合而叙之,为十四种,谓之子部。"②"汉志"与"隋志"虽有明显变化,但其间的继承关系是明显的。

"隋志"以下用力最多的目录书当推清代乾隆年间所修的《四库全书总目提要》(本文所引据《四库全书总目》中华书局1965年影印本,以下简记作《四库提要》)。清修《四库全书》,子部分为儒家类、兵家类、法家类、农家类、医家类、天文算法类、术数类、艺术类、谱录类、杂家类、类书类、小说家类、释家类、道家类,共十四类,与"隋志"数同而内容有异。试看"四库"目录,"隋志"中原来附在集部之后的道、释二家经典,这时转入子部,而"汉志""隋志"所甚重视的源出先秦的道家,在"四库"子部里却已经归到与佛家并列的宗教意义上的道家类里去了。"四库"馆臣明知先秦道家与后世神仙家并非一回事,可是硬是以后世二者之混淆作为变乱先秦道家性质之理由。③ 这种做法实

---

① 《汉书》,第1701页。
② 《隋书》,第1051页。
③ 见《四库提要》,第1241页。

在难说合理。所以,到晚清光绪年间,张之洞撰《书目答问》,其中子部即首列"周秦诸子"为第一类。他还在"子部"总目之下自注云:"周秦诸子,皆自成一家学术。后世群书,其不能归入经史者,强附子部,名似而实非也。若分类各冠其首,愈变愈歧,势难统合。今画周秦诸子聚列于首,以便初学。"①张氏既不敢公开与《四库提要》顶撞,乃以"便初学"为由把"四库"的分类法做了改正。其实,四库馆臣对于子部的分类是有问题的。其子部总序云:"自六经以外,立说者,皆子书也。其初亦相淆,自'七略'区而列之,名品乃定。"②"七略"在中国目录学史上确有"辨章学术、考镜源流"、承先以启后的重大贡献,不过"七略"分类并未能使典籍达到"名品乃定"的程度。首先,从"七略"总布局看,史部仍附列于六艺中春秋类之末,经史之分未明;其次,试看"七略"子部诸书,十家之中有许多家实际是先秦子书与西汉子书并列的。倒是荀勖的《中经新簿》,却在其乙部中列有古诸子家、近世子家、兵书、兵家、术数;把古诸子与近世子家区分开来。所以,张之洞把周秦诸子从其他后世子书中独立出来为一部的办法,应该说,其滥觞就在于荀勖的《中经新簿》(荀勖说见上文,出于"隋志"序)。

仅从以上所选"汉志""隋志""四库"以及《书目答问》四家子部之例来看,就可以知道子部的内容在历史上实际是有变化的。如果严格按照逻辑分类的方法评论"子部"书目体例,那么

---

① 见张之洞撰,范希曾补正:《书目答问补正》,北京:中华书局1963年影印本,第119页。

② 《四库提要》,第769页。

实在可谓之为体例不纯。可是,中国古代传统的图书分类中的子部实际情况就是如此,现在我们不能也不必厚责古人。如何解释这样的子部内容的变化呢? 看来只有从时代的历史变化去考察其究竟了。

二、"子部"在各部图书总体中的定性问题

子部之书在各部图书总体中如何定性?《四库提要》子部总序一开始就很果断地说:"自六经以外,立说者,皆子书也。"此说看起来似乎给出了"子书"概念的明确的外延,可是,即使依"四库"的四部分类法,经书以外,尚有史、子、集三部,难道仅有子部之书立说,而史部、集部之书中就全无立说? 司马迁在《太史公自序》末段明言自己著《史记》之目的在于"略以拾遗补艺,成一家之言"①。至于《汉书·司马迁传》所引迁《报任安书》其中自述忍辱不死以撰书之目的,即在"亦欲究天人之际,通古今之变,成一家之言"②。这几句颇见深情的话,更是一般读史者都已耳熟能详,而四库馆臣却好像忘记了。而且中国传统讲究立德、立功、立言③,一般学者文人很难达到立德、立功,所以在立言上都狠下功夫。集部之中,立言之作又岂在少数? 所以,问题不在于立言,而在于从什么角度出发,立什么方面、什

---

① 《史记》,三家注,北京:中华书局1959年版,第3319页。
② 《汉书》,第2735页。
③ 见《春秋左传正义·襄公二十四年》引鲁叔孙豹述其前人之言,阮元十三经注疏本,北京:中华书局1980年影印本,第1977页。

么性质的言。如果用现在的话来说,那么其区分就在于:是从不同学科或职能的角度来区分,抑或是从不同学派观点的角度来区分。

看起来,这个问题在目录学史上也有一些纠结之处,现在仍需继续探讨。总之,问题的讨论似乎还是需要从历史着手。

诸子之学兴起于春秋战国之际,到战国晚期,诸子文献本身中就已经有了对于诸子论争的回顾、分析与评论。《庄子·天下》《荀子·非十二子》《荀子·解蔽》等篇中都有比较系统的论列。

《庄子·天下》开篇即云:"天下之治方术者,多矣,皆以其有,为不可加矣。'古之所谓道术者,果恶乎在?'曰:'无乎不在。'曰:'神何由降?明何由出?''圣有所生,王有所出,皆原于一。'"①这一段话(尤其内中的自为问答)虽然简单,却说明了文章的纲领所在。道,为一;道术,亦为一。王(外)与圣(内)皆原于一。道术即合内圣与外王而为一之大法。此篇作者以为,古圣王之治,"其明而在数度者,旧法世传之史,尚多有之。其在于诗书礼乐者,邹鲁之士、缙绅先生多能明之。《诗》以道志,《书》以道事,《礼》以道行,《乐》以道和,《易》以道阴阳,《春秋》以道名分。其数散于天下,而设于中国者,百家之学,时或称而道之。天下大乱,圣贤不明,道德不一。天下多得一察焉以自好……是故内圣外王之道,暗而不明,郁而不发。天下之人,各为其所欲焉以自为方。悲夫!百家往而不返,必不合矣。后世

---

① 王先谦:《庄子集解》,《诸子集成》本,北京:中华书局1954年版,第215页。

之学者不幸不见天地之纯,古人之大体,道术将为天下裂"①。由此可知,《庄子·天下》以为,上古曾有内圣外王之道术,合修己与治人为一,合圣道与政道为一,略似柏拉图所主张之哲学王之道。迨夫春秋战国时期,天下大乱,百家纷起,各取道之一偏以为说,乃出现所谓方术(此方术非秦汉方士之术)。所以,诸子皆有道术之一体,而又各有其偏蔽,且互相诘难不已。此篇在论述百家纷起之缘起以后,又列举墨翟、禽滑厘学派、宋钘、尹文学派,彭蒙、田骈、慎到学派,关尹、老聃学派,庄周学派以及惠施学派学说之大略。在各派中,独称关尹、老聃为"古之博大真人",于其他学派则分别论其得失。唯天道、人道、治道、学道为各家所论之领域,当然不同学派所论未必面面俱到,不过他们在论及天、人、治、学各道时皆能自成体系,各成其一家之言。总之,他们之间的区分不在于学科,而在于学理;为学派之分而非学科之分。

《荀子·解蔽》亦有类似之说,云:"凡人之患,蔽于一曲,而暗于大理。治则复经,两疑则惑矣。天下无二道,圣人无两心。今诸侯异政,百家异说,则必或是或非,或治或乱。乱国之君,乱家之人,此其诚心,莫不求正而以自为也,妒缪于道,而人诱其所迨也。"②这里所说的意思也是:道或"大理"本为一,到"诸侯异政,百家异说"出现以后,乃有蔽于一曲之论。《荀子》所言之道或"大理"即《庄子》所言之"道术",《荀子》所言之"诸侯异政,百家异说"即《庄子》所言之"方术"。《荀子·解蔽》最精要处

---

① 王先谦:《庄子集解》,第215—216页。
② 王先谦:《荀子集解》,《诸子集成》本,北京:中华书局1954年版,第258页。

是,指出正面之所见可以适足,以成为负面之所蔽,且反之亦然。"故为蔽:欲为蔽,恶为蔽;始为蔽;终为蔽;远为蔽,近为蔽;博为蔽,浅为蔽;古为蔽,今为蔽。凡万物异则莫不相为蔽,此心术之公患也。"①接着又历数以往人君之蔽者、人臣之蔽者、宾孟(王先谦从俞樾说,校正为"宾萌",是)之蔽者之所以失。概括为:"墨子蔽于用而不知文,宋子蔽于欲而不知得,慎子蔽于法而不知贤,申子蔽于势而不知知。故由用谓之,道尽利矣;由俗(同'欲')谓之,道尽嗛(同'慊')矣;由法谓之,道尽数矣;由势谓之,道尽便矣;由辞谓之,道尽论矣;由天谓之,道尽因矣。此数具者,皆道之一隅也。夫道者,体常而尽变,一隅不足以举之。"接着又说:"孔子仁知且不蔽,故学乱(治也)术足以为先王者也。"②

《荀子·解蔽》与《庄子·天下》于此最大之不同,厥为一尊孔子、一尊老子而已。《荀子·非十二子》认为"其持之有故,其言之成理,足以欺惑愚众"者有如下十二家:它嚣、魏牟,陈仲、史鳅,墨翟、宋钘,慎到、田骈,惠施、邓析以及子思、孟轲(荀子指之名为儒而实为五行家)。而主张"上则法舜、禹之制,下则法仲尼、子弓之义,以务息十二子之说。如是则天下之害除,仁人之事毕,圣王之迹著矣"③,内容与《解蔽》相表里。《荀子》对于诸子之分类也是以学派之学术思想异同为标准的。至于上列诸子学派之具体分类定性,前辈学者已多有探研,然至今尚未

---

① 王先谦:《荀子集解》,第259页。
② 同上书,第261—262页。
③ 同上书,第57—61页。

能厘然划清,本文于此亦不能深究。

大体说来,先秦时期之诸子分类以学术流派之不同为标准。直至司马迁引述其父司马谈的《六家要旨》,仍然继承了这一标准。《六家要旨》云:"《易大传》:'天下一致而百虑,同归而殊途。'夫阴阳、儒、墨、名、法、道德,此务为治者也,直所从言之异路,有省不省耳。尝窃观阴阳之术,大祥而众忌讳,使人拘而多所畏;然其序四时之大顺,不可失也。儒者博而寡要,劳而少功,是以其事难尽从;然其序君臣父子之理,列夫妇长幼之别,不可易也。墨者俭而难遵,是以其事不可遍循;然其强本节用,不可废也。法家严而少恩;然其正君臣上下之分,不可改矣。名家使人俭而善失真;然其正名实,不可不察也。道家使人精神专一,动合无形,赡足万物。其为术也,因阴阳之大顺,采儒墨之善,撮名法之要,与时迁移,应物变化,立俗施事,无所不宜,指约而易操,事少而功多。儒家则不然。"①值得注意的是,司马谈明确指出,六家之学皆"务为治者也"。也就是说,百家之学皆是以治道为主轴(其中涉及天道、人道、学道)而形成的不同学说体系。

自汉武帝采纳董仲舒说,虽未能完全罢黜百家,但独尊儒术是实现了。司马谈尊崇道家的倾向无法继续生存,刘向、歆父子在编制七略时改变了先秦学者的传统。这种情况在"汉志"里有清晰的反映。

"汉志"以为:儒家出于司徒之官,道家出于史官,阴阳家出于羲和之官,法家出于理官,名家出于礼官,墨家出于清庙之守,纵横家出于行人之官,杂家出于议官,农家出于农稷之官,小说

---

① 《史记》,第3288—3289页。

家出于稗官①。前辈学者胡适之对此已有批评,章太炎、胡先骕又持异议,不过其说难以成立。② 值得注意的是,《庄子·天下》说的是六经出于王官(《庄子·天运》亦以六经为先王之陈迹),而"汉志"却以为诸子出于王官。若为王官,则必有职守之分工;说诸子出于王官,就是说诸子之分即在于所守职能之不同,从而非学术观点流派之不同。这一点恰恰是"汉志"与《庄子》《荀子》不同之所在。

诚然,"汉志"并未能完全抛弃先秦按学说分诸子之传统,又主守按职能分诸子之办法,是以矛盾自难避免。例如,刘向一人,在记"刘向所序六十七篇(自注:《新序》《说苑》《世说》《列女传颂图》也)"时定之为儒家③,在记"刘向《说老子》四篇"时又定之为道家④,在记"刘向《五行传记》十一卷"时以其属六艺《书》类⑤,在记"刘向赋三十三篇"时又以其属诗赋类⑥。再例如,庞煖一人,在记"庞煖二篇(自注:为燕将)"时,列之为纵横家⑦,而记"庞煖三篇"时,则又列之于"兵书略"兵权谋家中⑧。又例如,师旷一人,"诸子略"记"师旷六篇"时,列之于杂家⑨,

---

① 《汉书》,第 1728、1732、1734、1736、1737、1738、1740、1742、1743、1745 页。
② 参见蒋伯潜:《诸子通考》,杭州:浙江古籍出版社 1984 年版,第 27—28 页。
③ 《汉书》,第 1727 页。
④ 同上书,第 1729 页。
⑤ 同上书,第 1705 页。
⑥ 同上书,第 1748 页。
⑦ 同上书,第 1739 页。
⑧ 同上书,第 1757 页。
⑨ 同上书,第 1739 页。

而"兵书略"记"师旷八篇"时,则列之于阴阳家中①,等等。对同一位学者不按其学术观点流派分类,而依其作品所言之职能分类,这样就不见了学者自己的学术人格,从而只展现出学者职场角色脸谱,宜其治丝益棼。尤有甚者,"诸子略"中有阴阳家②,"兵书略"中又有阴阳家。③"汉志"出现这些问题,察其原因,仍在于最初汉成帝命刘向校诸子,而命步兵校尉任宏校兵书之按专家分工而不按学术流派分工的基础之上。这一分工原则又贯彻于"诸子略"中,从而出现如下现象。"汉志"子部十家中的前六家,基本仍与《庄子》《荀子》《六家要旨》相通,其分类,读者不难理解;而其后新出纵横、杂、农、小说四家,则颇使读者感到,似乎刘氏父子面对一大堆尚待整理编纂的文献材料,在分类时不免有勉强之处。以下略作分析。

其一,纵横家者流之设,大体是用以收录六国游说者流之文辞;"汉志"谓此流"出于行人之官",职能本在外交辞令。"汉志"于此流凡收苏秦、张仪至汉武帝时人十二家。概略观之,似无不可。然稍推敲,便觉问题其实不少。始自孔子周游列国,下迄李斯谏逐客书,百家诸子,除道家外,几乎无不到处游说君主,以求实行其道。《战国策》一书,固然有若干历史叙述为背景,但大量记载则为纵横家言。"汉志"又何以列之于"六艺略"春秋家中,而不在"诸子略"纵横家内?

其二,杂家之设,理由更不充分。"汉志"以为,杂家出于议

---

① 《汉书》,第1760页。
② 同上书,第1733—1735页。
③ 同上书,第1759—1760页。

官,"兼儒、墨,合名、法,知国体之有此,见王者之无不贯"。这使我们联想到司马谈《六家要旨》所说道家能"采儒墨之善,撮名法之要"。道家尽管能兼采四家,却以道家之旨一以贯之;而杂家之所以为杂,正因为其为折中主义,无主旨一以贯之。"汉志"设杂家,本以刘氏所校中秘书内有此一堆文献,一时无法分类,姑且为之。此处又说"见王治之无不贯",实在自相矛盾。

其三,"汉志"农家者流,首列"神农二十篇"。其自注谓为六国诸子所作,托之神农。师古曰:"刘向《别录》云,疑李悝及商君所说。"①如颜师古所见《别录》之文无误,则当入于法家。而"汉志"对农家者流之总论中,又言:"即鄙者为之,以为无所事圣王,欲使君臣并耕,悖上下之序。"②其实,这样的"农家",在《孟子·滕文公上》里是有所论及的。"有为神农之说者许行"及其弟子陈相之徒,皆主张"贤者与民并耕而食"。③这样的农家实际是有其自己的社会政治思想的,属于一个思想流派,孟子批评他们,也是作为一个学术流派批判的。可是"汉志"农家类里所列多为农田技术之书,如《氾胜之书》等。这样就典型地把学术思想流派与职能技术混为一谈了。

其四,至于小说家者流,"汉志"已经列之于可观者九家之外,属于姑妄存之之类。其中列"《宋子》十八篇"。自注云:"孙卿道宋子,其言道家意。"④从此自注中,可见刘氏父子之用心。

---

① 《汉书》,第1742页。
② 同上书,第1743页。
③ 焦循:《孟子正义》,《诸子集成》本,北京:中华书局1954年版,第214—215页。
④ 《汉书》,第1744页。

《荀子·解蔽》云:"宋子蔽于欲而不知得。"此当为自注"其言道家意"之根据。然《荀子·非十二子》却又将宋钘与墨翟归为一类;设宋子即宋钘,那他自当属于墨家。这样,就又与《荀子·解蔽》相矛盾(在那里墨子与宋子是分别开的)。可是刘氏父子却忽略了这里存在的难题,未能表示存疑,又显出其精审之不足。

以上分析"汉志"诸子略之分类,所说已经不少,其实可继续考论者尤多。此处笔谈不能再说了。那么说这些话到底有什么意思呢?愚意所要说明者集中于一点,实际是,"汉志"在承先启后中,开始改变了先秦诸子对于百家之学以学术思想流派为区分之标准,转而开始按照典籍所述内容之具体职能分类。此后之"隋志"、《四库总目》等等,在这一条路上愈走愈远,子部之书不少保存了,却乱了。这样就给研究子部之学即"子学"者,平添了很多困难,当然也留下了太多的余地。

冯友兰先生在其《中国哲学史》中把子学划为中国哲学(义理之学)史里的一个独特阶段,源起于孔子,终结于董仲舒公羊经学的确立。这是狭义的先秦子学。不过,在他所说的漫长的"经学时代"中,子学实际是存在的。尤其吊诡者,冯先生之《中国哲学史》的经学时代里,实际并未切实讲过经学(尤其"由小学而经学"之经学),今观其书之第四章,题为"古文经学与扬雄王充",而实际于古文经学本身可谓一带而过。至于如皮锡瑞《经学历史》之内容,冯书几乎皆无所涉及。大概在他看来,那些经学书里没有什么哲学内容可言,故置之不理。他所切实注意的,倒是其所为经学时代里的子学诸书,实际还是子学。不过,这样的子学就是不同于先秦子学的子学了。

子学研究,究竟是研究狭义的先秦子学呢? 还是研究贯通古今的广义子学呢? 抑或是研究由狭义而广义之子学的演变之历史与内在理路呢? 这些问题,都是有待于各位专家经深思而发为巨著,不才翘首以望的。

(原载《史学月刊》2014 年第 10 期)

关于文史基础教材内在深层联系问题
——试举例说明

近来概览了一些文史基础教材,觉得其间有些相互关注不足、照应不够的问题。从历史上看,文史分科无疑曾经是一种学术史上的进步,不过这种进步也带来了一些问题,所以现在交叉学科又逐渐得到了大家的重视。

读书学习从识字始,从来如此。尤其值得注意的是,现在大多数老师和学生都用电脑工作,写汉字不用笔,对于青少年来说,就有将来提笔忘字之虞。众所周知,中国自古方言很多(汉代扬雄所著《方言》可为例证),而统一的汉字却成为沟通方言的最根本的工具。中国的历史悠久,古今语文也有变易,而沟通古今语文的根据仍在汉字。在一定程度上,也许可以说,汉字里就深藏着中华文化的基因。所以,这一篇小文试图列举几个例子,从文字说到句意的辨析,再进而说明历史及其中的思想。

一、"共""恭"

问题是这样提出来的。有的教材讲到夏朝初年启(或说是禹)伐有扈氏以巩固夏政权,在战前誓师之词里有这样一句话:

"现在我们共同(对有扈氏)奉行天的惩罚。"(大意如此)按这一句话出于《尚书·甘誓》,不过现在能够比较完整地看到的《甘誓》就有三个版本:《十三经注疏》本、《墨子·明鬼下》本、《史记·夏本纪》本。三者文辞不尽相同,而大意并无大异。除《墨子》以为作者是禹外,其余两本都说作者是启。现在就把这句引文的原文按三个不同版本列举如下:

(1)今惟恭(按,伪孔传注:"恭,奉也。")行天之罚。①

(2)予共行天之罚也。②

(3)今予维共行天之罚。③

从上列三句原文来看,到底应该译为"恭行"还是译为"共行"呢?直观地看,译为"共行"是有根据的,而且在三条引文根据中还占了两条。如何解决这个问题呢?这就免不了一番咬文嚼字的过程。

其实,三个文本里"共行"和"恭行"本来就是可以相通的。请看以下甲文、金文、小篆的有关字形:

㕯甲文、㕯小篆、廾楷书。《说文解字》卷三上廾部:"廾,竦手也。从左、右。"④按此字音拱,左右双手作拱之象形。

㕯甲文、㕯金文、㚘战国时期金器文字、㚘小篆、㚘睡虎地秦简文字。

---

① 《十三经注疏》,北京:中华书局影印阮元校本,第 155 页。

② 孙诒让:《墨子间诂》,《诸子集成》第 4 册,北京:中华书局,第 149 页。请参见孙氏对"共"之考释,谓其义为"谨"。

③ 《史记·夏本纪》,北京:中华书局校点本册1,第 84—85 页。按,裴骃《集解》:"孔安国曰:'共,奉也'。"

④ 《说文解字》,北京:中华书局缩印清同治间刻大徐本,第 59 页上。

《说文解字》卷三上共部:"共,同也。从廿从廾。"①以"同"来解释"共",这在古今皆无问题。不过,为什么共就有同的意思呢? 段玉裁注云:"廿,二十并也。二十人齐竦手是为同也。"②据以上所引列"共"字从甲文、到金文、到小篆、到隶字的例字,我们可以大体看出此字字形的演变过程。段氏所说"共"上半部的"廿"形,只是到战国以下才逐渐出现的,在甲文、金文里只不过是某种器物的象形。所以"廿"并非从二十并。尤其把"廿"解为二十人,"人"无根据,显属增字解经,故不可取。如果按段氏的思路,以会意途径求解,那么,"共"为左右两手同时举起,应该可以解释为"同"。而且从音训的角度来看,"共"与"同"古音皆在东部,叠韵可通。

"共"与"恭"又何以相通?《说文解字》卷十下心部:"蘭,恭,肃也。从心共声。"③"恭"字迄今尚未见于甲文、金文。《说文》给"共"加上一个"心"的部首,不过为了对"共"作"恭"解时加上一个更为明确的限定,说明这已经不再是拱手而是心里的恭敬了。在中国古籍里,"共"通"恭"的实例多不胜数。再如,《说文解字》卷八上十人部:"㒨,供,设也。从人共声。一曰供给。"④也属于类似的情况。

既然"共"与"恭"可以相通,那么,要确定其在上文所引的那句话里的含义,就必须把它放在全文中来理解。《甘誓》的原

---

① 《说文解字》,北京:中华书局缩印清同治间刻大徐本,第59页下。
② 段氏:《说文解字注》,上海:上海古籍出版社缩印段氏经韵楼本,第105页上。
③ 《说文解字》,北京:中华书局缩印清同治间刻大徐本,第215页上。
④ 同上书,第163页下。

文是:"大战于甘,乃召六卿。王曰:'嗟!有扈氏威侮五行,怠弃三正,天用剿绝其命。今予惟恭行天之罚。左不攻于左,汝不恭命;右不攻于右,汝不恭命;御非其马之争,汝不恭命。用命赏于祖,不用命戮于社(土),予则孥戮汝。'"①从这段文章看,启(或禹)已经自视为"天子",奉行天命来伐有扈氏,对于天命他当然必须恭恭敬敬。至于对待大众,他采取的就完全是另一种态度了。他哪里还有一点呼吁大家一同伐扈的平等口气?他对大众申令的是,奉行他的命令者有赏,否则就要杀戮。

这样我们就做了一次尝试:从文字辨识开始,了解一词可以多义,再就上下文确定字义、句义,从而得到有关历史的准确知识。在这里,我们可以看到文史之间的内在深层关系。

二、"豊""禮""礼"

问题是这样提出来的。有的教材讲到孔子主张"克己复礼",就认为那是想恢复西周的旧制度。孔子很欣赏周文化,曾说:"周鉴于二代,郁郁乎文哉,吾从周。"②又很推崇周公,曾说:"甚矣吾衰也。久矣吾不复梦见周公。"③他还曾说自己"述而不作,信而好古"。"我非生而知之者,好古敏以求知者也。"④所以,说孔子有好古怀旧思想,那是没有问题的。至于他是否就要

---

① 《十三经注疏》,北京:中华书局影印阮元校本,第155—156页。
② 《论语·八佾》,见朱熹:《论语集注》,北京:中华书局《新编诸子集成》本,第65页。
③ 《论语·述而》,见上引朱熹:《论语集注》,第94页。
④ 同上书,第93、98页。

恢复西周旧制度,那还须进一步仔细分析。

这个问题之所以使我们注意,与"文革"时期的批林批孔还有关系。按照那时的上纲逻辑,林彪提出要"克己复礼",而他是要搞复辟的,所以孔老二也就是要复辟西周奴隶制的反动派。这件事已经过去多年,现在大家早就知道,林彪与孔子根本就没有任何关系。不过,孔子说的"克己复礼"是否还是要恢复西周制度,这个问题总有必要探讨清楚。这里就不能不首先把这个"礼"字弄明白。首先请看"礼"的字形:

※甲文,※金文,豐小篆。

※战国晚期金文,※小篆,※说文引古文。

《说文解字》卷五上豊部:"豊,豊,行礼之器也。从豆象形。读与禮同。"①《说文解字》卷一上示部:"禮,禮,履也。所以事神致福也。从示从豊,豊亦声。※,古文礼。"②王筠注云:"按(禮、履)二字虽叠韵(愚按,古音同属脂部),然隆礼、由礼,必在履践,故以履释之。"③看来,"豊"为早期的象形字,本指祭祀时行礼之器,亦可指礼品、礼物,为具体名词。"禮"则加偏旁归示部,成形声字;可以当作动词,表示礼敬,如礼宾、礼客。现在的简化礼字,则来源于说文引的古文。刘熙《释名·释典艺》:"禮,体也。得其事体也。"④愚按,《释名·释典艺》所说之礼,乃指《礼经》(典艺即指经典)而言,所采用的是声训,礼与体古

---

① 《说文解字》,北京:中华书局大徐本,第102页下。
② 同上书,第7页下。
③ 王筠:《说文句读》卷一,叶三背面,上海:上海古籍出版社缩印王氏家刻本。
④ 王先谦:《释名疏证补》卷六,叶十二背面。又见同书《释言语》,卷四,叶一背面,上海:上海古籍出版社缩印清光绪间本。

音同属脂部。礼经所言"事之体",就是行事所据的体制、体统。《礼记·礼器》:"礼也者,犹体也。体不备,君子谓之不成人;设之不当,犹不备也。礼,有大、有小、有显、有微。大者不可损,小者不可益;显者不可掩,微者不可大也。故经礼三百,曲礼三千,其致一也。"①此处之"礼",已经是抽象名词,又分为大小二类。郑玄注谓经礼即《周礼》,曲礼乃《礼记·曲礼》之类。郑说未必确切,大体说来,经礼乃关于国家典章制度者,曲礼乃行为规范、礼仪素养等。

现在需要辨别的是:孔子所说的"克己复礼",是复的国家典章制度之礼,还是复的行为规范、礼仪素养之礼?那么,请看《论语·颜渊》颜渊问仁章原文:"颜渊问仁。子曰:'克己复礼为仁。一日克己复礼,天下归仁焉。为仁由己,而由乎人哉?'颜渊曰:'请问其目。'子曰:'非礼勿视,非礼勿听,非礼勿言,非礼勿动。'颜渊曰:'回虽不敏,请事斯语矣。'"②从此段引文中可以清楚地看出,孔子在这里教给颜渊的是四个"非礼勿",根本与国家典章制度之礼无关,而恰恰是行为规范、个人礼仪素养之礼。

由此可以清楚判明,此处孔子所言"克己复礼",无法作为他要恢复西周制度的结论。至于孔子欣赏周文化、推崇周公,那也需要具体分析。批林批孔时说,孔老二要复辟西周奴隶制,那是以春秋战国封建说(郭沫若主此说)为前提的。岂不知还有西周封建说的存在(范文澜、翦伯赞主此说),如按此说,岂不变成了孔子推崇周公是拥护革命了?回想起来,那时候真是闹了

---

① 《礼记正义》,见《十三经注疏》,北京:中华书局影印阮元校本,第1435页。
② 《论语·颜渊》,见上引朱熹:《论语集注》,第131—132页。

一场可悲的笑话。

三、"仁"

问题是这样提出来的。孔子回答颜渊问仁的第一句话是"克己复礼为仁"。批林批孔的流毒之一是强化了"克己复礼"四个字在人们头脑里的印象,却让人们把全句话里的"为仁"二字遗忘或忽略掉了。当时只能批"克己复礼",没有人能提问丢弃了"为仁"二字与"克己复礼"的关系问题。

现在当然可以把问题探讨清楚了。这样就必须从"仁"字本身说起。请先看"仁"的字形:

尸战国中山王墓出土金文、仁小篆、仁睡虎地秦简文字。

"仁"字不见于商周甲文、金文,看来此字晚出。在传统经典中,"仁"见于《尚书》(伪古文诸篇除外)仅一次。《尚书·金縢》:"予仁若考。""仁"见于《诗经》仅二次。《诗经·郑风·叔于田》:"洵美且仁。"《诗经·齐风·卢令》:"其人美且仁。"而且这些地方出现的"仁"字皆非其本义。拙作《先秦儒家仁礼学说新探》曾经加以探讨①,这里恕不赘论。

现在来考察"仁"字本义。《说文解字》卷八上人部:"亲也。从人从二。"段玉裁注:"会意。《中庸》曰:'仁者,人也。'"②段氏既说"仁"为会意字,又引《中庸》"仁者,人也"。这就又像同

---

① 原载《孔子研究》1990 年第 1 期。亦见拙作:《古代中国与世界》,北京:北京师范大学出版社,第 267—268 页。

② 段氏:《说文解字注》,第 365 页。

声音训。段氏此处所引《说文》本文乃据宋徐铉(大徐)校本,而铉弟徐锴(小徐)的《说文系传》却认为"仁"字"从人从二"应作"从人二声"。这就又把"仁"看作形声字,从人二声(愚按,"仁"字古音在真部,"二"字古音在脂部,脂、真对转可通。)后来还有学者认为,"仁"字当为从"人"得声。其中详情,具见丁福保编《说文解字诂林》。① 作为非文字学专业人员,我们可以不必细考。不过,从音训或会意说似乎均可。按《礼记·中庸》引(孔)子曰:"仁者,人也,亲亲为大;义者,宜也,尊贤为大。亲亲之杀(愚按,杀读去声,差等也),尊贤之等,礼所生也。"②此处以"人"释"仁"(愚按,二字古音皆为真部日母),以"宜"释"义"(愚按,二字皆为歌部疑母),都是音同义通。愚按,其实,古书中"仁"与"人"通用的实例甚多。例如《论语·雍也》记宰我问孔子:"井有仁焉,其从之也?"③"仁"作为一种思想品德或精神,如何能掉落到井里去?人跟下井去又如何能把这种精神打捞上来?朱熹从刘聘君说,认为这里的"仁"就是"人"字。④ 因为,人有可能落井,也才有可能下井去救。又例如,王引之在其《经义述闻》卷十六,"宽身之仁"条中说:"《(礼记)表记》:'以德报怨,则宽身之仁也;以怨报德,则刑戮之民也。'郑注曰:'仁,亦当为民,声之误。'引之谨按,仁与人,古字通。(《系辞传》:'何以守位曰人。'王肃本作仁。《论语·雍也》篇'井有仁

---

① 原本三四七一至三四七五页;昆明:云南人民出版社缩印本,第1979—1981页。
② 《礼记正义》,见《十三经注疏》,第1629页。
③ 见上引朱熹:《论语集注》,第90页。
④ 同上书,第91页。

焉'。汉韩勅造《孔庙礼器碑》:'四方士仁,闻君风燿。'仁并与人同。)人亦民也,不必改民。"①因此,用"人"解释"仁",这是不成问题的。不过,说到这里,大家还可能觉得意思不太透彻。

对于上引《中庸》的"仁者人也。"郑玄注云:"人也,读如相人偶之人。以人意相存问之言。"②所谓"相人偶"中的"偶",《尔雅·释诂》云:"偶,合也。"此处与"偶"同义的字有妃、匹、会等。郭璞注云:"皆谓对合也。"郝懿行说,"偶"与"耦"通。③用今天的话来说,人偶就是配对的人,例如在家庭里,夫妇为配偶;在田间,二人合耕就叫耦耕。在上古"妃"与"配"通,指男子的配偶;"匹"在古代可作"对等"解,例如《左传》僖公二十三年"秦晋匹也,何以轻我!"杜预注:"匹,敌也。"④这里的"敌",是旗鼓相当而对等的意思。这样郑玄所说的"以人意相存问"就是彼此相互以同等的人的关系来对待。简言之,"仁"就是要把人当作人。《吕氏春秋·开春论·爱类》云:"仁也者,仁乎其类者也。"⑤仁就是人类之爱。

不过,孔子所主张的"仁"爱是有层次的区别的,与墨子所主张的无差别的"兼爱"不同。《中庸》引其说:"仁者,人也,亲亲为大;义者,宜也,尊贤为大。亲亲之杀,尊贤之等,礼所生也。"这就是说,"仁"作为人类之大爱,是由"老吾老以及人之老、幼吾幼以及人之幼"的途径从己到人推出去的。"仁"的由

---

① 《经义述闻》,南京:江苏古籍出版社影印清道光间本,第387—388页。
② 《礼记正义》,见《十三经注疏》,第1629页。
③ 郝氏:《尔雅义疏》,第1册,北京:商务印书馆《万有文库》本,第20—22页。
④ 《礼记正义》,见《十三经注疏》,第1816页。
⑤ 中华书局《诸子集成》本册6,第281页。

己外推,应该有适宜的规则,如须贤愚长幼之别,这就是"义"。"仁"而且"义",这就是孔子所说的"礼"。从这里,我们也看清了孔子思想中的"仁"与"礼"的关系。所以"克己复礼"才能"为仁"。

四、"克"与"己"

问题是这样提出来的。上文虽然已经说明了孔子所主张的"仁"与"礼"的关系,不过,孔子在回答颜渊"克己复礼为仁"之后,又说:"一日克己复礼,天下归仁焉。为仁由己,而由乎人哉?"这些话又该如何理解?看来当时就连颜渊这样的高足弟子,一时也没有理解清楚,所以才"请问其目"。孔子的答案是四个"非礼勿",颜渊就说照办。问答结束,可是孔子对这两句话本身并未加以说明。既然要"克己",那么怎么又要"由己""不由人"呢?其实,这个问题似乎也是值得我们自己思考的。

我们不能不思考"克"到底是什么意思?"克"又怎么克法?"己"的确切含义又是什么?"己"如果只是"克"的对象,那么谁又是施"克"的主体?

三国曹魏何晏作《论语集解》,引汉马融说,认为克己就是"约身"。而北宋邢昺作疏,却引隋刘炫云:"克训胜也,己谓身也。身有嗜欲,当以礼义齐之。嗜欲与礼义战,使礼义胜其嗜欲,身得归复于礼,如是乃为仁也。"①南宋朱熹作集注,云:"克,胜也。己谓身之私欲也。复,反也。礼者,天理之节文也。为仁

---

① 《论语注疏》,见《十三经注疏》,第2502页。

者,所以全其心之德也。盖心之全德,莫非天理,而亦不能不坏于人欲。故为仁者必有以胜私欲而复于礼,则事皆天理,而本心之德复全于我矣。"他还引程子云:"须是克尽己私,皆归于礼,方始是仁。"①

从刘炫到朱熹,我们可以看到他们的一种解说倾向,即把"克"由"胜"而演化为战胜,而且是彻底地战胜(克尽);把"己"由"自身"演化为个人的私欲,而且又把私欲演化为人欲;最终使人欲与天理不能相容,从而提出理学家彰天理、灭人欲的教条。不过,理学家的教条毕竟是对孔子所说的道理作了曲解的。为了辨明他们的曲解,我们还是要从"克"与"己"这两个关键性的字谈起。

首先看"克"的字形演变:〇甲文、〇金文、〇春秋早期金文、〇小篆。

《说文解字》卷七上克部:"〇,克,肩也。象屋下刻木之形。"徐铉于其校本注引其弟徐锴云:"肩,任也,负荷之名也。与人肩膊之义通。能胜此物谓之克。"②愚按,从甲文、金文字形来看,以肩释克,应无问题;《说文》小篆虽字形稍变,但以为肩(肩扛)之象形,也应无问题。又按,《尔雅·释诂》:"肩(与尅〔克〕、戡〔堪〕、等字并列),胜也。"又云:"胜、肩、戡、刘、杀,克也。"《尔雅·释言》:"克,能也。"③这样,我们就可以对"克"作

---

① 见上引朱熹:《论语集注》,第131—132页。
② 《说文解字》,北京:中华书局大徐本,第143页下,第292页上。参见《说文解字诂林》,原本页三一至三零六五,昆明:云南人民出版社缩印本,第1774—1777页。
③ 郝氏:《尔雅义疏》,《万有文库》本第1册,第30—32页;第2册,第56页。

三层意义的理解。一则,从字形看,"克"的意思是"肩",而"肩"的意思就是"胜";《说文解字》卷十三下力部:"朡,胜,任也。从力,朕声。"①按照今天的话说,这就是"胜任",是能自持或担当得起的意思。它可用作名词,以表示能力;也可用作自动词,以表示行动。二则,它可以用作它动词,表示对他者的战胜、攻取、征服以至歼灭等。三则,它还可用作助动词,表示能够的意思。这看来是由"胜任"衍生出的引申义。因此,只有把"克"植入具体上下文中,才能决定它在句中的确切含义。

再来看"己"的字形演变:丂甲文、己金文、ㄋ小篆。此字在甲文、金文中常用于记干支或作为人名。而在传世经籍中,它除继续用于表示干支外,则早又用来表示与他人相对待的自己,或与彼相对待的己。至于作为干支之"己"与作为自身之己是怎样沟通起来的,看来迄今尚未得出贴切的解决方案。近世学者黄约斋(即傅东华)说:"象人跪踞时身体之三折。后因古音与'躬(自称)'均属见纽,为双声,故又借为自身之称。"②这也只能备一家之言以供参考而已。在先秦两汉古文献中,迄今未见有以"己"作"私"解者。西汉末扬雄《法言·问神》虽有"胜己之私之谓克"之说,③不过,当他说"己之私"时,"私"仍然是"己"的一个方面,而非全等于"己"。因此,对于从刘炫到朱熹的那一套曲解"克己复礼"的说法,前代学者就开始予以批评。

---

① 《说文解字》,北京:中华书局大徐本,第143页下,第292页上。参见《说文解字诂林》,原本页三一至三零六五,昆明:云南人民出版社缩印本,第1774—1777页。
② 转引自邹晓丽著:《基础汉字形义释源》,北京:中华书局,第222页。
③ 见中华书局《丛书集成》本第7册,《法言》,第15页。

清初学者毛奇龄在其所作《论语稽求篇》"克己复礼为仁"条中说:"马融以约身为克己,从来说如此。夫子是语,本引成语。《春秋》昭十二年,楚灵王闻《祈招》之诗,不能自克,以及于难。夫子闻之,叹曰:'古也有志:克己复礼仁也。楚灵王若能如是,岂其辱于乾谿?'据此则'克己复礼'本属成语。夫子一引之以叹楚灵,一引之以告颜子。此间无解,而在《左传》则明有'不能自克'作'克己'对解。"①毛氏据《左传》把此处"克己"解为"自克",无疑是正确的。克己就是约束自己,施动者与受动者同为自己。

又惠士奇在其《礼说·地官·师士》"敏德"条中说:"师士三德,二曰敏德。敏者何也?克为敏德,以己承之。孔子曰'克己',曾子曰'己任',一也。《说文》克之象肩也,其义任也。《诗》云:'佛时仔肩'。毛传曰克,郑笺曰任,《释诂》曰胜。盖能胜其任谓之克。然则苟非己,焉能克? 苟非克,焉得敏?……若无己,则敬失其基,礼失其幹,慎失其藉。堕肢体,黜聪明,离形去智,变为槁木死灰,亦终入于昏昏墨墨而已矣。学问求诸己,②廉耻行诸己,③忠恕推诸己,④立达取诸己,⑤安人安百姓修

---

① 见阮元主编:《清经解》卷181,上海:上海书店缩印清咸丰间补刻本册1,第749页。

② 《论语·卫灵公》:"子曰:君子求诸己,小人求诸人。"见上引朱熹:《论语集注》,第165页。

③ 《论语·子路》:"子曰:行己有耻。"见上引朱熹:《论语集注》,第146页。

④ 《论语·颜渊》记仲弓问仁,孔子答曰"己所不欲,勿施于人。"见上引朱熹:《论语集注》,第132页。

⑤ 《论语·雍也》记子贡问仁,孔子答曰:"夫仁者,己欲立而立人,己欲达而达人。能近取譬,可谓仁之方也已。"见上引朱熹:《论语集注》,第92页。

诸己。"① 孔子无我,非无己也。杨子为我,非为己也。己之欲非己,犹身之垢非身。为仁由己,是谓当仁;仁以成己,惟敏乃成。训己为私,滥于王肃,浸于刘炫,异乎吾所闻。"②惠氏这一大段话,真是说得痛快淋漓,依据的完全是《论语》中所记孔子答弟子问仁、问君子的原话,由此而清晰明畅地批驳了王、刘、程、朱的训己为私的谬说。孔子答颜渊时所说"为仁由己,而由乎人哉",在惠氏文中得到了正确而鲜明的解说,贡献殊多。

己就是己,是人之所以为人的主体,是为人立身之基点,也是人格尊严之所寄。上文在解释"仁者,人也"的时候曾说,"仁"就是要把人当作人来看待。怎样才能把人当作人来看待呢?这首先就要把自己当作人来看待,因为自己也是人啊。也许有人会说,谁能不把自己当作人来看待呢?其实,要把自己当作人来看待并不容易。为什么?因为要真正做好一个人,就必须克己。而克己有两个方面的基本要求:一则,克己必须约己,必须"行己有耻"。人一旦无耻,就会做出不是人该做的事情来,这样的"人"还有真正的人格尊严吗?说得重一点,那不过是披着人皮的"人"。这里还要说明的是,约己不等于朱熹所说的"克尽己私"。孔子说:"富与贵,是人之所欲也,不以其道得之,不处也;贫与贱,是人之所恶也,不以其道得之,不去也。君子去仁,恶乎成名?君子无终食之间违仁,造次必于是,颠沛必

---

① 《论语·子路》:"子路问君子。子曰:'修己以敬。'曰:'如斯而已乎?'曰:'修己以安人。'曰:'如斯而已乎?'曰:'修己以安百姓。修己以安百姓,尧舜其犹病诸!'"见上引朱熹:《论语集注》,第159页。

② 见《清经解》卷217,册2,第48页。

于是。"①这就是说,富贵虽为人之所欲,但取舍必以道;贫贱虽为人所恶,取舍同样必须以道。问题的关键不在贫富或人欲,而在于取舍是否以道。只有以道,才能成其为仁;不以其道,就不能成其为仁。孔子又说:"富而可求也,虽执鞭之士,吾亦为之。如不可求,从吾所好。"②这就是说,富并非绝对地不可求,因为一定的财富是人生所必须,也是人应有的基本欲望和权利。但求之必以其道。因为不以其道求之,就是为一己之富,而攫取他人应得之富,那就是强取豪夺,从而成为无耻、犯罪。二则,克己必须"由己""己任"。这绝对不是说任由自己乱来,而是说克己必须有一个主体,这个主体必须也只能是自己,因为所谓"由己""己任"就是要这个主体来担当责任,要有使命感。自己没有责任感、不能担当,不尽心尽力,难道要别人来替你担当?替你尽心尽力?正如惠士奇所说,若一个人"变为槁木死灰,亦终入于昏昏墨墨",即使他没有做其他坏事,那么,他也能算尽了作人的责任吗?仁者,首先要把自己当人看待。让自己变为槁木死灰、昏昏墨墨,毫无责任感、使命感,岂非也是浪费了自己的人格尊严?对于混日子的人,能说他克己了?能承认他是仁者吗?人一旦成为这个样子,他自己就既不能立也不能达,那又怎能立人、达人?他自己都不知道并尊重自己的人格尊严,又怎能知道并尊重他人的人格尊严?所以,孔子才主张"为仁"必须"由己"。己立起来,才能立人,己达了,才能使人也达。绝对不能为了自己的尊严而践踏他人的尊严,为了自己的利益而伤害

---

① 《论语・里仁》,见上引朱熹:《论语集注》,第70页。
② 《论语・述而》,见上引朱熹:《论语集注》,第96页。

他人的利益,这就是己所不欲,勿施于人。这样也就做到了把他人真正当作为人。这样的人就是孔子所说的仁者。当然,要真正做到这样的仁者并不容易,作了半截就不作了,最终还不能算仁者。所以曾子说:"士不可以不弘毅,任重而道远。仁以为己任,不亦重乎?死而后已,不亦远乎?"①

五、后语

以上所述,试图从"共""礼""仁""克"等字的形、音、义说起,进而解读《尚书·甘誓》和《论语·颜渊》篇中的"颜渊问仁"一章,结合上下文以确定文字的当下词义,由读通文意而了解历史,最后再从文献本身获得其中的文化价值与思想意义。譬如,人们曾经把孔子"克己复礼"一语,误解为孔子的目的是要恢复西周的旧制度。经过一番较为仔细地研读,我们可以发现,原来其中所说的是孔子教人作人的根本要义。"克己复礼为仁",其中的"仁"所要求的其实只是人应该也必须把人当作人来对待,包括既把自己当人,又把他人当人。其中的"克己",就是既要自觉约束自己,不做不是人该做的事,使自己不配做人;又要自己有必须尊重他人并且协助他人做好人的自觉性与责任感。一旦我们能够激发出学生的这种自觉性与责任感,那么我们的教育就从知识培养而达到了育人的境界,就有望看到最富于理想和希望的新一代。这样似乎就从最具体的文字,经过语文辨义,而明确历史知识,最终达到理想人格的育成。另

---

① 《论语·泰伯》,见上引朱熹:《论语集注》,第104页。

外，如果通过这样的方式，我们的从事基础教育的老师以及受教育青少年学生，能够从中产生对于文史哲贯通的交叉学科兴趣，那么这也对于我们的文科教学不无小补。

当然，以上只是个人的一些初步的管见，尝试提出来请朋友们批评指教。

(原载《历史教学问题》2015年第3期)

附录　在挑战与回应中前进
——刘家和先生谈学术工作的基础

2014年12月11、17、21日,蒋重跃带着访谈任务三次拜望刘家和先生,就学术工作基础的问题向先生请教,每次访谈都超过三个小时。现将访谈内容的第一部分整理如下。被访者以"先生"表示,访问者以"重跃"表示。

重跃:先生,您好!您在二十几年前曾发表过一篇谈学术工作基础的文章①,影响很大,让我们深受教益。近些年来,您多次说过,关于学术工作的基础,您又有一些新的进展。

先生:你好!多谢你来和我交谈学术问题,我十分高兴。我的确一直在关心这个问题,而且也的确在这个问题上又有所进步。

重跃:学术研究要有创新,这是学术界的共识。可是怎样才能创新呢?我想,您对学术研究方法的思考对我们会有大的帮助,所以特别想请您谈谈这些年您在这方面的新的思考。

---

① 刘家和:《谈学术工作的基础》,20世纪90年代初发表,后收入刘家和:《古代中国与世界——一个古史研究者的思考》,湖北:武汉出版社1995年版。

先生：还是让我们一起来讨论吧。

重跃：那么，请您先说。

先生：你刚才提出的学术创新问题，实在太重要了。这实际是学术能否真正传承和发展光大的关键所在，而能否真正发现并回应挑战，也可以说是学术能否创新的关键所在。人类历史是在不断回应各种各样的挑战中逐渐有所创新而发展起来的，学术研究是人类生活中的一个重要部分，自然需要积极发现并回应挑战，在克服困难中不断前进。

重跃：为什么要把回应挑战当作能否创新的关键呢？这样说是不是太被动了？难道我们的学术工作就是为了回应别人对我们提出的挑战么？我们就不能向人家发起挑战么？

先生：你的话非常富有挑战性，因此也非常值得思考。难道我们在学术上应该消极被动吗？当然不该如此。不过我说的不是这个意思。那么，这就是你误解我了？其实，这也不能怪你。因为我从前还没有能够把问题说透，怎能要求你完全理解呢？多谢你的挑战，今天应该是说透这个问题的时候了。

重跃：您说我的话非常具有挑战性，因此值得思考，这对我也有启发。您的意思大概是，没有挑战性的话，听听也就罢了，无须特殊回应。我一"挑战"，您就想把问题说透，今天就请您说透了吧。如果一次时间不够用，再谈一次也好。

先生：现在就让我来尝试把问题说清楚。我所说的挑战，就其深层意义而言，不仅仅是指人家向我们发起的，而且更为重要或更深层次的，是我们必须能够自己向自己提出挑战。

重跃：为什么？

先生：当他人提出挑战的时候，我们自己是对象，而当需要我们回应的时候,我们自己却转变为主体。作为主体,自己是否有能力发现或意识到这种挑战?发现或意识到了,自己又是否有能力面对并回应这种挑战?如果一时没有能力,那么是采取回避的态度还是采取积极准备以求今后能回应的态度?这些就都是自己对于自己的挑战了。概括地说,这包括对自我能力极限的挑战和自我选择的挑战。我所说的挑战中应该包括自我挑战大体就是这个意思。

重跃:您所说的对自我能力极限的挑战,容易理解;而所谓自我选择的挑战,那又应该如何理解?

先生:其实,每一位学者都有其能力极限,专业的选择往往规定了我们能力极限的范围。不过,这又不是绝对的。譬如,我们所选择的学科是史学,史学的研究领域包括人类生活的历程及其所能给予我们的经验教训。这看来是明确的。不过,人类生活涉及方方面面,这里面的问题就复杂了。于是,由此而产生了二级学科、三级学科。一个史学的大屋顶下就有着复杂的结构,何况还有若干与史学相关联的其他邻里学科。选择的挑战是明显存在的。在具体进行选择的时候,又不可避免地有着两种相互区分而又联系着的问题:学术使命的理想目的与学者个人的功利目的。在这样的选择张力下,就有着相当实在的自我挑战问题。

重跃:现在您把问题展开了,也把它复杂化了。不过,对于我来说,这个问题却颇为现实而鲜明。我做学报编辑工作若干年,经常阅读各种来稿,其中就可见到作者们的不同选择,看到他们应对自我挑战的不同态度与风格。因此,我会想到古人对此已有许多论述。您说是吧?

先生：你的话对极了。孔子说："古之学者为己，今之学者为人。"(《论语·宪问》)这句话在今天很容易被误解为：古人学习的目的是为了自己，而今人学习的目的却是为了他人。其实，历代注释的理解都是：古代学者是为了自己求得真知，以便实行；后世学者是为了对他人显示自己，以求获利。孔子说："不患人之不己知，患其不能也。"(《论语·宪问》)又说："君子求诸己。"(《论语·卫灵公》)这些都可以作为前代注释的根据。在孔子所说的"为人"与"为己"两种可能的面前，怎么办？这就是自我选择的挑战。深一步说，事情也真吊诡，古之学者为己求真知，其结果最终可以有益于他人；后之学者为了炫耀个人，未得真知或苟且其说，其结果最终可以无益或贻误于他人。当然，这样也就会贻误了自己，走到了事物的反面。如果不能认真挑战自己，严格要求自己，从而学风不振甚至不正，怎么还能严肃面对并切实回应他人的挑战呢？严格地说，能够切实挑战自己，这正是回应外来挑战的必要条件。

重跃：能否谈一点具体挑战自己的方法？

先生：如果以最简单的办法说，那就是要不断地、严格地质疑且追问自己。说到这里，我想插一句闲话，你的英文很好，一定知道"挑战"在英文里怎么说。

重跃：Challenge。啊，原来这个英文字里就包含着质疑追问的义项呀。所以从"挑战"到"质疑追问"并非转了话题，而是同一问题的具体化。

先生：书归正传，举例来说，每引一条材料，就要考问自己，材料的出处是否可靠？材料的内容是否可信？自己真弄懂它的意义了吗？每提出一个见解，就要质问自己，思维的逻辑是什么？自己真清楚了吗？一步一个脚印地对自己追问下去，在不断的自我否定、自我超越中前进。其实，这样的严肃挑战自己的历程，往往是与回应外来挑战的历程相一致的。这样才有可能一步一步切实回应他人的挑战。即使一次回应失败，那也便于查出自己是在哪一步上把棋走错了，以便以后自觉提高能力；如果错得糊里糊涂，那就难免糊涂下去，很难走出这种积习了。

重跃：我想起来了，您在写《关于"以史为鉴"的对话》这篇文章时曾借"客"之口说过您要"对自己进行挑战"的话①，可见这个思想那时就已经很明确了。您把内在的自我挑战与对外的回应挑战这样紧密地结合起来谈，应该说是一种很独到的见解了。

先生："独到"实在不敢当，我是从前贤那里学来的。首先，说对话的形式。中国的《论语》《孟子》的呈现方式都是对话。希腊柏拉图的对话，大多都是自己写的，都是在自己挑战自己。所以从形式上我就是学来的。再则，说自我挑战的理性自觉。我知道，你非常熟悉《老子》，时常能大段地背出来。"知人者智，自知者明；胜人者有力，自胜者强。"（《老子》三十三章）这几句话文辞浅近，不难读懂。好像是在给"智""明""有力"和"强"下定义似的。其实，《老子》告诉我们的是：知人的智和胜人的力，对于每一个人来说都是有限度的，因为到底是否能知、能胜，那要因对象的条件而变；而自知的明和自胜的强，对于每一个人来说却是无限度的，只要我有自知、自胜的志愿和理想，那就是

---

① 刘家和：《关于"以史为鉴"的对话》，《北京师范大学学报（社会科学版）》2010年第1期。

谁也阻挡不住你的。所以，人必先自知，然后才可能知人；必先自胜，然后才可能胜人。自知与自胜实际是人的一种高度自觉而且高度专注的精神状态。所以我对于自我挑战的理性自觉也是从前贤学来的。

重跃：对不起，我想插提一个问题，可以吗？

先生：当然，请提。

重跃：据我所知，您读《老子》至今大概已有七十年，刚才您对三十三章那段话的理解是从十几岁时就有的吗？

先生：那怎么可能？最初只觉得这几句话很简明，但也很有蕴含，经得起回味，像含橄榄似的。记不起具体时间了，总是在中年以后才逐渐悟出上述的道理来。

重跃：原来您是经过长期的自我挑战以后，才逐步突破自己的能力极限，解决了如何解释这些话的难题，从而回应了挑战的。从这一点来说，您对自我挑战的自觉性并非简单地学来的，而是经过长期不断超越自我的努力得来的。

先生：很高兴，不是因为你在过誉我，而是看到了你已经自如地把握对话中的挑战与回应的技艺了。你方才的插问原来是要把我一步步地引入你所要得到的答案上来。

现在重归正传。当一个人面对挑战的时候，他所需要的是什么精神状态呢？

重跃：不会是无动于衷吧。

先生：挑战一般用来指较为严肃的问题，有时指生死攸关的问题。Challenge，不是还有要求决斗的意思吗？当然，研究学术不会与人决斗。不过，既有挑战，那就不能不具有清醒积极的回应意识与意志。人一旦意识到它是一个挑战，而且要想回应，就不应该昏昏欲睡,就应该全神贯注,全力以赴,给予回应。这是一种清醒的状态,有了这种状态,就会想方设法回应挑战。学术研究当然也需要有这样的清醒状态。我们的问题,要在挑战和应战中发现,我们的方法,要在挑战和应战中锻炼,我们的学术工作的基础,也要在挑战和应战中不断调整。对于学术研究来说,首先是要发现问题,然后是找到解决问题的办法,要做到这两点,都离不开知识结构的调整,离不开学术工作基础的改善。

重跃:怎样在挑战和回应中发现问题呢?

先生:就像刚才说的,挑战不仅仅是外部什么人向我们提出的,还有我们向自己提出的。这就是说,我们不但要发现客观的问题,更要发现自己主观的问题。而且回应自己发起的挑战,或回答自己提出的问题,往往比回应人家的挑战、回答人家提出的问题更关键,更具有先在性。自己没有问题,要想发现人家的问题,是很难的。

重跃:我觉得您的文章都是在回应这样两种挑战啊。

先生:我的确想向这个方向努力,至于成败得失,那就很难说了。

重跃:现在看来,您在回应外部挑战中获得成功,也是因为您首先回应了自己内部的挑战了?

先生:回应外部挑战成功,这就更不敢说,但一直在回应自己的内在挑战倒是真的。

重跃:那么,当年您写《论人类精神的觉醒》,又是回应什么样的挑战呢?

先生:关于这个问题,其中情况比较复杂,难以用三言两语表达出来。

重跃：那就请您把写这篇文章的考虑说明一下，也可能对我们有些启发。

先生：事情是这样的。1986 年我在美国访学，读到雅斯贝斯《历史的起源与目标》(Vom Ursprung und Ziel der Geschichte)的英译本 The Origin and Goal of History。他的"轴心期"学说对我的精神震动很大。

重跃：为什么？

先生：你知道，我从十五六岁起就开始阅读先秦诸子，而且一直很有兴趣；十八九岁以后又开始学习西方哲学，同样一直很有兴趣。在当时还处于朦胧状态中的我，已经强烈地意识到其中有非常重大的问题值得思考。1952 年分配工作以后，我的业务领域是世界古代中世纪史。我很想做思想史的研究，不过，由于想到，如果没有整个古代史的基础，没有对于古代社会经济史的底蕴，那么思想史很可能会做空了。所以，我曾在希腊和印度古代的社会经济史上先后下了一番功夫，在咱们学报发表过相关的研究成果。① 而中国史则是我从来不敢也没有忘怀的研究

---

① 1955 年 10 月刘先生考入东北师范大学由苏联专家主讲的世界古代史教师进修班，1957 年 7 月毕业论文《论黑劳士制度》通过答辩，这篇文章直到 80 年代初才得以发表(刘家和：《论黑劳士制度》，《世界古代史论丛》，第 1 辑，北京：生活·读书·新知三联书店 1982 年版)。从 20 世纪 50 年代后期到 60 年代初，刘先生在古代印度史领域辛勤耕耘，取得重要创获，研究成果大多在《北京师范大学学报(社会科学)》上发表，最有代表性的有《印度早期佛教的种姓制度观》，《北京师范大学学报(社会科学)》1962 年第 2 期；《古代印度的土地关系》，《北京师范大学学报(社会科学)》1963 年第 4 期。这些文章后来收入作者的论文集《古代中国与世界——一个古史研究者的思考》。直到今天，这些文章仍然频繁出现在古代希腊史和古代印度史研究者的参考文献中。

领域,自学从未间断。也可以说我在 1955 年就选定了以希腊、印度与中国作为自己的古史比较研究的三个支点。白寿彝先生对我的情况有所了解,所以在 1979 年年底把我调到史学所,让我从事中国通史和中外古史比较的研究工作。这样我就又有了若干年比较系统地研究中国典籍并与外国古史作比较的机会。在此期间,我对于黑格尔在其《历史哲学》中对于中国(以及整个东方)历史文化的误解、曲解甚至歧视,越来越感到应该也必须予以回应,可是我却一时无力实现,内心深自纠结,不断努力寻求突破。在这样的情况下,我看到雅斯贝斯的"轴心期"学说,见到他把中国、印度与希腊并提,认为"世界上所有三个地区的人类全都开始意识到整体的存在、自身和自身的限度","意识再次意识到自身,思想成为它自己的对象","无论在何种意义上,人类都已迈出了走向普遍性的步伐"。[1] 他的这些意思都是对于黑格尔的观点的驳难与否定,使我颇有"先得我心""相见恨晚"之感。不过,我也觉得,雅斯贝斯所着眼处主要在于哲学领域,从而对于公元前 800—前 200 年(轴心期)间历史诸方面发展与演变的深层结构,看来并未能充分展开。我作为中国学者,当然有义务给予自己的回应。所以严格说来,是黑格尔的挑战在先,使我不能不对自己的能力进行不断的挑战,是雅斯贝斯的书启发了我,这样我才做出了初步的自己的回应。其实,对于雅斯贝斯的哲学思想(存在主义),我有难以完全认同

---

[1] 见卡尔·雅斯贝斯:《历史的起源与目标》,魏楚雄、俞新天译,北京:华夏出版社 1989 年版,第 8—9 页。先生附带说明:当时我读的是英译本,知道了他的这些意思。这里引用中译文,只是为了便于读者朋友参考。

的感觉,但是在写那一篇文章时又无力予以分析与回应。所以,对于雅斯贝斯的挑战,迄今已经二十余年,我还欠着债未能还清。只要我们能够保持一定程度的清醒与自觉,那么,挑战就会是层出不穷的。个人终究是有限的,回应一切挑战几乎是不可能的,不过这种压力感,能使我们时时自知不足,不至陷于昏昏默默的自满状态,所以也是有意义的。

重跃:听了您的这一段话,我好像喝了一杯薄荷凉茶,您的清醒意识也让我有清醒之感。不过,雅斯贝斯所说的"整体意识"或"普遍性"以及它的内部结构究竟是怎样的,似乎未能给予系统的说明。您的文章还是给出了自己的分析与论证的。

先生:针对这个问题,我写出了《论古代的人类精神觉醒》[①]一文,试图用"人类精神觉醒"(这个提法也是借用雅斯贝斯的),即"人类经过对自身存在的反省而达到的一种精神上的自觉"来概括三地思想家的共同问题,并把它具体化为人类"关于自身对外界限的自觉""关于自身内部结构的自觉"以及"自身精神的自觉"三个维度或层次,我把这种觉醒解释为"人类经过三个方面的反省所达到的三个层次的自觉"。[②] 我认为这三个维度或层次是古代轴心期文明的共同主题,思想家们在回应各自面临的现实挑战中,最大限度地挖掘了各自的潜力,焕发出各自的创造精神,在这三个主题上取得了各具特色的辉煌成就,为后来世界文明的发展开创了新的局面。总之,我是在雅斯贝斯

[①] 原载《北京师范大学学报(社会科学版)》1989 年第 5 期,后收入《古代中国与世界——一个古史研究者的思考》,第 571—599 页。

[②] 刘家和:《论古代的人类精神觉醒》,《古代中国与世界》,第 572—573 页。

的启发和触动下,在我的知识背景上,尽我所能,回应了我自己的一个内在挑战,如此而已。

重跃:这篇文章我读过不知多少遍,但都没有像今天这样听到您讲解后理解得透彻,实在是太好了!说来惭愧,您的文章我都认真地读了,当时感觉是看懂了,可是并未上升到这样的高度来认识。现在想来,的确应该重新思考啊!

先生:希望你多谈谈你读后的看法。

重跃:我觉得先生的《关于历史发展的连续性与统一性问题——对黑格尔曲解中国历史特点的驳论》一文就是回应黑格尔的挑战的代表作之一。您在文中指出,对于中国历史,黑格尔认为:"中国很早就已经进展到了它今日的情况;但是因为它客观的存在和主观运动之间仍然缺少一种对峙,所以无从发生任何变化,一种终古如此的固定的东西代替了一种真正的历史的东西";他把中国等东方国家的历史称为"非历史的历史";对于中国的史学,黑格尔认为:"在中国人中间,历史仅仅包含纯粹确定的事实,并不对于事实表示任何意见或者理解。"[①]对于黑格尔的观点,您是这样说的:"黑氏在其《历史哲学》中对中国历史文化的根本性的误解或曲解具有两个特点:第一,他的全部论述与结论都是在历史的比较研究中进行的;第二,他的错误并非仅仅表现在个别的、零星的问题上,而是涵盖了历史的、史学的和理论的(历史哲学性的)三个层次,其本身就是一个三维结构的整体,因此,我们的回应,首先必须是以比较研究为基础的,同

---

① 黑格尔:《历史哲学》,王造时译,上海:上海书店出版社1999年版,第123、141页。

时应该且必须在这三个层次上来依次展开。这就是我们的此项研究涵盖着历史、史学和理论三个层面的比较的根本原因。"① 可见,您的研究是为了回应黑格尔的挑战。而且,您的回应有着很深的理论思考,就是您对挑战者的观点及其内部结构做了深入的研究,对自己的研究也有着深入的反省,所以才能有针对性地提出同样有结构的回应。您主持的重大课题"中西古代历史、史学与理论的比较研究"就是以此为基础展开的。②

先生:的确如你所说,我那篇文章是为了回应黑格尔关于中国历史乃至历史发展问题提出的挑战的。当然也在一定程度上回应了自己的挑战,为什么这样说呢?因为,写了《觉醒》那篇文章以后,又觉得那只是在雅斯贝斯的基础上作了一定程度的发挥,对于黑格尔的挑战仍然远远回应不足。这又是自己能力的限度在挑战自己,我必须回应这个自我挑战。

重跃:可是,有人以为黑格尔距离我们太过遥远了,将近有两个世纪了,在这将近两个世纪时间里,出现了许多哲学家、史学家、汉学家,像刚才说的雅斯贝斯,还有汤因比、理雅各、高本汉、葛瑞汉、费正清,直到前些时候刚刚去世的倪德卫教授等等,他们对于中国历史表现出相当浓厚的兴趣和相当程度的尊重,他们对中国历史发展的阶段性和完整性给予了充分的肯定和再现,事实上已经克服了黑格尔的偏见,在这种情况下,还能说黑

---

① 刘家和:《关于历史发展的连续性与统一性问题———对黑格尔曲解中国历史特点的驳论》,《北京师范大学学报(社会科学版)》2009 年第 1 期。

② 刘家和:《中西古代历史、史学与理论比较研究》(国家哲学社会科学成果文库),北京:北京师范大学出版社 2013 年版。

格尔的见解是一种挑战么?

先生:不错,黑格尔之后,在西方的确出现了许多认真研究中国历史和文化的学者,对于中国历史的发展也给予了相当程度的承认。但是,在理论上问题提得最深刻也最尖锐的,仍然要数黑格尔。这些问题本身一直没有从理论上给予认真的回应,也就是说这些问题一直存在着,怎么不是挑战呢? 其实,是不是挑战不能只看时间的远近,更关键的,要看这些问题是不是给予了实质性的回答,是不是从根本上给予了解决。如果不是,时间再久远,仍然还是挑战。

重跃:先生说得实在是太好了,让我有顿开茅塞之感! 其实,给我印象同样深刻的还有您的另一篇文章,就是《关于"以史为鉴"的对话》一文。我觉得,在这篇文章里,您彻底回应了黑格尔提出的更为严峻的挑战。

先生:说我对黑格尔历史不能为鉴说的回应已经很彻底,难免过誉。不过我却真是经过了不少于十年的寻思的。然而,它是否真的便于大家理解,我仍然没有自信。你对那篇文章印象如何?

重跃:印象较深,而且我最近又读了几遍,这次的体会比以前更深入了一步。您在文章中主要谈了两个问题,一个是黑格尔关于人们能否从历史中得到教训的问题;另一个是对于以史为鉴的本质的分析。关于第一个问题,我印象最深的就是您指出黑格尔在《历史哲学》中有一段对以史为鉴最具有直接挑战意义的话,并且对这段话作了深入的分析。您首先对英译和德文原文做了详细的核对,指出英译本在语言翻译上未能把黑格尔对于历史教训的否定态度明确而充分地呈现出来;然后又从历史观念和哲学背景上对黑格尔何以如此而英译者未能把握的深层原因揭示出来。在此基础上,您把这段话做了准确的汉译:"但是经验和历史给了我们的教训却是,各民族和各政府从来就没有从历史学到任何东西,而且也没有依照那就算是(原文用虚拟式过去完成时,英译、王造时中译皆无显示)从其(指历史)中抽绎出来的教训行事。"[①]接着,您又对这段话做了语法分析,指出这是由一个主句和并列的两个副句组成的复合句,主句"经验和历史给了我们的教训是",明白地告诉人们历史给了人们某种教训;可是两个作表语的副句却是"各民族和各政府从来就没有从历史学到任何东西";"而且也没有依照那就算是从其中抽绎出来的教训行事"。两句表达的是同一个意思,也是明明白白,历史从根本上说并没有给人任何教训。到了这里,您就直接点破了黑格尔在这个问题上出现了悖论(paradox)。您的分析非常清晰,非常雄辩,非常深刻,发现这个悖论,更是一个了不起的贡献!

先生:发现这个悖论并非易事,其实是经过很长时间思考的。

重跃:您为什么非要指出黑格尔的这个悖论不可呢?

先生:我之所以下力气分析这个问题,就是为了揭发黑格尔的轻佻!人们对黑格尔一直存在着某种迷信,为了破除这个迷信,就需要祛魅(disenchantment)。只有一个东西可以祛魅,那就是先把最有魅力的地方揭穿,然后再层层剥皮。指出黑格尔

---

① 刘家和:《关于"以史为鉴"的对话》,《北京师范大学学报(社会科学版)》2010 年第 1 期。

的这个悖论,然后就要分析这个悖论何以出现。

重跃:是啊,我曾不止一次读到、听到有人引用黑格尔的这段话,以不屑或调侃的口吻对以史为鉴表示了不以为然。这样看来,指出这个悖论的确具有重要的意义啊。

先生:当然,祛魅并不是目的,真正的目的是要说明黑格尔对历史经验教训的真实态度。从他的话里面,可以发现三个问题,即:第一,历史经验给了我们的教训是,从来没有人从中得到任何教训;第二,即使有历史经验教训,人们也有拒绝的自由;第三,在古今变易中究竟有无相同或相通的经验教训。关于第一个问题:黑格尔所说的话是一个悖论,这一点我们在前面已经说过了。关于第二个问题:黑格尔认为,对于历史教训之取舍,人们有自己的选择自由。可是在我看来,对这一自由选择的结果,就不再有选择的自由了。而且,选择的历史前提条件也是不可以自由选择的。从拒绝接受历史教训而失败的例证,人们可以证明历史教训是存在而且起作用的。选择自由只不过是不自由中的自由而已。关于第三个问题:黑格尔认为在古今变异中没有相同或相通的经验教训。在他看来,因为历史的经验教训既然是在历史中产生的,那么它就必然离不开它所由以产生的历史条件,也就必然具有历史性。既然有历史性,就不具有永恒性或逻辑的无条件的必然性。当然,黑格尔也认为人类历史本身是有理性或必然性的,可是那只是世界精神自身展开的必然性,活生生的人在这种客观理性的绝对支配下,只不过是中了所谓"理性的狡计"(List der Vernunft, Cunning of Reason)的不自觉的演员而已。当然,我也承认,人类历史经验中的理性是有其历史性的,不过,人类既然生存于历史长河中,那就只能满足于具有历史性的历史经验教训。更何况历史的"变"之中也是有其"常"的,虽然历史流程中的相对稳定性或"常"在不同层次上并不相同,但是,只要在某个层次上有关的历史条件仍然存在,相应的经验教训就应该是有效的。从这个意义上说,历史仍然可以给人以有益的教训。

重跃:这就又回到以史为鉴的有效性问题了。

先生:是的。我的那篇文章接下来就对以史为鉴本身的有效性问题展开了讨论,你还有印象吗?

重跃:有的,这是我印象最深刻的部分。

先生:那谈谈你的看法好吗?

重跃:好的,不过我的叙述可能有些啰唆。我觉得您在这部分里对以史为鉴的本质的讨论对我有大启发,也是您对史学理论作出重要贡献的地方。给我印象最深的首先是您提出的问题。您的问题是:怎样理解以史为鉴的真实含义?以史为鉴又如何成为可能?我知道这个问题您很早就关注了。我的印象中最鲜明的是,2007年暑期在陕西师范大学召开的史学理论研讨会上,您再一次郑重地提出这样的问题。您还具体地提出两个问题:其一是,古人以铜镜为鉴,因为从中可以看到自己,可是,如果以史书为鉴,那却无论如何也看不到自己,即使有同名同姓的人,那也不是自己,所以史书何以可能为鉴? 二则,古人还以止水(完全平静的水)为鉴,因为止水平静如铜镜,而历史本身却像是一条长江大河,奔腾不息,哪里还有一点作为镜子的可能呢?您把问题提出来,会场上却毫无回应,您也就不说了。当时我也不明白为什么您要提出这个问题。在我看来,用历史上的经验教训来做借鉴,指导我们今天的社会实践,这是天经地义的呀,还有什么疑问吗?可是这几年来反复阅读您的文章,听您谈话,才渐渐地加深了对这个问题的理解。原来,怎样理解以史为鉴的真实含义对于我来说的确是一个问题,而且是一个非常严峻的大问题!带着这个问题又反复阅读您的文章,我才注意到:原来您在文章中指出以史为鉴是一种隐喻,并非平实的科学叙述。既然是隐喻,那么隐喻之词与被隐喻之物就只能是相关的二者,而非绝对的同一;既然是相关的二者,其间就只能有着某种意义上同一的关系。我们从水或铜镜中并未直接地看到自己,我们看到的是自己投在水或镜面然后又反射回来的一种影像,这个影像只是自己真实形象的一种反映,也就是反映了自己相貌的他者。具体地说,我们本来无法直接看到自己的形象,而只能通过他物(例如止水或铜镜)反射回来的影像才能间接地看到。按照黑格尔的说法,一个映现在他物中的存在叫作"本质"(esence),人要认识此物的本质,就必须到他物中去寻找此物在其中的映现。这个供我们认识此物映现的他物,黑格尔叫作"中介"。人要认识此物的本质,就要寻找到此物映现在其中的中介。您在文章中指出,人们对自己的本质也需要从多方面来认识,或者说人本来是具有多重本质的,为了认识不同的本质,就需要选用不同的材质为中介。您举的例子非常能说明问题,您说,要想知道自己的形象,可选用镜子;要想知道肺部健康情况,就要选用 X 射线照相;要想知道自己的历史处境与前程,就必须选用历史书。这是您对自己在西安提出的第一个问题的回答。由此您又进一步推演,人的生存状态不是静止不动的,而是有发展变化的;对于流变中的事物来说,最好以流变中的历史长河来为鉴。因为要想从当下来思考未来自己的处境和发展,那就要寻找到某种中介,从中可以看到前车之鉴。寻求前车之鉴,这就是以史为鉴!以史为鉴就是用史书作为中介以了解自己历史命运这个本质属性的一种方法。

先生:你说的好。看来你是真的读进去了。

重跃:您的论证实在是给以史为鉴这个千年命题做了充分的理论说明。您在这篇文章里的论证让我由衷地感到自豪:中国人完全可以站在理论思维的高度上与西方学术大师进行对话,这种对话是平等的,理论性的,富有启发意义和建设意义。我觉得,您的这篇文章真正在理论上回应了黑格尔对于以史为鉴的挑战。当然,您在文章末尾对于以史为鉴在实践中的限度表示要进一步研究下去。

先生:不过我绝对不敢以为自己已经很好地完成了这一回应。我相信自己的论证还会有不足之处,希望自己在将来也更属望于来者进一步克服我的缺陷,从而对于以史为鉴做出出色的论证来。

重跃:我现在的问题是,回应黑格尔的这个挑战意义究竟有多大呢?

先生:你知道,如果不回应,以史为鉴就彻底被颠覆了,我们的四千年文明史就这样被颠覆了。回应这个挑战是我们中国史学工作者应该负起的神圣使命!说到这里,我想起谈话开始不久时,你曾问:"为什么要把回应挑战当作能否创新的关键呢?这样说是不是太被动了?难道我们的学术工作就是为了回应别人对我们提出的挑战么?我们就不能向人家发起挑战么?"现在我试图也向黑格尔提出一项挑战。当然,黑格尔早已去世,不可能自己回应,那么现在可以提出来让大家评评理。如果我问错了,你也可以代表黑格尔反驳我呀。我的问题是:即使是充分表现了鲜明的逻辑理性特征的黑格尔的哲学,难道不是以康德的哲学为鉴才产生的?难道康德的哲学不是以莱布尼兹和休谟的哲学为鉴才产生的?再往上推,难道亚里士多德的哲学不是以柏拉图和希腊哲学史为鉴才产生的?黑格尔的哲学也是产生于历史中的,它的价值也在历史中,没有终结,哪有终结呢?他本人的哲学不多不少恰恰也就是历史的。如果不是以史为鉴,他的哲学怎能达到那样的高度呢?没有以史为鉴,人是不能反省的,只能站在原点上。黑格尔哲学本身即是以史为鉴的结果,他不以柏拉图、亚里士多德、康德为鉴,即不能成其为黑格尔!他的哲学本身即说明了这一点,看起来高耸入云的东西原来也在历史中。我们只有反思黑格尔才能有所进步啊。

重跃:是啊!黑格尔在《逻辑学》存在论正文开始之前,对从古希腊到康德的西方哲学史做了简明扼要的梳理和分析,然后才为自己的逻辑学确定了起点①。原来您做了这么深入的思考!

先生:我思考这个问题,也是为了在黑格尔面前讨一个公道,给以史为鉴一个生存的权利,给史学一个存在的理由!当然,我们也不能不公正地肯定黑格尔在人类文化史上的崇高地位。他的《精神现象学》《逻辑学》《小逻辑》都是充满了发展的历史意识的,他努力把人类意识的发生发展、逻辑的发生发展解

---

① 黑格尔:"思想对客观性的第一态度:形而上学","思想对客观性的第二态度:经验主义、批判哲学","思想对客观性的第三态度:直接知识或直观知识",见《小逻辑》,贺麟译,北京:商务印书馆1980年版,第94—186页。

说为历史的,提出逻辑与历史统一的观念,真了不起。可是,他把现实的历史又套上了他所设定的世界精神的牢笼,因此把问题弄颠倒了。我们挑战他、批评他,也是以他为鉴啊。看来迎接挑战永无止境,我毕竟已经是"80后",人一老,锐气就差了。我还要向中青年学者朋友学习。

重跃:先生太谦虚了!

先生:我要郑重地说,这不是谦虚,而是我还没有糊涂到不想真正认识自己的程度。今天我们谈了很久"挑战"与"回应"(早年常译为"应战")的问题,其实把这一对概念最广泛地运用于解释人类文明历史的是英国著名史家汤因比(1889—1975)。在他所著的《历史研究》一书中,他把人类历史分为若干(具体数目先后之说不一)文明,以文明为单位,而每一个文明都有起源、生长、衰落、解体的过程。他认为,在文明的全部进程中,回应挑战的成败也就是一个文明成败兴衰的关键所在。他的"历史形态"学说,具有鲜明的意识形态色彩,对历史结构的解说也有牵强附会之处,这里姑且不(也无暇)作评说。不过,他的挑战与应战的见解对于世人却颇有启发作用。他曾说过:"历史证明对于一次挑战胜利地进行了应战的集团很难在第二次挑战中再取得胜利。""凡是在第一次取得胜利的人们很容易在第二次时'坐下来休息'。"[1]他在书中引用了大量古今历史实例为证,这里无法备引,所以节用其提要之文。我们中华文明曾经在古代历史上成功地回应了挑战,从而取得过辉煌成就,可是后来

---

[1] 汤因比:《历史研究》,索麦维尔节编本,中册,曹未风等译,上海:上海人民出版社1986年版,第404页。

逐渐困倦了，到了近代也曾面临着无力回应西方挑战的悲惨局面。现在中华文明要复兴，我们实在不能再"坐下来休息"了。对于学者个人来说，也是如此啊。任何一点成绩都有可能立即转化为一种安慰剂，使人昏昏欲睡；只有不断真切地自我反思，从而不断地自我超越，才能保持自己的精神处于清醒状态。尤其人到中年以后，因为或多或少已经做过一些事情，有了不同程度的成绩，就很容易吃老本，在不断简单复制自己的过程中衰老下去。对于这种没有前途的"前途"，我的内心深处充满了惶恐，生怕逐渐昏昏欲睡。怎么办？坚持每天温故而研新，这样就能不断发现自己的不足与无知，就像天天都用凉水洗脸，从而保持一定的清醒状态。不过，人毕竟变老了，精力已经有所不济。不想倚老卖老，那就只有多和中青年学者朋友交往，从他们身上汲取朝气了。

重跃：您的话说明了您还很清醒，也有利于我们清醒。

先生：关于这个问题是否先说到这里？多谢你的访问和"挑战"。再见。

重跃：多谢您的畅谈，再见。

(原载《北京师范大学学报(社会科学版)》2015 年第 2 期)